凡人善举 网聚大爱

——“中国网事·感动2015”
年度网络人物评选

新华网　新华社“中国网事”　中国教育电视台　编著

时代出版传媒股份有限公司
安徽文艺出版社

图书在版编目(CIP)数据

凡人善举 网聚大爱:“中国网事·感动2015”年度网络人物评选/新华网,新华社“中国网事”,中国教育电视台编著.—合肥:安徽文艺出版社,2016.1

ISBN 978-7-5396-5660-1

Ⅰ.①凡… Ⅱ.①新… ②新… ③中… Ⅲ.①人物-先进事迹-中国-现代 Ⅳ.①K820.7

中国版本图书馆CIP数据核字(2015)第316313号

出 版 人:朱寒冬　　策　　划:朱寒冬

责任编辑:周　康　　装帧设计:张诚鑫

出版发行:时代出版传媒股份有限公司 www.press-mart.com

安徽文艺出版社 www.awpub.com

地　　址:合肥市翡翠路1118号 邮政编码:230071

营 销 部:(0551)63533889

印　　制:安徽金日印刷有限公司 (0551)65376638

开本:710×1010 1/16 印张:22.5 字数:350千字

版次:2016年1月第1版 2016年1月第1次印刷

定价:42.00元

新华社
XINHUA
NEWS AGENCY

中国网事

新华社“中国网事”多媒体新闻栏目

新华社“中国网事”栏目是中央新闻媒体中唯一以互联网为报道对象的多媒体新闻栏目,聚焦网事,走近网民,讲述网语,影响网络。

- 融合文字、图片、电视、微博等形式，推出“感动”“核实”“调查”“盘点”四大系列报道。

- 创办国内首个以网络草根为对象的评选活动——“中国网事”感动系列网络人物评选，为草根英雄搭建璀璨舞台。

- 创办国内首个融媒体客户端——“中国网事”客户端。

- 创办国内首个新闻动漫网评——“中国网事·E哥有话说”。

www.news.cn

新华网

NEWS

www.xinhuanet.com

新华网是国家通讯社新华社主办的综合新闻信息服务门户网站，是中国最具影响力的网络媒体和具有全球影响力的中文网站之一。作为新华社全媒体新闻信息产品的主要传播平台,拥有31个地方频道以及英、法、西、俄、阿、日、韩、德、藏、维、蒙等多种语言频道,日均多语种、多终端发稿达1.5万条,重大新闻首发率和转载率遥遥领先国内其他网络媒体。

新华网是全球网民了解中国的最重要窗口，致力于为全球网民提供最权威最及时的新闻信息服务,用户遍及200多个国家和地区,桌面端日均页面浏览量超过1.2亿,移动端日均覆盖人群超过1.3亿。

截至2015年11月,新华网在全球7亿多个网站中综合排名第79位,大幅领先美联社、路透社、法新社等通讯社主办的网站,国内综合排名第35位,稳居新闻门户网站首位。在中央网信办主管的《网络传播》杂志发布的中央重点新闻网站传播力榜单中,连续5个月稳居PC端传播力排名首位,10月、11月综合传播力排名首位,远超同类网站。

新华网的网络平台价值和品牌影响力得到各界广泛认可，温家宝同志连续3年接受中国政府网和新华网的联合专访,俄罗斯总理梅德韦杰夫、以色列总理内塔尼亚胡、哈萨克斯坦总统纳扎尔巴耶夫等有影响力的大国政要也通过新华网首次与全球网民在线交流。

新华网拥有众多中国新闻奖和中国互联网站获奖作品和品牌栏目，在2015年第25届中国新闻奖评选中,新华网参评的《国际传播:习近平的大外交》《网页设计:简政放权——持续改革再发力》和《新闻名专栏:数据新闻》获一等奖,获奖层级和数量均居中国网络媒体首位。此外,新华网还是“中国优秀文化网站”“中国网站最具影响力品牌”“中国新媒体年度十大品牌”“中国新媒体创新年度品牌”等业内重要奖项的获得者。

新华网承建了中国政府网、中国文明网、中国网信网等20多家政务网站,运营着中国最大规模的政务网站集群及用户规模超过1200万人的政务类微信公众号。

新华网紧密追踪大数据、物联网、人工智能等前沿技术,推出数据新闻、无人机新闻、动新闻等新闻报道形态,并与国际机构合作探索机器人新闻、传感器新闻等创新应用,引领传播形态变革。

近年来,新华网市场拓展能力和综合竞争力不断提高,围绕网站业务、社交网络业务、互联网广告业务、移动互联网业务、大数据舆情服务业务、新媒体技术与研发服务、在线教育和科普中国业务、物联网业务、参股型业务、储备型业务等十大业务板块展开布局,全媒体产品链加速形成。

新华网还是全国第一家获得AAA级信用企业、高新技术企业、ISO9001质量管理体系认证等三项高级别资质的网络媒体。在中国互联网协会、工业和信息化部信息中心在京联合发布的2015年“中国互联网企业100强”排行榜中,新华网排名第36位,位居中央重点新闻网站首位。

作为互联网新闻传播的国家队、主力军,新华网将不断创新传播理念和发展模式,传播中国声音,讲好中国故事,加快建设成为具有广泛国际影响的一流新闻网站和有强大实力的互联网文化企业。

目　录

“中国网事·感动2015”获奖者

“中国网事·感动2015”提名者

“中国网事·感动2015”

获奖者

叶德奕在为农户安装电表。(魏培全　摄)

"幸福傻子"叶德奕

他是一名普通的电网工人,20多年前,一场大病让他懂得"滴水之恩,涌泉相报"的道理。20年来,他义务帮扶孤寡老人,自掏腰包为敬老院送去4万余元的电视、洗衣机、电热毯等用品却从不留名。20年间先后为80多个贫困学生提供免费的住宿和三餐,省吃俭用汇款资助省内外学子20多人,资助金额超10万元。他志愿服务时间超过7000小时,足迹遍布汶川、玉树、舟曲灾区,他的电话号码是小县城的服务热线……别人说他是"傻子",他却笑言自己是幸福的"傻子"。

叶德奕：幸福的“傻子”

国家电网杂志记者　雷美容

灯光温暖，照亮一张热气腾腾的大桌子。

晚饭时间。5个孩子、4个老人，欢声笑语。叶德奕一家三口端着饭碗站在后面，儿子叶新亮看着父亲夹起一块肉片，将自己的碗送过去，没想到父亲却转手将肉片摁在了旁边的一个女孩碗里。女孩姓李，和叶新亮没有任何关系，却和坐在桌上的每个人一样，同是叶家人。

铁打的营盘流水的兵。多年来，叶新亮已经记不清这张桌子上坐过多少人。

他看了看父亲。

父亲很瘦，瘦得像山上的一棵老树，却顶着天，立着地，成就了一个大大的家。

80多个孩子的大家长

上高中那年，叶德奕生了一场大病，差点死掉。

家里穷，没钱看病，乡亲们见这孩子可怜，东拼西凑悄悄送来了医药费。

“我不想死，乡亲们的恩情还没报。”乡亲们的帮助让叶德奕有了生的信心，病很快痊愈。

滴水之恩，当涌泉相报。叶德奕懂得这个道理。或许是那场病，让他觉得生命很脆弱，也很珍贵。“多活一天，就要多帮助别人一点，没有比这更有意义的事情了”。

叶新亮是叶德奕的独子，但他从不缺“兄弟姐妹”。在他的记忆里，从小家里就有许多人。“打小就没见过我妈用小电饭煲煮过饭，因为人多，直接上大蒸笼、大铁锅，每回吃饭都得用‘抢’。”从1992年到如今，叶德奕先后为80多个孩子提供免费吃住，这些孩子中有来自单亲家庭的，有孤儿，有家庭困难的，最多的时候家里住着11个孩子，最少也有五六个。每个房间得摆3张床铺，有些孩子一住就是七八年。铁打的营盘流水的兵，多年来，叶新亮已经记不清家里来过多少人。

相对于起居生活，叶德奕更上心孩子的教育。孩子们的户口不在县城，上学是件大难事，为此叶德奕跑遍了县城的各个学校，解决了孩子的入学问题，却也成了校长们又敬又怕的“麻烦户”。

除了帮助当地的孩子，叶德奕还资助过许多外地学生。

“哥，我今年带着妻子和孩子回家过年。”2013年春节前，一个电话让叶德奕潸然泪下。打电话的叫何振明，多年前他和叶德奕还是陌生人。2003年，孤儿出身的何振明考上了西安电子科技大学，叶德奕从报纸上得知这位学子因家境贫寒拿不出学费后，主动联系并且一直资助他完成学业。如今，对于在深圳工作并成家立业的何振明来说，他始终还有另外一个家，叶德奕的那间旧砖瓦房是他内心深处最温暖的存在。“我上大学4年，叶大哥每个月给我寄生活费，教我怎样做人，这份恩情，我一辈子不能忘。”

在叶德奕家里，长期住着多个困难家庭的孩子。(魏培全　摄)

叶德奕家里陈设简陋，最多的却是汇款单收据，满满几个抽屉，金额少的几十元，最多达到6000多元，时间从1992年到2014年，汇款单对象全部是他觉得需要帮助的人。这20年来，他汇款资助过的学生就有20多人。

闲暇时，叶德奕也指导孩子们学习。(雷美容　摄)

对于叶德奕的举动，很多人无法理解，有人说他是“傻子”，他听了并不反驳。他说，做个幸福的“傻子”，挺好。

十多位老人的"儿子"

周宁县黄埔敬老院，有一棵老栀子树。早先，这棵树曾经一度枯萎，生机不在。而今，遒劲的老枝绽放出新生蓓蕾，清香扑鼻。

"德奕，叶老去世了，他有样东西让我交给你，你快点过来吧。"叶支那去世那天，接到敬老院负责人陈福新的电话，叶德奕急急忙忙赶去。

老人走得很安详，衣衫干净，嘴角含笑。

每次到敬老院，老人们总喜欢拉着叶德奕的手唠家常。(雷美容 摄)

陈福新说："叶老总想留给你点什么，但没积蓄。他留了一棵栀子树给你，他还说，这辈子活得值，就是没享够'儿子'的福。"

那一刻，叶德奕再也忍不住泪水。

叶德奕与叶支那结下不解之缘始于2004年。那年春节，叶德奕为敬老院检修线路，进了其中一个房间，一股气味刺鼻难闻。生活完全不能自理的叶支那，在床上大小便失禁，双目死灰。帮助老人清理身体之后，叶德奕找到负责人了解情况，一问才知老人年过八旬，身体半瘫痪，患有严重的哮喘病，长期卧床导致全身皮肤瘙痒溃烂，曾经好几次产生轻生念头。

回到家中，叶德奕一夜未眠。第二天，他亲自给老人送去一套新衣服和棉被。从那以后，叶德奕时常到敬老院陪伴老人，给他按摩身体，擦拭清洗溃烂皮肤，除了为老人买营养食品，还亲自做可口的饭菜送过去。慢慢地，老人有了精神头，身体也渐渐康复，在老人的最后几年时光，他也将叶德奕当作儿子一样看待。

在敬老院，叶德奕是所有老人的"儿子"。除了叶支那，这些年他照顾的老人还有很多。

今年82岁的李郑生，患有心脏病、肺病，因家庭困难，病一直没得到很好治疗，导致肺部溃烂，腿脚浮肿。叶德奕为此忙前忙后，除了包办老人的饮食起居，更拿出自己微薄的工资给老人看病。孤寡老人杨华，叶德奕从1992年开始，每个月给他寄去生活费,直到2004年老人去世……为了改善老人们的生活条件,叶德奕先后为敬老院添置了洗衣机、电热毯等电器,还买了DVD和碟片丰富老人们的生活,多年来他花在敬老院的钱就有4万多元。

叶德奕的家里有4个老人,除了自己的父亲,他还赡养着岳父、姑姑、伯父三个长辈,他们都在叶德奕家住了10多年。

叶德奕并不是什么大款,他只是国网福建周宁供电公司的一名普通员工,妻子叶美梅是个环卫工人,夫妻俩一个月的收入合起来也不过四五千元。妻子叶美梅是他的坚强后盾,她说:"只要夫妻同心,什么难关都能渡过。"

十五年不变的"热线"

2013年腊月二十四,小年夜。

周宁汽车站旁的一栋房子漆黑一片,屋外大雨倾盆,屋里一个老人瘫痪在床,另一个老人急得团团转。"给德奕打个电话吧。""都10年了,谁知道电话号码变了没?"老人拨通了叶德奕的电话,10多分钟后,他就冒雨出现在这家人门口。抢修完成后,老人刘华中说:"这个号码我已经留了10年,没想到竟然没换号。"

"把自己的号码给别人,那就是一个承诺。人家在困难时想起你,说明他们信任你。"10多年,老叶的电话号码从未换过。

叶德奕义务为客户装灯。(林宇杰　摄)

孙珠也是通过这张小卡片认识叶德奕的。2002年，孙珠带着两个孩子从乡下到城里打工，当时租住在周宁县田明堂一个破仓库里。没有电，孙珠从别人那里得到这张小卡片，抱着试试的心理，拨通了叶德奕的号码，不承想，真联系上了。

到孙珠家，连叶德奕都惊呆了。垃圾场一样的仓库，两个小男孩儿就趴在一块木板上写作业。热心的叶德奕看不过去，张罗着帮孙珠弄好了电，还把两个孩子领回家住，俩孩子一直在叶德奕家吃住到高中毕业。

没过多久，叶德奕借来8000多元钱，帮孙珠盖起了60平方米的两间砖房。"后来我才知道那钱是他从别人那里转借的，没有他们当年的帮忙，我也熬不到今天。"而今，孙珠把叶德奕当作亲弟弟一样对待。

对人认真，对事更认真。作为一名电网工人，叶德奕从未有过半点懈怠。

就拿装表接电来说，这项工作直接面对千家万户。2012年实行阶梯电价以来，新装用户直线上升，每天都能接到二三十个工作任务单，为了让客户尽快用上电，叶德奕取消了休息和节假日，奔走在一个又一个工作现场。2013年夏季，周宁县龙潭一中桐岔安置地，几百个用户建房申请安装急用电，他接到任务后，带领班组人员冒着酷暑，吃在工地，加班加点，用了两天多的时间，为几百个用户供上电。

2014年，叶德奕转岗到配电抢修班担任班长，他与客户近如亲人，从未收到一次投诉。

7000多小时的志愿情怀

参加工作20多年，叶德奕从未休过假。2008年，叶德奕却请了15天的长假。原来，他加入了志愿者队伍，奔赴汶川灾区救灾。

回顾15个日日夜夜，叶德奕坦言自己在鬼门关上走了一遭。

2008年的6月10日上午7点，阿坝州指挥部通知，要求抽两位人员去某个点找失踪的直升机。叶德奕主动请缨，心想自己经常长跑，在体能上比较有优势。乐山供电局的援建队员们为叶德奕准备干粮和水，帮他检查安全措施，反复叮嘱一定要小心，务必在下午4点钟前赶回。

当天，叶德奕和阿坝州供电局、汶川公安局、保安服务公司的几个同志组成搜救小组，穿过警戒区，踏着已经被山体塌方掩盖的道路，向搜救目的地前行。山势陡峭，余震不断，头顶上还不时乱石翻飞，叶德奕他们只能像壁虎一样贴着随时可能塌方的乱石堆走，身后就是深不见底的山谷。途中，同行的公安局队友说前方将没有手机信号，让大家尽快给家人发条短信，因为谁也不知道，前进的途中会发生什么情况。叶德奕当时不敢给家人发短信，担心万一真的出了什么事，妻子可能撑不住，想了半天，他给在福州最要好的朋友发了一条短信说:"如果活着走出来,会报平安;如果没有,请找个合适的机会告诉我的家人。"

傍晚5点多,天越来越黑,在乱石堆中行走异常艰难。而此时几颗巨大的石头滚落在叶德奕身后1米处,随即轰隆隆滚入山谷。"魂都吓丢了,安全回到指挥部后,我多吃了好几碗面。"叶德奕笑着回忆说。

在汶川灾区,叶德奕还辗转到了彭州等地,参加了龙门山镇学校和敬老院的供电线路架设安装工作,为灾区人民送去光明。2010年西南地区干旱,他积极联系马拉松跑友向灾区小学捐赠了5000瓶水。玉树地震,他捐款2000元。闻讯甘肃舟曲泥石流,他又请了年休假只身赶赴舟曲灾区,吃在工地,住在工地,帮忙搜寻遇难者遗体、搬运桥梁铁架、清理道路淤泥、重建舟曲电网,一干就是六天七夜……作为中国的一名注册志愿者,叶德奕开展志愿服务超过7000个小时。

他做的事情虽然平凡而微小,但越来越赢得社会的肯定,全国优秀志愿者、全国"五一劳动奖章"获得者、全国劳动模范……荣誉接踵而至。然而,叶德奕眼前最大的心愿就是能够重新修缮自己的老房子,房里那张桌子迎来送往了不少孩子,以前是,现在是,将来也是。

记者手记

国家电网杂志记者　雷美容

一辈子,追寻美好一件事儿

2012年的12月5日,叶德奕获全国优秀志愿者称号。12月6日,单位领导派我到周宁县采访叶德奕。来到周宁县,作为华东地区海拔最高的一个县城,此时已经进入隆冬时节,阴冷的风携着细雨,透进骨子里。

"他是个闷葫芦,可能会问不到你想要的东西。"这是采访前,国网周宁供电公司与我对接的小林给的忠告。初见叶德奕,他着一件白色衬衣和一身印有国家电网标的工作服,脚上穿着一双工作时才穿的绝缘鞋,神情木讷,身形单薄。

与我同搭一部车,却并不与我交流,这情形令我着急。小林的忠告不无道理,一天的采访极不顺利,他的内向性格加之我的功课不足,我的第一次采访只混了个脸熟。

2014年4月,时隔1年多,我再次到周宁,这一次我停留了3天。去了叶德奕资助过的孩子的乡村,走访了敬老院,采访了同事、亲人、朋友……3天的近距离接触,足以让我的目光长久停留地注视他。

梅洋自然村,一个距离周宁县城20多公里的小山村,仅十多户村民,沿着崎岖山路到离村最近的际头村徒步也得走上2个多小时。这个是叶德奕再熟悉不过的地方。

叶德奕已经记不清来来回回在这崎岖的山路走过多少路程，为每一个梅洋村的孩子倾注心血。当我与叶德奕一道走在前往梅洋村的路上时，叶德奕一个劲儿地提及孩子们的快乐与成长。

叶德奕似乎与当地的村民极为熟识，沿途遇见的村民都能跟叶德奕唠上家常。我们返程时，际头村的林国宝老人早早守在村口，见到叶德奕老泪纵横，他还特意为叶德奕准备了一桌子饭菜。“德奕呀，不仅我们际头村的老人记得他，孩子们记得他，就连际头村的一草一木都会记得他……”

“这些年，我觉得最对不住的就是我妻子。没有她，我是无论如何也支撑不到今天的。”

懂得感恩，叶德奕就是这样一个人。因为懂得感恩，所以坚守着“多活一天，就要多帮助别人一点”的承诺。20世纪90年代，九年义务教育还未在全国范围内普及，叶德奕一家住在他父亲单位分配的60多平方米的宿舍楼里。从那时起，叶德奕看到有上不起学的娃娃，就会带回家来住，小小的房间里，两张木床拼在一起，大伙就盖一条被褥挤着睡。

“最多的时候，他同时领回11个孩子。家里住不下了，只好到邻居家里租房，每个月近1/4的工资就花在租房上，当时德奕的工资不到1000，我每月也只有300元的收入，一分钱掰成两半花。”特别难熬时，妻子叶美梅也和叶德奕吵过架，可每次一有争执，叶德奕就闷头往外跑。对于叶德奕的“偏执”，叶美梅只有理解和支持。

“别人说我是傻子，但我觉得做傻子比做聪明人有意义，人只要活得有意义那就傻吧。”内敛甚至内向，执着甚至偏执。叶德奕“偏执”的美好会埋在人的心里，时不时冒出来，给自己养分，也芬芳别人。

微语录

“怀揣一颗敬畏之心，手捧一颗感恩的心，给需要的人提供帮助，实现生命价值。”——“幸福傻子”叶德奕

微评论

网友“橙子妈咪”说：当代活雷锋，这样的“傻子”真不多。

网友“小龙人”说：认识老叶十几年了，他一直都那样“平凡”，那样“低调”，了不得呀“赤脚大仙”，真为你感到骄傲！

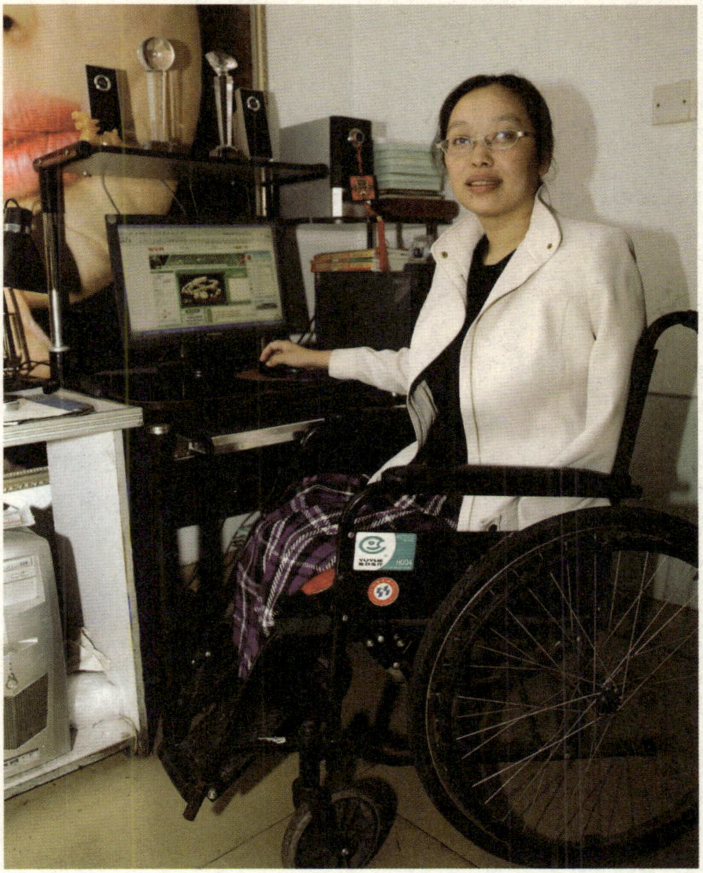

谢芳丽(谢芳丽二姐谢方芹　摄)

"轮椅上的创业者"谢芳丽

她在花样年华里遭遇严重车祸,四肢仅剩右臂。面对常人难以忍受的病痛折磨和众多的生活坎坷,她始终没有消沉,没有放弃,而是选择了坚强、拼搏与友爱。她先后创办文印店、水晶淘宝等多个实体店,靠着诚信经营、优质服务,赢得了"水晶公主"的美誉。她坚持用阳光的心态参加爱心志愿服务,用自己的经历言传身教,唤醒一大批迷途者,催生一大批奋进者。她就是先后获江苏省"自经自立模范"、江苏省"最美家庭"、连云港市"感动港城十大先进人物"等荣誉的谢芳丽。

生命的强光，那是最芳香的美丽

连云港日报社记者 朱萍 连云港市委宣传部 许思文 东海县委宣传部 杨问化

就要回家了，车站里都是人，火车来了，离家又近了……18岁女生谢芳丽背着行囊，等待上车，归心似箭。

无情的车轮，先后碾压了她三次。人的求生本能，让她在左臂被碾断后依然往站台上挪着，一寸，再一寸，隆隆声中，她的双腿膝盖遭到碾压，身体剧痛到麻木，她哆嗦着、爬行着，第三次，车轮从她的双腿根部压了过去……

醒来时，谢芳丽发现自己的四肢只剩下了右肢，悲苦中，她说："我的人生、我的希望、我的梦想，全毁了。"

时隔15年，今年的谢芳丽已经33岁，她拥有自己热爱的工作，有珍惜、疼爱她的丈夫，有健康、漂亮的女儿，她还向他人伸出援手，默默帮助着别人。

生命的光辉，瞬间黯淡

东海县城里一处居民住宅小区里，一楼的一户人家是谢芳丽幸福的家。一进门，就是占据了整整一面墙的放大照片，那是在省电视台录制节目后的礼物，照片上的谢芳丽笑靥如花。

曾经，谢芳丽是父母、姐姐们眼中的乖乖女，在学校，她是拿一等奖学金的优秀三好学生和优秀学生干部，如花的季节里，她刚刚开始绽放，直到时光定格在那个黑色片段——1997年的初春，火车站站台。

悲剧发生后，18岁的谢芳丽经过抢救，终于从昏迷中醒来。睁开眼睛的那一瞬间，伴随着剧烈的疼痛和不停的抽搐，她还没有意识到自己成了残疾。直到20天后，护士来更换床单，谢芳丽才发现，自己的双腿和左臂都没了。

她失声惊叫："我的腿呢？我的胳膊呢？求求你们，告诉我这不是真的……"浑身缠满纱布，躺在床上动弹不得，曾经1.68米的身高只剩不足1米，原先纤细的长腿变成了血迹斑驳的短木桩，谢芳丽无助到号啕大哭，她希望这是一场噩梦，等醒来后，她还会和以前一样欢蹦乱跳。

然而,冷酷的现实却告诉她,她只能躺在病床上,无法移动一下。车轮,碾残的不光是她的身体,更碾碎了她所有的梦想。巨大的打击让谢芳丽变得沉默、孤独、绝望:为什么自己还会活着,为什么火车没把自己压死,这样残缺不全地活着还有什么意思!

由于医药费中断,谢芳丽不得不提前出院,回到了沭阳农村老家,在一张不足1米宽的单人床上,一躺就是4年。这4年中,谢芳丽每天都吃得很少,能不喝水就尽量不喝,为的是尽量少上厕所,不给家人增添负担。谢芳丽说,当年的她更加害怕听到"未来"这两个字。未来,对于别人来说是希望和辉煌,但对于她,除了绝望还是绝望,她甚至希望自己能够早点离开人世。

生命的光辉,点点复燃

从命运发生改变的那一瞬间,尽管谢芳丽深感绝望、深感无助,尽管轻生的念头屡次闪现在她的脑海中,但与生俱来的求生欲望却迫使着她去接受下一步的治疗与生存,即使这个过程十分痛苦。

在手术恢复期,谢芳丽的伤口上长满了老化的肉芽,每天都要用一把小小的手术刀在那黄黄的肉芽上使劲刮,直至一层黄色的肉芽消失,生出红红的冒着血迹的新鲜肉芽,一天两次。每一次治疗,谢芳丽都咬紧牙关坚持着,实在忍受不住了,她就唱歌,在变调的歌声中完成痛苦的刮磨。

命运没有因为谢芳丽的不幸与坚强而眷顾她,由于第一次手术影响到假肢安装,必须要进行右腿的第二次截肢手术,对仅存10厘米的右腿残端再次修整和缝合。为了不影响伤口的恢复,能够顺利安装假肢站起来,谢芳丽坚持不打止痛针,不吃止痛药,剧烈的疼痛常常让她大汗淋漓,几乎要窒息。

为了能够独立翻身和坐立,谢芳丽开始用绷带系在床头,把被子放在背部的后面,然后用唯一的右手拉着一点点慢慢地往前挪动,由于双腿高位截肢,伤口离臀部太近,而人的重心力量正集中在臀部,每拉一次就会发出钻心的疼痛,她的手在锻炼中一次次被绷带磨出了血,腿上的伤口也因用力如刀割般疼痛。经过长达1个多月的锻炼,谢芳丽终于可以依靠绷带的牵引坐立起来了。

在治疗的同时,谢芳丽开始了茫茫维权之路。在经历了希望、失望、愤怒与坚持之后,谢芳丽在省司法援助中心等部门的帮助下,与铁路部门对簿公堂,最终获得了一定数额的赔偿。谢芳丽说,打官司的过程,就是一个从绝望到坚强,从身心俱残到内心站立的过程,经过这么多的风风雨雨,她突然明白了一个道理:如果内心不坚强,不从内心站起来的话,就算是得到百万、千万元的赔偿款,又能有多大意义呢?

生命的光辉，重获新生

从内心强大起来，就要敢于直面惨淡的人生。

谢芳丽决定走出家门。第一次出门，她紧张地坐在轮椅上，用围巾紧紧遮住脸颊，用毛毯盖住已经高位截肢的下身，当看到路人惊愕、怪异的眼神时，谢芳丽深深地低下了头，她对姐姐说："我怕。"尽管如此，谢芳丽依然迈出了自强的第一步，她开始学习使用电脑，很快，她就掌握了单手打字、复印等基本工作。

2001年，姐姐将自己的文印店转让给谢芳丽。一开始，很多客户因为谢芳丽是重度残疾人，就算文印资料出现问题也不会怪罪她，谢芳丽也习惯了客户的宽容和理解。直到有一次，因为打字还不太熟练，谢芳丽两次打错了同一个地方，不知情的顾客很不耐烦道："你到底会不会打，不会打就不要打了！"在慌乱和自卑中，谢芳丽躲到里屋委屈地大哭，平静之后一想：自己因为残疾，好像已形成了要别人照顾和迁就的习惯，这才是心里最大的障碍，如果想生活下去，想把店经营下去，就要改变自己是残疾人的观点，摆正自己需要人照顾的心态。

从此，谢芳丽大大方方地坐轮椅出门，在文印店里忙这忙那。半年后，谢芳丽正式接手文印店，刚开始时，老店员接受不了给一个重度残疾人打工的现实，纷纷离店，4个员工一下走了3个。很长一段时间里，谢芳丽自己承担复印、打字、销售等大量工作，以

谢芳丽作为创业典型在连云港市纪念三八节105周年主题活动上演讲。（崔长军　摄）

往她每天最多只能坐 1 个小时,那段时间,她却要坐七八个小时,晚上浑身酸疼得睡不着觉,她依然坚持了下来。

2003 年,谢芳丽参加了全县的政府文印、办公用纸定点采购的投标。第一次参加竞标的谢芳丽,甚至不知道什么叫竞标,对相关的细节更是一无所知,为了详细了解情况,她把招标的文件看了几十遍,把要求的每一个细节都看清楚。在了解招标文件的要求后,为了把标书做得更加出色,她从网上搜索投标资料的格式和相关内容,从写公司简介到公司的一系列情况整整用了三天三夜的时间, 坐在电脑前修改一些相关的细节,核算最低的成本。当投标结果出来时,谢芳丽经营的现代化办公中心是全县唯一一家同时中标"文印"和"办公用纸销售"的单位。

从 1997 年到 2003 年,谢芳丽战胜了自我,用残缺的身体,打拼出属于自己的事业,一度濒临枯萎的生命之花再度绽放,归于平静的生活,也有了沁人的芳香……

爱情的最高境界是什么? 是我用江山如画,换你笑靥如花……一位名叫李晶的男子给了谢芳丽一生的承诺。

孩子是美丽的天使,是生命的延续,身躯已残缺,但和爱人的幸福不能残缺,谢芳丽浴血诞下健康漂亮的女儿。

纯净的水晶经过打磨,就能在阳光下散发出耀眼的光芒。谢芳丽说,这是她对人生的体味。

走出阴影与困境的谢芳丽并没有止步,她用不屈的力量,拼尽全力追逐美好的生活。

真爱如同耀眼的光芒照亮着我前行

在遭遇磨难之后,谢芳丽的爱情悄然而至。2002 年,谢芳丽应邀去中央电视台《讲述》栏目做节目,11 月 28 日节目播出后,爱情神话般地降临了——不久,她收到了一封来自北京的信。

写信人是在北京某集团上班的湖北小伙子李晶,信中讲述了他被谢芳丽的坚强和独立所打动,特别是看到谢芳丽照片的第一眼,就觉得这就应该是他人生的另一半。许多人都很奇怪,一个好胳膊好腿的小伙子,在北京有份不错的工作,人又长得不差,怎么偏偏跑到东海追求一个重度残疾的姑娘,是何居心? 李晶的想法很简单:"我就是被她身上的那种执着打动了,她这样的人,我想照顾,也值得我照顾。我能和芳丽结婚,是我的幸运,她在我眼中就是一块珍宝。"

随后的日子里,李晶的电话和信件不断,尤其在 2003 年"非典"期间,李晶一天至少三次从北京打来长途电话,从未间断过,谢芳丽的心慢慢被他感化着,由最初的拒绝

周末，谢芳丽在丈夫和女儿的陪同下外出游玩。(谢方芹 摄)

到无形中的逐渐接受。两人的甜蜜爱情慢慢有了最浪漫的事：李晶时常利用周末时间奔波在北京与东海之间，虽然每次在一起的时间只有短短几个小时；李晶从北京精心挑选了一大捧鲜花，在拥挤的火车上护在自己胸前，赶到东海，只为给芳丽一个惊喜；两人在影楼拍摄精美甜蜜的婚纱照，在丈夫胳膊的有力支撑下，谢芳丽身着洁白婚纱，第一次与丈夫并排站立，露出幸福的笑容；因为身体的原因，谢芳丽在县城买不着合适的衣服，李晶就带着她到新浦、南京购物散心，这也是现在夫妻最喜欢做的事。

谢芳丽说，丈夫的爱就像是一道光，随时都能照亮自己看不见的远方。

2004年年底，在两人认识了两年后，李晶辞去北京某集团营销总监的工作，来到东海，2006 年春节，两人领了结婚证。现在，两人组建了幸福的家庭，女儿快 3 岁了，活泼可爱，李晶悄悄地说："女儿好、贴心，将来就算我不在了，女儿也能好好地照顾着芳丽。"

100%好评是对我诚信创业的最高评价

在文印店的生意走上正轨后，谢芳丽的空闲时间也多了起来，2007 年 3 月，她开始利用东海的水晶资源和自己的专业特长，在淘宝网上做起了水晶生意，在创业的道路上再次迈开脚步。

为了把网店经营好，谢芳丽常常晚上 12 点才睡觉，早晨 5 点半就起床，一个人坐电动轮椅到离家 5 里外的水晶市场早市进货，酷热严寒，风雨无阻。靠诚信积累起来的买家资源，让网店开业不到一年就成了 100%好评的"五钻"店铺，谢芳丽收获的不仅是过百万的营业额，还获得了"江苏省十佳网店"的荣誉。

2007 年，李晶辞掉在东海的工作，和谢芳丽共同经营淘宝水晶生意。有了丈夫的扶持，再加上出售的货源越来越高档，夫妻俩经常到外地进货。"第一次坐火车去广州进货，上厕所不方便，二十几个小时我愣是没喝一口水，实在渴了就用点儿水蘸一下嘴唇。后来条件好了,我们就一起乘飞机去,只要3个多小时。”谢芳丽说。

去年9月,在各方的帮助下,谢芳丽的实体店在县城水晶汇开业了,40平方米的店铺被谢芳丽装修得典雅大方,一件件精美的水晶饰品琳琅满目,坐在轮椅上的谢芳丽对自己店内的宝贝如数家珍,这件是准备寄给西安的客户的,这件是要发往上海的,这件要给在北京的刘姐留着。真心换取真心,真诚交换真诚,网络上的顾客成了现实中的朋友,谢芳丽的女儿到现在穿的衣服,都是全国各地的老顾客寄来的。

我要让更多的人感受到爱和温暖

谢芳丽珍惜生命,更渴求新生命的到来。婚后,医生曾建议她尽量不要怀孕生子,但面对深爱自己的丈夫,谢芳丽还是想做一个称职的妻子、一个真正的母亲。当怀孕38周时,谢芳丽的身体负荷已经达到了极限,医生不得不为她进行剖腹产手术,手术必须要注射麻药,可谢芳丽的身体特殊,用麻药很有可能会影响到孩子的智力。

“健全是多么的宝贵,我绝不会让自己的孩子受到一点点伤害。”谢芳丽选择不用麻药,当冰冷的手术刀划向她残缺、无防备的身体时,在场的医生与护士无不心痛、敬佩至落泪。谢芳丽死死握住护士的手,终于熬到了新生命诞生的那一刻,2009年4月11日9点55分,女儿李姝涵出生了,一个满分宝宝。手术室外,全家人悲喜交加。

只有经历过的人,才会对生命有着非同一般的认识。谢芳丽说,经过了那么多的苦和痛,她只愿意记住那些给她鼓励和温暖、真心帮助过她的人,而今天,她正努力把那一份份的爱心传递给更多的人,让更多的人感受到爱和温暖。

湖南的一个小伙子不幸被火车轧伤,造成了双腿和左臂高位截肢,面对生活的困扰和病痛的折磨,他想到了自杀。灰心失望之余,他给谢芳丽写了一封信。收到信后,谢芳丽立即拨通了他的电话,鼓励他振作起来。在电话里,谢芳丽向他传授了一只手打字的技术,指导他开电脑打字复印店。半年之后,小伙子打来电话,他已经在湖南一所大学里开办了文印店,可以自食其力了。

谢芳丽通过县残联得知石湖乡有一个孩子因为家境贫寒,学费、生活费没有着落即将辍学时,她主动和家长联系,连续资助这个孩子3年。3年来,每个寒暑假开学之前,谢芳丽都要给他准备好学费、生活费以及新学期的学习用品和生活用品。

东海县钢铁居委会一位女孩从小患病,21岁了还只有10岁的孩子那么高,在与病魔斗争的十几年里,女孩从未放弃过学习,并坚持参加高考。在得知女孩最大的愿望是有一台电脑,开一家网上水晶店铺时,谢芳丽主动提出要给她买一台电脑,帮助她实现她的创业梦。

在淘宝网上,谢芳丽连续7年参加了爱心捐赠工程,每卖出一件水晶制品都会向慈善总会的账户捐赠一定比例的收入。她还在网络注册参加了“爱心妈妈”行动，与县妇女联合会联合搭建“小袋鼠寻爱”水晶义卖公益平台。2008 年汶川发生特大地震，谢芳丽听后忧心如焚，她积极参与网上义卖活动，一个星期晚睡早起，所有货品收入加运输费，总共给灾区捐去 5000 多元。

谢芳丽经常受邀去学校、企业、女子监狱参加义务演讲，为企业和学校送去精神食粮。那个大街上的讨饭老人，那个学费、生活费没有着落的农村孩子，那个在云南山区的贫困学生，那个从湖南打来电话说要听到她的声音的自杀者，那个从安徽赶来的失去一条腿的女孩……他们从谢芳丽这里得到的是不仅仅是物质上帮助，更多的是精神上的安慰和鼓励。

相信只要心中有爱，无论是亲情、友情、爱情，还是社会的温情，不管是别人给予我们的关爱，还是我们给予别人的关爱，都会成为我们生活中的动力和支持。谢芳丽这样说着，也这样做着，这个如同水晶一样明净的女人，用水晶一般坚强的意志扛起了人生磨难，用一只手撑起了人生一片天，用水晶一般晶莹透彻的心灵诠释着生命如花般的芳香与美丽。

记者手记

中共连云港市委宣传部　许思文

第一次见谢芳丽是在全国最大的水晶集散地——东海水晶城，她微笑着端坐在轮椅上，背后的“芳丽水晶”几个字显得格外醒目，丈夫李晶在一旁轻轻哄着他们熟睡的女儿，并不大的房间里到处充满着温馨、洋溢着幸福。轻声慢语，思维敏捷，有对事业的执着追求，有对家庭的美好憧憬，和她交流，我完全忘却了她身体上的残缺，感受到更多的是人如其名的芳香温和。

她的自强自立，本身就是一个奇迹。挺过了三次大手术、无数次小手术带来的剧痛和折磨，失去三肢、高位截瘫，多少人感叹谢芳丽可能一辈子都要在床上度过了，可她自己却偏偏不信，从学会坐，到学会单手打字，到经营打印店、开办水晶店，带动周边的人就业，一步步走来，克服了许许多多常人想象不到的困难。一个理应受到照顾的人，却丝毫没有拖累旁人，反而积极地回报社会，这就是一种奇迹。

她的温暖小家，给人无穷感动。谢芳丽说丈夫和女儿是上天给自己最好的眷顾，高大俊朗、厚道诚实的李晶只是微笑着、附和着，并不多言。是啊！谢芳丽能走到今天，离不开李晶的默默支持。为了谢芳丽，李晶毅然放弃北京的丰厚收入和稳定工作，只身一人来到东海，用爱和付出充当起了谢芳丽的臂膀和双腿，用浪漫和传奇撑起了一个家的天。夫妇俩常常一起到外地进货，逛街买衣服，甚至花费 5 个小时一级一级搬着轮椅爬山。李晶说,他要让妻子像常人一样快乐。

谈话间,快递公司来了,谢芳丽夫妇熟练地分拣水晶,精心包装好。快递公司员工说:"这几个货要发往南京、上海、秦皇岛,在我眼中,谢大姐挺不容易的。四肢健全,做这个事情都不容易,更何况她呢?在我所见的人中,她是最令人敬佩的。"

2007年,谢芳丽尝试经营水晶网店,同时也把自己的故事贴到店主论坛上。网友们一开始半信半疑,不相信有这样的事、这样的人,结果越看越起劲,越看越感动,无数兄弟姐妹送去祝福和鼓舞,也有向她求助的,谢芳丽都一一给予耐心细致的回复。感恩、感谢,这是谢芳丽说得最多的话语,她对生命的执着、对生活的热爱,让电脑屏幕前的我也感动得热泪盈眶。

一位哲人说过,生命有如铁钻,愈被敲打,愈能发出耀眼的火花。对谢芳丽而言,命运显然是不公平的,花样年华,遭遇横祸。然而,面对常人难以忍受的磨难和坎坷,谢芳丽没有消沉,更没有退缩,而是选择了自强自立、拼搏人生,通过艰苦创业、诚信经营、奉献社会,活出了尊严、取得了成就,更在风雨之后用阳光般的美好爱心和真诚诠释着人间大爱的美丽。世界以痛吻我,我报之以歌,这是她真实的人生写照。

微语录

"我坚信,人生遭遇挫折和不幸并不可怕,可怕的是自我放弃。任何时候,我们都应抱着'永不放弃"的信念,相信生活,相信明天会更好,相信黑夜后面有黎明,相信阳光总在风雨后!"——"轮椅上的创业者"谢芳丽

微评论

腾讯网网友"徐黾"说:谢芳丽身陷逆境,百折不挠,勇于在风雨中拼搏,始终走在时代的最前沿,她凭借过硬的心理素质、较强的适应能力、真诚的服务理念、极佳的人格魅力,成为拼搏创业的成功典范,称她为"江苏的张海迪",当之无愧!

腾讯网网友"高小娥"说:赠人玫瑰,手有余香。谢芳丽以健康而阳光的心态参加爱心志愿服务,用自己的真言善行感染着那些遭遇不幸的人,让他们感受温暖,看到希望,激发与命运抗争的勇气与力量,不断向社会传递爱的正能量,同时也升华了自己的灵魂,生成了不可估量的动力,走出了不同凡响的人生之路。谢芳丽凭借自己的智慧和汗水赢得了社会的尊重,收获了成功的喜悦和婚姻的甜美。她集诚实、坚韧、善良等优良品德于一身,折射出奋进不已的时代精神,是神州大地上践行社会主义核心价值观的好榜样。

2015年12月27日，部分武汉长江救援志愿队队员在武汉钢城冬泳基地合影。(新华社记者　金立旺　摄)

“守望生命”长江救援志愿队

2010年起，武汉三镇22支民间冬泳队自发组建长江救援志愿队。他们分工协作，值守在长江、汉江主要险段，他们拿命博命，一次又一次下水救人，使两江溺亡人数大幅下降。他们没有酬劳，所有人都是志愿服务；他们不求感恩，以救人一命为单纯目的；他们纯朴低调，救了人甚至不向家人提及。多年来，他们救人无数，却默默无闻。

今年10月25日晚，志愿队员陈忠贵为救3名落水青年牺牲，才让长江救援志愿队这一英雄群体浮出水面，广为人知。11月19日，《长江日报》以长篇通讯《牺牲背后是生命守望》，全面报道了长江救援志愿队的事迹。随后，《人民日报》、中央电视台等中央媒体跟进报道。报道后，湖北省委书记李鸿忠、武汉市委书记阮成发分别做批示，号召向长江救援志愿队学习。

牺牲背后是生命守望

——来自长江救援志愿队的报告

《长江日报》记者　范文生　刘智宇　夏奕

本人在报名时应意识到所志愿参与的救援行动本身所潜在的风险，包括人身伤害、物质和经济损失、工作受误，并且可能得不到合理的赔偿。——《报名须知》第五条

10月25日晚，3名在长江中遇险的外地青年被多名武汉市民合力救起，参与施救的陈忠贵却魂归大江。

当时，人们并不知道这些施救者有一个共同的身份：长江救援志愿队队员。

如果不是陈忠贵的牺牲，大部分武汉人并不知道有这样一群人：他们义务守望在长江汉水边，今年已从汹涌波涛中救起200多人。

当天，与64岁的陈忠贵一起施救的，还有6人。

王家巷码头临近两江交汇口，岸边水流较缓，趸船间密密麻麻布满水葫芦，离岸10米外，则水流汹涌。

来武汉打工没几个月的3名汉川青年，晚饭后在此游泳，被水葫芦缠住，卷进激流。陈忠贵等3人下水，4人在岸上配合，将他们救起。一团顺江疾冲下来的水葫芦将陈忠贵兜头盖住……

4天后，陈忠贵的遗体在15公里外的天兴洲被找到。

陈忠贵的牺牲，引起了人们对长江救援志愿队的注意。4年来，自发组织在一起的这百余人的群体，一直义务守望在三镇的两江四岸。仅今年，他们已从汹涌波涛中救起200多人。

随着记者采访陈忠贵事迹地不断深入，一个个江中救人的故事浮出水面——

一天上午，一名女子在龙王庙观景台跳江。正在值守的魏需建跳下水，从激流中把她救起。经胸外按压恢复了意识后，这名女子突然又顺着台阶滚入江中。魏师傅赶紧再次下水，把她拖上来。

2015年12月26日，240多名冬泳爱好者横渡长江，武汉长江救援志愿队安排了10艘船只、近30名队员全程保护。图为武汉长江救援志愿队发起人、名誉队长俞关荣在观察江面情况。(新华社记者 金立旺 摄)

一天晚上，长江突然涨水。队员张仁锰在晴川桥下救起一名溺水男子。此时，其妻仍带着孩子在江边玩水，对老公遭遇险情浑然不知。

一名男童独自在大堤口江边玩耍，踩上青苔后坠入江中，在此值守的吴晓君潜入江底将其救起。第二天，一名老人领着一对双胞胎来岸边答谢，其中一个正是前一天被救的男童。

没有强制性的要求，也没有任何报酬，这群冬泳爱好者用彼此的约定，把渡江时看见险情、施以援手的人性本能，变成了江边轮值、守望生命的共同责任。

救援志愿队队员来自武汉22支冬泳队，平时游泳的地方，就是他们的值守点。

陈忠贵是王家巷冬泳队队员。他牺牲的王家巷，就是他的值守点。

长江、汉江交汇，在武汉形成两江四岸350公里岸线。江水湍急，特别是夏秋汛期，水流最急时达到每秒6米。每年三镇溺亡事故，多则百余人，少则数十人。

冬泳队员们都是游泳好手，大多数都有在江中“拉人一把”的经历。

“组建一支队伍，比较专业地开展救援。”2009年，圣士长游冬泳队队长俞关荣在悠游网发帖倡议。

帖子引起一片响应。2010年3月，18支冬泳队队长齐聚一堂，酝酿成立长江救援志愿队。

章程草案确立，投票表决。商议到《报名须知》第五条，大家沉默了一会，最后全票通过。

这一条是：“本人在报名时应意识到所志愿参与的救援行动本身所潜在的风险，包括人身伤害、物质和经济损失、工作受误，并且可能得不到合理的赔偿。”

一张张《水上救援队报名表》分送到18支冬泳队。拿着表，队员们不约而同留意到了《报名须知》第五条,笑称是"生死状"。笑归笑,发下的128张表,最终收回了114张。

俞关荣以全票被推举为长江救援志愿队队长。这是各冬泳队每队2名代表、一人一票投出来的。

消息传出,又有4支冬泳队加入。这22支冬泳队覆盖了三镇各处亲水点:长江最上游有平湖门队,最下游有钢城建五队;汉江最上游有古田队,最下游有龙王庙队。

今年5月,志愿队推出区域值守制度。在长江王家巷码头、汉阳门、大堤口、建五码头、二桥江滩、龙王庙、汉江崇仁路和古田,整个夏天,每天都有志愿队员分时段轮流值守这8个游泳人群密集区域。值守的任务,除了救援,还包括提醒戏水者离开危险水域。

救援志愿队中,有的人靠打工谋生活,有的人是身家千万的私营业主……社会身份迥异、家庭境况不同,但从没有影响到彼此对约定的一致坚守。

陈忠贵中年下岗,婚姻破裂。牺牲后,为他送行的除了队员们,还有与他相依为命的儿子。

志愿队中有像陈忠贵这样的工人,还有干部、银行职员、教师、公务员、出租车司机、私企老板……他们中最小的41岁,最大的70岁。

志愿队员们虽然相互间见过面,但是如果不是来自同一支冬泳队,多数叫不上名字。大家日常联系靠各队QQ群、微信群、论坛。

志愿队排班,总体上由各冬泳队队长掌握,根据各人空闲安排;一旦安排了就必须到岗;分7至9时、15至17时、18至21时三班,一点一班保证至少2名队员。

青山区李宇飞是一家高新材料研发公司的总经理,北上广来回飞、国际电话打不停,但脱下西装穿上泳裤,就和其他队员一样。

不愿意透露姓名的袁师傅,在大堤口值守,平时经营一家汽配店,身家上千万。

李世平是出租车司机,值守月亮湾。

张仁锰是汉口一家企业的管理人员。今年8月初,他曾目睹一对中年夫妻的失声哭号:其17岁的独子,参军前一天游泳溺亡。此后连续三个星期,张仁锰每天延长值守时间,在1公里长的江堤上,扛着游泳圈、救生绳,一晚上走几十个来回。

"不管是下岗职工还是千万富翁,穿上泳衣就是长江救援志愿者。"志愿队队长俞关荣说。俞队长本人,是武汉最大一家翻译公司的总监。

陈忠贵是救援志愿队的第一个牺牲者,也许不会是最后一个。大家对此都很清楚,但没有一个人要求退出。

陈忠贵离去的那几天,队员们陆续会聚到王家巷码头江边。相熟的不相熟的,握一

2015年12月26日,240多名冬泳爱好者横渡长江,长江救援志愿队安排了10艘船只、近30名队员全程保护。图为一名队员在救援船只上待命(新华社记者　金立旺　摄)

2015年12月26日,240多名冬泳爱好者横渡长江,长江救援志愿队安排了10艘船只、近30名队员全程保护。图为队员们完成安全保障任务后,搬运发动机回武昌江滩办公室。(新华社记者　金立旺　摄)

2015年12月27日,在武汉钢城冬泳基地,一名武汉长江救援志愿队队员下水前热身。(新华社记者　金立旺　摄)

握手，或者用力拍拍对方肩膀。更多时间里，大家坐在岸边，默默望着眼前不断流过的江水。

“水中救人是‘拿命博命’的事，队员都知道救人意味着什么，现在老陈不幸成为我们中的‘第一个’。”汉正街队队员、教师李钢这样解释队友们“异常的安静”。

陈忠贵的牺牲，让大家重新掂量起志愿队《报名须知》第五条的含义。

其实，多位队员都险些成为“第一个”。

5月底，队员张纯详在青山区建设五路江滩遇险。他将溺水的年轻人双手反扣住，准备往岸边拖，没想到年轻人一个后蹬腿，踢中其要害，“当时，人几乎晕厥”。幸运的是，队友及时将游泳圈扔了过来。

7月23日晚，汉阳门码头，江水超出防洪设防线1米多。由于天气热，戏水人极多，险情不断。值守在这里的赵汉清下水5次，救起6人。最后一次上岸时，他的两腿直打战。“体力完全透支，但在当时的情况下，根本考虑不了更多。”赵汉清事后说。

陈忠贵牺牲已有20余天，长江救援志愿队没有一个队员退出。

记者手记

《长江日报》记者　刘智宇

平凡着，也很伟大

——长江救援志愿队的志愿之约

时代楷模、感动江城人物、模范市民群体……武汉两江四岸，常年坚守着一群人，罗列他们所获得的荣誉、头衔，难免给人以“高大上”的印象。

然而，相信我，这群人是如此平凡。每一天，你都有可能在城市的大街小巷与他们擦肩而过，他们有可能是和你同在一个办公室貌不惊人的同事，也可能是你久未联系的儿时玩伴，甚至有可能是与你朝夕相对的挚友亲朋。

如果你未曾发现，那一定是因为，他们有一个共同的名字——长江救援志愿队。

2014年10月26日清晨，一位市民给《长江日报》新闻热线打来电话，急得几乎哭出声：“老陈为了救人，沉到江里了。”

我第一时间赶到事发的汉口王家巷码头。原来，前一天晚上8点，64岁的陈忠贵与同一支冬泳队的老伙计们合力救起3名江中溺水的年轻人，救援中，陈忠贵体力不支，被一团顺江疾冲下来的水葫芦兜头盖住……4天后，陈忠贵的遗体在15公里外的天兴洲被找到。

陈忠贵的牺牲，引起了人们对长江救援志愿队的注意。2010年，武汉18支冬泳队自发组建长江救援志愿队。5年来，这群人默默守望在三镇的两江四岸，义务值守救援，仅2014年，他们就从汹涌波涛中救起200多人。

这究竟是怎样的一群人？《长江日报》编辑部对这一英雄群体高度重视，组成报道组深入挖掘这一英雄群体的点点滴滴。

当时，长江救援志愿队有8个固定值守点，散布在两江四岸多个险段。如何挖掘这一英雄群体？没有捷径，唯有一个值守点接着一个值守点地实地探访。11月初至11月中旬，两个星期的时间内，我放下所有日常报道任务，全心投入对长江救援志愿队的探访之中。

为看到冬泳队员清晨下水的情景，我凌晨5点多起床，打的赶到江边蹲守，一蹲就是好几个小时。探访完汉口的王家巷、龙王庙值守点，我从武汉关坐轮渡到武昌的中华路码头，与大堤口、黄鹤楼、平湖门值守点的志愿队员们促膝长谈。傍晚，坐公交到青山建设五路江边，观察志愿队员们演练救援值守。

那段时间，结束一天的采访回到家，常常累得顾不上洗漱，倒头就睡。累是累，但从一个陌生人转变为志愿队员口中亲切的"小刘"，我的内心感到充实、愉悦。

两周采访，先后采访百余名志愿队员，与志愿队员家属、相关政府部门深入接触，对于这样一群人，我的认知归纳为两个词——"平凡"和"伟大"。

他们是平凡的。志愿队员们来自社会各行各业，有像陈忠贵这样的退休职工，还有干部、银行职员、教师、公务员、出租车司机、私企老板……和大多数武汉人一样，他们个性耿直，热心快肠，搭白算数，身上洋溢着质朴与豁达。

他们也是伟大的。与我谈起江中救援，志愿队员们习惯用"拉一把"形容，轻描淡写，举重若轻。可实际上，每一次下水，都是与死神的一次殊死搏斗。

2013年5月底，钢城支队队员张纯详救援一名溺水者时，被对方一个后蹬腿踢中要害，几乎晕厥在江中，所幸，队友及时将游泳圈扔了过来。张师傅疼得骑不了自行车，愣是推着自行车走了几公里回到家。我问张师傅，您回家怎么跟家人交代，他说："我跟爱人说，骑自行车摔了。"

不少队友都遭遇过类似险境。其实，在队员们入队时交的《长江救援志愿队报名表》上，这份危险显而易见。《报名须知》第五条被志愿队员们笑称为"生死状"，这一条是："本人在报名时应意识到所志愿参与的救援行动本身所潜在的风险，包括人身伤害、物质和经济损失、工作受误，并且可能得不到合理的赔偿。"

江中救援，你怕不怕？探访中，我时常这样问志愿队员们。"也时常感到后怕，但是看到有人溺水不去救，良心上过不去。"队员们的回答异口同声。陈忠贵牺牲后，志愿队没有一个人退出。如今，队员人数已从最初的百余人飙升至千余人。

作为一名新闻工作者,有机会接触并了解这样一支队伍,是一种莫大的幸运。乐观面对苦难,碰到弱者搭把手,他们身上平凡而伟大的志愿光辉将伴随我一辈子,我也将以此善待生命、笑对生活。

微语录

"最大限度减少溺亡事故,这是当初确立的建队目标。如今,越来越多的人开始关注长江救援志愿队。未来,无论这支队伍如何发展,这个目标都不会变。"——俞关荣

微评论

网友"-昊嘉-"说:郑重承诺,义务承担,人性之美,万分敬意。中国梦,中华魂!

网友"stephen-谭林夕"说:生命的守卫者!我们大武汉的骄傲。

2015年9月30日，刘芳在贵阳市白云区西南风书店“闻书香”。虽然失明，刘芳还是长期保持着逛书店的习惯。（新华社记者 王全超 摄）

“中国大山里的海伦·凯勒”刘芳

从被医院确诊为视网膜色素变性的患者后，乡村女老师刘芳逐渐由光明走向了黑暗。当还有微弱的光影感知时，她在教学中费尽心思创新教法，学生的语文成绩不但没有后退，反而成为年级中的佼佼者；失明后的刘芳在校园德育领域里为学生开辟了心灵家园，担当了迷失方向学生的引路人。近年来，刘芳的“影响力”扩大到校园之外，她受邀到其他学校和单位做报告，写励志小说，她的奋斗故事让无数聆听者和读者潸然泪下。

盲人女教师刘芳，中国大山里的海伦·凯勒

新华社贵州分社记者　李柯勇　李春惠

整整10年，她从光明走向黑暗。

都说后天失明的人最痛苦，可她不仅没有被黑暗吞没，反而用一颗热诚的心照亮了身边无数人。

在她平凡的人生中，为什么有那么多不平凡的故事？

她叫刘芳，贵州农村中学一名女教师，被称为"中国大山里的海伦·凯勒"。

在黑暗中抓住光明

1997年，一纸命运判决书从天而降，医生说刘芳的眼病叫视网膜色素变性，发病率只有百万分之一。那年她26岁，在贵阳市白云区第三中学刚工作4年，跟相爱的人结了婚，8个月大的儿子在襁褓中咿呀学语……

刘芳的视野一天比一天窄，视力一年比一年模糊。

2001年，她读了最后一本纸质书，是《笑傲江湖》。

2006年，她看到的最后两个字，是课本封面上的"语文"。

2007年，她完全被黑暗包围。

但是，初见刘芳的人，大多都不相信这是个盲人。

在家，她扫地、洗衣服、倒开水、冲咖啡、炒菜、在跑步机上锻炼，动作熟练得几乎与常人无异。借助盲人软件，她发短信比很多明眼人还快。在学校，她可以独自走近百米，下两层楼，转五个弯，轻松找到公厕。

很少有人了解，这些年她是怎样挺过来的。

2008年初冰雪灾害时，小区停水停电，她拎着大桶，摸索着下6楼去提水。巨大的冰坨子在头顶摇摇欲坠，天寒地冻，一步一滑，最后她累得晕倒在地……

不知多少次绊倒、磕伤、撞墙、烫出水泡、碰碎杯子，现在她小腿上还满是青一块紫一块的伤痕。绝望、沮丧、灰心，她想过放弃。但转念一想，又释然了："哭也是一天，笑也是一天。生活不能改变的话，就改变生活的态度。"

有人建议她病退或休息，她婉拒了："那样我的生命就真的终止了。"

一个盲人要想留在讲台上,无疑要付出超过常人几倍的努力。

写板书,她有时会写歪,有时重叠到一起。一次,她没留意走到了讲台边缘,一脚踏空,摔在垃圾桶上。学生奔过去扶她,说:“最后两个字都写到墙上去了。”

眼睛沉入了黑暗,唯有心能抓住光明。

她尚未全盲时,有一次学生们发现,刘老师把课本拿倒了,照样侃侃而谈,这才知道,她根本没有看书,而是在背诵课文。

为了教好书,刘芳把初中三年的文言文全部背了下来,重点、难点也一一记牢,把几大本厚厚的讲义全都装在了心里。视力越来越差,课却讲得越来越精彩。

说、学、逗、唱,她几乎变成了相声演员,课堂上充满欢声笑语。“眼睛不好,上课就一定要生动,才能把几十双眼睛吸引到我这儿来。”

她用耳朵批改作文。学生朗读,她和全班同学一起即时点评。听、说、读、写,多种训练同时进行,比单向的教师批阅效果更好。

在她的视力不断衰退时,她的班级成绩不仅没有退步,反而教出了两个语文单科中考状元,在白云三中至今无人超越。

学生越来越喜欢她。听说她可能不再担任班主任,学生们跑去求校长,哭着说:“一定要把刘老师留下啊!”毕业了,他们把自己的弟弟、妹妹牵到刘芳手上,点名要进她的班。

打开一扇心之门

由于受到视力的严重影响,从2008年起,刘芳接受学校安排,转型担任学生的心理辅导教师,为学生“引路”。让一个盲人去宽慰明眼人,这的确很少见。

2009年的一天,年轻老师章玉嘉向刘芳求助,声音都颤了:“我们班有个女生想自杀。”

找到那个女生,刘芳一伸手,摸到了纤细手腕上厚厚的纱布。这个平常很文静的小姑娘来自一个重组家庭,她觉得自己是个多余的人。

刘芳用一块布蒙上她的眼睛,说:“你就这样跟着我一天,试试我是怎样生活的。”

一天之后,刘芳问:“容易吗?”

“不容易。”

“我天天都是这样生活的。我都能好好活着,你有眼睛,又漂亮又可爱,完全可以比我活得更精彩,为什么要放弃自己呢?”

姑娘的眼泪大滴大滴落在刘芳手上。

刘芳又去姑娘家家访。她看不见路,只能让章玉嘉牵着自己。天黑了,她们坐一个

2015年9月28日，刘芳在心理辅导课上授课。（新华社记者　王全超　摄）

多小时的车，又深一脚浅一脚走过狭窄的乡间小道，数着电线杆，才找到那个偏远的村子。

刘芳告诉家长，孩子什么都不缺，缺的就是一点爱。她把母亲的手拉到了女儿手腕的伤疤上："你不爱女儿吗？"

"爱。"质朴的农家妇女一辈子都没有这样袒露过感情，而当"爱"字出口，尘封已久的心门终于打开了，母女俩抱在一起，痛哭失声。

那时，贵州农村学校的心理辅导基本是空白。白云三中地处城乡接合部，青春期与社会转型期交织，千余名学生心理问题丛生。

刘芳把自己的工作概括成四个字——用爱倾听。

在她建立的"成长档案袋"中，学生塞进了各种各样的纸条，把不愿告诉别人的"秘密"向刘芳倾诉——"我无法克制住对她的好感。我的心总是上下浮沉，不知如何是好"。或者，"今天，最疼爱我的奶奶去世了，我想坚强一点，可是怎么也止不住泪水"。还有，"现在的父母对我恩重如山，但我渐渐长大，突然很想回到亲生父母身边去"……

学生全部来自农村和进城务工家庭的白云三中，贫困生很多。对穷孩子，刘芳总会多尽一分心力。

不久前的教师节，已大学毕业并也成了一名老师的袁凤梅发来短信："刘妈，感谢命运中出现了您。”

读初三时，袁凤梅的父亲病逝，刘芳把她当女儿来照顾。袁凤梅回忆：“我最难的时候，刘妈始终陪在身边。她很少触碰我的伤心事，像阳光一样包容着我。”

中考前，刘芳抱着袁凤梅问：“还有什么问题吗？”

“你要相信女儿。”袁凤梅说，“你眼睛看不到了，还把我们教得这么好。我有什么理由学不好？”

那一点一滴的爱，在孩子们心里留下了长久的温暖。

爱和力量

刘芳最后一次看清儿子阿牛的脸，他才七八岁，现在都读大学了。十多年来，关于儿子的每一缕记忆，都伴着甜美与刺痛。

才 3 岁，阿牛就会说：“妈妈，不抱，宝宝自己走。”那时在白云区，常有人看到这个场景：一个小不点的孩子牵着妈妈的手，左右张望着过斑马线。有车，他就说：“妈妈不要动。”可以过了，就喊：“妈妈快跑快跑快跑！”

刘芳的丈夫常年在外打工。在母亲搬来同住之前那些年，刘芳都是独自带孩子。因

2015年 9 月 29 日晚，刘芳借助盲人软件，用电脑写作。（新华社记者　王全超　摄）

磨砺而早熟的孩子,对妈妈有着更深的爱。

"我妈妈是个很平凡的人,但是做了很不平凡的事。"在小学作文中,阿牛写道,"她的眼睛看世界是黑暗的,可她的心在什么地方都会发光。"

自打刘芳坚持站在讲台上,就非议不断:"一个盲人,还教什么书啊?"但她有一种倔强的自尊——压力越大,越要站得直!而来自身边的爱和支持,则是她的力量源泉。

很多同事都当过刘芳的"秘书",帮她打印资料、整理教案,领着她去吃饭、逛街、聊天。学生们都争着去搀扶她,把她牵到讲台上,还把粉笔、黑板擦放在固定位置,这样她一伸手就能拿到。

她的善良、乐观与坚强又感染着身边每一个人。有个同事的女儿要做手术,血浆不够,她第一个报名献血。全校师生都知道她的存折密码,谁有急需都可以借用。

"刘芳给我们很多力量。"同事毛艳红说,"她都认真地活,我们有什么理由随便过?"

刘芳爱读书,甚至失明之后,她也常去逛书店。打开一本书,把脸埋进去,深深吸一口,当墨香弥漫胸腔,那字字句句就仿佛飞了出来,如萤火虫般环绕着她,让她沉醉不已。

她小学五年级写了第一首诗,后来在报刊上发表过一些小作品。电脑装了盲人软件后,经常敲点东西就成了她最大的乐趣。令人惊叹的是,她先后完成了两部长篇小说,一部 17 万字,一部 28 万字,其中一部已经出版。

历时 8 个月写成的作品《石榴青青》,80%以上的内容是真事——一群 70 后年轻教师坚守西部农村的酸甜苦辣、悲欢离合的故事。这本书积极向上、幽默风趣,很多细微观察比其他作家更敏锐。

2015年11月19日,刘芳在她所著的第一本小说《石榴青春》上签名。(新华社记者 欧东衢 摄)

在小说的前言中，她写下一句话："一条河，在地面奔腾时是一条河，在地下流淌时还是一条河，最后它们都奔向了大海，在那里它们的灵魂是平等的。"

记者手记

新华社贵州分社记者　李春惠

黑暗中的执着与微笑

在采访失明乡村女教师刘芳事迹的全程中，众多学生和老师讲述了许多感人故事，有人夸赞她，有人佩服她，有人崇拜她，而最让我感动和震撼的，是刘芳对三尺讲台的执着，以及为此付出的心血。

一个失明的人给健全的学生上课，这的确是很少见的，采访之前我充满了好奇与疑惑。

今年8月，我第一次见刘芳、第一次听她的心理咨询微讲座。她与其他盲人不一样，穿着一条黑白相间的连衣裙，长发在脑后扎成一个低低的马尾，眼睛亮亮的、黑黑的，脸上挂着笑容。当我扶着她一起经过操场、教学楼走廊时，不断有学生大声喊："刘芳老师好，欢迎来我们班做讲座。""刘芳老师我们好想你。""刘芳老师，来我们八(4)班哈，记住哈，八(4)班……"

当刘芳笑眯眯地走进九(1)班时，全班响起了热烈的欢呼声和掌声。讲座的主题是：暑假里碰到的困难和应对办法。同学们一个个举手发言，有的说兄弟间如何由不和谐变成和谐，有的说意外受伤后如何度过假期等。刘芳的头随着学生的声音转过去，不时插话、点评，教学语言风趣幽默、别具一格，课堂气氛被营造得十分活跃。这节课，我感受到刘芳是一位学生很信任的老师。

今年9月，我和李柯勇老师等走进九(3)班教室，听了一节刘芳"客串"的作文课，这堂课的主题是"移步换景"。刘芳的教学方法比较独特，她举例子，做说明，结合作文教学讲故事、说笑话，课堂上笑声不断。之后布置每个学生当堂写一段落，一些学生写出的美妙文字令我吃惊。一个学生告诉我，刘老师每次上课都是如此妙趣横生，同学们上她的课愉快又轻松。这节课我感受到刘芳是一位有智慧的老师。

下课了，同学们抢着扶刘芳，走到教室门口时，刘芳回过头来微笑着向同学们挥手告别，仿佛看得见同学们一样，全班同学也向着她挥手说再见，仿佛刘芳看得见一样，那一刻，我的眼泪溢出眼眶。

刘芳深受学生的欢迎，但在教学这条路上她究竟经过了多少坎坷？克服了多少困难？付出了多少心血？

1993年,刘芳实现了多年愿望成为一名语文老师。1997年,正当刘芳将工作干得风生水起之时,却被确诊为视网膜色素变性,这种病症将导致眼睛失明,她的心沉到谷底,最令她最担心的,是还能不能留在三尺讲台上。

刘芳的视力越来越差,眼睛只有微弱的光影感知了,她的板书歪斜、叠加,有时还写到了墙上,批改作业时眼睛几乎和作业本挨着。看到刘芳的艰难,学校多次劝刘芳办理病退,但刘芳均回绝了,她说自己热爱教学,眼睛看不见带来的伤痛远不及不让她教书伤痛,如果让她离开讲台,等同于生命终止。

刘芳教学更投入了,上课时挥洒自如、尽情绽放。

在视力不断衰退之时,刘芳班级的成绩不仅没有退步,反而教出了两个语文单科中考状元,这不能不令人惊奇。

但是,不走近刘芳就不知道她有多难,刘芳腿上、胳膊上经常有瘀青,脸上有时也会破皮、浸血,那是摔的、碰的。洗菜、炒菜看不见,她会将菜叶上没洗掉的虫子炒了吃掉……

由于不能正常教学,她想了很多办法弥补。不能像其他老师一样写教案备课,刘芳就在学生和其他老师的帮助下将教材上的重点全部背下,上课时脱书发挥。她还"发明"了很多个性办法,连相声里的说、学、逗、唱都被巧妙地运用在教学中,同学们笑得"人仰马翻",同时记忆深刻。

她费尽心思创新了作文教法,给学生留作文,自己必须先写一篇同题作文,同时作文批改在教室里完成,学生轮流上台朗读自己的作文,全班同学一起修改、点评、打分,让每一个学生在听、说、读、写四个语文能力上得到一次综合训练。刘芳的作文课上有时充满了愉快的笑声,有时课堂上飞溅着动情的泪水,连那些不爱写作文的孩子都愿意上课。

2007年后刘芳彻底生活在黑暗中,但是依然用她的人格魅力以及乐观向上的健康心态感染和鼓舞着学生。

刘芳已经不是在对待一项工作了,而是把教书育人作为挚爱的事业甚至信仰来对待,她不断地努力与付出,并收获了自信、欢乐和满足。

愿刘芳继续在挚爱的三尺讲台上耕耘,实现属于她的人生价值。

微语录

"要有勇气接受现实,创造属于自己的人生价值。"——"中国大山里的海伦·凯勒"刘芳

微评论

网民“花开花谢”说：刘芳二十余年孜孜不倦，不仅演绎了可歌可泣的动人故事，也抒写了厚重的精神价值。

网民“张成”说：刘芳没有因身体残疾自怨自艾，止步不前，相反她敢于面对困难，一次又一次战胜了命运，她的故事不仅是一种价值、一种精神，更是一种超越。

2015年5月11日，吉隆边防检查站监护中队指导员熊英杰将“吉隆边防检查站”红旗交到吉隆边防检查站政委尕麻旦增手中，完成换防。(新华社记者　殷刚　摄)

“国门卫士”吉隆口岸边防战士

尼泊尔“4·25”大地震，让西藏吉隆口岸成为“孤岛”，路不通，没信号，电力中断。周围高山直插云霄，犹如水桶似的，将吉隆口岸紧紧箍在桶底。面对余震和山上的飞石，驻守在此的边防官兵走滑坡，钻危房，谱写了一曲国门救援的军人之歌。当人们乘直升机转移后，却有21人写下遗书，主动要求坚守阵地，誓死守卫国门，用生命镌刻爱国与忠诚的丰碑！身处孤岛不畏惧，留下遗书写忠诚。他们就是西藏吉隆口岸的21名血性边防战士。

国门之魂——记留守吉隆口岸“孤岛”的21名血性“国门卫士”

新华社西藏分社记者 杨三军 张京品 王守宝

尼泊尔“4·25”强震，让西藏吉隆口岸成为“孤岛”。震后，一架架直升机起起落落，载着这里的人们转移离开。

没有走的，只有21人。他们是留守国门的边防官兵，吉隆口岸一群当代血性军人。

国门救援

吉隆口岸，国门屹立，国徽闪耀。

4月25日14时11分，尼泊尔强震突发。

口岸的人们慌乱奔跑，喊声、哭声混成一片。周围山体的滑坡、滚石伴着尘土倾泻而下。

一名农村妇女惊恐地呼救：“快救救我家老人和孩子，他们还在楼里！”

吉隆边防检查站监护中队指导员熊英杰立即叫上一排排长丁在成和两名战士前往救援。

被困在一栋二层楼内的，是一位行动不便的患病老人和一个3岁的孩子。

救人要紧。丁在成顾不上危险，直接冲进楼去，背一个、搀一个。

3人脱险，现场的群众一片欢呼声。

4月28日，求援从国门外传来。

几公里外，中国水电七局200多人被困尼泊尔那苏瓦卡里项目部，7名轻重伤员急需转移救治。

15名监护中队官兵踏着滑坡形成的乱石堆，冒着不断滚落的飞石，把伤员安全接回国门。

当天，伤员乘直升机安全转移。

国门离别

考虑到吉隆口岸的困难和危险状况，上级决定，分批转移口岸人员。4月29日，当最后一批撤离人员登上直升机，口岸上只留下吉隆边防检查站监护中队的20名官兵，以及乘最后这架直升机从吉隆镇赶来的边检站副站长蒲政江。

在直升机升空那一时刻,21名留守边防官兵列队、致军礼。飞机上转移的战友、地面上留守的官兵,很多人都流下热泪,场面悲壮。

“谁也不知道这是不是生离死别!”熊英杰告诉记者,敬礼和泪水包含着太多的复杂情感。

这样的撤离安排,早在撤离前一天就已经确定:普通群众先撤,公职人员和边防官兵后撤,留下21名官兵坚守国门。

作为军人,每个人都想留下。

最后,根据工作及岗位需要,确定了留守人员名单。熊英杰在宣布名单时,第一个念出的是自己的名字,第二个是中队长王忠祥的名字……

王忠祥说,守护国门,是军人的职责所在。

2015年5月10日,吉隆边防检查站监护中队一排排长丁在成查看已成危房的宿舍。(新华社记者 殷刚 摄)

国门有我

路不通,无信号,电力中断。

周围三面环山,余震不断,山体不断滚落飞石。

国门的相对“安全区域”萎缩到只有约300平方米。

少了许多战友,“孤岛”之中多了不少孤独,但21名官兵的工作和生活紧张有序。

每天早上,21名官兵集体向国门敬礼,向国徽致敬,各司其职,守卫国门。

王兴云,吉隆边防检查站业务干部。

2010年,王兴云在陌生的向往中,横跨大半个中国,来到吉隆口岸。此前的11年,这位山东汉子,一直在黑龙江省当兵。

谈起驻守“孤岛”的10多个日日夜夜,王兴云说并没有很多特别。从他到口岸的那一天起,断电断网断路的“孤岛”生活就经常有,只不过这一次多了地震的威胁。

王兴云说,国门是主权的象征。国门没有关闭,他们就不能撤离。国门是他们留守的动力。

国门见证

三顶蓝色帐篷，在小小的安全区域里格外显眼，这是 21 名战士的新家。

国门旁，连接中尼两国的热索桥上散落着碎石。偶然还有落石滚下，砸到国门大楼的玻璃上。

桥对面，掩埋着尼泊尔人遗体的滑坡体周围，一片静悄悄。

险境，对他们来说，只是换了一种形式。

在对家人的担忧和对家人的愧疚中，这些留守战士在悲壮中以国门为家。

李茂伟，这个 20 岁的农村男孩、从小失去妈妈的 90 后军人，在国门当兵已经 4 年。4 年里，李茂伟只见过爸爸一次，哥哥、姐姐在深圳打工，4 年未曾见过面。

李茂伟的爸爸，一位普通的农民，知道儿子所在的地方地震了，除了 4 月 29 日接听到儿子 2 分钟的电话，就再也联系不上儿子了。他每天盯着电视看新闻，希望获取一些儿子的消息。

蒲政江，吉隆边防检查站副站长。当别人从危险的口岸往外撤时，他却乘直升机飞到国门，留守在那里。

“我即将率队前往最危险的地方。如果不能平安归来，请善待父母和幸儿。”“嫂子，这是我爸爸的电话，我马上到达热索口岸，如果我有什么不测，请把钱给他。”

2015年 5 月 10 日，吉隆边防检查站监护中队战士在国门前换岗。（新华社记者　殷刚　摄）

这是蒲政江出发前给妻子和亲人发的两条短信。

留守“孤岛”，蒲政江本有使用海事卫星给家里打电话 2 分钟的机会，但他一直舍不得用。

直到 5 月 5 日晚，女儿生日那天，蒲政江才申请用了一次海事卫星电话。

电话一通，听筒里传来的却是女儿哇哇的哭声……

5 月 10 日，是母亲节。

也许是上天为了给这些战士们表达愧疚的机会。这一天,路通了,信号有了,这些刚强的战士们纷纷拿起手机,含着眼泪给母亲们打电话。

"妈妈,这些年您真的太辛苦了,儿子在部队一定好好表现,让您为儿子骄傲。等儿子回家,再也不会让您劳累,儿子一定让您过上好日子。"说到这里,战士杞从军两眼布满泪花。

国门遗书

事后记者从采访中得知,不管是地震初期的生死救援,还是后来的悲壮留守,在家与国的权衡面前,21 名边防官兵早已把生死置之度外。他们留下的 21 封遗书便是证明。

"敬爱的爸妈:如果您的儿子在这遭遇不测,请你们不要伤心……在这次地震中,你们的儿子没有退缩,总冲在前头,保护当地老百姓安全,让他们安全转移。"这是边防战士邵明贵 4 月 29 日留下的遗书内容。

"爸妈:作为独生子,我真的不孝,没有尽到做儿子的职责,更谈不上孝顺……"这是丁在成 4 月 26 日写给父母的遗书。

"亲爱的老婆,你和儿子还好吗,儿子长大一点没有?我很想你们……你一定要好好把他带好,将来成为国家有用的人……亲爱的,你辛苦了,在我心中,你永远是最伟大的……"这是战士杞从军在遗书中写给妻子的话。

……

"如果我们遭遇不测,请把遗书转交到我们亲人手中。"21 封委托撤离的战友带回的遗书,字迹虽有些潦草,却情真意切,充满悲情,更充满悲壮。

"国门是一个国家的象征,国家把口岸交给我们,我们就要坚守。就是死,也要与国门誓存亡。"这是留守官兵共同的心声。

国门灵魂

"国门卫士,戍边卫国"。5 月 11 日,吉隆口岸监护中队被震损的办公楼内,已空无一人,唯有大门口两旁这八大金色大字,在阳光下分外醒目。

不远处,一顶帐篷外的海报上,书写着习近平总书记的新"四有"军人标准:有灵魂、有本事、有血性、有品德。

尕麻旦增,西藏吉隆边防检查站政委。

他对血性有着自己的理解:无条件履行军人的职责,哪怕付出生命。

事实证明,大灾面前,危急时刻,边防官兵没有一个人当逃兵、当孬种。

边防战士在边境界碑处合影。(新华社记者 殷刚 摄)

19岁的藏族战士白玛次成说:“妈妈,节日愉快,我一切平安,我爱你!”(2015年5月10日摄,当天是母亲节。)(新华社记者 殷刚 摄)

尕麻旦增说,监护中队无疑是经得起考验的“血性国门中队”,留守官兵无愧为“血性国门卫士”。

边防战士们对灵魂有着一致的共识:听党指挥,服从命令,敢于亮剑,守卫国门。

李茂伟说,军人就是要在关键时刻挺身而出。即使自己牺牲了,家人也会为他骄傲自豪。

27岁的杞从军,来自云南楚雄,父亲希望他以后做一名军人,所以给他起名“从军”。

地震后,他主动报名留守,先后参与完成了多项抢险救援任务。

在奉命接回尼泊尔境内的中方人员时,途中大大小小的石头从他眼前飞过,砸到山一侧的河水中,溅起巨大浪花。

他只说了一句话:“不害怕是假,但服务命令、完成任务是军人的职责所在。”

11日下午,吉隆口岸雪山耸立,河水滔滔。

15时30分,国门的国徽下,熊英杰等21名留守官兵整齐列队。他们的对面,是包括尕麻旦增在内的21名战友。

他们对视敬礼,驻守“孤岛”十多个日夜的21名国门卫士实现换防,鲜艳的“吉隆边防检查站”红旗转移到尕麻旦增手中。

所有边防官兵再次列队,转向

国门,昂首挺胸,目视国徽,庄严敬礼。

"国门在,我们就在!"

记者手记

新华社西藏分社记者　张京品

等待,只是为了更加真实

尼泊尔"4·25"地震后,我们一直蹲点在西藏边境重灾区吉隆县采访。原本,我们可以早几天撤离地震灾区,但听说21名边防官兵身陷"孤岛"吉隆口岸守卫国门的故事,我们决定等待时机,面对面采访他们的故事。

当时,216国道吉隆镇至吉隆口岸24公里的道路上,发生28个大小塌方和滑坡,最大一处滑塌体达270万立方米。由于沿途山体极不稳定,稍有风吹草动,便滑坡不断,滚石阵阵。当地人称这段24公里的沟谷叫"飞石坡"。

交通、通信、电力全面中断,吉隆口岸成为震后被困时间最长的"孤岛"。

5月8日下午,负责此路段抢通任务的武警交通部队宣布道路全线抢通。我们迫不急待地驱车前往,却因道路再次出现塌方,交通再次中断,无功而返。5月10日,接到武警交通部队道路抢通的消息,我们再次驱车前往,终于顺利通过,如愿逐一采访了21名留守边防官兵。

我们了解到,21人中,超过一半是90后。但面对危险和孤独,这些"小鲜肉"们没有一个当逃兵,表现出新时代战士的无畏担当和忠诚。

兰彬,重庆人,1993年生。他说:"我是队里唯一的卫生员,所以必须留下,战友们都需要我。"白玛次成,19岁,刚入伍的藏族新兵。他说:"我是新兵,必须得到锻炼,国门是最好的课堂,我必须留下。"……

令我们更加感动的是,21名边防官兵先后留下了21封遗书,早已把生死置之度外。

听到这些"小鲜肉"们的肺腑之言,看着写在不同纸片上、算不上工整的字迹,我们不禁感慨万千:在危险面前,边防战士用生命诠释了尽忠职守,用生命解读了道义情怀,更用生命回答了什么是青春的担当。

最惊险的,是5月12日。为了补充采访边防官兵守卫国门的细节,我们再次前往吉隆口岸。完成采访任务从吉隆口岸返回时,尼泊尔发生的"7·5"和"6·3"级余震造成山体滑坡,导致道路中断,我们只能折返吉隆口岸,并当天晚上困守国门下,借助在官兵的帐篷里。

吉隆口岸四面环山，相对高度都在1000米以上，地势险要，我们如同住在井底。如果真发生大的余震或滑坡，根本无处可逃。这么危险的境地，我们仅仅住了一夜，就感受到了死亡的恐惧。但边防官兵却“死守”12天，保证了国门的绝对安全，用实际行动展现了“国门卫士”的忠诚本色。这正是习近平总书记“有灵魂、有本事、有血性、有品德”新“四有”军人标准的生动体现。

原本我们可以根据其他官兵的谈论和卫星电话采访完成稿件，可以不冒险去口岸采访，但经历了灼心的等待，经历了8次往返“飞石坡”的提心吊胆，我们完成的血性边防卫士稿件，获得共青团中央第一书记秦宜智、西藏自治区党委书记陈全国以及公安部领导的批示，吉隆边检站监护中队被团中央授予“中国青年五四奖章集体”荣誉称号。

听到边防战士获得了荣誉，我们更加觉得：为了更加真实的采访，有时候，等待和冒险，是值得的。

微语录

“习近平总书记提出了新‘四有’军人标准：有灵魂、有本事、有血性、有品德。在我看来，所谓血性，就是要无条件履行军人的职责，哪怕付出生命。21名边防官兵留下遗书守国门，用行动诠释了血性的定义。”——西藏吉隆边防检查站政委尕麻旦增

微评论

网友“海河一苇”说：军人就是要有军人的样儿！和平年代军人留遗书真的很少见！这些边防官兵真是好样儿的！

网友“冷清居士”说：当一名军人是我从小的梦想，这些边防战士的忠诚坚守太让人感动了，更加坚定了我从军的决心。

训练结束后，琼中女足教练肖山和依旧精力充沛的队员们合影。（新华网海南频道记者 喻涛 摄）

“铿锵玫瑰”琼中女足

琼中女足，一支诞生于贫困县琼中的足球队。9年来，这群年轻女孩在主教练肖山的带领下，用青春和汗水创造奇迹，改变了自己的命运，也博得世界对海南和中国女足的关注。

海南大山里的“铿锵玫瑰”——琼中女足

新华网海南频道记者 喻涛

10年，为了一句承诺，他让海南大山里的女孩子登上了世界之巅；10年，为了一个梦想，这群女孩通过足球改变了自己的命运。他是女孩们口中的“足球老爸”，而女孩们则是他的一切。

10年前，原本在大城市工作、收入不菲的他，毅然来到一个穷山沟支教，每月领1000多元的工资，却先后带领队员夺得全国性比赛第三名、第四名和第七名。因为这支女子足球队，越来越多的人知道，在海南有个琼中黎族苗族自治县。他就是琼中中学体育教师、琼中县女子足球队主教练肖山。

一个县城，竟然没有红绿灯，这是肖山想不到的。但2005年的琼中，县城营根镇就是这样的。应恩师谷中声的邀请，肖山辞掉湖南一家男足俱乐部教练的职务，来到琼中中学担任体育支教教师，负责组建琼中县女子足球队。

2006年2月，球队组建，第一笔经费只有10万元。这还是县领导“化缘”来的，其中包括20名队员的伙食费、服装费、教练工资等开支。肖山有点抓狂，足球是个“烧钱的运动”，这点钱怎么玩下去？这样的孩子能踢得动足球吗？她们没有一个是为了足球运动而来的，“吃住不要钱，有鞋穿”是对这些偏僻山村孩子最大的诱惑。

困难，重重的困难，像一副沉重的担子压在了这位初带女足的教练身上。还好，身处困境中的他得到了妻子吴小丽的全力支持。2006年6月，吴小丽放弃在海口的工作，来到琼中，成了足球队的“管家”，担任起了球队心理辅导员、采购员、厨师、勤杂员的角色。不过，她没有“名分”，不算是球队的工作人员，没一分钱工资。后来，吴小丽加入了球队，但每月也只领400元的工资。

肖山和他的妻子可以不在乎钱，但球队的正常运转不能没有钱。因为经费少，肖山这个教练不光要负责球队的训练，还要为球队四处“化缘”。有些男子足球爱好者组成的球队上门要和女足打场比赛，肖山厚着脸皮开条件——比赛中队员们喝的水你们负责，比赛后给队员们买一双球鞋。踢足球，鞋本来就坏得快，队员们只能把鞋补了又补，补到能把球鞋变成布鞋。开源，节支，什么办法都用上了。在肖山的带动下，队员们养成了一个习惯，比赛时喝完水后，瓶子收集起来，也能卖一点钱呢！

学校东南角的一片空地也被肖山盯上了。在得到了学校的批准后,肖山组织队员们翻地种上了豆角、南瓜等,既能改善孩子们的营养,又能节省点伙食费。每天,训练之后,天色已黑,但女孩们都要跑到自己的责任菜地,借着校园里微弱的路灯光拔草、浇水。

物质上的贫困,还能通过大家的努力一天天改善,但不被理解是比贫困更可怕的精神折磨。流言像无数个足球呼啸而来,让肖山无法招架。"女孩子踢球能有什么出息!""教练克扣了球队多少训练费?""这些教练挣了钱不知道哪天就走了。"……终于有一天,训练结束之后,他拿起已经整理好的行李下楼,决定回到老家去干老本行。一出门,肖山愣住了!所有队员齐刷刷站在台阶下。王丽莉跨了一大步,一把拉住肖山的胳膊,带着哭腔说:"教练不要走,教练不要丢下我们。"看着这些可爱的孩子,肖山陷入沉思:眼前这些队员把自己当父亲一样信任和爱戴,自己怎么能一走了之呢?想到这里,肖山把行李往地上一扔,大手一挥:"上操场!"

恶劣的训练条件让不少队员似乎都有了"饥饿恐惧症":刚吃了中午饭,从食堂走回宿舍不足200米,半路上就开始感觉饿了。下午上了文化课之后,还有两三个小时的训练呢,怎么办?守门员王小玲想出了"高招":带上一大瓶水,训练中感觉饿了,就猛灌上几口水。

孩子们的身体太瘦弱了!吴小丽说,她们曾经参加全国中学生足球比赛,和内蒙古的一支足球队比赛,在场上一比,人家的腿比我们的腰还粗!看到身高不足1.6米的周亚利,一个外省教练开玩笑地说:你是来踢球的,还是让球来踢你的?

很累很累的时候,女孩们就躺在地上哭!因为感觉自己支撑不住了,就要被淘汰了。哭过之后,孩子们重新站起身继续训练,这个"足球老爸",严厉起来也很"可怕"。

搞竞技体育,成绩是个硬杠杠。琼中县领导特别理解,不给任何压力。对于肖山来说,这样更有种无形的压力。他知道,支持球队的人们心中有期望,只有取得成绩,才可以堵住那些反对球队的声音;只有取得成绩,球队才会有更好的发展空间。对队员,不加压力不行,不严格不行。

一开始,肖山和谷中声一起设计的一种名为"综合训练"的项目,让队员们至今"心有余悸"。这一项目包含了十多项训练内容,其中折返跑难度最大:30米冲刺,5个来回;50米冲刺,5个来回;80米冲刺,5个来回;100米冲刺,5个来回。接下来,单脚左右跳、前滚翻、胯部停球、蛙跳……全部都在下午的2个多小时训练时间里完成。

在严格的训练下,国内的女足圈子里,琼中女足博得了"橡皮糖"的名号。"你们不要再跑了,我们都要跑死了。"在2011年全国中学生运动会女足项目比赛时,对方球员近乎哀求的语调,"提醒"10号队长王丽莉"脚下留情"。

琼中女足是一支诞生于国家级贫困县琼中黎族苗族自治县的足球队，由黎族、苗族青少年组成。（新华网海南频道记者　喻涛　摄）

海南琼中女足在海口备战2015“哥德堡杯”世界青少年足球锦标赛。（新华网海南频道记者　喻涛　摄）

肖山教练在鼓励一名琼中女足队员。（新华网海南频道记者　喻涛　摄）

烈日下，高强度的训练让平均年龄不到13岁的琼中女足队员们大汗淋漓。（新华网海南频道记者　喻涛　摄）

“她们进入了国字号球队，她们达到了我作为足球运动员无法达到的高度，这是我最大的快乐。”这两年的时间里，肖山一直认为自己是幸运的，“按照正常的运动训练规律，一支球队要出成绩至少要5年的时间，我们成立3年时就打到了全国第三名。”

肖山曾效力中国职业联赛，司职前锋。肖山曾梦想：进入国家队，为国效力。不过后来由于身体上的原因，肖山28岁就挂靴了。恩师的邀请，对肖山来说有诱惑——海南这边之前没有女子足球队，训练得好，可以参加全运会以及其他全国性的女足比赛。而在其他省份，论资排辈起来，很难轮到他这样初出茅庐的教练带队参加全国性比赛。说到当初的选择，肖山承认，是“带队诱惑”战胜了“薪水的尴尬”。

2010年10月，陈欣、王丽莉入选中青队集训。2011年6月，陈欣又入选2012世青赛中青队女足大名单。手把手教出来的球员接连入选“国字号”球队，肖山最是自豪。肖山印象深刻，刚招队员时，这些孩子们眼睛乌溜溜的，非常纯净，却有点空洞。因为踢了足球，女孩们第一次坐了火车、乘了飞机，第一次到了上海、去了北京。慢慢地，队员们有理想、有追求，有了新生活。

2011年9月，根据海南师范大学的体育招生政策，琼中女足首批主力队员陈欣、王丽莉、王晓妮、高禹萱、陈巧翠、伍子璇等6个人，在通过了文化课考试之后，开始了大学生活。2012年9月，王玺燕、王薇、周亚利、王小玲、林娜、王亚哎等6人，成为海南师范大学体育学院的2012级的新生。刚升入大二的陈巧翠现在有了新的想法：准备考研究生，有可能的话出国学习，将来研究如何让运动员的训练方法更科学。身高1.74米的林娜，身材苗条，在广州等地比赛时数次被模特星探看中。

也就是从2012年全国大学生女足锦标赛后，琼中女足就面临着“没球踢”的窘况，“小孩当年踢完U18，马上就没球踢了，荒废了3年啊，我都着急死了，很多姑娘有很高的天赋，就因为没球踢都浪费了，可惜啊！我现在全身心都在筹备建俱乐部的事上，一定让孩子们踢上球。”肖山说。

从那时开始，肖山除了训练就是四处跑建俱乐部的事宜，记者每次与他通话，他都兴奋地讲着：“应该快了，快了。”没过几天，再次问他，他又总是失望地说：“再等等看，等等。”

今年，足球发展上升为国家战略后，再次点燃了肖山的激情，“琼中女足”这块海南青少年足球招牌再次受到各方关注。“这是好事啊，我们能为青少年足球、校园足球的发展做出贡献，也体现了我们这么多年存在的价值。”肖山说。

4月，“橡皮糖”琼中女足克服了诸多不利条件，顺利夺取“2015斯凯孚(SKF)与世界有约”希望工程青少年足球邀请赛冠军，同时也获得了代表中国参加2015“哥德堡杯”世界青少年足球锦标赛的资格。

在备战“哥德堡杯”时，恒大集团董事局主席许家印表示，愿意对琼中女足的发展加以扶持。海南各界也对琼中女足给予了足够多的关心与关怀，出征前，海南省领导亲自前往授旗送行。

终于，琼中女足不负众望一举夺魁，“琼中女足精神”传遍全国。

肖山告诉记者，在继续发展青少年足球的同时，他还有一个宏大的目标，就是组建海南第一只职业足球队，并且是以海南人为班底的球队。

记者手记

新华网海南频道记者　喻涛

首次接触肖山，他就显得很有“国际范儿”。那是2013年年底，我从《体坛周报》一位工作人员处获知，西班牙甲级联赛豪门巴塞罗那的两位世界级球星梅西和伊涅斯塔，为琼中女足捐献签名球衣的事情。当时我想，究竟是什么原因，使一支远离足球市场省份的业余球队能引起当今足坛如此大牌的关注呢？

借此机会，我联系到了肖山本人，并很快被他与琼中女足的故事所吸引。

从他在球场上永远激昂的劲头和场下“足球老爸”对孩子们无微不至的关怀中，很难感觉到恶劣的训练条件和与他曾经待遇的巨大落差带给他的影响。

我问他为什么？他说，为了诺言，能通过足球改变这些山里孩子的命运，让她们上大学。

显然，这个目的已经达到。2011年，琼中女足的第一批孩子以国家一级运动员的身份考入了海南师范大学，现在都顺利走上了工作岗位。

足球就是足球，竞技场上，成绩决定了你存活的价值。

独特又扎实的训练，加上大山孩子们在场上不惜体力的奔跑，很快让球队出了成绩，琼中女足“橡皮糖”的外号在圈内传开，每个对手遇上他们都会头疼。

“这就是琼中女足精神，是女足姑娘们敢于挑战命运的精神。其实论成绩，也不是多么的好，就是姑娘们这种想通过足球改变自己生活境地的精神最为可贵。”肖山彼时说。

其实从2012年全国大学生女足锦标赛后，琼中女足就面临着“没球踢”的窘况。“小孩当年踢完U18，马上就没球踢了，荒废了三年啊，我都着急死了，很多姑娘有很高的天赋，就因为没球踢都浪费了，可惜啊！我现在全身心都在筹备建俱乐部的事上，一定让孩子们踢上球。”肖山说。

从那时开始，肖山除了训练就是四处跑建俱乐部的事宜，我每次与他通话，他都兴奋地讲着：“应该快了，快了。”没过几天，再次问他，他又总是失望地说：“再等等看，等等。”

今年，足球发展上升为国家战略后，再次点燃了肖山的激情，“琼中女足”这块海南青少年足球招牌再次受到各方关注。“这是好事啊，我们能为青少年足球、校园足球的发展做出贡献，也体现了我们这么多年存在的价值。”肖山说。

今年3月份，我见到肖山时，是在海口市区一块私人足球场，烈日下，女足姑娘们正在球场训练，肖山却在旁边的板房里与球场看管员为了几箱水讨价还价。“现在这批孩子要备战世界希望工程青少年足球邀请赛，要是成绩好，就能代表中国参加‘小世界杯’了。”肖山说，琼中训练场的场地用不了了，只能跑来海口租人家私人场，真是把孩子们折腾坏了。

4月，“橡皮糖”琼中女足克服了诸多不利条件，顺利夺取“2015斯凯孚(SKF)与世界有约”希望工程青少年足球邀请赛冠军，同时也获得了代表中国参加2015“哥德堡杯”世界青少年足球锦标赛的资格。

终于，琼中女足不负众望一举夺魁，“琼中女足精神”传遍全岛。

肖山和他的女足姑娘们凯旋之时，头顶的光环为更多执着梦想的人们带去了曙光。

微语录

“我们梦想就是让足球改变这些山里孩子的命运，让他们上大学。并且我会一如既往地做下去。”——肖山

微评论

腾讯网网友“豆丁”说：在没有一分钱补贴的情况下，肖山教练和年轻的女足队员们默默地坚守了那么多年，这是多么难能可贵的事情啊！

网易网网友“甜甜圈”说：在我的眼里，足球是种比较适合男人的运动，而这群年轻的女孩子们却用汗水踢出了未来，为自己和家乡向世界做出了最好的证明，不得不被她们的精神佩服，为她们点赞！

2014年4月25日，念以新同志被最高人民检察院授予“全国模范检察官”荣誉称号。(孔政 摄)

“百姓贴心人”念以新

从事检察工作25年来，他以白云同志为榜样，公正执法，坚守正义，爱岗敬业，一心为民。他坚守白云热线11年，接听咨询电话36700多个，化解纠纷1290多起，移交职务犯罪线索60多件，协助抓获犯罪嫌疑人7名，解救妇女儿童13人，帮助群众讨回各类钱款110多万元。他捐献290毫升造血干细胞，挽救了一名15岁白血病患者的生命，成为全国第4003例造血干细胞捐献者。他将自己对检察事业的无比忠诚，对人民群众的满腔赤诚，洒向江北水城，洒在人们的幸福路上。

用真情奉献点亮群众梦想

——记山东省聊城市东昌府区人民检察院念以新

聊城市人民检察院　付树文

6月18日下午5时30分，山东省聊城市东昌府区闫寺办事处李寨村农民许安田用自行车驮着一大编织袋刚摘下的茄子来到东昌府区检察院，紧紧握住白云民生服务热线办公室主任念以新的手，激动地说："我的事尽管由于客观原因没有办成，但你们跑了不少腿，确实尽心了，我同样打内心里感谢你们这些好党员、好干部、好检察官！"

今年47岁的念以新担任东昌府区检察院白云民生服务热线办公室主任已经有10个年头了。10年来，他带领全体工作人员，牢记党的宗旨，发扬白云精神，高扬为民旗帜，立足检察职责，解民忧，化民怨，接听热线电话35942个，帮危扶困4683次，处理了1280多次纠纷，没有发生一起越级访和重复上访，得到上级领导和社会各界的高度认可。他先后荣获"全国五五普法先进个人"、最高人民检察院个人一等功、山东省检察院个人二等功、"感动齐鲁政法人物"等23项荣誉，被群众誉为"新时代的白云"。

实现群众的正义梦

"共产党员全心为民，白云热线维护公正。"在东昌府区检察院白云民生服务热线展厅，挂满了大大小小的锦旗牌匾。每面锦旗、每块牌匾背后都是一双温暖的眼睛、一个生动的故事。

一天，在邹平县一个偏僻的乡镇饭店里，一名客人正在吃饭，突然就听扑通一声，一个端盘子的小女孩跪倒在地："叔叔，救救我吧！"吃饭的客人被眼前的情景惊呆了，他赶紧把小女孩扶起来，问她怎么回事。小女孩泣不成声，她是被人从冠县拐骗到这里来的，来到后的第二天，就被老板"欺负"了，还不让出门，恐吓她说，敢跑，就把她全家人都杀死。吃饭的客人在半夜12点，偷偷给热线打了个电话。

小女孩的泪眼恍若在眼前，伸张正义、铲除罪恶的责任感驱使念以新放下电话，顾不得已是人静夜深，马上与冠县警方联系，请警方详细侦查。第二天中午，他冒着近40度的高温，会同冠县警方火速赶往邹平。

小女孩得救了。她拉着念以新的手说："是您把我救出了苦海，我一辈子也忘不了

2014年6月21日，念以新受理群众诉求。（孔政 摄）

你们！”

今年3月22日，对阳谷县侨润办事处龙虎寨村的张庆壮来说，是阳光明媚、终生难忘的日子。这天，念以新带着律师把法律援助送到了他的床边。去年，张庆壮在从事楼房高空粉刷时，从四楼高的围拢上掉下来，摔成二级伤残，瘫在床上，一同摔下来跌碎的还有他的未来以及全家的希望。为了索要赔偿款，他向法院提起了民事诉讼，又拨打热线咨询咨询打官司事宜。了解情况之后的念以新约会全国法律援助服务标兵、聊城鲁衡律师事务所律师李乐章，专程赶到阳谷。意外而感动的张庆壮喜极而泣。

协调启动立案监督程序，使绑架6岁女孩的犯罪分子得到惩罚，为一位姓任的村民伸张了正义；帮助在平县博平镇陈付村因交通事故高位截瘫的付爱喜，讨回18万多元的赔偿款；帮助河南内黄县被拐卖的小男孩回到父母身边。念以新用实际行动诠释了法律的公正，他通过热线传递法律的温暖，维护法律的尊严与美丽。

10年来，念以新深深体会到，在基层群众眼里的党徽、检徽，就是他们身边看得见的公平正义，来不得半点儿虚假，“咱扑下身子，踏踏实实给群众办事，群众就会把功劳记在共产党的账上，说咱共产党有真本事来。”10年来，念以新移交职务犯罪线索60多条，协助有关部门抓获犯罪嫌疑人7名，解救妇女儿童13人，讨要赔偿款、工资款90多万元。

维护群众的和谐梦

“多听、多聊、多笑、多跑、多动脑”是念以新总结的“五多”工作法，来访群众手再黑，再粗糙，他也带着热情的微笑迎上去，手紧紧握在一起，衣服再脏、再有味道，他都带着真情的关心迎上去，并肩坐在一起。“有几个是真不说理儿的刁民？要是好好的，谁没事儿跑咱这里来找麻烦，群众需要我们的关注。”10年来，他在耐心的倾听、真心的帮助中化解了一个又一个的矛盾，解开了一个又一个心头上的疙瘩。

2011年6月,两个小青年参与斗殴,小磊被捅伤致死。小磊的家人以郭某的儿子是组织者为由,把棺材抬到郭某家中。郭某一家人有家不能回,有屋不能住,过着四处流荡即便过年也不敢回家的生活。今年3月12日,郭某把电话打到了白云热线。

"怎么办?矛盾的双方都是受害者,必须把问题的症结解开,不能再让他们自相伤残了!"念以新暗下决心。他去小磊家做思想工作,前几回,不是不开门,就是不搭腔、不倒水、不让座,一次、两次、三次,念以新抱着"即使冰坨子也要捂化"的信念,以笑脸迎黑脸,13次进村入户深入田间地头做工作,讲道理、讲过去两家的感情、讲现实、讲法律,4月18日,双方当事人达成了和解协议:郭某拿出8000元块钱补偿给死者家属,死者家属心平气和地把棺材抬出去。4月25日,也就是时隔10个月之后,郭某终于回到自己家中。

郭某买了1000块钱的卡要送给念以新。"只要你们两家都满意了,以后不再闹矛盾了,我们跑再多的腿,说再多的话,挨再多的'二脸'也值得。您的那句'还是共产党好',比这卡值钱!"念以新笑着婉拒了郭某。

2005年盛夏,四川省自贡市的王福祥打来电话,请求白云热线帮助寻找多年前被人骗到冠县的母亲刘根荣和弟弟小伟。电话的一头是儿子思母心切的焦急目光,而电话的另一头是要在茫茫人海中"捞那一根针"。对于这近乎百万分之一的希望,念以新并没有一推了之,他通过公安部门,查到了30多个"刘根荣"的户籍材料,然后逐一排查。

7月的鲁西,骄阳似火。念以新拖着患有股骨头坏死的腿,走了这家走那家,头上的汗水流到脖子里,衣服湿了又干,干了又湿。功夫不负有心人,最终,在公安部门的大力支持和协助下,找到了王福祥阔别26年的妈妈和弟弟。

男儿双膝值千金,跪天跪地跪恩人。王福祥连夜来到聊城,长跪在念以新面前足足得有10秒钟:"要不是您,俺可能一辈子也见不到俺娘和俺兄弟了,您真是俺的大恩人,俺一辈子也忘不了您!"

"大街上每个人的心里敞亮了、气儿顺了,社会就抱团了,就有劲儿了。"他受理电话2900多个,走访群众640多人,把满腔怒火的劝得平息了,把越级上访的劝得不去了,把投河自杀的劝得想开了,把拿刀子拼命杀人的劝得和好了,调解宅地纠纷、邻里纠纷、家庭纠纷等1200多起,提供法律咨询、援助4600多次。

给力群众的幸福梦

和王福祥一样永远不会忘记的,还有终于有了户口的东昌湖保洁员白春香、儿子终于能上学的华润纺织厂李华、落实低保的张炉集镇王艳霞……能够发现并解决这些

2014年6月6日，念以新在调解纠纷，化解矛盾。(陈金路　摄)

2014年6月11日，念以新帮没有户口的孩子落上户口。(肖会　摄)

困难,还得益于念以新的三项创新。

他将近年来热线受理的电话进行归类分析,针对诉求绝大多数不属于检察机关管辖的现实,协调对接市长热线 12345、公安 110、工商 12315 等社会服务热线,实现来电的即时转办,打造了"半小时服务网";他在三个已建成的派驻乡镇检察室设置了热线接访室,开通了视频网络,实现异地接访。积极构建"一线"(白云民生服务热线)、"三室"(3 个派驻检察室)、"十八点"(18 个民生联系点)、"五十八员"(58 名民生联络员)的全覆盖联动网络;他在市院党组部署的热线"六个延伸"方式上积极创新,创新组建"热线流动服务站",向基层延伸,仅今年就解答咨询 3100 个,为 7 名群众落实了户籍,为 13 名群众解决了低保,为 5 名孩子解决了就学难题;创新开展"法律小专家"活动,向学校延伸,白云民生服务热线在 6 所中学设立了法制课堂,举办法制教育报告会 96 场,好几名孩子迷途知返,走向了新生;创新发放联系卡,向监管场所延伸;创新发展的热线,温暖着江北水城的每一个角落。

为群众服好务是他的梦

全国模范检察官白云有句名言:"想起群众,我浑身就有使不完的劲儿。"在白云精神关怀、感召下成长的念以新经常这样说:"想着还有很多事儿没给群众办完,每天的

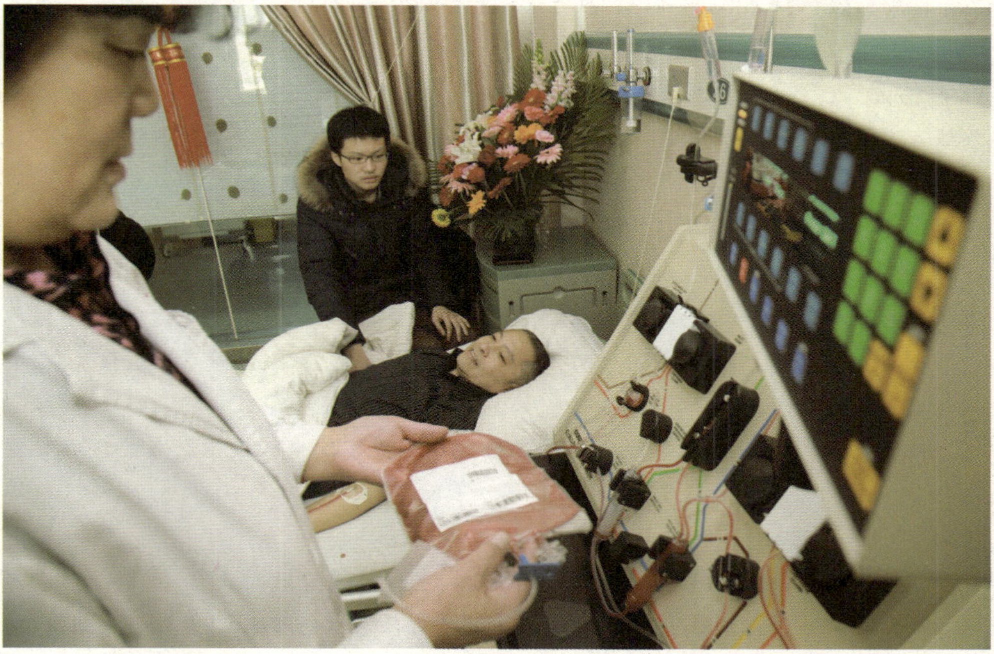

2014年 2 月 19 日,念以新捐献造血干细胞。(黄莹　摄)

生活就是火热的。”

有人说念以新“心软”，不管是聊城的，还是外地的，他先后向灾区群众、失学儿童和患病百姓捐款1万多元，资助了17个困难家庭；他热心参加公益劳动，常年维护东昌湖的清澈纯净；他积极捐献造血干细胞，时刻为需要的群众尽绵薄之力……

有人说念以新“心硬”，10年来，他拖着患有股骨头坏死的病腿风里雨里，四处奔波了3万公里；孩子穿过的衣服他继续穿；家里的饭菜上顿吃不完留到下顿；去年冬天，他索性连供暖的钱也省下来捐了出去，愣是让一家人在零下10多度的房间里“挺”了过来；腿残的姐姐守着3间瓦房，坚决不拆，他劝了3天，姐姐签了字，却在墙角里大哭……

10年的风风火火、操劳忙碌，使得念以新这个昔日英俊潇洒的棒小伙，头发变得花白，脊背变得佝偻，从远处看，就像一个年近花甲的小老头。

有人问念以新苦吗，值吗？他拿出他那市场上早已淘汰的小手机，急匆匆地翻找一条条短信：“咱是党员，心里想着群众，群众也想着咱，无论干什么都不苦，无论做什么也都值。”

“夜空需要一颗颗璀璨的星星才能美丽。如果我们国家是天空，让无数个心灵温暖起来，成为璀璨的星星，就是我们共产党员的职责与义务。”这就是时刻等待群众召唤的念以新，这就是与群众紧紧融合在一起的一名基层共产党员！

作者手记

聊城市人民检察院　付树文

托起群众心中的太阳

苍茫浩荡的黄河古道，横贯南北的京杭运河，执着奉献、宽广豪迈的黄河精神，养育了党的好干部孔繁森、白云、徐本禹等黄河之子、人民之子。

光阴流转，历史绵延，他，用他的信念、他的追求、他的情怀，续写了忠诚与崇高、奉献与无私的精神诗篇。

他，就是念以新，山东省聊城市东昌府区人民检察院白云民生服务热线办公室主任。

热线要成为维护群众合法利益的阵地

“依靠群众，为了群众，让热线成为维护群众合法利益的阵地。”念以新一到岗位，就给身边的干警这样定位热线工作。

2006年8月14日，夏末秋初，天高云淡，一个农民装扮的中年男子推开了热线的门，"我来举报一个事，俺附近有个姓李的人买了一个3岁多的男孩。"念以新一听就急了，他立即给公安局的领导打电话。公安局立案以后，念以新又带着"白云热线"的工作人员一起，协助公安机关搞调查，最后终于查清了姓翟的和姓李的两个犯罪嫌疑人，在河南省内黄县把一妇女打伤，把她怀中的孩子抢走，黄县的百姓也为此人心惶惶。案子破了，两个抢小孩的罪犯落入法网，被抢的男孩在时隔8个月之后，骨肉重逢，重新回到妈妈幸福的怀抱里，县城恢复了平静安宁。孩子的父母专程从河南赶到聊城，送来"真诚为民服务，热线连接万家"的锦旗，感激地紧紧握着念以新的手说："孩子被抢后，他妈妈整天哭，我们什么也不干了，到处找孩子。要不是热线，这个家就完了。"从那以后，每到逢年过节，孩子的父亲丁某都给念以新发来祝福的短信。

"心随朗月高，志同秋霜洁"。他扑下身子，通过执法办案，踏踏实实为百姓办实事，把公平正义的温暖传递给群众。

把群众当亲人，才能心甘情愿为群众守护正义

热线受理的问题，70%以上都是检察院管辖以外的事儿，有人认为，不用狗拿耗子，大可以一推了之。但念以新觉得，人民检察为人民，这些小事儿在当事人身上，可能就是一道迈不过去的坎，化解矛盾，守护正义，是每一个党员干部的职责。

农民郭恩孝的儿子喊着小磊去打架，结果，小磊被人捅伤致死，小磊的父母把棺材抬到郭恩孝家里，一放就是10个月。郭恩孝一家躲在外边，过年都不敢回家。后来，他到热线反映："如果再没人管，我就豁出这条老命，和他拼了！"

丧子之痛，这么复杂的矛盾，搁谁，谁也不愿意管！但念以新没有往外推，他联系当地政府、派出所，抓紧去做工作，抱着"即使冰坨子也要捂化"的信念，13次登门，最终，小磊的父母感动了、明白了，和解的大门敞开了。

在和群众打交道的过程中，他摸索出了"脑要灵、心要热、脸要笑、嘴要甜、耳要听、手要握、身要平、腿要勤"的服务群众"八要"工作法，得到百姓的称赞。他带领热线人员先后化解纠纷1290多次，没有发生一起越级访和重复访，有效避免了近百起刑事犯罪和伤亡事件的发生。

群众挺不容易的，作为一名党员，我应该伸手帮他们一把

他没有检察官的"威严"，有的，只是一名党员的情怀。念以新说："困难群众，特别是残疾群众的苦，谁见了谁可怜，谁心疼啊。"高唐县有个残疾人叫梁玉伟，带着一双儿女生活，黑乎乎的家里唯一的色彩就是满墙的奖状。梁玉伟每天早晨在孩子帮助下，艰

难地坐上电动三轮车,然后在校门口一坐就是一天,等孩子放学再回家。念以新帮助他们办理了低保,经常给他们送东西,每次梁玉伟都舍不得念以新走,他总是说:“俺还有老些话没和你说里。”梁玉伟的女儿每次考试完,都会通过发短信的方式,把成绩告诉念以新。

“一心为民清正光日月,满腔赤诚深情耀春秋。”去年2月,念以新同志捐献了290毫升造血干细胞,挽救了一名15岁白血病患者的生命,成为全国第4003例造血干细胞捐献者。其实,早在2007年,念以新就捐献了造血干细胞血样,成为一名志愿者,为了这一天,他已经等了7年。所以当他听说配型成功以后,二话没说,义无反顾地做出了捐献决定。

百姓才是头上天,一心为民天地宽。念以新把“人民”二字刻在了心里,坚守公平正义的使命,把自己的生命融入浩渺的东昌湖、旖旎的古运河,融入水城百姓的幸福梦想里。

微语录

“依靠群众,为了群众,让热线成为维护群众合法利益的阵地。”“尽最大的努力,让群众满意。”——“百姓贴心人”念以新

微评论

网友说:心随朗月高,志同秋霜洁。

网友说:一心为民清正光日月,满腔赤诚深情耀春秋。

网友说:百姓才是头上天,一心为民天地宽。

网友说:共产党员全心为民,白云热线维护公正。

中国第二支赴利比里亚维和警察防暴队全体队员。(杨乾坤　李蓁　摄)

“最美蓝盔”中国赴利比里亚维和警察防暴队

头顶异国冷月，心系天下和平。他们为维护和平而远离和平，为保卫生命而随时准备献出生命。他们把维和任务区当作为祖国赢得荣誉的战场，把维和战场当作展示中国警察风采的舞台，把维和舞台当作展现中国大国形象的窗口，成为任务区投入警力最多、执行任务频率最高、与埃博拉死神相距最近、执行勤务最为规范的模范警队，被利比里亚人民称为“上天赐予的礼物”，被网名誉为“蓝盔中的蓝盔”“最美蓝盔”。他们就是中国第二支赴利比里亚维和警察防暴队。

中国“蓝盔”，坚守利比里亚

新华社“中国网事”记者 康国宁 塔娜

利比里亚当地时间2014年7月12日清晨，是中国第二支赴利比里亚维和警察防暴队140名队员全部安全抵达任务区后的首个清晨。伴随着雄壮激昂的国歌声，防暴队在营地举行隆重的升国旗仪式，全体队员头戴蓝色贝雷帽，一身戎装，精神抖擞，面朝祖国的方向，在国旗下庄严宣誓：“忠实履职，不辱使命，为国争光！”

“蒙古骏马驰骋西非，草原雄鹰护佑和平”，队员们将早已准备好的标语牌张贴在营区醒目位置，维和任务正式启幕。

直面埃博拉

防暴队进驻任务区以来，利比里亚埃博拉疫情持续蔓延，8月份大规模爆发。

“10，10，6号哨位报告：距离机场执勤点远端哨位约100米处，有几名身穿防护服的工作人员正在掩埋尸体。”机场执勤点的驻勤哨位向指挥中心报告。2014年8月20日凌晨，防暴队驻地格林维尔市出现第一例埃博拉确诊死亡病例，成为感染埃博拉病毒疫区。

疫情就是命令。防暴队临时党总支当日连夜召开扩大会议，应对工作领导小组组长、防暴队政委赵东方宣布：“立即启动二级防控响应，全面抗击埃博拉！”格林维尔拉响了埃博拉疫情警报，一场没有硝烟的战役在西非战场悄然打响。

埃博拉病毒最有效的防控措施就是实行封闭管理，避免与外界接触。

“重点哨位一律配备执法记录仪全程录音录像，增加枪支弹药携带数量，拉设警戒带保持距离，上哨执勤一律佩戴医用手套、口罩和护目镜。遇有擅入营区、企图接近哨位等情况，一律以警示、驱离为主，最大范围减少接触和摩擦。遇有故意或恶意向我传播埃博拉病毒人员，一律按武力升级原则处置，充分运用自卫权。封闭营区南、北门，实行唯一营门出入制度。严格控制一切非必要外出活动，降低勤务外出频率，确须外出时，一律严格审批程序。每日开展1次防护垃圾焚烧、3次营区消杀，每周不少于2次日常巡诊。建立防疫值班室、发热隔离室和车辆洗消池，增加病房数量，医务人员随时准备实行分组办公。”营区安全防护和管控消杀等级逐一提升。

病毒肆虐的时期,防暴队仍旧坚持每日开展各类活动,跑圈、跳绳、俯卧撑、仰卧起坐……队员们想尽办法多运动,以提升自身免疫力。随队心理咨询师每天都会关注队员们的心理状况,发现问题苗头和思想隐患及时介入,和队员们聊聊天,讲讲趣事,引导战友们敞开心扉,消除恐慌情绪。

一次,防暴队在巡逻时发现,隔离点治愈的5名埃博拉患者,由于衣物等生活用品在治疗期间被销毁,不能及时回家,而奋战在抗击埃博拉一线的当地医疗工作者及警员也缺乏必要的防护装备,防暴队队员当场自发捐赠钱物,帮助当地群众。防暴队还向锡诺州政府、州警察局捐赠了抗击埃博拉专项资金及口罩、手套等防疫物资,全力支援驻地抗击埃博拉。

防暴队回国归建时,利比里亚埃博拉疫情尚未得到有效控制,维和防暴队全体队员科学防控,无一人感染。

危险无处不在

在疫情肆虐、危机四伏的利比里亚,每次外出执行任务,每名队员都要戴带20多公斤的装备,戴着厚厚的纱布口罩、护目镜和塑胶防疫手套,顶着40多度的高温执勤至少8个小时。汗水一遍又一遍浸湿衣背,厚重的装备捂得全身长满了痱子。

维和防暴队员向当地居民讲解埃博拉病毒预防知识。(杨乾坤　李蓁　摄)

看似平整的路面有可能会突然爆炸、坍塌,刚刚还对你笑容满面的民众一转身就有可能变成暴徒、恐怖分子。每一次执勤都是与危险同行,每一次执勤都是与死亡相伴,每一次执勤都是对生命极限的挑战。

在利比里亚参议院大选最为关键的时期,2014 年 12 月 7 日,防暴队突然接到联利团紧急电话,格林斯比农场发生大规模群体性事件,请求中国防暴队出警处置。事发地正是前反政府武装长期盘踞的地域,那里曾发生过活人祭祀、杀人吃心等骇人听闻的恐怖事件。不仅如此,锡诺州近 70%的埃博拉确诊病例都集中在那里。显然,这是一次极其危险甚至是有去无回的任务。

时间就是战机,警情就是命令。处置分队迅速集结、立即出动,风驰电掣般地赶往事发地点。还没有到达现场,远远就看到黑压压的人群挥舞着砍刀、木棒,叫嚷着、攒动着,道路已完全被堵塞,先期到达的军事观察员和民事警察已陷入人山人海包围之中,现场混乱不堪,事态一旦失控,一场大规模的流血冲突在所难免。

面对混乱的局势,当日执勤的防暴队三分队教导员李振东命令全体队员“检查装备和武器,做好战斗准备”,指挥车队向事发区域缓慢靠近。

防暴队的这一举动似乎惹怒了狂暴的人群,人群如潮涌般向道路中间聚拢,阻止队员们靠近。

中国第二支赴利比里亚维和警察防暴队在任务区执行勤务。(杨乾坤　李蓁　摄)

“我们是中国防暴队，请克制情绪，依法解决问题。”就在行动官用英语亮明身份、发出警告的时候，闹事人群中竟然有人在喊：“China FPU，China FPU！”几个像头领的长者挥手制止骚乱的人群，并示意与防暴队对话。

李振东带着谈判组下车，几个长者迎了上来，激动地说：“中国防暴队，我们的朋友，你们经常来帮助我们，我们相信你。”

原来，新当选的撒布族参议员宣称要解雇在竞选中投反对票的农场雇员，并减少克鲁族人的土地和就业机会。这直接关系到克鲁族的生死存亡，所以，他们带领族人封锁了撒布族农场，扣押了农场负责人。

凭借对中国防暴队的信任，队员们一边对现场群众进行安抚，防止局势恶化；一边协调并促成州政府出面和平化解了部族矛盾，未动一枪一弹便平息了这场群体性事件。

战地拓荒虎

刚到任务区时，营区里没有训练场。营区南侧有个废弃的垃圾场，灌木丛生，藤蔓交错，荆棘密布。队员们挥锹抡镐，披荆斩棘，砍灌木，铲杂草，清垃圾，手拽肩扛，背土填坑，硬生生把一片垃圾场建成了集靶场、足球场、环形跑道、休闲凉亭于一体的大型综合训练场。

在清理灌木时，防暴队遭遇过可怕的蜂群。那天，队员文宝用开山刀砍切着杂乱无章的树枝和藤条，一不小心砍落了隐藏在藤蔓里的蜂窝。一片黑压压的蜂群向大部队冲了过来，队员们惊慌失措，赶紧用衣服蒙住头，胡乱拍打着。“快跑，快跑。”不料，还没跑几步，文宝的裤脚被铁丝网勾住了，顺势拧成了卷，越是着急越扯不开。已经逃脱了蜂群攻击的队友关计林，回头看到文宝被挂在了那里，他又火速冲了回去，扑倒在文宝身边，用牙齿撕开裤脚。这时，闫鹏脱下上衣光着膀子，边跑边扑打蜜蜂。“快带文宝跑！”说着，他把自己的衣服盖在了文宝的头上，拉着文宝就往外冲。

后来检查，文宝全身十多处被蜇伤，已有轻度的中毒反应。关计林的脸被蜇肿了，眼睛只剩下了一条缝，闫鹏也有七八处蜇伤。

在任务区每次遭遇险境时，队员们都会挺身而出，有难同当，不离不弃。

就这样，防暴队在进驻营区短短30天内，新建了通信绿岛、防雷设施、战友之家、维和俱乐部、连心阁、理疗室等，营区面貌焕然一新，成为联利团“最美”营区。各国维和警队纷纷慕名而来，与队员们一起踢足球、搞交流，他们纷纷竖起大拇指，赞叹中国人的智慧和执着、勤劳和勇敢。

归国前，队员们仰望天空、观云、看国旗，天和云很远，国旗不远。8个多月，五星红旗在维和任务区上空高高飘扬，是140名防暴队员的精神支柱，陪伴着他们一同实现

联利团副秘书长特别代表安东尼奥为防暴队队员佩戴和平荣誉勋章。(杨乾坤 李蓁 摄)

维和梦想。每到重大仪式时,随着国旗升起时的那份自豪与骄傲,已永久镌刻在了每名维和队员心中。

记者手记

新华社"中国网事"记者　康国宁

4月1日,中国第二支赴利比里亚维和警察防暴队第一批回国人员解除隔离,迎接他们的是鲜花、掌声以及亲人的拥抱与问候,从2014年7月1日起程赴利比里亚开始,维和队员们已经与家人277天没有见面。

"老婆,你怎么那么瘦啊。""是啊,我这体重减的算轻的,有的战友体重减了20多公斤。"这是防暴队员萨日娜与丈夫的对话,此次利比里亚维和之行,防暴队队员的平均体重下降了近10公斤。

很难想象,先是经历后勤保障危机,后又面对埃博拉疫情,防暴队员是怎么挺过来的。

因西非地区持续蔓延的埃博拉疫情,原本在防暴队到达任务区一个月后就能运到的国内补给物资,一再被延迟运送,这可急坏了炊事班的小伙子们。黑面馒头尽可能做得松软,黑白双耳(银耳、木耳)能做出多种味道……保证大家的营养需求,保证两菜一汤,是他们的最大任务。国内补给物资到达时,已是他们到达利比里亚的第四个月,"一见到后援物资,几个月来绷紧的神经很快松弛了下来。"炊事班长黄福双第一次感觉到什么是累。

摆在战斗队员兼司机关汉超面前的难题是利比里亚的路。因为连年内战,利比里亚基础设施被破坏得极其严重,尤其是路,晴天灰尘扬天,雨天泥泞遍布。每一次外出执勤,小关都要"眼观六路、耳听八方",由于道路狭窄、丛林密布,他与副驾驶座上的队友配合,由队友负责右侧的侦察、警戒,他负责左侧的情况观测,一有情况立即示警。在队友配合下,多次遇到紧急情况,小关都能化险为夷。

277天里,防暴队遇到的最大困难就是在完成任务同时,有效防御埃博拉病毒。

在防暴队的某处哨位,防暴队员们亲眼看见利比里亚锡诺州首例感染埃博拉致死者被掩埋的场景。得知此情况,防暴队营区医疗小组与心理干预小组迅速组成一个团队,为站岗执勤归来的战友进行心理疏导、抚慰。

"那场景想起来都有点后怕。"战斗队员刘东说出自己的感受,"但一回到营地,看着他们忙碌着为我们服务的身影,我有种回家的感觉。"他说。

9个月来,在埃博拉疫情集中爆发、各项勤务不降反升的形势下,防暴队队员无一感染,当地常见的热带病得病率也都极低,全队仅有5例疑似疟疾病例。

"队伍稳定、队员安全,是对指挥员的基本要求,作为指挥员,组织将队伍交给我,我必须一个不少,健康平安地把大家带回去。"内蒙古公安边防总队副总队长、中国第二支赴利比里亚维和警察防暴队政委赵东方说。

维和期间,防暴队做到了"无一伤亡、无一违纪、无一遣返"。成绩的取得得益于其严密的防疫措施,也是不间断锻炼的结果。

防暴队进驻任务区,迅速建立健全了涵盖7类34项规章制度的制度群,覆盖每件事情、每项勤务、每个细节,其目的就是要让队员"行有规矩、动有分寸",从制度约束变为习惯养成。在做好内部管理的同时,防暴队根据执勤任务特点,推出的《装备物资管理使用标准》《巡逻勤务规范建议》《应急处突规范建议》等执勤规范,被推荐至联合国总部备案推广,成为任务区其他防暴队的参考模板。

得知防暴队即将回国,联合国驻利比里亚特派团格林维尔分部主管柯瑞娜女士先后三次来到防暴队驻地话别,联合国驻利比里亚特派团防暴办主任克里斯蒂安也是依依不舍:"因为有你们的存在,我感到无上荣耀。"

微语录

“头顶蓝盔，手握钢枪，远离故土亲人，我们只为异国他乡的安宁；患难与共，风雨同舟，抗击致命疫情，我们共同续写中利生死友谊。1.3万公里，240个昼夜，面对肆虐的埃博拉疫情，一触即发的部族冲突和随时可能在身边发生的枪战、爆炸，我们没有退缩！我们朝着祖国的方向放声高呼：宁可丢了性命，也绝不能有辱使命！军礼显敬意，誓言表担当。这就是我们，这就是中国军人，代表中国向全世界宣誓我们维护世界和平的决心！”——“最美蓝盔”中国赴利比里亚维和警察防暴队

微评论

腾讯网网友“挥着翅膀的驴”说：好一个“宁可丢了性命，也绝不能有辱使命”！你们是祖国的骄傲！你们以大义担当、冒死挺身的英雄气概，与利比里亚人民站在一起，共同抗击埃博拉疫情，让世界看到了中国维和警察的使命，也看到了中国作为负责任大国的担当！

腾讯网网友“一克拉流年”说：维和警察里面竟然有女队员的身影哎，好靓！为她们点赞！她们宛如俏丽挺拔的铿锵玫瑰，将中国警花的飒爽英姿展示给了世界！

广西融水苗族自治县香粉乡大方村，王锋和"清洁卫生儿童团"在一起。(2014年8月27日摄　王锋提供)

"捡垃圾博士"王锋

他是80后北大博士，也是苗山深处的一名驻村干部；他的专业是生化与分子生物学，而现在的主业却是"捡垃圾"。身份落差大、专业不对口、条件艰苦，但这些没有消磨他创业的决心。他叫王锋，单位派驻融水苗族自治县香粉乡大方村的"美丽广西"乡村建设工作队员。两年来，他扎根深山苗寨，从北大博士变成了村民的贴心人，一系列创新和经验从小山村推广开来，北大博士"捡垃圾"捡出了新天地。

在大苗山“捡垃圾”的北大博士

新华社“中国网事”记者　李斌

他是80后北大博士，现在是苗山深处的一名驻村干部；他的专业是生化与分子生物学，而现在的主业却是“捡垃圾”。身份落差大、专业不对口、环境条件艰苦，但这些没有消磨他创业的决心。他叫王锋，广西壮族自治区科技厅派驻融水苗族自治县香粉乡大方村的“美丽广西”乡村建设工作队员。两年来，他扎根深山苗寨，从北大博士变成了村民的贴心人，一系列创新和经验从小山村推广开来。

博士“捡垃圾”破解“垃圾围村”

2013年5月，以改善农村的生产生活环境为主要内容的“美丽广西·清洁乡村”活动在广西展开，8万机关干部入乡驻村，开展清洁乡村工作。2011年从北京大学毕业来到广西的王锋是其中一员。

融水县香粉乡大方村是广西北部山区的一个苗族村寨，从南宁到大方村，需要先坐5个半小时的火车，再坐1个多小时班车，有时甚至需要冒险坐“黑车”。王锋初到村里，休息时床塌了，蚊虫在身上叮了无数个包，被子、衣服充满浓浓的霉味……条件之艰苦，超乎想象。工作如何干起？如何能让自己所学在偏远山区发挥作用？初到山乡，王锋虽满怀着干出一番事业的心，却还是感到手足无措。

“北大博士到山里捡垃圾？”在这个只飞出过几只“金凤凰”的村寨，人们用异样的眼光打量着王锋。

从湖南农村走出来的王锋，努力找到农村环境差的症结所在：山区农村垃圾成分杂乱，难以找到合适的处理方式。王锋一边和农民捡垃圾、运垃圾、烧垃圾，一边查阅文献资料，学习国内外垃圾处理的先进方法。

他发现，农村垃圾处理有其特殊性：厨余垃圾和建筑垃圾在农民日常生活中会被自然处理，而其他垃圾则可分为可燃烧垃圾和不可燃烧垃圾，可燃垃圾需统一焚烧，不可燃烧垃圾应该回收处理。

王锋拿出自己在校时的钻研精神，在仔细研究欧美日等国垃圾分类处理方式后，他设计出一整套垃圾分类、回收、运输、处理机制。以自然屯为单位，从农户层面进行垃圾分类,最大限度将垃圾在自然屯内处理,其余垃圾收集后再统一处理,形成了"户分类—屯收集—屯运输—屯村分级处理"的处理模式。

这一模式实现了大部分垃圾在自然屯内处理,减轻对运输的依赖,符合山区农村交通不便的实际。这一模式在大方村龙拱屯试验成功,被称为"龙拱模式",在广西得到推广。

"农村环境治理关键在于发动群众,尤其在于贫穷的山区,没有足够的资金投入,只能靠发动各个层面的群众,从源头减少垃圾。"王锋说。

"北大博士就是不一样,干事情总能想到我们想不到的办法。"村委会主任张勇对王锋刮目相看,佩服他的钻研劲头,支持他在村里的工作。

攻坚农村垃圾处理难题出发明

"龙拱模式"关键在于屯级垃圾池,王锋考察了多地的垃圾池,发现各地的垃圾池各有优劣,他决心修建更加适合山区的垃圾池。

经过他和村干部半年的研究和反复修改,"大方牌"多功能垃圾池诞生。这一垃圾池采用农村土灶的燃烧原理,安装有钢筋炉桥,垃圾进去之后容易晾干、焚烧,造价还远低于同类产品。

"在这个垃圾池上花的心血,比装修自己的房子还要多。一开始外界并不认可,批评和质疑较多,我们根据意见反复修改,最终得到了大家的认可。"王锋说。这一垃圾池以其突出的优点很快在融水县推广,目前正在申报专利。

广西融水苗族自治县香粉乡大方村,王锋推着手推车向村民分发垃圾筒。(2013年11月23日摄 王锋提供)

王锋发现,废旧玻璃瓶烧不烂、埋不腐、收集困难,是农村垃圾处理的最大难题。为破解这一难题,王锋走访县、乡废品收购站,还向拾荒者取经。

经过一番波折,王锋与南宁一家玻璃公司取得联系,这家公司需要大量废旧玻璃瓶。大方村修建了储存量达30吨的废旧玻璃瓶集中点,分类堆放有色、无色和建筑玻

2015年4月7日，广西融水苗族自治县香粉乡大方村，王锋和村民在一起商讨清洁乡村建设。(李斌　摄)

璃。同时，由科技厅提供经费，大方村通过每公斤废旧玻璃瓶给予0.1元补贴的方式，引导群众将玻璃瓶运送到集中点。

“集中+补贴”的机制，解决了农村废旧玻璃瓶问题。融水县投入近100万元修建基础设施，在全县各乡镇推广大方村的废旧玻璃处理模式。

在一点一滴探索中，王锋从处理垃圾中找到了成就感，也逐渐获得干部群众的认可。当地群众发现，这个北大博士还真有本事，干活扎实、平易近人、思路灵活。

王锋还在村里成立了11个“清洁卫生儿童团”，把村里的小朋友变成义务保洁员。他从南宁选购了水枪、望远镜、遥控飞机等玩具，把孩子们召集起来，引导他们参与清洁乡村活动。他还给孩子们开展知识讲座，带着他们一起做游戏，俨然一个“孩子王”。

“有一天我还没起床，就听见有小朋友的吵闹声，他们早早过来问我今天要不要搞卫生，还叫我去看他们昨天的成果！”说起“儿童团”，王锋满脸都是笑容。他特意邀请北京大学的老师和同学到村里与孩子们交流，给他们发放书籍和北大纪念品，鼓励他们努力学习。

深挖“穷根”帮扶苗寨发展

龙拱屯有一家便利店，店主董润娇将村民生产的云雾茶、香菇、草珊瑚、木耳等特产进行简单包装，冠以“大方牌”对外销售。董润娇告诉记者，这都是得益于王锋的指点。

上个月，王锋带着董润娇等5个村民外出考察，发现当地的土特产非常受城里人欢迎。于是，董润娇想到把山里的土特产包装销售。王锋让村里的年轻人注册一个淘宝网店，努力把苗寨的原生态“大方牌”系列产品卖到全国。

“‘仓廪实而知礼节’，农民只有富裕起来了，才能够有更多的心思、更多的经费去做清洁卫生。”王锋认为，要让清洁乡村的成果保持下去，必须要让农民群众富起来。

为此，王锋启动了"希望种子"计划，"小规模，多品种"发展种养项目，采用引导的方式让农民发展产业。经引导，村里涌现了红心猕猴桃、百合、苗家香米等种植合作社，以及黑香猪、竹鼠、林下鸡等养殖合作社。

大方村成立了"屯理事会"，各自然屯选举5位有威望、有能力、有热情的村民作为理事会成员，统筹负责各屯的清洁卫生工作。王锋带着理事会申报的小额基础建设项目争取各界支持，目前已争取到政府拨款100多万元、企业捐赠水泥300吨、社会捐款近10万元，解决了大方村道路硬化、球场建设等问题。

为帮助贫困大学生渡过难关，王锋设立"大方励志奖学金"，主要通过微信朋友圈发布倡议募集资金。朋友、同事纷纷支持，北大老师、领导甚至两院院士都慷慨解囊，短短3天就募集到7万多元。2014年底举行了第一期奖学金颁发仪式，发放2.51万元。

王锋经常辗转奔走于山里山外，到南宁、柳州等地为村子建设"化缘"，带领村民外出学习取经。山区道路险峻崎岖、弯急坡陡，事故频发。4月1日，他经历了第三次车祸，虽无大碍，但每次都惊心动魄。王锋淡然地说："有这些小插曲，基层经历才更加丰满啊！"

2015年4月7日，广西融水苗族自治县香粉乡大方村，王锋在指导董润娇销售土特产。(李斌　摄)

广西融水苗族自治县香粉乡大方村，王锋和村民一起种植红心猕猴桃。(2014年11月2日摄　王锋提供)

水泥路通到各家各户，篮球场即将建成，月季、三角梅竞相开放，村民清洁卫生习惯养成……两年的挂职期即将结束，而今的大方村处处旧貌换新颜。获悉王锋挂职即将结束，很多群众都在送别会上流泪了，依依不舍之情溢于言表，真诚朴实的话语让王锋也湿了眼眶。

记者采访时，70多岁的村民王秀芬颤巍巍地走过来，将一张红纸叠成信封塞到王锋手里。皱巴巴的信纸上是一首苗寨乡亲自创的山歌，歌词流露着群众对王锋的感激之情：感谢党的好领导，爱民如子为民谋；水泥公路家家到，美满生活楼上楼；水泥球场建得好，领导为民操大劳；村民活跃得锻炼，人口素质更提高……

记者手记

新华社"中国网事"记者　李斌

学生化与分子生物学的80后北大博士，偏远山区"清洁乡村"驻村干部，很多人很难把这两个身份联系在一起。而王锋，兼具这两个身份，时间长达两年之久。并且，他扎根深山苗寨，从北大博士变成了村民的贴心人，一系列创新和经验从小山村推广开来。

北大博士与驻村干部，两个落差很大的身份如何结合在一起的？他又如何在两年时间里做出一番成绩的？北大博士进村"捡垃圾"是否浪费人才？带着这些疑问，我们前去采访王锋和他的村民们。

前去采访王锋，记者从南宁出发坐动车先到柳州，然后驱车走二级公路到距离柳州约100公里的融水苗族自治县，然后再走乡村公路到香粉乡大方村，路途上就花费一整天时间。而这，也是王锋从南宁的家里到大方村所要花费的时间。

走进村里，就见到王锋发明的"大方牌"多功能垃圾池，这一垃圾池同时具有回收室和焚烧室，焚烧室采用农村土灶的燃烧原理，安装有钢筋炉桥，垃圾进去之后容易晾干、焚烧，对于农村垃圾处理有很大促进作用。

王锋个子不高，话也不多，但说起发明这个垃圾池情况，他如数家珍。为发明这个垃圾池，他在仔细研究欧美等国垃圾分类处理方式后，设计出一整套垃圾分类回收、运输、处理机制，还结合当地农民的生活经验和智慧，进行集成创新，最终发明了这个垃圾池，并获得了专利。

"有人说一个博士到山区驻村，是对知识的不尊重。实际上并不是，这样的山村很缺知识，知识在这里能够发挥很大的作用。"王锋的话语，让我对博士当驻村干部有了更深的理解。

从湖南农村走出来的王锋对艰苦的生活条件没有感到畏惧，在广西农科院专家的指导下，他决定引进红心猕猴桃、马蹄等品种，帮助当地农民脱贫致富。但当他兴致勃勃地发动群众时，群众却无动于衷，村民覃志丹说："政府让做的一定不能做，都是会亏本的！”这话让王锋内心受到极大冲击，他感到自己满怀的激情，犹如被一桶冷水从头淋到脚。

王锋逐渐了解到了问题的根源，因为政府主导的产业往往过度追求规模和速度，不注重市场，结果带来失败，参与的农民也会受损，这让农民形成了“政府让种什么什么亏”的印象。

面对这种情况，王锋认为，要引导群众发展产业，必须破解扶贫工作中的“塔西陀陷阱”，要了解当地适合发展什么，摸清群众自己想做什么，尊重群众意愿开展产业扶贫，激发群众创业的积极性，变“求着农民干”到“农民抢着干”。他在大方村有一个青年创业俱乐部、一个妇女创业协会，依托创业农民启动“希望种子”计划，“小规模，多品种”发展种养项目。经过努力，全村涌现了红心猕猴桃、百合、苗家香米等种植合作社，以及百草鸭、黑香猪、竹鼠、林下鸡等养殖合作社。由于都是村民自主创业的项目，群众自负盈亏，自担风险，即便失败了也不会埋怨政府。

看到村民种植的云雾茶、香菇、草珊瑚、木耳等品质优良，王锋教他们包装后冠以“大方牌”对外销售。他还让人在淘宝网上帮村民注册网店，准备把苗山农特产品卖到全国。

水泥路通到各家各户、篮球场即将建成、产业发展初具雏形、村民文明习惯逐渐养成……王锋两年驻村两年，大方村里处处旧貌换新颜。王锋说，虽然艰苦，但这种成就感是在实验室或者机关办公室难以获得的。

微语录

“‘仓廪实而知礼节’，如果农民每天都在为生计奔波，哪里顾得上搞清洁卫生。只有大家都富裕了，才有更多心思、更多资金打理好家园。要让清洁乡村的成果保持下去，必须要让农民群众富起来。”——“拾垃圾博士”王锋

微评论

新浪微博网友“leifeng501”说：王锋北大博士毕业，却在农村干起了“捡垃圾”的治理环境的工作。现今大学生中的不少人有高远的志向，这是件好事，可很多人却大事干不了，小事又不愿干，结果一事无成，蹉跎了岁月，荒废了青春。他们都应从王锋那儿得到启发，事业无贵贱，而贵在一颗踏踏实实、勤劳肯干的心。

新浪微博网友“PETER-WANG”说：现在的社会正需要这样的思维、这样的人才。专业高端人才更多的是以自己的能力回报社会，我们国家也确实需要在环境保护方面做一些基础性工作，工作必须下沉，下基层，到农村。

2014年12月，第16届清华大学研究生支教团成员为山村小学孩子送去捐赠物资。

“17年支教接力者”清华大学研究生支教团

古诗有云：“风吹紫荆树，色与春庭暮”，道出的便是紫荆花的美。它那矢志不渝、敢为人先、团结协作的花语，在清华大学研究生支教团的同学们身上尽情彰显。自1998年至今，清华大学研究生支教团的同学们前赴后继、扶贫接力，在祖国中西部大地践行着“自强不息、厚德载物”的清华校训和“行胜于言”的优良校风。兢兢业业、教学奉献，他们的青春在祖国和人民最需要的地方焕发绚丽光彩。

17年支教接力者

——记清华大学研究生支教团

清华大学　史恩赐等

自1998年至今,清华大学响应国家号召,连续组建18届研究生支教团,向西藏、青海、甘肃、山西、陕西、河南、湖北等省区的贫困县、乡输送了259名支教志愿者,累计服务时间达到70万小时,服务受益人数超过1.8万人。志愿者们始终秉承"爱国奉献、追求卓越"的清华精神,用实际行动诠释"奉献、友爱、互助、进步"的时代新风。一年西部情,一生报国志,17年来,清华大学研究生支教团的志愿者们用出色的表现向服务地、向清华、向祖国和人民交上了满意的答卷。他们在支教奉献过的每一个地方镌刻上了青春的烙印,更将对支教地的深厚感情深深埋藏在心底,化为勤学、修德、明辨、笃实的不竭动力。

优中选优,锤炼队伍

清华大学每年成立专项工作组,优中选优,选拔出一批业务水平强、综合素质过硬、有强烈志愿精神的大四学生加入研究生支教团。在2013年清华大学本科生特等奖学金答辩现场,现场评委老师问一个女学生:如何投资能让一笔资金在短期内获得更高回报?学生回答:"短期内获得高回报并不现实。不过如果您愿意放宽投资期限,可以把这笔资金投资于教育。它一定会给您特别高的回报率。"

这个女孩就是黄成,清华大学第16届研究生支教团成员。正是对教育的梦想,出类拔萃的她放弃了直接留校攻读金融硕士的机会,选择本科毕业后先去青海支教一年。"这不是一场一时兴起、说走就走的旅行。"她说,"而是我上大学以来,通过不断探索和思考,做出的一个关于教育梦想的严肃而重要的决定。"

出生在书香世家的吴彦琦,是清华大学2012届经济与金融专业的学生。她的爷爷奶奶都是十分优秀的人民教师,受他们的熏陶,彦琦很小就对教书育人有着无限的热爱。"对于我来说只有一年的付出,但是这能够为孩子们带来十分长效的变化。"在这种信念的支持下,虽已获全额奖学金保研到五道口金融学院,吴彦琦仍然选择加入清华大学十八届研究生支教团，去西部支教。

在清华支教团中像黄成、吴彦琦这样综合素质优秀又心怀公益教育热情的同学还有很多。不仅如此，这些优秀的志愿者们在加入支教团后还会继续参加各种培训，为之后一年的支教工作奠定良好的基础。支教团的志愿者们在大四期间积极参加短期支教实践、赴清华附中旁听名师授课、赴支教地考察学习等培训，同时还抽出大量课余时间认真参与教育学、教育心理学理论学习，主动参加普通话水平考试、教师资格证考试，努力提升教育技能，将清华支教团锤炼成了一支专业水平过硬的志愿队伍。

精益求精，教书育人

17年来，清华的志愿者们坚持教学为本，着力提高教学质量。志愿者们虽然不是师范科班出身，但他们怀着对教育事业的热忱和清华人"行胜于言"的精神在教学中积极探索、勤恳工作，对待每一项教学任务精益求精。

2006年，第8届支教团志愿者罗丹任教于西藏师范高等专科学校，图为其于烛光前备课。

第16届支教团成员于阳，在授课过程发现拉萨八一校定制的试卷并不能够很好地适应本校学生。这是因为班里学生家长大多是工人、农民出身，孩子在家学习氛围不好，再加上孩子自制能力差，如果家庭作业布置试卷，很难有同学能够认真做完。而如果课上检测，则因单节课时间限制，不能一次性将试卷做完。为了改变这种情况，于阳主动手写试卷，题量只有现有试卷的一半，成功地解决了这个问题。在期末复习期间，他曾在一个月的时间内手写单元试卷数量超过10张，综合复习试卷3张，所有试卷均被同年级平行班教师所采用。

在锻炼自身教学能力的同时，支教团成员也对教学方法进行一系列的尝试，并取得了不错的效果。第16届研究生支教团西藏支队的志愿者们在充分了解学生的学习情况后，积极创新，不断尝试使用新的教学方法。志愿者席亚彬首先尝试了反转教学的新式教学方法，并根据同学们的反馈不断完善这种教学方法，还在《教育教学论坛》的 2015 年 4 月期刊中发表了《浅论反转课堂在高职院校中的应用》一文。

2015年 4 月，第 16 届支教团志愿者王展硕在家访。

2014—2015 学年，在完全中学，超过 1/3 的志愿者教出了年级第一的成绩，辅导 1 名同学成功考入清华，1 名同学考入北大，将近 20 名同学考入浙江大学、上海交通大学、人民大学、复旦大学等知名学府。而在职业学校服务的志愿者们则结合职校学生特点，对学生进行专业知识、职业技能、人生规划等多方面进行帮扶，在 2014 年中辅导出了多名在省级赛事中获奖的学生。

精准扶贫，团学、公益双肩挑

支教团志愿者们也积极参与当地学校学生管理工作，他们将在清华所积累的团学组织、社团文化建设等工作经验带到了支教地，帮助当地学校的团委、学生会工作蓬勃发展，建立学生兴趣社团、文体代表队，组织校园文化活动。

来自清华大学新闻系的欧媚是一个阳光开朗的女孩子，在本科毕业后选择去西藏支教。在支教的一年中，她根据学校的情况，结合自己的专业，建立了西藏职业技术学院的新媒体平台，为学校开通了官方微信、微博，并且组建了 1500 人的青年网络文明志愿者。为了保证新媒体的运行，她还主动把操作方法教给学生，为学生提供锻炼的机会。

除了教书育人，清华大学研究生支教团的成员们响应国家"精准扶贫"的号召，根据当地学生们的需要积极发起公益活动。在西藏支教时，志愿者们发现，农牧区的孩子们每天都要走很远的路去上学，偏远地区的自来水水质偏硬，含有大量杂质，而绝大部分乡镇中小学均没有完备的饮水设备，严寒摧残着孩子们的健康。因此，他们通过募捐、公益捐赠、众筹的方式筹集资金发起了"一杯热水的温度"公益项目，为当地购买热水器、水杯和其他保暖物资。经过近一年的筹款，项目共筹得近 10 万元经费以及近 10 万元物资，为拉萨和林芝地区多个小学解决了饮用水问题。

此外，清华大学研究生支教团注重资源整合、品牌建设，提出了“梦工厂”计划，系统地开展公益活动，切实帮助服务地教育、经济发展。志愿者们利用教学之余的时间深入当地的基层社区开展关爱慰问活动，到山区中小学开展兴趣和国学课程。今年夏天，清华大学研究生支教团成功组织了一批优秀的青海中小学生走出农村，走出县城，来到北京参与游学交流活动。

一年的支教，一生的事业

普布是清华大学第 15 届支教团里的一名藏族志愿者，2013 年 8 月开始在西藏支教。因为有着相同的藏文化背景，他和学生们很快熟悉起来，担任机电系的辅导员和班主任。由于机电课程的教师缺乏，他同时担任几门专业课的老师。“有些知识，我之前也没有接触过，但是为了对学生负责，我自学得比在清华读书时还认真。”普布说道。普通的字里行间，透露着他对支教的负责，对学生的负责，“藏职院的学生基础差，一个负责任的老师显得尤为重要，‘感啦’在藏语里是‘老师’的意思，绝对不能辜负了‘感啦’这个纯洁高尚的词。”在回到清华大学后，普布积极承担思想政治辅导员的工作，担起引导学生思想的“小老师”的角色，继续尽其所能地帮助学生成长。

2015年，第 16 届支教团志愿者殷浩淳任教于甘肃武威六中。

2011 年 7 月，清华大学本科刚毕业的李舒涛，没有选择直接在清华读研究生，而是参加了第 13 届研究生支教团奔赴青海省湟中县，进行为期一年的支教服务。在青海支教的日子，由于冬日的严寒，他的右耳得了中耳炎，暂时性失聪，他无意中向学生们提起了这件事。后来有一天他发现，几乎所有学生无论是找他谈话还是交作业，总会很自觉地站到他的左边。仅仅不经意的一句话，学生们都会很上心，很用心地去做。这样温暖的点滴，浇灌着他心里的那颗“回到这里”的种子。

从青海支教回来之后，李舒涛开始担任化学系团委书记，学习、社工“双肩挑”，生活很忙碌、很充实。他买了很多关于青海当地情况的书籍，在繁重的科研之余，他不断增进对青海的了解，对基层工作的熟悉与认知，不断寻找去青海工作的机会。2013年，青海省开始在清华招收选调生，他毅然决然地踏上了回去的路。

2015年，第16届支教团志愿者杨鹏和学生在一起。

一年的工作，一生的事业，志愿者们在一年的支教过程中增强了社会责任感，坚定了报效祖国的信念。17年来，2/3的志愿者在返回清华继续攻读研究生期间担任学生思想政治辅导员，成为了清华的学生骨干。许多志愿者在研究生毕业后，选择通过"村官"、选调、报考公务员等方式回到西部继续工作。

扶贫支教、薪火相传，清华支教人将生生不息，继续在祖国和人民最需要的地方绽放出青春的光彩！

记者手记

清华大学　史恩赐

冬天里的清华，别有一番独特的韵味。清晨，当太阳从东南的主楼方向升起时，清华学子便行色匆匆地开始了他们一天的学习生活。在他们中，有这样一群人，毕业后志愿选择去西部支教一年，为西部的教育尽自己的一分力量。他们，是清华大学研究生支教团的一员。

责任、担当是他们最大的信念。天行健，君子以自强不息；地势坤，君子以厚德载物。清华大学研究生支教团自1998年成立以来，连续17年，259名志愿者支教接力，70万小时的服务时间，1.8万名服务受益者，为西部教育的发展做出了巨大的贡献。"到祖国和人民最需要的地方去"，这是支教团成员最常说的话。

"虽然我不是学校最优秀的学生，不是社工岗位上最优秀的干部，更不是经验最丰富的支教老师，但我有足够的热情、足够的能力、足够的创造力去完成未来一年的支教工作。"毛雯芝是清华大学研究生支教团的成员，今年她选择回到家乡青海湟中支教。

她说，支教，是为了未来西部的教育不需要再支教。也正因为这样的目标，毛雯芝希望自己能从“被支教”走向“去支教”，用自身的行动去努力诠释支教团的“传承”理念，也作为对支教团最深的报答。一路走来，“不忘初心”是毛雯芝最大的坚持。毛雯芝说她始终记得第 15 届研究生支教团一位学姐的话：“因为有成长所以更愿意去承担，因为有收获所以更愿意去分享，因为得到过帮助所以更愿意倾我所有去帮助更多的人。”心怀感恩，情归母校，如今，毛雯芝已经实现自己当初的诺言，站在了讲台上，成了一名支教老师。

支教一年，受教一生。清华学子在服务社会的同时，也收获满满。在这一年里，他们完成了人生的蜕变，变得更加稳重自信，更加积极乐观。欧媚，是清华大学新闻与传播学院 2010 级本科生，也是清华大学第 16 届研究生支教团成员，毕业后选择到西藏支教一年。经过一年的历练，重返校园的她自信地笑着，仿佛身上在绽放着光芒，那么的引人注目。

一年支教路，一生战友情。“与你西行，永不相忘，在那天边唱格萨尔王”，这是清华大学研究生支教团团歌，是每一个支教团成员都会唱的歌。他们说，每一次唱起这首歌，心中总是自豪的。一年的支教情是相互的支持、陪伴、鼓励，是绝不会因时间的流逝而磨灭的。

“想去离太阳最近的天边，天边有格桑花盛放；想去养育我的黄河源，源头有布达拉守望”，这次听到清华大学研究生支教团的团歌，心中开始涌现出一种奉献的渴望、一种责任的担当、一种莫名想去追逐梦想的冲动。我想，这可能就是清华大学研究生支教团的精神。

微语录

“当青涩的我们褪去稚气/你说，你的理想就是尽己所能，为需要的人们做些什么/你说，青年的责任激励你去投身祖国最需要的地方/你说，你有一个信念，科学发展，成才报国/那就去西部吧，一望无际的草原，震撼了多少心跳/那就当一名教师吧，孩子们渴望的眼神，融合了多少期盼/那就去做志愿者吧，以志愿之名，激扬青春，放飞理想。”

——“17 年支教接力者”清华大学研究生支教团

“中国网事·感动2015”

提名者

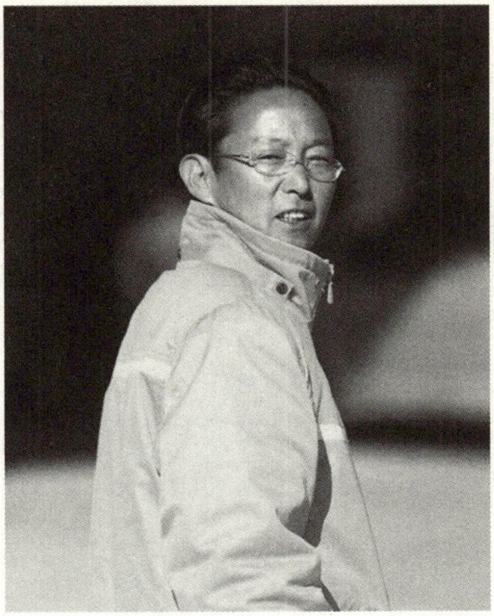

“世界高城上的扎西阿哥”扎西彭措

扎西彭措，一名中石油加油站藏族经理。扎根雪域高原28年，他以站为家，拖着病痛的身躯在世界屋脊钻研，种出了绿色蔬菜，乐于助人、拾金不昧的事迹更是传为佳话。扎西彭措始终以一名共产党员的标准严格要求自己，把事业和责任看得很重，把个人利益看得很轻。他将青春和爱全部融入了被称为“世界高城”的理塘加油站。从他身上，我们看到了什么是“大庆精神”，什么是“铁人精神”，他是全站员工的好阿哥，是绽放在世界高城上最美的格桑花。

“世界高城”上的扎西阿哥

——记中国石油四川甘孜销售分公司扎西彭措

新华网记者　袁泳

一名中石油加油站的藏族经理，扎根雪域高原28年，无怨无悔，甘愿奉献，塑造了“缺氧不缺精神、艰苦不降标准”的甘孜石油精神。他对顾客有热心、对员工有爱心，被大家尊称为“扎西阿哥”。

18岁到46岁，从风华正茂的小伙子到饱经沧桑的中年大叔，在他工作的地方，恐怕只有怪石峥嵘的高山以及小巧灵韵的湖泊才能诉说得尽他的故事。

在风尘苦旅的青藏高原加油站，一直有“流水的员工，铁打的扎西”的说法。

哭过、痛过、累过，扎西彭措，从没离开过。

“男子汉”扎西彭措

巴塘和理塘，一字之差，却道尽了藏区的“风情万种”。前者俗称“小江南”，气候宜人，风景如画；后者有“世界高城”之冠，风沙弥漫，是“生命禁区”。一前一后，将扎西彭措的28年拆分成了两种人生。

18岁至35岁，本长于巴塘的扎西彭措，守着天苍苍，野茫茫，风吹草地见牛羊的惬意，到处都是触摸得到的幸福。然而在这之后，扎西彭措与他的这种人生，挥别了12年。

“或许有人会说，20岁才是追逐梦想的起点，是青春飞扬的最佳时刻，而我想说，我的青春从35岁开始，这12年里，酸甜苦辣都明晰地演奏出我人生的‘八部交响曲’，曲目苦甜参半，铺垫了能够寻味的人生。”扎西彭措说。

时光的镜头回溯到2003年，中石油理塘加油站正在筹建当中，管理人才紧缺。加油站站长的应聘通知一下发，却落了个鸦雀无声的回应。员工之中的冷淡回应其实正常，试想，谁愿意前往海拔4020米的高原？谁能忍受“大漠孤烟直，长河落日圆”的寂寞？

用中石油四川甘孜销售分公司副总经理吴香贵的话来说，就是：“待在这样的地方，即使什么都不做，都是一种奉献。”

“我想试试。”扎西彭措的一句话，将公司尴尬的沉默打破。这一年，他35岁，风华正茂。但他不是没有犹豫、徘徊过。他安慰自己：“去吧，去两年，等把新的员工培养出来，就申请回去。”没想到的是，在“世界高城”的顶端，他一站就是12年。

甘孜南线是四川藏区的一条重要石油线路，代表着中石油在高原的形象，然而这个“形象”却不是那么好“代表”的。现实的“骨感”首先来自于艰难的生存环境：理塘一年仅有3个月的无霜期，气温回暖时，风沙又开始肆虐。最揪心的是，还要面临长期停水停电的状况。

看起来精神抖擞的扎西彭措，已被心脏病、脱发等疾病缠身，而这仅仅是在生存上必须跨过的难关。2004年，理塘加油站正式营业，在典型的游牧区，石油卖给谁？如何扩大经营规模？两个问号，则是更艰巨的任务。

在随后的几年里，扎西彭措走遍了理塘25个乡镇和矿山，登门拜访当地百姓，宣传中石油的经营理念和服务宗旨，自掏腰包购买红景天、氧气瓶、酥油茶等药品和食品，免费提供给过往的游客，为加油站赚足了良好的口碑。

跬步致千里，12年过去，中石油理塘加油站的销售份额在当地占到了80%以上。对于扎西彭措来说，这样的业绩可以说是圆满完成了任务，但他仍没有回到他的故乡——巴塘。“这里的员工流动性非常大，太艰苦，要培养出一个能接我班的人太不容易。”扎西彭措说。

“本来今年可以回去的，但是能接我班的那个综合管理员又走了。”扎西彭措告诉记者。谁不想回到自己的家乡呢？像扎西彭措这样的“男子汉”，也念念不忘心中的巴塘。不过,他还说:“如果找不到合适的接班人,我会一直在这里干下去。”

“父亲”扎西彭措

46岁的扎西彭措,有过两段婚姻,是两个女儿的父亲。

2003年,扎西彭措站在人生的岔路口,徘徊不定。唯一让他打“退堂鼓”的,是他彼时5岁的大女儿。“她需要我的照顾,如果离开,家庭关系一定会受影响。”扎西彭措回忆。

那段回忆现在想来也是煎熬万分的。得知他即将赴理塘上任,当时的妻子毫无悬念地强烈反对,每一次的沟通都以大吵大闹结束,甚至放出狠话:“你就是个自私鬼,只为自己想,从没把家放在心里,如果你走我们就离婚。”

但扎西彭措还是走了,他对家人这样承诺:“不超过两年就申请调回来,每年多回几次家。”

然而,2004年和2005年,他一次家也没有回。

加油站运营之初,仅有6名新晋员工,藏族同胞居多。他们当中没有一个人熟悉工作流程,所有人都需要手把手教学,这个教学的人,自然必须是扎西彭措。他当时专门购买了6个笔记本,标注上阿拉伯数字1—10,让员工像小学生一样照着写,等写数字练得比较规范了,再教员工做账。

然而,扎西彭措手把手地教他的员工做报表、记数字,却没有机会为他的女儿辅导一次家庭作业。女儿的母亲,他当时的妻子,甚至跑到加油站来哭闹:“要么离婚,要么调回巴塘。”

婚姻彻底冰封之际,大女儿歇斯底里地哭喊:“阿爸、阿妈,你们不要分开好吗?”也是第一次,扎西彭措这个七尺男儿、康巴汉子,在女儿面前泣下沾襟。

大女儿继续留在巴塘生活,扎西彭措仍然很少回家。有一次,大女儿突发急性阑尾炎,扎西彭措匆忙赶回家,心爱的女儿挂着点滴,面无表情地说:“如果不是生病,你是不是永远都不会回来!”那一刻,他心如刀绞。“我不是个好丈夫、好爸爸。”扎西彭措说,即使掏再多的钱补贴他们的生活,都还不了欠下的情,若还有来生,他一定会不顾一切用爱去弥补。

八月的理塘门庭若市,正值318旅游环线的旺季,理塘加油站车流不息。一个8岁左右的女孩,会经常领着停下来加油的游客到屋里倒热水。她的名字叫泽仁拥忠,是扎西彭措与第二个妻子所生的女儿。无独有偶,这段婚姻也因为与之前一模一样的原因于2012年结束。

在泽仁拥忠眼里,扎西彭措是一个不会“道别”的父亲。每一次休假结束,扎西彭措离开家时总是静悄悄的,不会告诉任何人。

“离别总是痛苦的,我和她(泽仁拥忠)每一次分别,两个人都会流泪很久。”扎西彭措说。

目前,扎西彭措的大女儿已经19岁,有点出乎意料的是,她选择了和她父亲一样的工作地方——理塘。体贴懂事的她会经常带点水果去加油站看望扎西彭措,并劝父亲少抽烟、少喝酒。

泽仁拥忠正在上小学三年级,是班里的学习委员。她正在经历着和她姐姐一样的童年——与父亲若即若离。

记者问:“你认为你父亲是一个什么样的人?”

泽仁拥忠说:“我父亲是一个优秀的人。”

记者再问:“你以后愿意在理塘加油站工作吗?”

泽仁拥忠说:“我愿意。”

“为什么?”

“因为我父亲在这里工作。”

“阿哥”扎西彭措

2014年2月的一天,藏区正处于大雪封山之中。离理塘县170公里、海拔5200米的措拉乡矿山上,已经断油多日。矿山老板向扎西彭措求救。

路滑、雪厚、狂风肆虐,扎西彭措的油罐车艰难地前行在狭窄的山道上。没路了就铲雪,饿了就吃几个糌粑,一昼夜的时间,油就送到了措拉乡的矿山。老板评价:“扎西阿哥雪中送炭!”

“如今,我在理塘生活了12年,可以毫不谦虚地说,当地人基本都把我当朋友,许多人进站都喊我一声‘扎西阿哥’。”扎西彭措说。据当地老百姓讲,有时就连一些家户的婚丧嫁娶,扎西彭措也乐呵呵地带着员工去帮忙。

而对于加油站员工,扎西彭措最常说的一句话是:“把我当成你们的亲人,把加油站当成自己的家。”加油员斯朗拥忠在加油站已经工作了6年,“资历”仅次于扎西彭措。2012年,斯朗拥忠的父亲在巴塘出了车祸,被送至成都华西医院医治。照她自己的话来说,没有扎西彭措,她渡不过这个难关。

那时,理塘加油站的业务已开展得相当不错,在员工紧缺的情况下,请假是相当不容易的。为了让斯郎拥忠没有后顾之忧,扎西彭措甚至自己顶到了加油的第一线,直至一个月后斯朗拥忠从成都回来。而后,扎西彭措带头,号召每一位员工为她捐款500元。

"6 年了，其实我也有很多机会去别的地方工作，也想过去别的地方工作，但我舍不得扎西阿哥。"斯朗拥忠说。

与斯朗拥忠不一样，综合管理员泽仁拉措因为一些个人原因，已于去年提交了辞职报告。她没想到的是，扎西彭措表示了理解和支持："这里对于你们来说实在太苦了。"

在海拔 4000 多米的高原，食物基本是糌粑、酥油茶，吃上新鲜的蔬菜是一件奢侈的事情。为了让员工吃上新鲜蔬菜，扎西彭措开始琢磨自家种植蔬菜。他自费购买材料，搭起大棚，又学着翻土、播种、施肥、浇水、除草。现在，棚里已经有了青菜、西红柿、辣椒等。除了自己吃，他们还会送些给周边邻居与客户。

每年的七八月，放眼国道，堵满了各式各样的自驾车辆。对于这些游客来讲，理塘加油站还是他们调整休息的驿站。如果有人在行车途中感受到了高原反应，在找不到医院的情况下想买点药物，可能当地一大半的老百姓会介绍你到中石油加油站找"扎西阿哥"。

有一次，一位广州的游客在加油时突感心跳加快，呕吐不止。扎西彭措立马拿出药箱，并吩咐员工准备一碗酥油茶，让顾客服下红景天。这位游客离开之际，在意见簿上写下一句话："酥油茶好喝，中油情更浓。"

类似的事例、类似感激的面孔，扎西彭措已经记不清有多少，分不出是哪些了。无论是游客还是员工，人来人往，能记得住"扎西阿哥"，却不一定都知晓他坚守的 12 年。

而这一声"阿哥"，却是要坚守了 12 年的人才担得起的。

在藏区，能让大多数人称一声"阿哥"的人，一定是一位英雄般的人物。

而英雄，往往注定要扛起常人扛不起的重量。

记者手记

新华网记者　袁泳

带着对高原的憧憬，我们一行由成都出发坐车赶往甘孜藏族自治州。进入高原，映入眼帘的是无尽的美丽风光，让我赞叹祖国的地大物博，一下子从南国的小桥流水过渡到威严神秘的高原，让人激动。但随之而来的却是严重的缺氧及高原反应。

经历了一天的车程，出现在我面前的就是本次的被采访者——扎西彭措所工作的地方，"世界高城"理塘县。

由于理塘县特殊的地理环境和恶劣气候，一年到头难以吃上一口新鲜蔬菜，员工们都出现嘴皮干裂、头发脱落等维生素缺乏症状。扎西彭措看在眼里，痛在心里。"如果能效仿内地的温室大棚做法，自己开荒种蔬菜，那就可以解决吃菜的问题。"这个大胆的想法在扎西彭措的心中开始萌芽。他上网搜索相关资料，在书海中一点一滴地捕捉蔬菜种植信息。从各类蔬菜的播种、施肥、培育、移植到蔬菜生长对环境、气候和土质的要求，扎西彭措用藏汉双语记满了三个笔记本。掌握了初步的理论和技术后，扎西彭措和员工开始除石、铺土、下种、浇水、除草……那段时间，扎西彭措和员工们像呵护婴儿一样，悉心照料着每一粒蔬菜种子，从播种、生根、发芽到茁长，他都用本子详细地记载着。经过几个月地不断摸索和反复实践，现在的大棚里面，小白菜、萝卜、青椒等绿色蔬菜长势良好。今年，高城加油站员工每天都能吃上新鲜蔬菜。然而，扎西彭措黝黑的脸上却平添了几分皱纹，眼睛里的血丝比往常还要多。

为了使游客在加油站能体会到家的温暖，扎西彭措开设了高原特色服务，为顾客准备了红景天、高原安、酥油茶等高原药品、食品，顾客称赞理塘高城加油站是游客的心理驿站。一位广州游客在加油站的意见簿上写道："酥油茶好喝，中油情更浓。"

微语录

"或许有人会说，20 岁才是追逐梦想的起点，是青春飞扬的最佳时刻，而我想说，我的青春从 35 岁开始，这 12 年里，酸甜苦辣都明晰地演奏出我人生的'八部交响曲'，曲目苦甜参半，铺垫了能够寻味的人生。"——"'世界高城'上的扎西阿哥"扎西彭措

微评论

网友说：你的毅力是我前进的明灯。

网友说：每个人都有他活着的价值和意义，每个人都能开出不一样的花朵，天生我才必有用，这样就对了。

"《失孤》雷泽宽人物原型"郭刚堂

他是电影《失孤》的原型。为了寻找被拐的儿子，他骑着一辆摩托车，18年间几乎找遍了全国。儿子依旧没找到，他却帮着很多人找回了亲人。他甚至组织了一个志愿者协会，将自己寻亲变成了帮别人寻亲。他说，愿天下所有失散的亲人都能团聚。他叫郭刚堂，他只是一个普通的父亲，却做着不普通的事情。

一位父亲的18年寻子路

新华社"中国网事"记者　陈灏

一个人，一辆摩托车，风里来雨里去，山东聊城汉子郭刚堂的寻子路一走就是18年。

18年来，他从27岁的年轻小伙变成了中年大叔，足迹遍布全国29个省、市、自治区。希望，失望，又一个希望，再一次失望……多少年华遗留在大江大河和崇山峻岭间，但他找回儿子的信念从未动摇过。

他还在寻找，不只是为了去向不明的儿子，还为了更多失亲家庭的重新团聚……

"我要把儿子找回来"

乍一看，45岁的郭刚堂却有张看起来55岁的面孔，黝黑的皮肤和花白的头发非常符合传统的农民形象。但是他对微信、APP等当下流行字眼却如数家珍。

尽管儿子被拐18年，但郭刚堂仍记得一清二楚：1997年9月，村里来了一个讲普通话的陌生女人。"她来了之后，总是找机会跟各家的小孩子接触。"他说，许多乡亲目睹这名女子带走了2岁的儿子郭振。由于村里以前并没有拐卖儿童的案例，等大家醒悟过来为时已晚。在郭刚堂的恳求下，500多名乡亲伸出援手，到各个路口、汽车站、火车站帮着寻人。然而，找了一个月，那名可疑女子和自己可爱的儿子却像人间蒸发了一样，不见踪影。

从此，郭刚堂踏上了漫漫寻子苦旅。他将儿子两岁生日的照片放大，印在油布上制成一面旗子，用大大的楷体字写着："儿子，你在哪里？爸爸找你回家。"这面"寻子旗"插在摩托车的后座上，伴随着他风餐露宿。

为了获得孩子的线索，郭刚堂想尽了办法：他印制了8万份求助信，寄给亲朋好友和各地的公安部门，希望大家能帮着找回儿子；在电视上，只要看到破获打拐案的新闻，他一定会跑到当地看看有没有自己的孩子；他将寻人启事贴遍到过的城市；为了寻找儿子，高中都没毕业的他学会了上网，学会了用微信……

18年下来，郭刚堂几乎走遍了全国：除了西藏和新疆之外，内地所有的省、市、自治区都留下了他的足迹。一张陈旧的中国地图上，密密麻麻记录着他曾经走过的城市。接近40万公里的寻子路上，他骑坏了10辆摩托车。为了找孩子，原本家境宽裕的他不仅花光了积蓄，还欠下了20多万元的债务。

郭刚堂说，自己和家人从来都没放弃过找回孩子的希望。他常常一路寻找，一路打工，维持着找孩子的开销。

"不是一个人寻找"

寻子的路上有很多名山大川，他无暇以顾，最让他刻骨铭心的是沿途感受的人情冷暖。

最无助的一次，他身上只有1角5分钱，饿了一天一夜，乞求着别人送了一碗面条；最危险的一次，他在零下十几度的夜里迷路，露宿郊外；最愤懑的一次，有人打电话声称可能见过郭振，他兴冲冲跑过去，见到的却是城管，让他徒手一张张撕下他张贴的寻人启事，十指磨得鲜血淋漓……

18年的寻找，他经历了无数次从希望到失望的挫败。曾有一名非亲生少年的信息和郭振高度相似，甚至那孩子的脚上也和郭振一样有个烫伤的疤。但当他提出想看看那个孩子脚上的疤时，孩子却用力地打开了他的手。

但郭刚堂说，老天待他不薄，因为一路上有很多人在帮他。

他第一次外出寻找儿子的时候，在邯郸给家里打电话报平安，值守电话亭的老太太听到"找儿子"三个字，怎么都不肯收他的钱。那位阿姨对他说："孩子，下次到邯郸记得找我。管你一顿饱饭、给你个睡觉的地方阿姨还是能做到的。"

还有一次，从云南到四川宜宾，由于国道不好走，他骑着摩托车上了高速公路，半路被高速交警拦下。但是看到他的"寻子旗"之后，警察没有处罚他，也没有将他驱离高速公路，反而两辆警车一前一后护送着他到了宜宾。

他从上海回来的途中,路过南京,有志愿者送给了他一张加油卡:“我们不能陪着你。但当你给摩托车加油的时候,你要记得我们在给你加油鼓劲。”这张加油卡,他除了寻亲路上加油之外,平时都不肯用。

“帮我的人成千上万,从街头艺人到公安部的领导都有,小到指个路,大到一些‘禁摩’城市让我通行。”郭刚堂说,很多人他已经记不住名字,但他知道,他不是一个人在寻找。

“希望更多失亲家庭能够团圆”

郭振被拐之后,郭刚堂又添了两个孩子。二儿子读高二,房间里已经挂起了高考倒计时;小儿子还在读小学,两张奖状就贴在客厅的显眼处,一进门就能看到。

长年累月在外寻找,郭刚堂陪两个孩子的时间寥寥无几。最多的时候,他一年有8个月不在家。十几年来,家里从没照过全家福,就因为郭振没有回来。

有人对郭刚堂说,他为了弥补对郭振的亏欠,制造了更大的亏欠;也有人告诉他,放下是福。郭刚堂自己也明白,郭振或许能找回,但十几年的光阴无法弥补。父子相认的那一天,对孩子或许是二次伤害。但在他心中,至少要把郭振找到,他才能安心。

更何况,他已不再只是为了自己的孩子而寻找。郭刚堂随身携带的文件夹里,有他自家孩子的照片,更多的却是其他被拐儿童、走失老人的资料。由于几乎走遍全国,他也结识了许多寻找家人的“同行”,彼此交流信息。他还牵头组织了一个名为“天涯寻亲”的志愿者协会,联合各方力量帮助人们寻找失散的亲人。无意间,他已经帮多个家庭找回被拐的孩子。

就在记者采访郭刚堂的时候,来自聊城市冠县的郭树忠从40多公里外找上门来。郭树忠的儿子4年前到东莞找工作,就再也没有和家里联系过。他在电视上看到郭刚堂的报道之后,特意前来寻求帮助。

“找了这么多年孩子,我多少比别人多一些经验和门路。”郭刚堂说,最初他是病急乱投医盲目地找,甚至相信过算卦的“指点”,后来是有针对性地循着公安部门和媒体的信息寻找。如今,他希望能有更加便捷有效的方式,让更多失散的孩子能和亲人团聚。他说,如果能有一个平台,让身份存疑的孩子和寻亲的家长进行信息对接,寻亲将不再那么辛苦。

按照这一思路,郭刚堂争取到了公安部门和一些高校的支持,正在开发建设他设想的寻亲网站。郭刚堂说:“那么多人帮我,为了自己,也为了更多失亲家庭能够团圆,我总得做些事情,才对得起大家对我的厚爱。”

记者手记

新华社“中国网事”记者 陈灏

正如稿件中所描述的,45岁的郭刚堂有张55岁的脸,皮肤黝黑、头发花白,饱含沧桑,让人一眼就能读懂他寻子路上的艰辛——这是一个让人看了会心疼的男人。

亲生儿子在最惹人怜爱的年龄被拐卖,对于任何人都是难以承受的痛。为了把儿子找回来,郭刚堂不遗余力:第一时间,他散尽家财请乡亲们到路口、汽车站、火车站帮着追堵人贩子;寻人黄金时期过后,哪里有打拐的新闻,他就跑到哪里去,看看有没有自己的儿子;没有消息的时候,他就骑着摩托车全国寻找……

18年时间,40万公里行程,每年七八个月奔走在寻子的路上,摩托车骑坏了10辆……郭刚堂的执着容易理解,却并非常人能轻易做到。18年苦行,注定不会一帆风顺。雪夜差点冻死在野外、没钱的时候饿得脱力、被城管骗过去徒手抠下一张张寻人启事、无助得一度走到自杀的边缘……这些经历从他口中风轻云淡地讲出来,却让听者惊心动魄。

他的付出并没有得到期望中的回报,儿子依旧下落不明,他却背上一身债务。但最折磨人的并不是路上的坎坷和经济上的压力,而是一次次希望之后的失望。每当他找到一个与儿子高度相似的目标,最终却又证明不是自家儿子时,内心希望的崩塌轻易就能撕开他所有的坚强。

郭刚堂的寻子经历在当地人人皆知。有人认为他亏待了自己的妻子和后来出生的两个孩子,也有人觉得就算儿子找回来了也未必会认他这个父亲。但郭刚堂说,他只想知道孩子在哪里、过得好不好。

如果郭刚堂的故事止于此处,或许只能算是令人同情、震撼。但一个个陌生人伸出的援手,却在凄风苦雨中增添了许多温情。从公安部官员到电话亭老大娘,小到一碗面条、大到“禁摩”城市对他开绿灯,这些凡人善举温暖着郭刚堂的同时,也让旁人如沐春风。

更打动人心的,是他对其他寻亲者的付出。这些年来,郭刚堂结识的寻亲者难以数计,他没有因为内心的焦虑而冷眼旁观,而是帮助他们关注着可能的线索,甚至动用自己的人脉为别人寻找亲人。无意间,他已经帮助八九个家庭找回亲人。

郭刚堂牵头组织了一个志愿者协会,联合各方力量帮助人们寻找失散的亲人。就连记者采访期间,还有人从外地赶过来向他寻求帮助。郭刚堂说,血肉分离的痛他最明白,所以他希望尽自己的微薄之力,让更多的失亲家庭能够团聚,让人间再也没有拐卖与分离。

在寻亲过程中,他也一直在向官方呼吁,“打拐”只打“卖”不管“买”,不能纵容购买儿童的家庭；要通过引导和惩罚措施，引导他们合法收养。他的这一呼声终于得到了回应：今年《中华人民共和国刑法修正案》（九）修改了关于收买被拐卖妇女、儿童行为的条款，今后这些行为一律不能免除刑罚。

苍天不负有心人——愿这句话能应验在郭刚堂的身上！

微语录

“希望所有的失亲家庭都能够团聚，希望人间再也没有拐卖与分离。”——“《失孤》雷泽宽人物原型”郭刚堂

微评论

网友“海纳百川 716210716210”说：《失孤》电影让人泪奔。18 年了，希望全天下的人们都看看你周围，帮助郭爸找回郭振，让爱心传递！

网友“李争辉 MenofGod”说：不知这十几年您是怎么过来的，不管遇到什么样的事情也从未想过放弃寻找自己的孩子。我是一个不喜欢哭的孩子，今天听到您的故事，还是潸然泪下，我相信好人有好报，终将会找到您的孩子。

"老西藏记者"唐召明

唐召明,1957年10月19日生于山东,长在青海。新华社高级记者,新华社北京分社图片总监,人称"玩命记者"。

唐君明1986年毕业于中国新闻学院新闻系,1987年赴新华社西藏分社任摄影记者,1991年调北京分社工作至今。援藏结束,他却从此心系雪域高原,先后上百次进藏,为西藏病患者带去北京优质医疗资源。还千方百计捐助贫困患者,让他们恢复健康。工作之余,他长期坚持做公益事业,先后在西藏建起4个"爱心书屋",并收养了两名藏族孤儿。以他为原型的藏歌乐舞《圆梦》最近在国家大剧院上演。

近30载的牵挂,一位记者的西藏情怀

新华社"中国网事"记者　赵琬微

一位摄影记者深入西藏腹地采访,帮助一名藏女四处求医的故事,日前被搬上了国家大剧院的舞台。这名记者已经离开西藏的岗位多年,却成为歌舞剧的"原型人物"。

其实,这部歌舞剧所讲述的故事,仅仅是主人公感人经历的冰山一角。从20世纪80年代起,他多次进入藏北无人区,长期为救助西藏患者奔走。仅今年一年,年过五旬的他——新华社记者唐召明,已经9次赴藏采访。

让人"美哭了"的歌舞剧

这台名为《圆梦》的交响歌舞剧,由英国皇家爱乐乐团与伦敦大都会歌剧院管弦乐团奏乐,用真实的故事、美轮美奂的舞台表演,打动了场内每位观众,成为国家大剧院藏族节目的经典之作。

在敞亮的舞台上,藏族原生态歌舞宏伟壮阔的烘托下,故事徐徐展开:年轻的记者

在高原采访,被暴风雪所困,后经藏胞救助死里逃生。其间,他偶遇患有重病的藏族牧女,竭尽所能帮她获得新生。

在演出的最后,屏幕上出现了一系列人物原型的原音重现。记者的原型唐召明、牧女的原型斯求卓玛、医生的原型顾虹……一张张生动的面容、简单朴实的语言,温暖着每个观众的胸膛。

"太激动了,我把手都拍红了!"一位80多岁的退休教师在演出结束后表示,整个故事之所以感人,是因为它是真实的,源自一位老记者多年的积累。一位和唐召明共事了30多年的记者激动地说,没想到行事低调、日常工作繁忙的他,还做了这么了不起的事情。

网友"永月极光V5"也为演出点赞,并在评论中写道:"歌舞剧《圆梦》很突出体现了藏汉一家亲,血浓情更浓,把民族艺术推向了世界。"

不断传递的"爱心接力棒"

实际上,《圆梦》的幕后故事比台上的更为曲折。藏族牧女的原型卓玛家住西藏那曲地区班戈县新吉乡三村,地处被称为"生命禁区"的藏北高原,海拔达5300米,她被救治时已经患病20多年了。

"在2008年去汶川震区采访的飞机上,我遇到中石化援藏干部李一超。他聊起自己下乡时认识的一位牧区妇女,得了一种怪病,脖子下长着一颗'小孩儿头'大的罕见肿瘤,十分可怜。"唐召明说,当时这位援藏干部已经帮助她8年,"我被这份执着感动了。"

唐召明加入了援助卓玛的队伍。长在卓玛脖子上的这颗肿瘤重达5公斤,压得她直不起腰,不能干活儿,连睡觉都得先找个枕头把肿瘤放在上面……

回到北京后,唐召明尝试着联系了北京安贞医院医生顾虹。在她的引荐下,又几经辗转,联系了北京口腔医院、北京藏医院等多位专家。"我记得特别清楚,2010年3月28日,卓玛终于踏上了来北京治病的火车。我们陪着她来到了手术台旁。等她术后醒来时,5公斤重的肿瘤不见了……"

今年,唐召明还特地到西藏那曲卓玛家看望她,术后5年,卓玛恢复良好,放牧着自家的一群牛羊,抱上了外孙,过着幸福的生活。

近年来,唐召明先后帮助15岁的先天性心脏病患儿才旺爱卓、2岁多的其美拉姆来北京治疗,担负起了接送站、治病筹款等组织工作。在援藏干部、医生之间传递"爱心接力棒",畅通了救助西藏患者的渠道。

2岁的其美拉姆,先天性心脏病患儿,在拉萨一度病危,后住进北京安贞医院,孩子阿爸次仁石达向大家求助:救救我的普姆(女儿)。在唐召明和大家的努力下,筹集到了数万元手术费。手术成功了,孩子的健康一天天恢复,眸子黑亮,脸色红润,次仁石达热泪长流,连声说:“吐基其(谢谢)!”

此外,他还组织为藏北高原捐助图书的爱心活动,并将所捐助的图书送到西藏,先后在那曲县罗玛镇中心小学、双湖县图书馆,以及日喀则地区拉孜县芒普乡中心小学等地建起4个“爱心书屋”。在唐召明看来,这些善举是作为记者应担负的社会责任,也是他回馈藏族人民恩情的必然。

网友“许博豪”说:“帮助素不相识的人四处求医,故事太感人了!”网友“善良的fuhu207”说:“唐记者真心牵挂藏族人民……一定很幸福。”

“西藏是我永远的家”

今年58岁的唐召明对西藏充满感激之情。“我生在山东,长在青海,后又进藏工作,并从一名汽车司机成长为新华社高级记者。可以说,青藏高原养育了我,培养了我。”他说。

从1987年至今,唐召明9次闯入平均海拔5000多米的藏北无人区,用手中的相机和笔,记录这里的开发建设和发展变化。在人迹罕至的高原,他几次遇险,在藏胞的帮助下化险为夷。他先后出版了《神秘的藏北无人区》《离天最近的地方》《走遍藏北无人区》等图文作品。

如今作为新华社北京分社的图片总监,在每天只睡5个小时的节奏里,他依旧电话、采访不断,充满激情地工作着。青藏铁路列车通车以来,他采访了50多次,遍及全部车组。除了日常工作,他把最大的热情投入西藏相关的公益事业上。

在他略显杂乱的办公室,墙上贴满了照片。一幅80年代在藏区采访的工作照,风尘仆仆的身影背后是一架见证了生死的老式飞机,旁边挂着获得中国新闻奖的摄影作品《花冈悲歌》,上面放着几条洁白的哈达。这些宝贵的资料,是一位摄影记者一生最珍贵的回忆。

“在西藏工作过的摄影记者是幸运的,这里风物人情、绮丽风光带给我无限的力量。近30年来,从踏入这片热土开始,无论走到哪里,她始终是我心头萦绕的情怀。”唐召明说。

记者手记

新华社“中国网事”记者　赵琬微

与普通的采访不同,这次的采访对象——唐召明老师是与我朝夕相处的同事。准确地说，是同行前辈。从我刚开始工作的时候，我就认识他了，但这么多年，我竟然不知道他还有如此"感人的事迹"。唐老师助人，无声无息。这一次国家大剧院的舞台上，聚焦在他身上，人们才发现原来他日积月累做了这许多好事。

究竟什么内在的动力，在工作压力、生活压力都很大的当下，让人们把宝贵的精力放在别人身上？中国网事"感动人物"中的人物的人生态度，总让我产生这样的好奇。答案各种各样，有的人是因为感恩，小时候曾受到别人的帮助；有的人是因为心软，看不下去别人受苦而施以援手；有的人是因为信念，要为社会贡献一分力量。

唐老师的助人，更像是他内心快乐的源泉。我相信这一点，因为他的身上总洋溢着乐观、向上的热忱。唐老师身材高大，嗓音洪亮，穿衣并不讲究，但腰板总是直的，所以看起来很有精神。他在很多场合，办公室里、食堂里，都喜欢讲关于西藏的故事，尤其是给年轻人讲。这类探险一般的采访故事，总令我们心驰神往，脑海里浮现一个画面，在20世纪80年代，还没有自助游、自驾游的时候，一位年轻人只身一人去无人区探险，在高原苦寒之地奔波思索的日夜。

稿子里容量有限，唐老师有讲不完的故事。他说起1987年，他20多岁的时候，沿青藏公路，一路采访进藏。说起后来在路上遭遇的车祸与劫后余生，说起风景无限好的高原风光，说起沿途偶遇的野生动物，每次聊天都有新的故事。更可贵的是，这些都融入厚厚的采访本里，后来都变成了一本一本出版物。如果不是真的热爱，怎么会如此执着？有的时候，我特别羡慕他，对从事的工作有着持之以恒的激情，将其视为宝贵的财富。

"感动人物"中的可贵，并不是因为一两件事。因为遇事要随缘，感人也要随缘。真正宝贵的是他们身上可贵的人生态度，脚踏实地、抓住时光，让最好的自己像花儿一样绽放，让生命闪耀出不平凡的光芒。向唐老师致敬！

微语录

"我身上血管流淌着青藏高原34年的血液。我虽然离开了西藏，但人走心留，终生援藏。西藏永远是我情系心挂、魂牵梦绕的地方，坚持做西藏发展的宣传员、民族团结的示范员。让更多的人了解西藏，让西藏发展进步的声音传遍全中国、全世界，这既是我的工作职责，更是我的社会责任。"——"老西藏记者"唐召明

微评论

上海钱晓华说：感谢洪敏师姐的分享，再次重温唐老师的感人事迹。去年有幸与故事原型唐召明老师一起穿越藏北无人区，见识了那里的艰苦环境，更深切感受到唐老

师对西藏及当地人民那股真挚的热爱之情！他不仅以一个新闻工作者严谨认真的态度，冒着生命危险一次次深入无人区挖掘素材为当地做报道，还无私地关怀当地人民，为患病儿童、老人联系医院积极救治，为学校建立图书室组织捐款捐书……处处想着那里的人们，为他们排忧解难。唐老师身上焕发的激情与精神将时时感染和影响着我们，更爱西藏这片净土！

北京著名老摄影家胡林庆说:平凡中也蕴涵着一种不平凡的伟大。《圆梦》以青藏铁路修通为背景，讲述了一名深入西藏腹地采访的摄影记者在暴风雪中被藏族同胞所救，死里逃生，随后，他又帮助患有重病的藏族姑娘四处求医，终于在青藏铁路修通后，前往内地治愈重病的感人故事。故事主人公的原型是新华社高级摄影记者唐召明。他既没有什么豪言壮语，也没有什么惊天动地之举，默默地在平凡的事业中用自己的实际行动诠释着伟大，日复一日，年复一年，让我们看到了一个平凡而伟大的身躯。他是如此普通，也是如此伟大，用平凡的生命绽放出异样绚烂的光辉，照亮人们日渐暗淡的心灵。在平凡的世界中，对生命的珍视，对陌生人的关怀，对社会无私地奉献都体现着伟大！唐召明日常低调平淡，但是他却有一颗比炭火还炽热的心，有一股比钢还坚忍的意志，在别人都追逐名利之时，他却默默地把自己生命中最宝贵年华无私地奉献给了雪域高原的人们，在平凡中做出了不平凡的事。每一个平凡而伟大的人，总是用他的善良、他的正直、他的豁达、他的大智若愚，感染着身边每一个同样热爱生活的人。

北京建藏援藏工作者协会副会长、“老西藏”朱强对《圆梦》的评价:《圆梦》是献给建藏援藏工作者的小礼物，是建藏援藏工作协会心血的结晶。唐老师的心行路线非常清晰，因而成就了“圆梦”的魂。唐老师感动了圣频伽，“圆梦”正在感动社会。这种感动一旦会聚在一起，就是推动历史前进的力量！同时赋诗一首:老泪微酸梦里情，召明心迹世人惊。飞天度母凡间事，大爱无言动地声。说圆梦赠召明，补上生日礼物。

"草原摩托警"宝音德力格尔

宝音德力格尔是内蒙古巴彦淖尔市乌拉特后旗的一个片区民警，他的事迹在草原上和网上广为流传。他的精神感动了草原人民和无数网民，这位"中国辖区面积最大的片警"，网友们都叫他"草原摩托警"，他勤劳敬业、热心助人，十几年如一日，默默地奉献在乌拉特草原上。

乌拉特草原上的"好警察"

——记内蒙古巴彦淖尔市乌拉特后旗公安局潮格镇派出所民警宝音德力格尔

内蒙古巴彦淖尔市乌拉特后旗互联网信息办公室 供稿

内蒙古巴彦淖尔市乌拉特后旗潮格温都尔镇有一位被牧民们亲切地称为"赛因察戈答"(蒙古语，意为好警察)的片区民警，他就是宝音德力格尔。

中国辖区面积最大的片警

宝音德力格尔在1997年以优异的成绩考入旗公安局，他管的第一个辖区是宝日布嘎查。由于没有向导，不熟悉大山深处的地形，他经常走冤枉路，少则十多公里，多则几十公里，就这样反反复复15天，他才把大山中的宝日布嘎查转了一遍。这位瘦小的责任区民警如此认真负责的工作态度，让嘎查领导刮目相看，觉得他是一个给牧民办实事的好民警，于是主动积极地走包串户，把宝音德力格尔提出的建议和要求逐步落实。从此，宝音德力格尔的工作逐渐打开了局面，和牧民群众打成了一片。

说起宝音德力格尔，整个潮格温都尔镇都家喻户晓。也许有牧民不知道镇长是谁，但是却没有人不知道他。撤乡并镇后，原赛乌素镇与潮格温都尔苏木合二为一，成为现在的潮格温都尔镇，原来的5个牧业嘎查也合并为一个责任区。宝音德力格尔奉命挑起了这副重担，成为这个超大责任区的民警，1674.6平方公里的辖区都归他管，因此，宝音德力格尔可称得上是中国辖区面积最大的片警了。

“警察邮递员”和牧民的贴心人

宝音德力格尔对重点人口管理采用情、理、法的管理模式，收到明显成效。2009 年 9 月，曾因盗窃入狱的朝某刑满释放后，不受家人和亲友接纳的他，在多次就业无望的情况下，产生了轻生念头。宝音德力格尔闻讯后迅速赶到现场及时制止，挽救了朝某的生命，并主动找熟人安置朝某在镍钴矿工作。

宝某，1997 年因盗窃抢劫被判刑 8 年。宝音德力格尔深入责任区了解情况后，在其服刑期间，多次帮助宝某父亲与其沟通联系，鼓励其认真改造，重新做人，让宝某对这位未曾谋面的民警十分感激。释放后，宝某在宝音德力格尔的帮助下，终于找到了称心工作。宝某十分感激，眼含热泪向宝音德力格尔保证：“我要是不好好干，我就不是人！”

辖区牧民哈某与丈夫因孩子问题再度发生了争吵，一气之下，哈某吞服了家里给牲畜治病的药物。危急关头，哈某的丈夫第一个想起的人就是宝音德力格尔。宝音德力格尔闻讯立即把病人送到了旗医院诊治。看到康复的妻子，哈某的丈夫拉着宝音德力格尔的手说：“你不单是救了她，更救了我这个家呀！”

针对牧民普遍文化水平偏低、法律意识淡薄的情况，宝音德力格尔经常走包串户宣传法律、法规和党的政策。他积极与《内蒙古公安》杂志社蒙编部联系，自己订了一份杂志，然后拿着杂志，及时向牧民们介绍里面的内容，宣传公安工作，让牧民们深受教育，后来牧民群众都自发地订起了这份杂志。1998 年，他就尝试为牧民单户或联户订阅《内蒙古公安》(蒙古文版)杂志，使偏远的牧民群众及时从中学习了相关法律、法规和案例，潜移默化地提高了牧民的法律意识。

为孤寡老人、残疾人、贫困户和辍学儿童办好事、办实事的例子，在宝音德力格尔这里还有很多。很多牧民都亲切地称呼他：“我们的贴心人。”

人口情况的“活档案”

“二代身份证”的换发工作对于边远大山中的牧民来说有不少难处。宝音德力格尔几次三番地走包串户宣传新证、旧证的不同，向牧民讲办理新证的意义。他自己设计了“二代身份证催办通知单”，自己申请了电子邮箱，自己编写发送手机短信对广大牧民群众进行提示。一个月里，他发放蒙古、汉两种文字宣传材料 1500 多份，用自己有限的工资帮助 60 岁以上或特别困难的牧民办理二代证。

韩乌拉嘎查 88 岁的宝德其其格行动不便，宝音德力格尔请示所领导后，用车把老人接到镇上，垫资为老人办理了身份证。老人激动地边抹眼泪边拉着他的手说：“宝音为我办身份证花钱不说，还搬上我在镇上转了一圈，我满足了。碰上这样的好警察，我不知道说什么感激的话才好。”

被称为“活档案”的宝音德力格尔对辖区内的所有人口情况都了然于胸。他的档案管理在巴彦淖尔全市得到推广。牧民同名的比较多,他就自己创新,给他们编号,如大巴特、小巴特、王巴特、白巴特,一目了然。

在他的办公室里,整整齐齐地摆放着一排厚厚的档案。无论是否人户分离,都全部采集了人口相片,所有户主的电话和联系方式集中打印成表册。翻开规范的表册,2000余人的所有情况一览无余。常住人口按分布和路程分组,分别绘制了嘎查平面图。每一幅平面图与户主小底册的编号相对应、相统一。只要找到某一户的方位,也就了解到了其家庭的所有情况。

他给自己规定了“四个必访”:就是辖区单位、住户必上门走访;刑事解教回归人员必上门查访;群众发生矛盾必上门询访;居民留言求助必上门回访。就这样,宝音德力格尔的辖区成为全镇治安情况最好的一个。

在这片土地上,每一片草场、每一座山峰、每一个戈壁,都见证着宝音德力格尔坚毅的身影,他用无比的执着、热情,默默守护着这片贫瘠而苍凉的大地,他用满腔热忱和无私的情怀,续写着乌拉特草原上“赛因察戈答”的感人篇章。

宝音德力格尔曾荣获“全国争先创优优秀共产党员”“全国优秀人民警察”“全国公安机关爱民模范”等荣誉称号;2014年当选第五届“我最喜爱的人民警察”,并荣获“全国一级英雄模范”称号;2014年12月获“十佳内蒙古人物”称号;2015年4月获“感动内蒙古人物”称号;2015年5月获全国“最美基层公安民警”称号。

记者手记

内蒙古巴彦淖尔市乌拉特后旗互联网信息办公室　供稿

宝音德力格尔,蒙古族,内蒙古自治区乌拉特后旗公安局潮格温都尔镇派出所民警,1974年12月出生,2000年7月入党,大专文化。

宝音德力格尔同志管理的辖区面积1674.6平方公里,由原来的5个牧业嘎查村合并而成,可以说他是全国辖区面积最大的片警。从警12年,他坚守在工作第一线,努力做到“四必访”:辖区单位、住户必上门走访;刑事解教回归人员必上门查访;群众发生矛盾必上门询访;居民留言求助必上门回访。他走遍了辖区的每个角落,记住了每家牧户的大事小情,对辖区内的所有人口情况了然于胸,被广大牧民群众亲切称为“贴心人”“活档案”“警察邮递员”。从1999年开始,宝音德力格尔尝试在走访中绘制他自己的警务“地图”。在他的地图上,只要找到一家牧户,就可以沿图所导方向找到另一户。不仅如此,只要找到某一户的方位,就能了解到其家庭人口情况。他还根据实际工作情况，创造了辖区情况档案管理法，将常住人口按分布和路程分组，分别绘制了嘎查平面图，每一幅平面图与户主小底册的编号相对应、相统一，以便能够及时全面地了解辖区群众的家庭状况。他所创造的档案管理法已在巴彦淖尔市得到全面推广。

宝音德力格尔同志2008年被评为全国治安系统五防专项行动突出贡献先进个人，荣立个人三等功一次；2010年荣立个人三等功两次；2011年被评为内蒙古自治区优秀共产党员、内蒙古自治区公益之星先进个人。

微语录

他是一个片警，然而，17年每年6万多公里，他把冰冷的数字跑出了体温，他让老百姓感觉亲切，感受到了温暖，成为老百姓离不开的亲人。他用火热的心操劳着牧民的大事小情，他用忠诚守护着草原的幸福和安宁！

微评论

共产党员网网友“儋州市李玉梅”说：在平凡的岗位上做出了不平凡的成绩，这就是榜样的力量！值得我们去学习。心中有爱，心里装人民，再大的地方，再多的人，都能记在心里，学习的榜样。

共产党员网网友“定安旅游委”说：人民的好警察、百姓的贴心人，用满腔热情和无私奉献的精神在平凡的岗位中做出了不平凡的事迹，向我们的好警察致敬！

“饸饹面哥”申文堂

申文堂，1970年7月出生，大专学历，中共党员，省级非物质文化遗产魏县申家饸饹第15代传人，魏县龙翔粮油食品有限公司总经理，魏县政协常委，魏县工商联副会长。他在继承前人传统制作工艺的基础上，潜心研究，多方改进工艺和配方，实现了申家榆面饸饹卤、饸饹面的工业化生产和成品规范包装，开拓出一条民营企业在市场经济条件下生存、发展、壮大之路，使企业产值、利润连年攀升。11年来，他制作饸饹面用料讲究，坚持良心做面，诚信经营，赢得越来越多消费者的认可和青睐，被大家亲切地称为“饸饹面哥”。申家饸饹面制作技艺已被列为河北省非物质文化遗产。

魏县“饸饹面哥”申文堂：良心做面打造河北名小吃

长城网通讯员　张佩　郭海民　苗秀臣

作为申家饸饹面第15代传人，申文堂始终秉承“用料讲究，良心做面，诚信经营”的理念，开拓出一条民营企业的发展壮大之路，用良心赢得了越来越多消费者的认可和青睐，被大家亲切地称为“饸饹面哥”。申家饸饹面制作技艺已被列为河北省非物质文化遗产。

面临失传　继承祖传手艺

魏县南关申家饸饹面始于隋朝，盛于唐朝，历经1400余年而不衰，是“梨乡三宝”（饸饹、煎饼、豆腐脑）之一，其以荞麦面、小米面、豆面为主，以一定比例配上榆皮面加水和面，用饸饹床子挤压而成。

今年45岁的申文堂是魏县魏州街道办南关居委会居民，申家饸饹面第15代传人。申文堂介绍，饸饹面是他们申家祖传的手艺，申氏家族从山西省迁到魏县后在南关居委会定居，代代相传饸饹制作手艺，由原来的养家糊口，发展到现在的机械化规模生产。

申文堂父亲申如松是申家饸饹面第 14 代传人，从 14 岁起就推车挑担赶集摆摊卖饸饹面，几十年如一日，从未停歇。随着申如松年龄越来越大，申文堂的其他兄弟看着父亲走街串巷摆摊卖饸饹面，辛苦劳累还挣不了多少钱，都不愿意继承祖传手艺卖饸饹面。下一代年轻人，宁可出去打工，也不愿意起早贪黑轧饸饹。申文堂看到这种情况，为了不让祖传饸饹面在自己的这一代失传，多次做妻子的思想工作，并下定决心，肩负起申家饸饹面传承和发展的重任。

2004 年，申文堂多方筹资 500 多万元，成立了邯郸魏县龙翔粮油食品有限公司，在国家工商总局注册了“申如松”商标，建成了建筑面积 960 平方米的申家饸饹馆。他在继承传统制作工艺的基础上，多次改进生产工艺和原料配方，在机械化条件下生产出的饸饹卤肉嫩色艳，饸饹面面筋柔滑、香味醇厚、回味悠长，自此开启了申家饸饹文化事业崭新的传承发展之路。

良心做面　列为省级“非遗”

为了让消费者吃上放心健康的“饸饹面”，申文堂在做面制卤上绝不使用添加剂，不添加食品色素，靠着绿色健康的品质打市场，吸引消费者的眼球。“制作食品可不能胡来，做生意是要挣钱，但更重要的是讲良心，绝不能挣昧良心的黑心钱。”申文堂坦然地说道。

申文堂介绍，一般饸饹都是高粱面加豆面或荞麦面、莜麦面、红薯面制成，而申家饸饹面是榆皮面、荞麦面、小米面、豆面配制而成，是一种粗纤维面。为了使祖传的申家饸饹更好地传承下去，丰富饸饹面的口感和口味，申文堂翻阅了大量的文史资料，充分了解饸饹面各种配料的食疗作用，多次向魏县饮食达人和文化名人请教取经，积极尝试探索，攻破了荞麦面筋差不易加工的难题。他采用机械化，实现了饸饹面和饸饹卤的工业化批量生产和精美包装。他还利用现代营养学原理，配以多种名贵药材精心熬制饸饹卤，生产出来的饸饹面筋、韧、柔、滑、脆、香。由于饸饹面历史悠久，制作技艺独特，2012 年 1 月，申家饸饹制作技艺被列为河北省非物质文化遗产。

诚信经营　产品受到青睐

在产品经营中，申文堂始终诚信经营、真诚待客。他说：“诚信经营是申家饸饹面发展的生命线，只有讲诚信、讲信誉，才能赢得市场，产品才能受到消费者青睐。”申家饸饹馆大门两侧的对联：“味美味香香味醇厚飘香万里，人实人诚诚信待人留名百世”，是申家人诚信经营的座右铭。

2013年,邯郸市的一位张女士来魏县办事,听说魏县的小吃申家饸饹面非常好吃,回邯郸时就带走了10件。张女士回到家打电话给申文堂说,饸饹面不筋道,吃着口感不好。申文堂凭借多年的销售经验,知道产品可能受潮了,自己主动开车到邯郸调换了产品,张女士吃到调换的产品后赞不绝口。每遇节日展销会,他还会将饸饹面免费赠送给活动不便的老人,体现出浓浓的敬老之情。"只要是老人来吃饸饹面,或是上门买饸饹面,我都免费给老人,谁家都有老人,谁都有老的时候,这饸饹面就算是我对老人的一份孝心吧!"申文堂说道。

谈到做人,申文堂还曾面对4万元的诱惑不为所动,将其主动归还失主。2009年6月的一天,河南省南乐县的几个人在申家饸饹馆吃完饸饹后,把一个手提包忘在了饭桌下面。申文堂在小提包里发现了失主的名片,就急忙拨过去电话,通知失主,小提包丢在了申家饸饹馆。焦急的失主回来取走提包后非常感激,因为这4万元是东拼西凑借来给老人看病的救命钱。失主当场拿出1万元表示感谢,但被申文堂婉言谢绝,这位河南人眼含激动的热泪离开了申家饸饹馆。

经过十余年的努力和发展,申家饸饹已销售到了邯郸、安阳、聊城、长治等邻近县市及天津、北京等大中城市。申家饸饹先后荣获邯郸名优特食品、河北省第三届国际特色农业精品展销会金奖、河北省第八届消费者信得过产品、冀菜饮食文化展演大赛河北名小吃金鼎奖、中原名吃等荣誉。他本人先后获得魏县技术能手、魏县十大职业道德楷模、邯郸市第三届道德模范提名奖等殊荣。2015年,经过魏县县委宣传部向中央省市推荐,在"中国网事·感动河北"2015年第一季度网络人物评选活动中,他获得了第一名的殊荣,并成为"中国网事·感动2015"第二季度网络人物。

开创德孝文化　爱心回馈社会

去年重阳节期间,申文堂专程来到邯郸,向邯郸市部分退休老干部送去60件饸饹面,表达对老干部的一份情谊。去年12月份,该县退休老干部代表魏县参加老年集体操比赛时,他拿出3000元,为他们购买服装和参赛道具。今年元旦假日期间,他向魏县县城700多名环卫工人每人免费发放一箱饸饹面,总价值2万多元,以表达对环卫工人辛勤劳作的一份尊敬。今年1月份,他到双井镇敬老院慰问孤寡老人,给老人们送去饸饹面,与老人们促膝长谈,并向老人们承诺以后会经常来看望他们。今年3月份,他从媒体了解到了该县五中最美孝心少年郭彪的感人事迹。由于郭彪父亲突发意外事故导致家庭困难,他专门到县五中看望郭彪,给予救助,送去1000元生活费和几箱饸饹面。5月6日,他参加县人社局再就业培训活动,与部分下岗职工和中青年共同分享创业经验、奋斗历程，激发大家自强创业的工作热情，激励大家在实干中弘扬践行“重信义、敢担当、创大业、爱家乡”的新时期魏县精神。

谈到今后的发展，申文堂说：“做饸饹不仅仅是对父母最大的孝心，更重要的是历史传承，我有信心将申家饸饹面打造成为河北名小吃的金字招牌，让它成为百姓餐桌上的一道美食。”

记者手记

长城网通讯员　张佩　郭海民　茜秀臣

魏县饸饹是申家祖传的手艺，始于隋朝，盛于唐朝，历经1400余年而不衰，是“梨乡三宝”（饸饹、煎饼、豆腐脑）之首。申家饸饹面以精细的荞麦面、小米面、豆面为主，配一些榆皮面，以一定的比例配制并加水和好后，用饸饹床子挤压而成，饸饹卤由鲜猪肉或羊肉酱炒而成，耐储存。申家饸饹面以其独特的加工工艺，被梨乡人称为“浇汤饸饹”，其意为“面起汤随，面落卤现”。

魏县申家饸饹第11代传人申彤按一定比例将榆皮面配以小米、豆面等杂粮面，再用自己发明的饸饹床子轧制榆面饸饹，供人们食用。到清朝末期，申家第12代传人申玉亭开办了申家饸饹馆，申家饸饹名气大增，方圆几十里无人不知、无人不晓，“赶集吃饸饹”成了人们的口头禅。申家第15代传人申文堂为了不让这一传统美食失传，2004年多方筹措资金500多万元，成立了河北魏县龙翔粮油食品有限公司，申报了“中华老字号”产品，并以其父亲的名字在国家工商总局注册了“申如松饸饹”牌商标，建成了建筑面积960平方米的高标准申家饸饹馆，公司生产的饸饹面、饸饹卤具备肉嫩色艳、面筋柔滑、香味醇厚、回味悠长的特点，成为百姓餐桌上的美食和走亲访友的馈赠佳品。

“用料讲究、良心做面、诚信做人”是申家饸饹面传承发展的宗旨和根本。为了让消费者吃上放心健康的饸饹面，申文堂坚持做面制卤绝不使用添加剂，不添加食品色素，靠着绿色健康的品质打市场，吸引消费者的眼球。诚信经营是申家饸饹面发展的生命线，申文堂坚信，只有讲诚信、讲信誉，才能赢得市场，产品才能受到消费者青睐。申家饸饹馆大门两侧的对联：“味美味香香味醇厚飘香万里，人实人诚诚信待人留名百世”，是申家人诚信经营的座右铭。对于快要过期的产品，他主动到客户那里免费把产品拉回来，绝不让过期产品面市。同时，他将客户遇到的困难都当成自己的困难并想办法解决，因此，很多客商都成了他的朋友。

申文堂作为一名企业家，懂得感恩，对社会充满爱心，为公益事业积极做贡献，尽到了一个民营企业家应尽的社会责任。每次参加节日展销会，申文堂都会将饸饹面免费赠送给行动不便的老人。只要是80岁以上的老人来吃饸饹面或是上门买饸饹面，他都不收一分钱。

申家饸饹面经历了百年风雨洗礼，历史悠久，代代传承，以独特的醇厚风味受到消费者青睐，实现了人品与产品的完美结合和有机统一。申家饸饹面已成为梨乡水城的一道靓丽风景，成为魏县人喜迎四方客、诚待九州朋的品牌美食。

微语录

“人品决定产品，诚信做人、良心做面是申家饸饹发展的生命线，只有讲诚信、讲信誉，才能赢得市场，产品才能受到消费者青睐。”——“饸饹面哥”申文堂

微评论

新华网网友“渔夫”说：老人来吃饸饹面或上门买饸饹面，申文堂一律免费。听说孝心少年郭彪一边上学一边照顾瘫痪在床的父亲时，他慷慨解囊进行资助。申文堂用善行温暖着身边人，用义举感动着身边人。

人民网网友“人为峰”说：11 年来，申文堂不仅用料讲究，卖良心面，更秉承了“先做人，再做面”的理念，时刻谨记“凭诚信做人，凭良心做面”的原则，是当之无愧的良心“饸饹面哥”。

"阳光救赎者"王金云

12年来,王金云投入250万元积蓄,用经营公司的收入养活着自己的慈善事业"阳光下之家",使其从一个小小的网站变成了在深圳正式注册的社会组织。通过各种帮扶教育,他劝服了53名在逃人员投案自首,帮助170多名出狱失足青年找到工作,无一人重新犯罪,600多人受到感化,放弃犯罪念头。

"阳光下之家"的救赎之路:
12年劝服53名在逃嫌犯 助百名失足青年回归社会

新华社"中国网事"记者 毛一竹

在深圳市社会组织"阳光下之家"的微博上,一串串数字记录了创始人王金云12年来的公益行动:劝服53名在逃人员投案自首,帮助170多名出狱失足青年找到工作,无一人重新犯罪,600多人受到感化,放弃犯罪念头……

面对失足者回归社会这一世界性难题,王金云用自己的全心付出给出了一个答案。12年来,他累计投入250万元积蓄,用经营公司的收入养活了"阳光下之家"。在这个平台上,律师、企业家、回归社会的失足者等社会人士以爱为盟,共同帮助失足者自力更生,渐渐找到人生的方向。

"情理感召"懵懂青年迷途知返

办公室里,一个略带沧桑的男中音伴随吉他唱着《恰似你的温柔》,23岁的在逃人员高飞(化名)静静地坐在沙发上聆听。窗外的阳光洒进来,照在"阳光下之家"的黄色标识上,显得十分温暖。

一曲歌罢,王金云和4名志愿者站起身来,一一拥抱高飞,每人都说了一句鼓励的话:"小伙子加油,你还年轻!""不舍弃、不放弃,任何人不能击败你!""监狱不像你想的那么黑,可能孤单、寂寞,可以给我们写信。"……

站在大家面前的高飞是个白净、帅气的小伙子,一双懵懂的眼睛孩子似的打量着周围,支吾了半天才说出一句:"我不知道怎样表达,但我会好好改造,感谢你们为我做的一切。"

4年前,由于跟同学一起打架斗殴,将一人打成重伤,高飞变成了犯罪嫌疑人。他离开老家河源市紫金县,开始东躲西藏逃亡的生活。一次偶然在电视上看到王金云劝服在逃人员自首的报道,受到触动的他想要结束整天提心吊胆的生活。

"像很多在逃人员一样,他起初十分谨慎,打电话谎称是帮朋友咨询。我虽然猜到了,但是什么都没问,给他讲解了一些法律知识,比如自首可以从轻处罚等。后来,他特地跑到这里,看了我给在逃人员做的跟踪帮教档案、投案自首证明,我们聊了5个多小时,他慢慢开始信任我,终于向我说出了真实身份。"王金云告诉记者,得知这一情况后,他马上向警方进行核实,确认高飞的身份确实是一名在逃人员。

对于在逃人员来说,在逃亡与自首之间的徘徊挣扎是痛不欲生的。为帮高飞卸下心理包袱,王金云在7月20日下午安排了志愿者分享会。志愿者林克华用自己的亲身经历告诉高飞,服刑的日子虽然寂寞,但自己在监狱里学会了弹吉他,出狱后创业也取得成功,在深圳市开了好几家饭店,他把自己的经历出版成书,很多朋友找他签名赠书。

此外,曾在深圳监狱服刑、刚刚出狱的李杰向高飞介绍了监狱里的真实情况;大坡乡科技公司董事长金小平与高飞签订了出狱后就业安置意向书,消除他的后顾之忧;律师袁志华根据高飞讲述的事发经过为他讲解了法律问题。

21日上午,高飞在王金云和志愿者的陪同下到深圳市宝安区共乐派出所投案自首。路上,回想起志愿者们的话语,高飞说:"终于可以睡个安稳觉了。也许坐牢没那么可怕,我也可以像他们那样活。"

开"心锁"、扫障碍帮扶失足青年自力更生

在"阳光下之家",大家都喜欢叫王金云为"王老师"。对失足者来说,他的确是一名称职的人生导师。他对失足者的帮教是全链条式的,从投案自首、服刑改造、刑满释放到回归社会,每个环节都有针对性的帮教服务,王金云为每名失足者都建立了跟踪帮扶档案,每人有两名志愿者跟踪帮扶。

刑满释放人员重新回归社会时,或多或少都会遇到些障碍。在关键时刻,王金云总是施以援手,帮他们打开"心锁"、扫除障碍。

26岁的小伙子李杰沉迷赌博,输光了钱,铤而走险去偷窃,结果锒铛入狱。由于在监狱里听了王金云的讲座,出狱后他第一时间就去找王金云,希望找到一份合适的工作。但让他意外的是,王金云只安排他去送水、当保安。"起初不能理解,我是大学毕业

生，又在大公司做过管理，为什么不能给我安排一份体面的工作。"李杰说，"后来我才明白，他是因为看我心浮气躁，想要好好磨炼我。"

王金云笑着告诉记者："刚开始在我这做保安时，他很怕和人接触，见到人总是往回缩，不敢正眼看别人，现在面带笑容，比以前自信多了。从监狱里出来首先要过心理关，走出心理阴影是最难的，需要家人的关爱、专业人士的帮扶，让他们看到希望，重新建立对人生的信心。"

有了心理基础，还需要物质保障。在"阳光下之家"，有 400 多家爱心企业，遍布全国各地，可以为失足青年提供就业机会和创业资金。

如今，已经拥有一家公司的金小平就是受益者之一。2006 年，在王金云的帮助下，金小平找到了一份送煤气的工作。在送煤气时他发现很多人都需要桶装水，就产生了做桶装水生意的想法。

金小平告诉记者，他把这个想法告诉王金云后，王金云马上请来爱心企业志愿者，大家一商量觉得挺靠谱，就出了 4 万块钱给他作为创业的"第一桶金"。于是，金小平把送煤气积累的客户，都发展成了桶装水的客户，生意渐渐步入正轨，也开起公司，接纳失足青年就业。

"这笔钱虽然不多，对我却是雪中送炭。这样的经历让我时时想着，我得到过别人的帮助，要在做好事业的前提下，尽我努力去帮助其他有需要的人。"金小平对记者说。

家住陕西省安康市汉阴县的周三石(化名)，在王金云的劝说下选择了投案自首。出狱后他结婚生子，又成立了当地最大的汽车服务公司。据悉，为了帮助周三石，王金云曾 5 次坐飞机去陕西，帮他解决开办企业中遇到的困难，并且提供了 30 多万元的资金支持。如今，周三石的公司已经成为陕西省的法制教育和安置帮教基地，安置了 50 多名出狱的失足青年和社区矫正人员。

尚需"众人拾柴"照亮"失足"群体的希望

在"阳光下之家"，每个人都是有故事的人，王金云也不例外。37 岁的他，硕士学历，曾经是奥运火炬手，获得过全国普法先进个人、全国十大法制新闻人物、广东省十大杰出青年等一系列荣誉。他之所以可以走进失足者的内心，是因为他也有过相似的经历。

"年轻时，法制意识淡薄，我也曾犯过错，在监狱服过两年刑，在回归社会的过程中饱尝艰辛。"面对过去，王金云坦然地说，"这 12 年来我做这些事，不仅为了证明自己，也是为了更好地帮助曾经像我一样面临困难的失足者。"

通过 12 年的付出和努力，"阳光下之家"聚集了大学教授、法律专家、心理咨询师、社工、义工、司法工作者、退休干部等，在深圳有 150 多名专业志愿者，另外还有数百名社会志愿者。

然而，王金云也有自己的困惑：与其他类型的社会组织相比，帮扶失足青年具有很强的专业性，社会人士对这项公益事业普遍缺乏关注。王金云告诉记者，“阳光下之家”2012年在深圳市民政局注册为民办非企业单位，但到现在为止没有收到过社会上的捐款，主要是靠他个人投入，自己的公司赚钱就“补贴”到“阳光下之家”，累计投入了250多万元积蓄。

“刑满释放人员回归社会，如果受到歧视，不被接受，很可能会成为不稳定因素，甚至走上重新犯罪的道路。作为律师，我觉得这项工作太重要了，所以只要有时间一定参加，绑在王金云的爱心战车上，为‘阳光下之家’贡献力量。”广东深明德律师事务所律师袁志华说。

为了扩大“阳光下之家”的影响，形成“聚拢效应”，王金云计划拍一部电影、出两本书。电影讲述失足青年走出高墙、重获新生、热心奉献的励志故事；书是把自己帮教多年遇到的问题汇集成册，把经验传递给更多志愿者。

“一个人的力量太微弱了，我只是起到了抛砖引玉的作用。如果让我失去‘阳光下之家’，我情愿失去我的左手。”沉默了片刻后，王金云继续说道，“我心中一直有个心愿，找到一种发展模式，即使有一天我老得走不动了，这个平台依然可以照亮这个群体，让他们看到希望。”

记者手记

新华社“中国网事”记者　毛一竹

失足群体不该成为被社会遗忘的角落

结识王金云是在2011年，我和同事从广州赶往深圳采访他劝服一名在逃人员投案自首。时隔4年，又是劝服在逃人员投案自首，再次去深圳采访他。记者都喜欢新鲜热辣的题材，为什么要为同一件事耗费这么多精力？第二次报道能否超越从前？

北京奥运火炬手、全国普法先进个人、全国十大法制新闻人物、广东省十大杰出青年……在我还没有成为记者的时候，王金云已经获得过很多荣誉了。但2011年，我在“中国网事”播发的《一个网站，让27名在逃人员幡然悔悟》被上百家媒体采用，很多其他媒体的记者找我要到王金云的联系方式，进行跟踪报道。在各路媒体的推动下，王金云又“火”了一把。

今年7月，分社总编室领导告诉我，王金云还在做“劝投”，而且有了新变化，可以继续追一下。起初我有些犹豫，因为这个人物、这个题材并不“新”了，再写一遍会有一定困难。但与领导反复商量、讨论之后，还是决定去一趟，抛开新闻不说，从广东到全国，有几人坚持了12年一直在为失足者群体做事？为了这个容易被社会遗忘的群体，也该去一趟。

时隔4年再次来到深圳，“阳光下之家”从一个堆放货物的办公室搬到了更大、更宽敞的地方，虽然环境仍然简陋，但它的“身份”已从企业注册转变为正式注册的社会组织，可谓前进了一大步。有了足够的活动空间，吸纳了更多的社会志愿者，王金云对失足群体的帮扶更加全面了。

在这里，我和王金云及志愿者们从下午聊到晚上8点多，似乎总有说不完的话，他们当中有一些曾在监狱里服刑，如今已经改过自新，过上了正常生活，谈起“心路”滔滔不绝。这些看似闲聊的内容给我很大启发，在创业帮扶上，帮助失足者就业，让他们重新获得奋斗的勇气是非常重要的。

从2009年到现在，我一直跑政法新闻，多次去监狱采访，和狱警、服刑人员交流。在这个过程中，我深深感受到，服刑人员的心理敏感、脆弱，不少人并不是天生就坏，而是由于很多复杂的原因才步入歧途。一些人由于出狱后受到歧视，工作、生活样样不如意，又重新走上犯罪道路。这其中很重要的一个原因就是缺乏社会帮扶。即便在深圳这样社会组织发达的地方，专门从事这项工作的社会组织也非常罕见。

交谈中，王金云说了一句让我印象非常深刻的话：“4年过去，我又劝服了26个人投案自首，但仅以我一个人的力量，这是很微弱的。”尽管王金云身上已有不少光环，也不乏一些争议，但我认为，给予他的支持，并不是对一个人的，而是希望唤起整个社会对失足群体的关注和宽容。

微语录

“一个人的力量太微弱了，我只是起到了抛砖引玉的作用。如果让我失去‘阳光下之家’，我情愿失去我的左手。我心中一直有个心愿，找到一种发展模式，即使有一天我老得走不动了，这个平台依然可以照亮这个群体，让他们看到希望。”——“阳光救赎者”王金云

微评论

网友“callme一休”说：曾经的一面之缘，让我结识了这个一直在默默为社会做贡献的团队，他们通过自己的努力，拯救一个个在边缘挣扎的灵魂！

网友“SunnyLay”说：26年的经历，感谢遇到您。走在重新开始的路上，4个月来，收获了信任与支持、理解与宽容。感谢您的陪伴，感谢您给的机会，感谢您对我的肯定。若没有“阳光下之家”的帮助和王老师的教导关心，今天或许迥然不同。很是幸运，遇到了“阳光下之家”的创始人王金云老师，我们一起为梦想共同努力、奋斗、前行。

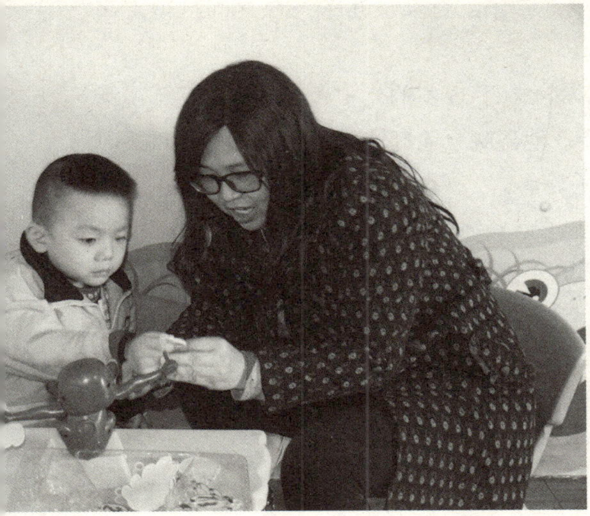

"大爱妈妈"冉存英

在湖北，有一位自闭症孩子的母亲，13年前，她经历了为儿子求医、求学的艰难之路，萌生出创办一所自闭症孩子康复学校的梦想。13年后的今天，她梦想成真了，不仅减轻了儿子的病症，更帮助了当地上千名自闭症患儿接受教育和治疗。

一个偶然，使她成为不一样的母亲；一个决定，让她改变更多人的命运。心怀博爱的她，执拗地弥补上天的误笔，不离不弃，唤醒一个个尘封的心灵。

"大爱妈妈"冉存英：用爱守护孤独的天使

新华网湖北频道记者　曾伟龙

他们的世界我们很难走进，我们的世界他们无法融入。他们不聋，却对声响充耳不闻；他们不哑，却不知该如何开口说话；他们不盲，却对周围人与物视而不见。他们有一个美丽的名字："雨人"。医学上，他们被称为"孤独症儿童"。

在湖北宜昌，有一位自闭症孩子的母亲，13年前，她经历了为儿子求医、求学的艰难之路，萌生出创办一所自闭症孩子康复学校的梦想。13年后的今天，宜昌市博爱特殊教育学校不仅让她梦想成真，而且结下了丰硕的成果。13年来，这里接受训练自闭症患儿数千人，接受家长咨询数万次，进入普校和幼儿园的学生有100多人。

儿子突发自闭症，如水的幸福被冰封

冉存英是湖北省宜昌一个偏僻山村的农家女。1992年，她大学毕业后与丈夫喜结连理，丈夫的关心备至使得她过着小鸟依人的生活。

1994年，儿子天天来到人间，原本就很幸福的小家庭更是充满了无尽的欢乐。然

而，他们怎么也没有想到，一向快乐温馨的家庭生活，竟会被儿子一夜之间打得支离破碎。

1999年12月20日，冉存英如水的幸福被冰封了，5岁的儿子天天突然之间不说话了，你跟他说话，他就像没听到一样毫不理会。他喜欢原地打转，整天跑来跑去、时哭时笑，疯疯癫癫，自此打破了原本幸福小家的平静。

遭遇此劫，冉存英顿觉天快塌下来，一下子进入绝望境地，她说要不是夫妻感情很牢固，估计这个家早就破碎了。从那以后，家里死一般寂静。她怀孕时还在憧憬着未来，说等孩子出生长大后要给孩子安排学画画，学弹钢琴，可这突如其来的遭遇，让所有的希望都化为乌有。

为此，她经常半夜做噩梦，梦见孩子掉进了无底深渊，自己不停地求救，可是路人过来看看又都走了，无计可施的她最后自己跳了下去，然后就吓醒了。从1999至2003年，她不停地在寻医问药。

到了儿子上学的年纪，丈夫好不容易找关系进了一所小学，可孩子时而在走廊上傻笑，时而在教室里尖叫，时而在小卖部偷吃。有一次冉存英去学校，一大群孩子正在围着天天取笑，一见她便喊："傻子的妈妈来了。"她一个箭步跑上去，把孩子抱起就走："孩子，这里不适合你。"

当冉存英掉进无底洞不能自拔时，没有一个人来关心她，她把自己关在房间里哭。这时儿子推门进来了，他用小手摸了摸她的头说："妈妈，你怎么了？"瞬间，她搂着儿子痛哭，心中暗下决心："即使卖血，我也要把孩子的病治好。"

风雨十年办学路，为了让孩子不再孤单

冉存英带着孩子颠簸辗转到处求医，北京、广州、武汉等大城市，神农架、秭归等偏远山区，只要听说有什么"偏方"或"高人"能治好孩子，他们不放过任何一次机会。

2003年，冉存英与北京一家孤独症训练基地机构取得了联系，经过评估，儿子被诊断为自闭症，并被告知需要接受特殊训练。于是他们交了报名费，排了一年多时间的队，终于轮到儿子去北京训练治疗了，却因为费用昂贵而未能成行，冉存英一人在家伤心地哭泣。

无处求医，冉存英萌生了自办一所自闭症学校的想法。没有资金，她把两口子买断工龄的老本拿了出来；没有场地，她向湖北夷陵好人李广佳求助；没有老师，她就自己出去学习。

当年7月，单位改制，夫妻俩买断工龄。冉存英不顾家人的反对，放弃了待遇优越的工作，奔走于北京、武汉、南京等地参加特殊教育的专业培训，国内外资深教授亲自

授课,通过艰苦学习,取得特殊教育资格证书。

冉存英把买断工龄的钱全部投入,办起了博爱特殊孩子康复学校。当时,宜昌患有自闭症的孩子初步统计大概在200人左右,这些孩子大多数被关在家里,孩子痛苦,做家长的更是苦不堪言。自闭症、脑瘫、智障……冉存英的学校里收留了15个这样的孩子。

博爱特殊教育学校的创业之路,是一条沐浴爱的阳光之路。创业缺资金,亲朋好友纷纷解囊相助;办学之初学校缺校舍,"夷陵好人"李广佳提供了200多平方米的场地。

起步时最大的艰难是留不住人,全国学自闭症专业的老师少之又少。办学之初,工资收入低,老师留不住,冉存英恨不得跪下来求他们。"那时没钱,我还打肿脸来充胖子,自己掏钱请老师吃西餐。"

2006年以来,他们每年减免部分特困家庭的学费。虽然减免的不多,但这些钱是从他们牙缝里抠出来的。"有一个孩子家庭条件不好,但病特别重,其他康复中心不收,几十岁的老奶奶跪下来求我。"没办法最后只好接收,因为自己经历了切肤之痛,所以无法视而不见。

如今,这位平凡得不能再平凡的母亲,正用一种不平凡的母爱,擦亮一群孩子的灰色天空,从一个孩子的母亲,变成100多个孩子的母亲。

"自己孩子穿得像个叫花子,你眼中只有别人的孩子"

走进宜昌市博爱特殊教育学校,映入眼帘的是该校墙壁上的宣传画、一尘不染的校舍,其中,舒适的游乐场所、功能完备的训练视听教室、饭厅、一对一教室、卧室,让人有温馨如家的感觉。

"熊熊是第一个康复的学生,现在在四川上高中,上次电话里还喊我去九寨沟玩。"冉校长带着我们参观学校,介绍已经康复的学生熊熊时,她很是欣慰,脸上洋溢着幸福和骄傲。

"我从一个小鸟依人的小女人变成一个女汉子。"冉存英感叹时光流逝,扫视了一下自己一手经营起来的这所学校,不知不觉已经走过13个春秋。

宜昌博爱特教学校常务副校长谭宁说,冉校长为了这群孩子很舍得,学校那么艰难,还经常组织老师出去参加培训,甚至学校经费艰难时,还对贫困家庭进行减免学费。她对学校的老师也关怀备至,记得老师的生日。

由于把大量的时间和精力放在学校的建设上面,她经常忽视孩子和丈夫的存在。为此,丈夫谭鲟多次与她吵架:"你口口声声说办校是为了孩子,现在孩子穿得破破烂烂,像个叫花子,违背了办学的初衷,你眼中只有别人的孩子。"

学校没有专业指导，冉存英经常以校为家，有一次儿子突然从背后拉着她的手说："妈妈，我们什么时候回家啊？"她这才意识到忽视了儿子的存在，就连他的鞋子小了都没发现，还逼他跳绳，引发了甲沟炎。

办校之初，为了减少开支，她让爸妈来学校看门，没一分钱工钱，还让他们担惊受怕。有一次母亲没看紧，一个学生偷溜出去，全校老师满大街找。因为这件事，把母亲吓哭了。说起这件事，她总感愧疚。

熊芳有着双重身份，她既是一个自闭症孩子的母亲，又是自闭症学校的老师。她说，儿子4岁了还叼着奶瓶，大小便还要抱着上厕所。作为母亲意识到不对劲，而老人们抱着"贵人语迟"的传统观念，怎么都不承认自己的孙子有自闭症。

后来通过诊断，家人才慢慢接受。熊芳说，自己能够留校任教，全靠冉校长收留，还减免了不少学费。因为都是自闭症的母亲，有着同样的经历，所以10年来她对冉校长一路相随。"冉校长在我最无助的时候，给我指明了方向，在我的人生中，她就是一盏航向灯。"

在宜昌十大新闻人物颁奖典礼现场，有这么一句话评价冉存英："一个偶然，使她成为不一样的母亲；一个决定，让她改变更多人的命运。心怀博爱，执拗地弥补上天的误笔；不离不弃，唤醒一个个尘封的心灵。"

折翼天使待展翅飞翔，首个支持性就业项目举步维艰

冉存英告诉记者，自闭症又称为孤独症，是一种广泛性发育障碍性疾病，主要表现为社会交往障碍、语言发育障碍及刻板重复动作、异常行为等，自闭症在每个孩子身上表现个体差异较大。

"等我们老了，我们的孩子该去哪儿呢？"冉存英不无担忧地说，他们很难就业，基本上没有企业愿意接纳。当他们接受康复训练，长大成年，却面临无处可去的状态。从事多年自闭症康复训练，冉存英深有感触。

在宜昌，有一家特殊的餐厅——"雨人筷乐"餐厅，服务员全是自闭症的孩子。这是博爱特殊教育学校做的可持续就业的一个试点，学校专门派出3名老师参加了专业知识的学习，就业辅导员对他们进行全程一对一辅导，直到有一天孩子们能独立在自己的岗位上完成工作任务，真正进入社会，正式走入职场。

冉存英告诉记者，为了创办这家餐厅，博爱特校前期投入了十几万元。不过，餐厅目前还处于亏损阶段。"如果此次试点成功，今后我们还要开烘焙、绢花制作店。"冉校长说，只希望更多的心智障碍人士能够借此顺利实现就业，真正融入社会。

雨人餐厅从去年12月份运营至今不到一年，目前已有一个孩子从这里"毕业"后

成功“就业”。冉存英说，这种支持性创业是对大龄自闭症救治敢为人先的一次勇敢尝试，她期待这条路能够走得更远，希望政府也能在这方面出台一些长效帮扶机制。

在她看来，专业知识对于自闭症儿童的教学非常重要，特别需要理论与实践相结合。冉存英说，以前自己更多的是把老师送出去学习，今后希望能够把专家请进来。下一步，冉存英还想选几个家庭，让他们学习专业知识和心理知识，准备筹建家长支援中心。此外，冉存英还发现自闭症特教老师的压力很大，平时这个人群很少得到关注，他们也需要释放压力，比如开展野外素质拓展训练。

通过参加第四期全国孤独症儿童康复学科带头人研修班学习，冉存英不仅更加了解国家政策，还可以学习全国各地的先进经验。她认为浙江嘉兴公办民营的办学模式特别值得推广，通过公家把场地装修好，让学校免费去经营，这样既规避了公办学校存在的“铁饭碗”问题，又克服了民办学校的生存压力。

记者手记

新华网湖北频道记者　曾伟龙

世上只有妈妈好

《世上只有妈妈好》这首歌在我小时候的记忆特别深刻，因为妈妈和爸爸常年在沿海打工，他们从年头出去，到年尾才能回来，中间整整一年，三兄妹所有对父母的思念，都只能寄托在一根长长的电话线上。

有时，看着同龄人的父母牵着他们的手欢声笑语，我们的眼神里充满了渴望，渴望自己的父母也能在身边。可是，那些想法也仅仅是奢望。现在这群孩子开始慢慢都得到社会的关注，大家给他们取了一个名字，叫“留守儿童”，我小时候也是其中一员。

这次到宜昌采访，让我第一次接触到另外一群孩子，他们有个很好听的名字叫“雨人”。“雨人”即指心智障碍者，医学上称他们为“自闭症儿童”。他们有个特点，活在自己的世界里，别人走不进去。他们不聋，却对声响充耳不闻；他们不哑，却不知该如何开口说话；他们不盲，却对周围人与物视而不见。

冉存英的儿子天天也是这样一名“雨人”，5岁时被发现患病。作为家里的唯一一个孩子，这个突然降临的晴天霹雳消息无疑给这个家庭一记重拳，彻底打碎了一个原本还算幸福家庭的宁静。

可是，冉存英没有向命运低头，更没有向苦难妥协，而是奋起反抗，买断工龄和丈夫携手并肩作战，风雨同舟，自费70多万元创办了宜昌首家自闭症特殊教育学校。10年间，从刚开始的零起步，到现在不仅减轻了儿子的病症，更帮助了当地上千名自闭症患儿接受教育和治疗。

为了更深入地走进这群特殊的孩子,我翻阅了很多关于自闭症孩子的资料,也全程观看了关于自闭症儿童的电影《海洋天堂》,了解到患有自闭症的人其实内心很痛苦,他们封锁在自己的心灵世界里,承受着旁人无法探知的内心孤独。

赫赫是这里的一员,3岁就来到博爱学校,至今已有8年时间。他的父亲王学斐隔三岔五会从内蒙古包头坐火车来看他。有一次他来看儿子,走的时候买了一些吃的留给孩子。不料儿子说了一句:“爸爸,你带在车上吃。”听到这句话,他忍不住哭了。

王学斐是一个蒙古大汉,而我从他眼里看到的是感动和幸福。他说还有一次,自己带儿子坐汽车,车上只有一个位置,儿子赫赫突然说:“爸爸,你坐着,我站着。”看着儿子从不会吃饭穿衣,到如今自己能够独立,还能弹电子琴,他说一家人都看到了希望。

在学校采访时,最让我触动的是熊芳,她有着双重身份,她既是一个自闭症孩子的母亲,又是自闭症学校的老师。儿子4岁就患上自闭症,为了能给孩子治病,她争取到留校任教的机会。她说自己活着的唯一的心愿是,只要我们比孩子多活一天,作为母亲的我们死了也可以瞑目。

微语录

“因为都是自闭症孩子的母亲,有着同样的经历,所以10年来我对冉校长一路相随。”“冉校长在我最无助的时候,给我指明了方向,在我的人生中,她就是一盏航向灯。”——自闭症孩子母亲熊芳。

微评论

新浪网网友“沈爱民2011”说:这位母亲“吞下”了生活强加给她的磨难,付出的是给自闭症孩子无私的大爱。而对那些自闭症孩子的家长,“感同身受”四个字字字血泪。因为有冉存英,那些家长才有了生活的希望。

腾讯网网友“东湖之恋”说:《世上只有妈妈好》是许多人童年抹不去的回忆,而冉存英这位不简单的妈妈,却用执着诠释了一位普通母亲的伟大,更用大爱擦亮了一群自闭症孩子的天空,正因为她的不离不弃,唤醒一个个孩子尘封的心灵。

"救人民警"李新生、赵俊杰

黄河，祖国的母亲河，然而作为地上悬河，却又暗流涌动、漩涡叠加。危急时刻，李新生、赵俊杰屡屡跃入滔滔黄河，义务救援40多次，成功救活6人，被誉为"最美黄河守护人"。作为河南公安民警，两人视群众为亲人，工作之余常年坚持在黄河、郑东龙湖等水域岸边义务巡逻、义务救援、义务清理垃圾，紧急危难时刻，伸出一把手，救起一条命，不求回报不留名。2015年11月15日，两人获得"最美郑州人"荣誉称号，参选"最美家乡人"获全国决赛资格。

"救人时，我自己也是一脚阳间，一脚阴间"

——记河南省公安厅机关民警李新生、赵俊杰

新华社河南分社记者　李丽静

2015年11月13日，立冬第6天。凌晨5时许，44岁的河南省公安厅机关民警李新生准时出现在郑州东区龙湖边，简单准备后，一跃跳入冰冷的湖水。

"人们爱说冬天湖水是暖的。其实他们不知道，冬天湖水更冷，跳进去手脚很快就麻木了。我靠的是意志。只有平常坚持锻炼，关键时刻才能救人！"

常常与他结伴而行参与水中救援的另一名河南省公安厅机关民警赵俊杰说："如果不是为了救人，即便给一座金山，我也不愿跳进这滔滔黄河，毕竟生命只有一次。救人时，我自己也是一脚阳间，一脚阴间。"

除了身为人民警察的公职，他们还有一个相同的职务外身份——郑州市红十字水上义务救援队队员。

去年7月以来，他们已经先后在黄河、郑州东区龙湖、南水北调主干渠、中牟贾鲁河等处参与义务救援41次，第一现场成功救活6名溺水者，帮助家属找到37具水下遗体。

慕水英雄

1996年7月27日,李新生心中永远的痛。

一生勤劳善良的父亲李国荣在河南老家遂平县意外滑落水塘,不幸离世。当时,身为特警的李新生正在部队以外的地方进行集训,家中打来的电报虽然到了部队,却不能立即到达他的手中。等李新生一路流泪回到家中,父亲早已火化。身为家中最小的孩子,没见到父亲最后一面,是李新生无论如何不能接受的。他当场哭晕过去。

10多年来,他都幻想:如果当时能有个好心人拉父亲一把就好了。但现实是残酷的,这个好心人并没有出现。而父亲的意外,也使李新生从此厌恶水,害怕水,远离水。

2012年1月17日,李新生的家乡出了一个救人英雄——农民李国喜勇救落水妇女张景凤及其女儿、儿子,用自己的生命换取了3人的新生。

他的事迹报道后,李新生深受感动:看来世上还是好人多呀!他和几个老乡为李国喜家属捐款近4万元,并亲自送到英雄家中。

从那时起,学英雄,赞英雄,危难时刻当英雄的念头,在李新生的心中悄然萌生。

水中救人

去年7月19日的早晨,李新生正在龙湖边跑步,突然身后传来急促的带着哭音的呼救声:"快救命,快救命,我丈夫不行啦……"

李新生回头,一个中年妇女正在湖边团团转,湖中有人挣扎。岸边很快聚集了一群人,但没人敢贸然下水。紧要关头,李新生一个箭步冲向湖边,奋不顾身跳下去。

李新生一边加快游泳,一边向男子大喊:"挺住!我来救你!"来自生的呼喊,给了原本绝望的男子动力,他坚持挣扎了几秒。在这宝贵的几秒里,李新生游近男子,将他托出水面,直到他能正常呼吸。

在李新生的感染和带动下,水性较好的群众申红宇(后荣获郑州市见义勇为基金)也勇敢地游到落水男子身边,两人连拉带推将男子救上岸。

此时,回望湖中,李新生倒吸一口凉气,岸边距落水男子位置足足100多米。按常识,落水位置距岸边超过50米,一旦体力跟不上,很可能会救不了人,还要搭上自己的命。

被救者秦姓夫妇感激不尽,给李新生送去几万元现金和一箱茅台酒,被李新生婉言谢绝。他说:"我救人不是图钱,这是一个共产党员应有的本色。"

水中情怀

这次意外下水成功救人,让李新生重新审视自身存在的价值,起了帮助更多落水群众的念头。

雷金善是郑州市红十字水上义务救援队副队长。他听说李新生的事迹后,主动找到李新生,向他介绍救援队的情况:救援队成立于2005年,最初由冬泳爱好者组成,现已发展成有登记队员150多人、骨干队员80多人的专业水上救援队伍。10年间累计在第一现场成功救活50余人,帮助家属打捞200多具遗体。

听了雷队长的介绍,李新生十分高兴:这不正是我想找的队伍吗?他随即请示单位领导,在得到支持与肯定后,于去年7月递交了申请,签了"生死状"(一切自愿,生死自负),成为专业的水上义务救援志愿者。

比李新生小5岁的赵俊杰也曾多次成功水中救人。在李新生的介绍下,他也加入了救援队。从此,两个亲密战友节假日一块儿训练,一块儿出险,一块儿义务巡逻,一块儿边巡逻边捡拾垃圾。

今年9月26日,中秋节前一天,李新生和赵俊杰利用假期在龙湖边义务安全巡逻,刚救助完两名遇险者,还没歇过劲,电话又响起:荥阳黄河牛口峪段1名少年溺水失踪。

他们立即驾车赶到出事地点。黄河出山西黄土高原进入河南平原后,变成"地上悬河"。平静的河水下,暗流涌动,旋涡隐匿,断层迭出。今年夏天,仅在一个位置,就已淹死10多人。虽然经常下水,但每次赴黄河救援,对队员们来讲依然是生死考验。

9月份的深秋,气温急降。太阳将落时,水里温度更低。经过半个多小时的摸排,队员们终于找到溺水少年。虽然岸边等候的120急救人员诊断少年已经死亡,但李新生、雷金善等人,不忍放弃,顾不上穿衣,跪在沙砾河滩上,坚持对少年又进行了半个多小时的心肺复苏,直至完全没有希望,才将遗体完好无损地交予家属。

第二天,中秋节,依然险情不断。最后一次抢险结束,天早已漆黑。这时,有人买来烧饼,救援队一人一个。赵俊杰提议:"回家和亲人团圆已来不及了,烧饼也是圆的,干脆我们拿烧饼当月饼,庆祝一下中秋节吧。"

肃清的风,浑身湿透,坐在船舷,牙齿打战,干啃烧饼。头顶一轮明月,李新生和赵俊杰相视一笑,双手紧紧握在一起,互祝又共同渡过了生死一劫。

"风萧萧兮易水寒,壮士一去兮不复还!"赵俊杰说,这首描写荆轲刺秦王的短歌,最能形容他们当时悲壮的情怀。

赴水之约

不抽亲属的烟,不喝亲属的水,不接受亲属的回馈与宴请……

没有报酬,没有保险,没有鲜花与掌声……

救援费用自己承担,救援负伤自己治疗,救援牺牲自己负责……

李新生抬起腿,腿上斑斑点点,那是冷水刺激造成的过敏反应;稍微一动,膝关节嘎吱响,那是因长期浸泡在水中得了关节炎。

谈起救援,赵俊杰有些哽咽:“说真的,别看我们现在在这儿侃侃而谈,说不定哪一天,我们可能就不在了。”他说,每次水下救人,都是一回出生入死,就像战场幸存者一样,更加意识到生命的无价和友谊的可贵。

既然如此艰辛,既知拿命去赌,为何还一次次义无反顾?

李新生说:“父亲落水,无人相救;父亲走后,无力尽孝。我要把无限的遗憾、深深的孝心全部转化到救援中。他们都是我的亲人。”

赵俊杰说:“公安民警的宗旨是‘为人民服务’。可‘为人民服务’要体现在具体的事情上。我们决定把‘为人民服务’体现在水上义务救援上。”

河南省政府副省长、公安厅厅长许甘露闻听他们的事迹后,盛赞他们“急公好义有古风,为民奉献有新境界”,要求全省公安机关和广大公安民警向他们学习。

苦吗?苦!

累吗?累!

怕吗?怕!

值吗?值!

“一箪食,一瓢饮,在陋巷,人不堪其忧,回也不改其乐。”李新生和赵俊杰说,他们都是共产党员,他们与水有个约定:救下去,直到不能下水那一天!

记者手记

新华社河南分社记者　李丽静

推人及己感受他们的伟大——李新生、赵俊杰采访录

采访李新生、赵俊杰之前,就已经听说河南省政府副省长、公安厅厅长许甘露近日表扬了厅里的两位民警,盛赞他们“急公好义有古风、为民奉献有新境界”,要求全省公安机关和广大公安民警向他们学习。

“急公好义有古风”,这句话不免让人想起古代侠客义士,披肝沥胆行走天涯。这是两个什么样的警察呢?

在会客厅见到李新生、赵俊杰,感觉两人有点反差。李新生个子高,较瘦,健谈;赵俊杰则中等身材,不太爱说话。

虽然采访前已经备了功课,对他们的事迹有所了解,但真正采访时,我还是问得很

细,并注意观察他们的表情。

最开始,他们对我很礼貌。以前,作为一名普通民警,他俩很少接触媒体。最近,他们的事迹被报道出来后,虽然他们也在厅里做了先进事迹报告,但如此近距离接受一名记者的采访,而且是新华社记者,对他们来讲,还是既新鲜又陌生又紧张的。

为消除他们的紧张,我虽然问得很细,但却不断地加入一些打趣的话,来消除他们的紧张感。比如,当李新生说到“机关党委知道我喜欢,只要有先进事迹报告会、英模表彰会,只给一张票,也让我去。多少年都这样”时,我打趣说:“机关党委这也叫投你所好吧!”

随着紧张感的消失,我慢慢地走进他们的心灵,走进他们的生活,走进他们的救援。

一个纯民间的自发组织,一个纯义务的救援行为。郑州市水上救援队的电话是与110、119捆绑的。只要110、119接到群众求助,只要出警民警或消防警察处理不了,110、119指挥中心就会把救援任务转给水上救援队。而水上救援队队员们,就会一呼百应,从不同的地点赶往出发地点。有开奔驰、宝马、路虎的,有骑自行车的;有企业主、律师,也有普通市民和农民。救援队200多名成员,能下水救援的80多名,经常下水救援的20多名。而李新生和赵俊杰就在这20多名中。

他们说每人都有两个救援包,一个放办公室,一个放家。当我要求他们打开给我看时,他俩竟有些羞涩。里面装有泳裤、拖鞋、潜水镜,面包、火腿肠、盐鸭蛋等物。包里干干净净,品种齐全,我看到了他们把义务救援做好的心。

当说到“一箪食,一瓢饮,在陋巷,人不堪其忧,回也不改其乐”,描述自己对参加义务救援这件事痴心不改时,赵俊杰平易口气中的坚实,让我竟一时产生错觉,好像见到了千年前的贤者颜回。但当他说到“救人时,我自己也是一脚阳间,一脚阴间”,这位39岁的男子汉,竟在我这个不熟识的女记者面前,红了眼圈,哽咽了喉咙。

当采访结束我要求他们提供参加救援的照片时,他们面露难色。“俺们平常光想着救援了,没想过那事儿,谁想到会有今天(被当成典型宣传)呢?”最终,在其他队员的帮助下,记者找到一些他们参加救援的照片。因为属于“随手拍”,照片画片都不太好。

他们到底有多无私?到底有多伟大?采访结束,我静静地思考。我会在每个节假日随叫随到吗?我会总不考虑加油钱、吃饭钱、过桥费、过路费吗?我会不怕冷跳进冬天的河水吗?我会舍命上吗?

当我反问自己这些问题时,我知道了他们的伟大。

微语录

“我们俩经常和朋友探讨这个问题，如果是自己的亲人落水掉进了黄河，你救不救？答案是肯定的！我们不仅要救人，而且还会继续救下去！”——“救人民警”李新生、赵俊杰

微评论

央广网网友“光明磊落”说：我在黄河边长大，知道黄河底暗河遍布、河水中漩涡叠加，稍有不慎就可能被卷入河底，跳入黄河救人实属难能可贵！不求回报，一次一次跳入黄河里救人，就是英模！为他们点赞！

新华网网友“高大上001”说：干好本职工作，连续5年公务员考核优秀；业余时间坚持做好事，浑身充满正能量！时代需要这样的人！

"高原种树大王"黄生红

农民黄生红的家乡，地处青藏高原与黄土高原交界地带的半浅山地区，长期以来，恶劣的自然环境让周边的山上光秃秃一片。然而，在过去20年间，黄生红几乎凭借一己之力，投入100多万元，让家乡的荒山基本穿上了绿装。如今，黄生红还注册了生态发展公司，不仅绿化荒山，还承包外村的荒山治理，培育后续产业发展，提高人们的环保意识，成为远近闻名的绿化带头人。

无论如何也要让家乡的山绿起来

——青海农民黄生红义务植树记

新华社青海分社记者　马千里　庞书纬

一个农民，19年执着，10多万株树木……他倾其所有，用近乎固执的坚持，为家乡的大山披上绿装。

他，就是青海省湟中县田家寨镇毛二村农民黄生红。

他用近20年时间，让家乡荒山披上绿装

初见黄生红时，他刚从邻县收购今年要种植的苗木回来。

黄生红生活的毛二村，地处青藏高原与黄土高原交界地带的半浅山地区，长期以来，恶劣的自然环境让周边的山上光秃秃一片。据他回忆，靠近他家的东山上，原先漫山遍野总共只有村民种在坟头的5棵树。

"没有树，水土流失就特别严重，从我记事起，每年夏天一下大雨，山洪夹着泥石流就从山上往下淌，有时候连一人抱的大石头都被洪水冲下来。淹了庄稼，堵了大门，全

巷道都泥糊糊的。”黄生红说。

令其印象深刻的是，1990 年夏天，连夜暴雨导致的山洪将邻村村民李永奎家仅有的两亩庄稼冲毁，一家人断了生计。当时黄生红在西宁一家面粉厂打工，同为工友的李永奎回来后抱着他痛哭流涕。“我心里特别难受，我也明白，只要山上有树，洪水就不会那么厉害。”

1988 年，黄生红高中毕业后，先是在面粉厂打工，后来买了辆三轮车收旧家具，而后又买了卡车贩运煤和煤渣。几年下来，他积攒了些钱。

1996 年，黄生红正式开始了自己的“植树生涯”。

万事开头难，由于半浅山地区土壤蓄水能力低，春旱严重，植树成活率很低，有时种 20 棵树，最多有一两棵能成活。

“树种不活，老黄的那几年孽障(在青海方言中指境遇差)得很，天天哭丧个脸。”黄生红的妻子魏翠英说。

面对困难，黄生红没有气馁。为了省钱，他自己动手拉树栽苗，树苗浇不上水，就用三轮车一趟趟往山上运水。

自 2005 年起，随着家庭经济状况的改善，黄生红植树的投入越来越大，每年平均植树上万株，树从东山种到了西山。为了节省开支，他在西山投资 16 万元租用了别人 60 亩地开办苗圃。

植树季节，是老黄每年最开心的时刻，他一边雇车从周边林场拉运树苗，一边带领雇来的七八十个农民在山上忙活，饿了就啃几口干馍馍，渴了就喝几口水，从早忙到晚，直到把树种完。

几年摸爬滚打后，黄生红积累了一套在干旱浅山种树的经验，比如树种的选择、用冷水泡苗延迟外地树苗发芽、种树季节的掌握等，植树成活率从最初的不到 10%提高到了现在的将近 50%。

近 20 年间，黄生红已为植树投入了 100 多万元，家乡的荒山基本穿上了绿装。他指着漫山遍野十几万株已成活的树木自豪地对记者说：“山上的树，除了那 5 棵坟头的树外，全是我种的。”

挣来的钱，全都“种”到了山上

这些年，黄生红植树的投入和一家人的经济来源主要靠他在外面做的煤炭生意，由于为人实在，生意不错。

“老黄这些年挣的钱都‘种’到山上了。”魏翠英说，开始植树时，全家人反对，老母亲甚至为此好几年不和他说话。

"他勤快,又有想法,做生意早,我们家房子是2000年盖的,当时在村里算是比较好的。如果把心思全部放到生意上,我们早就发了。可这么多年下来,老黄把钱和时间都花在了种树上,门上的铁皮锈穿了、窗户旧了关不紧都不去换。"魏翠英说。

起初不仅是家人不理解,村里甚至有人对黄生红冷嘲热讽。"好多人笑他是傻子,说他大脑被挖掉了一勺。"同村好友黄国连说。

"他最初要种树的时候,我劝他别白费工夫,还开玩笑说如果你种成了,我背着你在村里绕三圈。即便这样,他还是坚持要种。"村民王有清说。

2013年4月底的一天,黄生红拉回了几十株树苗,由于当时正是高原种树时节,他一个人走了三四里山路,将近百斤重的树苗背上了山。第二天又和孩子们一道,开着三轮车往山上送水。

"晚上回来后,他说累坏了,我看他嘴唇发紫,吓了一跳。从那以后,我发现老黄的身体明显不行了,现在每年他种完树,接着就去卫生院打针。"魏翠英说,这么多年因为种树没少吵架,每回我都骂他,但一边骂一边还操心,有时候还帮他往山上背树苗,好几次把肩头都磨破了。

植树带给老黄的,有欢笑也有泪水。2009年春,刚刚从省城西宁买树苗回来的他正准备吃饭,王有清风风火火地从外面冲了进来,险些被门槛绊倒。

"不好了,不好了,山上着火了。"

"啊?!"黄生红扔下碗筷,急忙向山脚下冲去。只见半山腰浓烟滚滚,山火借着风势,越来越大。

"当时老黄就像疯了一样,拿起水桶就往山上冲,被我们几个人硬是抱住了。他就像个孩子一样,哭得泪流满面,用手不停地砸地,砸得两只手上全是血。"王有清说,"好在消防官兵及时赶到,才没有造成更大的损失。"

魏翠英告诉记者,那把火至少烧掉了黄生红两年的心血,老黄为此大病一场,足足两个多月才完全康复。

要把一个人的事,变成全社会的事

黄生红种树很用心。有一次,他去西宁买农用车配件,路过西宁市园林研究院时,直接就冲进去找专家请教种树的"窍门"。"我还准备写个报告,让园林研究院的专家给看看呢。"黄生红说。

这几年,除了种树,黄生红开始琢磨水土流失综合治理问题。半浅山地区存水困难,为解决这一难题,黄生红投资8万多元,在东山上建了座7米多高30多米宽的拦洪坝。

采访中，黄生红坦言，除自然条件限制外，当地村民生态意识薄弱，人为破坏和牲畜啃食是目前植树造林面临的最大困难。

“这些年做生意我跑了不少地方，觉得人们的意识还是有差距，其实有些小沟岔，有几十棵树就能止住水土流失，可多年来就是没人种。”

黄生红告诉记者，由于多年来一直没有林权证，面对各种破坏林木的行为，他和家人所能做的只有劝阻。“直到现在，很多人见到我，都会问‘你每年种树能赚多少钱’‘你手里是不是有国家项目’‘你手里哪来那么多闲钱’之类的问题，听得让人很不舒服。但不管怎么说，既然选择了种树，就必须坚持下去。”

2014年，黄生红注册成立了一家生态发展公司，不仅继续绿化村里的荒山，还准备走出去承包外村的荒山治理，培育后续产业发展。他通过贷款和自筹投入60万元，为公司修了座三层小楼，除了办公室、化验室、研究室、仓库外，还修了两间教室。

今年9月，当记者再次见到黄生红时，他的“生态补习班”正在筹备开班。

“我20年前上的高中，当时也算是村里的‘文化人’。可现在，知识更新得实在太快了，托人买来的生态方面的书，我甚至都有点看不懂。”黄生红笑道，无奈之下，他只好到青海大学环境学院找了个大学生当“老师”，由“老师”先把书上的内容教给他，他再设法用更通俗的语言，讲给乡亲们听。

经过一周备课的黄老师终于走上了讲台。

刚开始当“老师”，黄生红明显有点不适应，讲台上的他时不时会“卡壳”。一旦“卡壳”，他总会露出憨厚的笑容。

“我也知道，很多观念乡亲们接受起来会有困难，但我还是要给大家‘洗脑’，说白了就是给大家补上生态保护这一课。”黄生红说，“既然是综合治理，我觉得就应该把各种资源盘活，至少要带动村子里的人都参与植树造林中来，要把一个人的事，变成全社会的事。”

记者手记

新华社青海分社记者 庞书纬

初次见到黄生红，给记者留下最深印象的是他憨厚的笑容：见面时在笑，聊天时在笑，就连回忆起植树中曾经遭遇的艰辛、误解时，老黄的脸上依旧带着笑容。妻子魏翠英开玩笑说，当初嫁给老黄，也正是看上了他的这份憨厚、这份单纯。“他心里有什么就说什么，和他在一起，感觉特别踏实，就是现在年轻人说的安全感吧。”

在记者看来，也许正是这份憨厚、这份单纯，支撑了老黄19年的坚守。

从事煤炭生意的他，原本在村里也算是个小“土豪”，守着煤炭生意，一家原本可以享受平静而富足的生活，然而老黄却选择在荒山上植树的"赔本生意"，一坚持就是19年。这19年中，有家人的不理解，更有周围人的冷眼与嘲笑，然而面对这一切，他选择了默默坚持。

坚持需要勇气，更需要担当，19年间，作为普通农民的他，为植树已经累计投入资金超过120万元，没有一株免费树苗，没有一个义务工，没有一分钱的经济回报，甚至连林权证都没有。由于长期劳累，他患上了心肺疾病，却依旧乐此不疲。

这正是老黄的可敬之处，坚持，其实不需要太多理由，能为家乡生态改善尽一份力，对于老黄而言已经足够。正如他脸上时刻带着憨厚的笑容一样，一份简单的快乐、一份小小的满足，足矣。

"植树造林，绿化祖国"的口号已叫响多年，每年春夏时节，那些或官方或民间组织的植树活动，对提升人们的生态意识、提高绿化率意义重大。然而，正所谓"做一件好事不难，难的是一辈子做好事"，当我们在朋友圈中"晒"出义务植树的照片时是否意识到，正是因为有了像黄生红这样默默无闻的人，用十几年、几十年如一日的坚守为我们守望着绿色。正是因为有了他们，建设"绿色中国"的宏伟蓝图，才真正拥有了其赖以扎根的群众基础，生态的全面改善才真正拥有了来自"草根"的蓬勃力量。

如今，推进生态文明建设，已经作为全面建成小康社会、实现社会主义现代化和中华民族伟大复兴的重要部署之一。然而，"千里之行始于足下"，生态环境的点滴改善需要的正是每个人一点一滴的付出。对我们普通人而言，平时少用一张纸，少开一天车，看似是举手之劳，最终也会积少成多，撑起"美丽中国"的绿色大伞。

守望绿色，请为默默坚持"点赞"，为来自"草根"的力量喝彩。

微语录

"我植树造林不为别的，是为了造福家乡。有回报要干，没回报更要干；别人理解要干，别人不理解更要干。谁不理解，我就慢慢给他'洗脑'，让他最后和我一起干。"——"高原种树大王"黄生红

微评论

网友"向阳生"说：绿色的未来，需要千千万万黄生红这样的"傻子"。

网友"小芳"说：黄生红是"草根"英雄的骄傲！他就是埋头干的人，就是拼命硬干的人，为黄生红喝彩，为"草根"点个大大的点赞。

“为残疾人搭建‘梦工场’”黄春萍

5年来，黄春萍坚持“为残疾人搭建‘梦工场’”——她的“朋友圈”就是“残疾人帮扶圈”。只因“见不得她们的艰辛”，汉绣大师黄春萍，5年里免掉学费80万元，培养了560多名残疾人弟子，为残疾人搭建“梦工场”。面对社会上的赞誉，她却说：“残疾人朋友在帮忙传承汉绣，我要感谢她们。”

“朋友圈”就是“残疾人帮扶圈”

——汉绣大师黄春萍为560多名残疾人搭建“梦工场”

新华社“中国网事”记者　廖君　李伟

湖北汉绣大师、湖北汉绣传承人黄春萍，多年来凭借对汉绣艺术的坚持和传承，曾是湖北省唯一一名中国民间文艺最高奖——“山花奖”得主。5年里，她免掉学费80万元，培养了560多名残疾人弟子，为残疾人搭建“梦工场”，只因“见不得她们的艰辛”。面对社会上的赞誉，她却说：“残疾人朋友在帮忙传承汉绣，我要感谢她们。”

“没有黄老师就没有我们的今天！”

“我不想提到她们的生活，因为她们真的很艰辛……”近日，黄春萍在接受记者采访时，说起自己的残疾人弟子们，一度情难自禁，潸然泪下。

正是出于对残疾人朋友的同情、关心，“见不得她们的艰辛”，黄春萍决定利用汉绣帮扶残疾人。在黄春萍看来，帮残疾人摆脱苦难的第一步，便是让这些残疾人“自立”。

“没有黄老师就没有我们的今天！”这是42岁的杜先娇对记者重复多次的一句话。

杜先娇在20多岁的时候意外受伤，导致重症肌无力，虽然无法像健康人一样正常行走，但“感觉自己不再矮别人一头了”。原来，在黄春萍的鼓励下，她爱上了汉绣，更是靠着汉绣手艺开起了自己的小店，当上了老板，还收了不少残疾人徒弟。

杜先娇一点一滴的变化，离不开黄春萍的细心关怀。杜先娇告诉记者，自己以前也在残联组织的培训班里学过插花等各种手艺,但都坚持不久。杜先娇说:"我比较慢,每次向老师提问,他们都先责怪一句,我脸皮薄就学不下去了。"杜先娇说,去学汉绣在她心中是"最后一次尝试",如果再学不好"甚至不打算活了"。

没想到正是这一次遇到黄春萍,终于把杜先娇从绝望的悬崖边拉了回来。杜先娇说:"黄老师任何时候都轻声细语,蛮温柔。虽然我年龄和她差不多,但我总觉得她像亲姐、像亲妈一样关心爱护我。"

像杜先娇一样得到黄春萍关心的残疾人朋友已经不在少数,并不乏已在汉绣中取得优秀成绩的人。今年 7 月,在第四届全国残疾人职业技能大赛上,黄春萍的两位残疾人弟子周海云和杨君琴,分获刺绣类第五名和第七名,这也是湖北历届刺绣类参赛的最好成绩。

如今,黄春萍有属于自己的特殊朋友圈,圈友数量已超 560 人——他们都是残疾人,全部是女性,职业是绣娘。她们加入黄春萍朋友圈的时间最长达 5 年,最短的只有几个月,但在这些残疾绣娘们眼中,黄春萍是令人尊敬的汉绣老师,更是患难中在手艺、心理上帮扶的好姐妹。

大师讲课必带"残疾人弟子助教团"

49 岁的黄春萍,自小便钻研汉绣,作为汉绣传承人,她也曾一度为学习汉绣的人越来越少感到苦恼,但当她偶然间接触到喜欢汉绣的残疾人朋友之后,便找到了一条传承汉绣的新出路。

2010 年的一天,聋哑人李芙英逛街时巧遇黄春萍的"锦绣坊",心生欢喜,当即让姐姐向黄春萍提出了拜师学艺的想法。那种不能言语却激动渴望的眼神让黄春萍当即决定收下这名特殊的弟子,并且免费。

也是从那个时候起,黄春萍给自己定下一条规矩:"绝不能在残疾人身上赚一分钱!"

黄春萍的义务汉绣培训班,很快开到了智障托养院、市残联服务中心,越来越多的残疾人朋友成为黄春萍的弟子,加入传承汉绣的行列。

"汉绣是一门艺术,也是一门手艺。我把这门手艺传授给残疾人弟子们,是希望他们能够自立,战胜自卑,变得自强起来,从而生活得更美好。"黄春萍也竭尽所能为残疾人弟子争取每一份哪怕是微薄的收入。因"汉绣大师"的身份,每个月总有多家机构请黄春萍去授课,她总会提出一个要求——对方必须允许她带上几位残疾人弟子当助教,然后她会把所有的授课津贴分给授课的弟子们,大师授课必带"残疾人弟子助教团"已人尽皆知。

朋友圈的最大规矩:不能伤害残疾人的尊严

在采访期间,记者发现黄春萍的工作室里,有着身体健康的学徒,更不乏残疾人朋友。手上针线飞舞,嘴上有说有笑,气氛非常融洽。

"社会上有些人的目光有些扎眼。黄老师帮了我很多,有什么活动都会把我带上,开阔眼界,适应社会。"今年22岁的袁悦,天生小脑脑瘫,行走不便。她告诉记者,以前几乎不出门,出门后见人也不敢说话,不自信。如今,自己每天乘坐公交车从武汉青山区辗转到武昌区,慢慢胆子就大了。

黄春萍的工作室里,黄春萍向记者讲述了一件自己唯一一次在工作室里发火的事儿。有一次傍晚一位残疾人弟子离开,自己忙没注意,过后问其他学徒,发现没有人送她出门上车,黄春萍大发一场脾气。

原来,以前黄春萍每次都是把残疾人弟子送出门送上车。自此以后,她在工作室定下一条规矩,有残疾人朋友离开时,大家都应该主动送,细节考虑周到,无论何时,都不能伤害残疾人的尊严。

黄春萍告诉记者,因为残疾人徒弟多,她发现,有时候一帮人一起离开,走在路上更容易吸引一些路人的眼光。为此,她让大家每天傍晚分别一个一个地离开,"减少来自社会的无言伤害"。

在黄春萍的心中,始终坚持一点:对待残疾学生就是要有一种特殊的,甚至是"过分"的关爱,鼓励支持她们。有时天气不好,有些残疾人出门不便,黄春萍便让她们在家里学习,平时有不明白的地方还可"电话教学"。

"残疾人朋友学习汉绣,更用心,她们也在帮我们传承汉绣,实际上在这里我要感谢她们。"黄春萍也有一个心愿,自己的工作室在武昌,不少徒弟来自武汉各地,往返比较辛苦。她希望以后可以开更多的汉绣班,哪怕是自己多跑一点,可以教更多的徒弟,"让汉绣传承下去,自己辛苦点没关系。"

记者手记

新华社"中国网事"记者 李伟

在湖北武昌一条具有武汉特色的小巷子里,记者找到了汉绣大师黄春萍的锦绣坊工作室。工作室不大,但一面墙上挂满了荣誉证书和奖杯,诉说着黄春萍在汉绣制作和传承方面的贡献。

在众多荣誉中,引人最为关注的正是她的特殊朋友圈,560多名残疾人弟子,她全部免费传授技艺,其对于汉绣的热爱,对于残疾人的同理心,在记者的采访过程中,令人印象尤为深刻。

从小出生在书香世家的黄春萍,对于琴棋书画等艺术耳濡目染。母亲早年缝制衣服时妙手加上的一朵牡丹花,为黄春萍走向汉绣之路埋下了早早的种子。

1997年,从服装厂走出来的黄春萍,开办了汉绣艺术工作室,面向社会广收学员,无论是残疾人、社会青年,还是下岗职工,只要是汉绣爱好者,她都毫不保留地传授汉绣技艺,并帮助他们销售汉绣作品。同时,定期举办汉绣专题讲座,展示与表演汉绣,吸引社会关注。以该工作室为平台,她至今培训学员1500多人。

2008年,武汉市二轻工业学校与黄春萍联合,开设汉绣班。她负责教授汉绣工艺、图案设计等课程。几年来,600多名学生走进了汉绣班。去年的全国职业技能大赛中,该班学生夺得一等奖。在记者采访过程中,她的几名学生告诉记者,正是在黄老师的指导下,自己也开始了汉绣学习,希望以后传承汉绣。

记者从武汉市残联了解到,5年前,黄春萍还为智障托养院的8个孩子开设刺绣课。此后,她又受邀在武汉市残联服务中心开办肢残人汉绣培训班,实行培训、销售、就业一条龙服务。

黄春萍告诉记者,经过近30年对汉绣的收集、整理和研究,自己还尝试着编写了一套汉绣授课教材。教材除汉绣理论以外,还图文并茂地讲解了汉绣针法,并配有100多片自己设计研发的实物小样。

在记者采访过程中,黄春萍刚谈起残疾弟子,便禁不住流下眼泪。在她心中始终坚持一点:对待残疾学生就是要有一种特殊的,甚至是"过分"的关爱,鼓励支持她们。有时天气不好,有些残疾人出门不便,黄春萍便让她们在家里学习,平时有不明白的地方还可"电话教学"。

"残疾人朋友学习汉绣更用心,她们也在帮我们传承汉绣,实际上在这里我要感谢她们。"黄春萍也有一个心愿,希望以后可以开更多的汉绣班,哪怕是自己多跑一点,可以教更多的徒弟,"让汉绣传承下去,自己辛苦点没关系。"

微语录

"汉绣是一门艺术,也是一门手艺。我把这门手艺传授给残疾人弟子们,是希望他们能够自立,战胜自卑,变得自强起来,从而生活得更美好。另外一个角度,残疾人朋友学习汉绣更用心,她们也在帮我们传承汉绣,实际上在这里我要感谢她们。"——"为残疾搭建'梦工场'"黄春萍

微评论

湖北省非遗保护中心常务副主任张晓慧说:非物质文化遗产传承不易,徒弟难招

是其中的重要因素。汉绣大师黄春萍15年里培养弟子2000余人，成为湖北省非遗传承的典型。黄春萍招徒的经历，可作为非遗传承人借鉴的样本。

《武汉校园资讯》新浪官微说：黄春萍真诚无私地将手艺传给500多位残疾人，教残疾弟子学技能掌本领，为残疾人提供一项谋生技能，给她们的生活增添了一抹靓丽的色彩。我为黄老师点赞！

"星星姐姐"王博

王博，女，30岁，内蒙古通辽市一名普通的医务工作者。她热情开朗，乐于助人，2012年加入通辽市红十字会成为一名志愿者。她喜欢儿童，曾在北京学习儿童早教、儿童感觉统合教育、国家心理咨询师二级，利用工作之余帮助自闭症和有学习障碍的儿童进行康复训练。2014年5月，她组建成立通辽市红十字星光志愿服务队（儿童心理专项）。

80后姑娘用爱心点亮孤独症孩子的心灵

——记通字号市红十字星光志愿服务队队长王博

通辽广播电视台汉语综合广播记者　李超

一名平凡的80后女孩，普通的医务工作者，爱电影、爱音乐、爱聚会。这是王博对自己的介绍。"小时候，可以选择自己喜欢的课外活动，长大选择了自己喜欢的工作，想想自己真是幸福。"从2007年开始，用业余时间帮助自闭症和有学习障碍的孩子做康复训练，这样的经历让王博接触到很多自闭症患儿家庭，也让她总感慨自己的幸运。"不是所有孩子都一样，都有美好的童年、幸福的家庭。老天，有时候会开恶意的玩笑。"

因为喜欢孩子，王博做过老师，开过早教班、幼儿园，系统学习过儿童早教、儿童感觉统合、心理学等课程。这些都让王博对有患有自闭症的孩子有了更深入的了解。"当你安静地坐在一个孩子的身边，以接纳方式了解他、认识他，你会发现，任何人都有着自己的魅力。"这是王博的感受。2014年，通辽市红十字会举办爱心妈妈情系福利院的活动，因为福利院大多是残障儿童，需要一名心理专业的志愿者帮忙引导自闭症儿童。通辽市红十字会联系到王博，她一口答应。活动一切顺利，王博也和那里的自闭症儿童变得亲密起来。"有个孩子一路拉着我的手，和我用并不清晰的话语交谈，我们还一起合了影，到最后她以为我就是她的妈妈。"王博说，"回来后，通辽市红十字会问我愿不愿意成立一支儿童心理专项服务队，我们一拍即合。"2014年5月，通辽市红十字星光志愿服务队（儿童心理专项）正式成立。这也是内蒙古第一支专注于服务孤独症儿童康复训练及儿童心理干预的志愿者服务队。

进社区办讲座,提供咨询测评;为儿童和家长做心理辅导,为患儿提供一对一康复课程;走进福利院,设立服务站,帮助需要指导和关爱的孩子及家庭;开展应急救援培训和儿童心理学培训……在星光志愿服务队成立的一年多时间里,一系列的志愿活动在紧锣密鼓地开展,与此同时,志愿者队伍也在不断扩大。从一个人到三五个,再到现在的注册志愿者 75 名。在志愿者这条道路上,王博已不再是一个人了。志愿队内部会定期开展培训,王博说这是为了让每个志愿者在进行志愿服务的时候能更专业,也尽可能让每个志愿者都能发挥自己的才能。"从长远来说,对这个志愿组织的发展也是有益的。"截至 2015 年 9 月 30 日,星光志愿服务队已共举办活动 175 次,其中福利院活动 27 次,帮扶活动 72 次,总参与人次 767 次,总服务时长 1682 小时。

除了开展众多公益活动以外,志愿者服务队还长期坚持为患病儿童及家庭提供义务帮助。目前,接受过服务队志愿者们咨询和帮助的脑瘫和孤独症儿童已经有 100 余名,现长期接受服务的儿童也有 20 余名。

"人生更奇妙之处在于你不知道某一天会遇见什么人,会发生什么事。只有经历后,才会恍然大悟,原来这好像冥冥之中安排好的,你要走这么一遭。有人说,人一生中至少要有两次冲动:一次是奋不顾身的爱情,一次是说走就走的旅行。而我的人生,正经历着这样的一次冲动:一次为公益挺身而出的奉献。这一开始,便注定了无法停止。"这是王博在志愿服务中收获的人生感悟。

每到周末,儿童福利院的二楼窗户上就有一排排的小脑袋朝楼下张望,看到身着星光志愿服装的志愿者们会摆手欢呼。"这个时候,就会特别有满足感。"王博说。志愿者们为求助儿童分成不同的帮扶小组,根据其情况定期开展不同的课程。"虽然我们给得了关爱和陪伴,却给不了他们友谊。"说到这,王博不无遗憾。"好在我们还有'蓝色少年'志愿队,让同龄孩子们在一起画画、唱歌、跳舞、做游戏。这样特殊的情感关系对双方的成长都是有益的。"服务队选拔多才多艺、品德优良的 8—12 岁的小志愿者,组成"蓝色少年"志愿队与大志愿者们一起深入福利院,与那里的孩子们结下友谊,相互鼓励,共同成长。目前,服务队已有小志愿者 159 名。志愿服务队和"蓝色少年"到通辽市经济技术开发区童鹤赡养院进行慰问演出,关爱孤寡老人传承尊老爱幼的传统美德;组织大小志愿者"为爱同行公益健行"大型户外活动,推广"尽我所能,人人公益"的理念,让更多人了解并参与公益活动。"志愿者和蓝色少年一起行动,也让我们的公益行动更有力量。"王博说。

"下一步我们计划与大学生合作,创作更多更好的活动方案,培养富有激情的大学生志愿者,从而为更多需要帮助的孩子和家庭提供专业的服务。"作为星光志愿服务队队长,王博对服务队的未来有更多的想法。现在,星光志愿服务队开通了自己的微博、微信公众平台,创作了自己的队歌《守护星光》,拍摄了宣传片。志愿服务队的活动也得到了广大市民的认可和一致好评,并受到了自治区红十字会的关注,计划将他们的服务模式作为典型在全区推广。"这样一来,将会有更多的志愿者加入志愿服务队伍中,也会有更多的孤独症儿童和问题儿童家庭得到实实在在的帮助。"王博说。

除了工作,王博大部分业余时间都在做志愿服务。"我从来没有想过身边会有这么多的人因为爱心凝聚在一起,坚持重复着一些小事,毫无回报更无怨言。"王博说。每次看着一群人参加活动的背影,我的内心都一次次的被触动、被震撼。他们那么普通,却又那么耀眼。这是王博心里的队员们。"公益的路上有这么多有爱心、有才华、有能量的小伙伴,让我心中的小火种越烧越旺,愿用这种光和热去照亮星光。"

2015年,被称为"星星姐姐"的王博成为"活力内蒙古·感动2015"年度十大网络人物。"从2007年开始利用业余时间志愿服务近200名孤独症儿童,影响带动近百名青年志愿者参与到公益活动中来,组建了通辽地区唯一专业化规范化的志愿服务队——通辽市红十字会星光志愿服务队。她是具有影响力号召力的当之无愧的青年公益先锋。"——这是王博获得"活力内蒙古·感动2015"十大网络人物称号的颁奖词。

学问的渊博不是为了征服别人,而是为了看清自己的渺小;财富的丰厚不是为了炫耀奢华,而是增加扬善的担当;地位的显赫不是为了孤芳自赏,而是为了率众前行;力量的强悍不是为了欺压弱小,而是为了自由的呼吸;一个人有了能量不是为了满足私欲,而是为了承担更多的使命。志愿服务的路才刚开始,星光,我们未来见。这是王博的感悟,也是她对星光志愿服务队未来的期许。

这就是王博,来自通辽市医院的普通80后医务工作者,当之无愧的青年公益先锋,影响更多青年人了解公益,参与公益,用爱心践行公益,带动全社会广泛关注儿童心理健康,点亮孩子们的心灵和天空!

记者手记

通辽广播电视台汉语综合广播记者　李超

第一次见到王博是在通辽经济技术开发区童鹤赡养院,那次是市红十字会组织的主题采访活动,到她所在的星光志愿服务队采访,因为一个是80后,一个是90后,所以我管她叫王博姐。初次见面就被她的乐观与开朗所打动,我觉得这也是公益人所必备的品质吧,因为只有自己这盏灯亮了,才会给别人带来温暖和力量。

我们的接触就是从那一次采访开始的,相互留了电话并加了微信,那一次采访给我留下的印象极为深刻,从大学毕业后成为一名普通的医务工作者,到选择成为自闭症儿童的良师益友，再到最后决定组建自己的志愿服务团队，这种跨越式的选择是一般人难以理解的。记得完成了那次采访之后，我内心中的钦佩之情油然而生，不光是因为王博姐所带的这支志愿服务队伍是通辽地区唯一一家针对自闭症儿童做心理辅导和康复训练的，更是因为这对于千百个自闭症患儿本身及家庭来说有着深远的意义。这些自闭症儿童在出生时，就注定无法像正常的孩子那样拥有快乐的童年，但王博和她的星光志愿服务队就像天使一样，来到他们身边，给他们找回失去的爱和温暖。

但我也有一些担心，公益人的路并不像我们想象的那样简单和容易，偶尔遭遇不理解和非议也属正常，因为毕竟公益人属于社会上的少数。什么时候他们成为社会上的多数，也就不会存在歧视和误解了。也许追求公益的路上会遇到很多困难，但看着孩子们经过他们的辅导和帮助绽放出一张张灿烂的笑脸，就是对这些付出的人们最好的慰藉。

无论对于王博，还是对于星光志愿服务队来说，这一切都只是刚刚开始，未来会有更多的人加入他们当中，带着梦想去做事，就不会偏离方向。正如采访时，王博所说的那句话："学会包容，学会知足，帮助他人的同时也在帮助自己。"

微语录

"学问的渊博不是为了征服别人，而是为了看清自己的渺小；财富的丰厚不是为了炫耀奢华，而是增加扬善的担当；地位的显赫不是为了孤芳自赏，而是为了率众前行；力量的强悍不是为了欺压弱小，而是为了自由的呼吸；一个人有了能量不是为了满足私欲，而是为了承担更多的使命。"——"星星姐姐"王博

微评论

新浪网网友"李西西"说：这是一场毫无准备的感动——一个真诚朴实的同龄人就这样悄无声息地撼动了我的心，此刻我甚至无法言说我的惭愧！在王博多年为自闭症孩子康复的点滴付出的时候，我在苦闷地应付着工作，我苦苦攒钱半年为了买个LV包，而她默默付出半年也许只为换回孩子一张真挚的笑脸。忽然意识到自己的渺小和她的伟大，她用行动践行了80后这一代最缺少的真挚大爱与全情付出。王博好样的！你的善意与努力必将影响如我般的同龄人，影响整个时代。这就是你的价值与意义所在！一万个赞！

网友"幸福的小草"说：一个80后的女孩，用一个人的力量带动了这么多人来做公益慈善，用行动去帮助这些被世界遗忘的孩子。他们的大爱感染了社会，使人们认识了自闭症，他们不止帮助了孩子，还帮助社会找到了爱。

"爱心爸爸"郑安宏

改革开放初，他是鞍山市有名的"郑百万"；如今，他是远近闻名的"爱心爸爸"。二十几年来，郑安宏靠摆摊卖水果赚钱，收养16名儿童，助养和资助了几百名孤、贫儿童，为这些孩子撑起一片生命的天空。尽管妻子不理解以致家庭破裂、亲人离他而去，甚至自己身患癌症，但都不能动摇他奉献爱心的决心。如今，他的这份大爱带动了身边千万个普通人，他们成立爱心团队共同为社会奉献一份爱。

"爱心爸爸"郑安宏：20年献爱心无怨无悔

新华社"中国网事"记者　张非非　赵泳

从"郑百万"到如今的"爱心爸爸"，辽宁省鞍山市63岁的个体户郑安宏，二十几年如一日靠摆摊卖水果赚钱，收养16名儿童，助养和资助了几百名孤、贫儿童，被誉为"爱心爸爸"。而他自己，却付出了妻子不理解以致家庭破裂、亲人离去、自己身患癌症等代价，但他无怨无悔，仍在奉献着爱心。

为了孤贫儿　"富爸爸"变"穷爸爸"

改革开放之初，郑安宏靠做水果批发生意勤劳致富，娶妻生女，有房有车，成了当地有名的"郑百万"。

人生的转折始于1991年，老郑卖货时看见一个七八岁的男孩在捡烂苹果吃，一问才知，这个叫大峰的孩子父母离异，没人管。老郑想起自己幼年丧母的不幸遭遇，把这个孩子带回了家。一个多月后大峰开始管老郑叫"爸"。从此，老郑遇到失去父母或被遗弃的孩子就收养，成为16个孤儿或单亲家庭孩子的"爹"。

1998年10月的一个晚上，老郑在回家路上，听到墙角处有微弱的哭声，走近一看，是个婴儿。“我抱着救救这条小生命的想法，把孩子抱回家。孩子跟了我的姓氏，取名郑明恩。长到了4岁，我发现他不会数数，到医院一检查，鉴定是个智障儿。”老郑说，当时他也有过激烈的思想斗争，甚至都把孩子送到了孤儿院，最后还是不忍心又接了回来。

所有的亲属都反对老郑这么做，妻子也不堪重负，带着女儿离开了家。“我不怪她，一点儿都不怪她。人家要过一个正常的日子，天经地义。我没有任何权力和资格责怪她。因为那会儿，今后的日子会怎么样，连我自己心里也没底，她有权选择自己要走的路。”老郑说。

为了给小明恩治病，老郑带着孩子全国各地求医问药，几乎花掉了全部积蓄，甚至把自己的两套房子都卖了。筹集到的钱都花在这个智障儿身上，以致他现在和5个孩子只能在水果摊旁边租房子住。但令老郑欣慰的是，明恩一天比一天好起来，“现在和正常孩子一样了，正在上小学五年级”。

陈志华，7岁的时候被亲生父亲抛弃，母亲张恩玲双腿残疾，张恩玲带着7岁的孩子到水果批发市场拣烂弃的水果。后来老郑打听到了张恩玲和陈志华的事后，就开始助养陈志华，十几年如一日，直到2011年，老郑亲自把“儿子”陈志华送到了部队，现在已被部队提干留在了部队。田秋池，3岁被亲生父亲抛弃，母亲患重病，他无依无靠，老郑从幼儿时期开始培养他，小学、中学直至现在成为一名优秀的大学本科生；蔡昊同，出生之后便被母遗弃，父亲患病去世，老郑把蔡昊同收养了，使他感受到了家庭的温暖，在学校学习成绩取得了同年级的第一名。郑小宇，老家是山东，被父母抛弃，老郑把这个孩子收养了，使孩子没有流落街头。王文泽，十多年前爸爸被判重刑进了监狱，妈妈把他扔在鞍山，从此杳无音信；王楷文，母亲得癌症去世，父亲离家出走，姥姥年迈贫困无力抚养；余秋寒，原本被人收养，但养父母把他带到三四岁就不要了；王成龙身患尿毒症……各种情形不同但一样不幸的孩子，都在老郑这里找到了生活的依靠，每天快乐地学习生活着。这些孩子有的在上大学，有的上中专，有的读中学、小学，还有俩小的正在上幼儿园。这一个个孩子虽然来自不同的家庭，各自有各自的生身父母，但他们有一个共同的特点，那就是他们都有一个好“爸爸”郑安宏。

随着收养的孩子越来越多，老郑家成为一个大家庭。最多时，六七个孩子同时住在家里。孩子们要吃要喝，要穿衣要上学，还要看病，这都需要一大笔开销。为了这些孩子，老郑把房子卖了，把国企工龄买断了。照顾孩子们的生活需要大量的时间，以往的水果批发生意因为要全国各地的跑现在也做不下去了，为了孩子们的生活，老郑摆起了一个水果摊。

花钱快，赚钱难，老郑拼命地工作，不分昼夜风里来雨里去。每天早上4点，老郑就起床去水果批发市场，把当天的水果批发回来。6点半，老郑回到家开始给孩子们做早饭。等孩子们吃完饭去上学后，忙碌了一个早晨的老郑才开始吃早饭。匆忙吃上一口早饭后，水果摊一天的生意也开始了。随着迎来送走一批批顾客，孩子们也陆续放学回来了，老郑又开始给孩子们做晚饭了。和孩子们一起吃完晚饭，老郑又回到了水果摊上忙活，这一忙，经常忙到下半夜。由于经常每天只睡三四个小时，老郑的眼圈看起来永远都是黑黑的。可就是这样，老郑经常挂在嘴边的一句话就是：“只要孩子们能成才，就是再苦再累也值了。”

身患癌症难以动摇献爱心

长年累月的辛苦劳作，使老郑过早地衰老。

2009年年底老郑被确诊患了结肠癌，2010 年 1 月在鞍山四院做了手术。了解到“爱心爸爸”的事迹，许多素不相识的市民来到医院看望老郑，为他捐款。老郑手术后，医院楼下小饭店店主——一对年轻夫妻，闻讯来到老郑的病床前，对他说：“你一天的三顿饭我们包了。”还有一些热心人跑到医院为他做义工，毫不嫌弃地为他端屎接尿……

鞍山铁西区南华街道关工委干部何长岭告诉记者，老郑平时连去浴池洗澡的钱都不舍得花，但是给收养的孩子们花钱他舍得——小时候请保姆照顾孩子生活，长大了请老师给孩子补课……他给哪个孩子都没少花钱，就是希望他们将来都能长大成人，有可以谋生的一技之长，立足社会。

20 多年的时间转瞬即逝，现如今，老郑收养的孩子有的成家立业，有的进入了大学学习，有的当兵报国。看到孩子们一个个成为有用之才，老郑露出了欣慰的笑容。“说句心里话，我一直也想有个家，有个老伴。虽然经朋友介绍相识了几个，但都无法理解我收养这么多孤儿。也许这样更好，我有更多的时间为这些可爱的孩子们付出……”老郑说。

带动更多人献爱心

十几年如一日坚持做好事，老郑的善举也带动了越来越多的身边人。他们聚拢在老郑的周围，共同为社会奉献着一份爱心。

2007年老郑和所在的铁西南华街道社区共同发起创办的“爱苗基金”，专门资助特困家庭学生，他每月雷打不动地要往基金里捐 1000 元。

2012 年，郑安宏爱心团队在鞍山正式成立。到如今，爱心团队已经建立了 49 支分队，近 2 万人参与其中。

2014 年，郑安宏的水果超市盈利 12 万元，他拿出了 10 万元奉献社会。在鞍山市慈善总会、郑安宏爱心团队和各界人士的帮助下，郑安宏将这 10 万元捐赠给了从鞍山市各区县选取的500名贫困中小学生,让他们感受到社会的温暖。也是在这一年,郑安宏爱心团队捐款达200余万元。

2007年到2009年郑安宏连续三年当选"感动鞍山十大人物";2009年被授予鞍山市"道德模范"荣誉称号;2013年当选辽宁省"道德模范",同年荣获全国"五一劳动奖章";2014年当选"中国好人";2015年成为辽宁省"帮残助残"先进人物。

记者手记

新华社"中国网事"记者 张非非 赵泳

在辽宁省鞍山市铁西区九街口,有一家小小的水果超市。别看这家水果超市小,可他的经营者却是鞍山鼎鼎大名的"爱心爸爸"郑安宏。63岁的个体户郑安宏二十几年如一日靠摆摊卖水果赚钱,收养16名儿童,助养和资助了几百名孤、贫儿童,被誉为"爱心爸爸"。

走进水果超市,不大的房间里摆满了瓜、果、梨、桃,与色彩鲜艳的水果形成鲜明对比的,是站在我面前的郑安宏那张黝黑的布满皱纹的脸。老郑告诉我说,为了收养、助养这些孤贫儿童,妻子不理解以致家庭破裂,亲人不理解和他断绝了往来,现如今他又身患癌症,但他无怨无悔。

接待完一个又一个顾客,老郑坐下来喝了口水,开始给我讲起了他的经历。改革开放之初,老郑下海经商靠做水果批发生意勤劳致富,娶妻生女,有房有车,成了当地有名的"郑百万"。

人生的转折始于1991年,老郑卖货时看见一个七八岁的男孩在捡烂苹果吃,一问才知,这个叫大峰的孩子父母离异,没人管。老郑没有犹豫就把这个孩子带回了家。从此,老郑遇到失去父母或被遗弃的孩子就收养,成为16个孤儿或单亲家庭孩子的"爹"。

就在我采访时,老郑收养的孩子们放学回来了。一放下书包他们就在屋里屋外跑来跑去,快乐的笑声传遍了整个水果超市。这时我注意到,老郑那满是皱纹的脸上露出了笑容。

老郑说,他收养的孩子中,有爸爸被判重刑、妈妈离家出走的,有母亲得癌症去世、孩子被父亲遗弃的……各种情形不同但一样不幸的孩子,在老郑这里找到了生活的依靠,每天快乐地学习、生活着。这些孩子有的在上大学,有的上中专,有的读中学、小学,还有俩小的正在上幼儿园。

2007年老郑和所在的铁西南华街道社区共同发起创办的"爱苗基金",专门资助特困家庭学生,他每月雷打不动地要往基金里捐1000元。

十几年如一日坚持做好事，老郑的善举也带动了越来越多的身边人。他们聚拢在老郑的周围，共同为社会奉献着一份爱心。2012年，郑安宏爱心团队在鞍山正式成立。到如今，爱心团队已经建立了49支分队，近2万人参与其中。

微语录

“在这26年慈善道路中，我深深地感到，我今天所取得的成绩，不是我老郑一个人的，是全社会在支持着我。我创建了郑安宏爱心团队，我的团队现在发展到几万人。我用一点点的付出感动一大批人，来和我一起回报这个社会，我这些付出太值得了。”——“爱心爸爸”郑安宏

微评论

新浪网网友“水滴石穿”说：我也是鞍山的，我们鞍山还有郭明义，还有王世所，还有很多很多像郑安宏这样的人，我为鞍山骄傲，我为是个鞍山人骄傲，希望也能加入他们的爱心团队，和他们一起将爱心奉献给社会。

凤凰网网友“MYY0501”说：好棒，当今社会人们都在想得到什么，很少想去付出什么，老郑二十几年如一日坚持献爱心，实在让人佩服，为他点赞！

“爱心面馆发起人”张成良

53岁的张成良是地道的杭州有钱人，但他不炫富，却热衷公益，开着两家微公益面馆。去年圣诞节到今年的元宵节，他连续两个月请环卫工免费吃早餐面，一共送出1.4万多份面，温暖了环卫工的胃，也热乎了他们的心。事实上这已不是面馆第一次做公益，从一开始，他就让有困难的人免费吃面。张成良说，他的目标是开10家面馆，把公益做成品牌。

杭州一面馆连续两月免费请环卫工吃早餐

新华社“中国网事”记者　周竟

一碗肉丝鸡蛋面，在杭州起码要卖10多元钱，而从去年的圣诞节到今年的元宵节，杭州一家名为“成良微公益”的面馆连续两个多月免费请环卫工吃这样的早餐面，至今已经送出1.4万份。

“很好吃，都吃胖了。”不少环卫工高兴地感叹“天上掉下免费早餐”。

自从面馆开始这个活动以来，几十位义工每天早上四五点钟就赶来帮忙，来自全国各地甚至国外的爱心人士也捐来了价值数万元的鸡蛋、面和姜茶等物资。一家面馆，因为关爱环卫工人成为一座“公益驿站”。

“天上掉免费早餐”　数百名环卫工两个月吃了1.4万碗免费面

早上7点，记者来到位于杭州火车站附近的成良微公益面馆。“杭州美容师，你们辛苦了！”这条横幅被挂在店门口最显眼的地方。

“张老板，我们吃完了，接着干活去了，谢谢！”进到店里，几位身着橘色环卫服的环卫工正向面店老板张成良告别。

张成良边招呼其他环卫工，边向他们招手：“明天一定再来啊，面都备好的。”

店里此时已有几十位环卫工在吃早餐,陆续还有人赶来。这碗面足足有 4 两,里面有肉丝、榨菜,还有一个卤蛋。这样的面原本店里售价 12 元。

在杭州当环卫工已 5 年的陈荣南自活动的第二天开始就每天赶来吃面。"在报纸上看到这里送早餐吃,当时不太相信,第二天过来看了,才知道是真的。"陈荣南笑呵呵地说,"这是天上掉免费的早餐。"

陈荣南每天早上 4 点起床,4 点半到岗扫马路。"都是先干两三个小时的活再吃早饭,以前一般花 3 块钱买个馒头和喝碗稀饭就对付过去了。一个月 2000 多元的工资,哪吃得起好的早餐呢。"陈荣南说,就算是午饭和晚饭,她也从来舍不得进餐馆花 10 多元买碗面吃。

另外一名环卫工王述考也经常过来吃面,他说,以前都是自带冷稀饭匆匆解决,落下了一些胃病,"现在常吃热面,还有鸡蛋,我都胖了好几斤"。

环卫工人们说,这些天他们很受感动,感受到这个城市里还有很多人关心他们。"我们在马路上,大家基本看都不看我们一眼,有人还乱扔垃圾口出恶言。现在有人主动请我们吃面,还待我们很客气,心里觉得很暖。"王述考说。

张成良说,他在杭州有两家名字一样的面馆,另外一家也同时开展这个活动,截至 3 月 3 日,一共送出了 1.4 万碗面。"大概自掏腰包 5 万多块钱,虽然面店这两月亏损不少,但能让环卫工这么开心,很值!"张成良说。

义工凌晨 3 点起床来帮忙　马来西亚商人捐赠 3 万元咖啡义卖

张成良说,之所以会想到要请环卫工人吃面,是因为在去年看到不少环卫工人受委屈的新闻。"他们为城市做出了不少贡献,社会应该更关心他们"。

由于每天都有两三百名环卫工同时来吃面,仅靠店里的员工忙不过来。张成良在自己的朋友圈和微博试着招募义工,而大家的热情超乎他的想象。活动至今,已有五六十名义工来帮忙,其中有 10 来人坚持每天都来,年龄最大的已近 70 岁。

63 岁的杭州人朱坚新是名退休工人,自去年 12 月 26 日活动的第二天开始,他就坚持在面馆当义工。每天早上他 4 点半就要起床,走半小时到面馆,一直忙碌到 10 点左右才回家。为了保证每天能按时起床,他戒掉了晚上看电视的习惯。"我就分分面,洗洗碗,干些杂活。"朱坚新说,做些善事自己觉得很开心。

面馆的事迹被媒体报道后,国内很多人主动捐物捐钱加入这次活动。杭州一位从事食品行业的小老板谢军和他的朋友一共送来了 1500 斤鸡蛋,外加 3000 元钱。还有来自山东、安徽和四川等 10 多个省的爱心人士表示想捐面给环卫工,但因为寄面不方便,他们就把钱给张成良,让他代买面条。

这个小面馆的善行甚至引起了外国友人的关注。一位马来西亚从事咖啡生意的商人陈建福得知消息后，向面馆捐了价值近3万元的咖啡、姜茶和奶茶。姜茶和奶茶分发给了环卫工，咖啡则进行了义卖，所得的款项给数百位环卫工配置了围巾、手套等御寒用品。

最让张成良感动的是，有4位杭州大学生送来了800元钱，而这钱是他们在学校兼职赚来的。“我们在学校里卖一些家乡的土特产，看到面馆的事迹后，决定把这几个月赚来的钱捐出来。环卫工人很辛苦，我们大学生关心他们也是应该的。”浙江机电职业技术学院大一学生罗雪琪说。

高调行善　这位“面馆叔”期望带动更多人做公益

如今张成良被人称为“面馆叔”。“面馆叔”的面馆其实一直在做公益。

从2013年6月第一家面馆开张后，他就推出了“有困难，免费吃面”的善举。没钱吃面的人路过面馆，只要向服务员说一下，他们就会端上免费面。“记不清送出了多少面，大概每天七八碗。”张成良说，还有流浪汉天天来报到。

除了送面，张成良还承诺每卖出一碗面，他就拿出一块钱做其他公益。店里还常年给路人提供免费茶水、打气筒和雨伞等。“开面馆快两年了，没赚过钱，不过认识了很多志同道合的人。”张成良说，他今年还打算开两家面馆，把公益做成品牌。

张成良是杭州本地人，今年已经53岁，经营着一家房产代理公司，年收入100多万元，算个不大不小的“有钱人”。从10多年前开始，他一直坚持做公益。

张成良先后已资助了170多名贫困学生，除了送钱，每年过年过节时还会给学生送书和学习用品。2013年，他还远赴索马里，给当地的医院赠送了一批医用氧气机和2000盒抗生素。爱好旅游的他，也常在旅途中向别人宣传公益。

不管做什么公益，张成良都很高调，从不拒绝媒体的采访，有时还主动宣传。“就是希望别人能看到，带动大家一起做。”张成良说，刚开始有人质疑他作秀，但几年下来，这种声音越来越小，加入他的人却越来越多。

记者手记

新华社“中国网事”记者　周竟

管理一家数十人的公司，开着大奔，满世界游玩，年过50的杭州汉子张成良是个不折不扣的有钱人。不过这个张老板不热衷炫富，倒是对公益一片痴情——他开了两家面馆，专门用来做好事。

事实上这已经不是张成良第一次获得“中国网事”感动人物的称号，在前年，他第一家面馆开出后,便做出了一个出人意料的举动——他在面馆的门上贴上了一个醒目的标语:"当您遇到困难时,可以在成良面馆免费吃上一碗热气腾腾的面。"流浪汉、出门忘带钱包的、找工作花完了钱的、来旅游被偷了钱包的,都不时来他的面馆"蹭"吃。张成良的面馆突然走红了,我也通过采访认识了他,随后一直保持着联系。

去年,张成良新开了一家面馆,在年末时他又干了一件令人吃惊的事,他向全市的环卫工发出消息,从圣诞节到第二年的元宵节,他们都可以到他的店里吃免费的早餐面。面里有鸡蛋,有肉丝,在平常这碗面要卖10多元,这对每月仅有2000多元收入的环卫工来说绝对是奢侈。很多环卫工告诉我,在以往他们常常不吃早饭,或者花个两三块钱买个馒头、稀饭对付了事,这连续两个月的吃面,对他们来说是特幸福的事儿。有环卫工打趣说,他胖了好几斤。

这两个月间,店里一共送出了超过1.4万碗面。令我感动的是,张成良做好事亲力亲为,他几乎每天都是5点多起床,亲自赶到面馆烧面、端面,对环卫工十分客气,没有一点有钱人的架子。这是一年中最冷的时候,很多人连上班都起不了床,他却能为了别人放弃温暖的被窝。难怪那些环卫工都对张成良特别亲。

人偶尔做几次公益不难,难的是一直坚持。我渐渐发现,张成良这些年一直在做公益的路上,资助贫困学生,帮助孤寡老人,甚至去到索马里给那里的难民送药品。按照他的话说,做好事上瘾,远比赚钱来得高兴。而且有一点很棒,他做事情不是自己孤军奋战,而是每次都会发动别人来参与,就拿这次送面事件来说,他通过微信朋友圈和媒体招募了一大批志愿者到店里来帮忙。"做公益带动别人才有更大价值。"张成良说,这几年他的很多亲朋好友被他影响成为公益粉丝,他觉得非常开心。

张成良的两个面馆投入很大,但现在并不赚钱,甚至还亏本。不过张成良觉得很值,因为通过面馆,他帮助了很多人,面馆成为一个公益驿站。他说未来他还会开出几家面馆,让成良微公益面馆成为一个品牌。

在这个年代,有钱人做公益并不稀奇,一次扔个几十万甚至几百万的大有人在,但像张成良这样,细水长流地做着,虽然并不惊天动地,却是非常实在的,却并不多。真心盼望,成良微公益面馆未来能成为城市的名片。当一个城市,善心成为核心精神的时候,是最美丽的。

微语录

"这几年算是有些小钱了,总想着能为别人做些事情。"——"爱心面馆发起人"张成良

微评论

网民“在世2013”说：这才是正能量！这个社会需要更多这样的量力而行。一定帮你的店做做宣传。

《文化报》官方微博说：一碗面温暖一座城，感谢您让杭城整个冬天都暖洋洋。

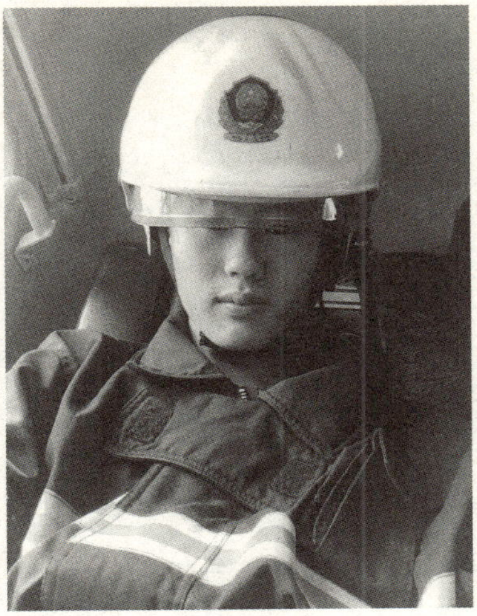

"逆行消防员"魏振远

魏振远，17岁，天津港公安消防支队消防员。天津港爆炸事故发生前，魏振远已经通过征兵体检，准备告别"消防农民工"的工作，进入曾经朝思暮想的军人行列。这场爆炸改变了他的命运。爆炸发生后，他从家里偷溜出来，立刻加入救援的队伍。入伍的时间在救援中错过了，魏振远说他不后悔，他想永远待在这个岗位上，守着兄弟们战斗过的地方。

入伍关头他毅然转身奔赴火场——"我怕再也看不见这群兄弟了"

新华社"中国网事"记者　刘林

"不回去，我怕再也见不到这群兄弟了。"

8天前，一场令人震惊的爆炸事故改变了魏振远的人生轨迹。

魏振远是天津港公安消防支队一大队消防员，山东德州陵县人，17岁。

8月2日，魏振远休假回家。此前，他通过了征兵体检，原本打算过两天辞去这份别人口中"消防农民工"的工作。15日本应是他入伍的日子。

在爆炸发生过去7个小时后，魏振远知道了这件事。

那天是初一，一家人原本计划要去上坟，再加上过两天就要入伍，父母怎么也不同意他去天津。

他买了高铁票，从家里偷偷溜出来，坐最近的一班车回到了他战斗一年多的地方。

一归队，魏振远便立刻投入了救援。起初他只是在外围搜救，后来爆炸核心区状况逐渐稳定，他和战友们深入核心区救援。

他在那里看到了此生难忘的画面。

一具具焦黑的尸体，有的早已残缺不全。

魏振远或挖或搬运出了10具尸体，还有2具被夹在集装箱中间，衣服上面写着“天津港消防”，需要破拆工具才能搬出来。

这是他的战友、兄弟。

“害怕，也不害怕。”

15日晚，记者深入救援队驻地采访。经过70小时的鏖战，魏振远躺在地上睡着了。入伍最后期限在战斗中悄悄过去。

魏振远辍学较早，跟着在工地干装修的姑父干了一段时间。后来，他先后在饭店帮厨，在电子厂搞装配，去北京学了不到一年美发，还在济南干了一段时间汽车美容，后来又回到之前的电子厂待了一个月。

因为从小想当兵，父母托人情给他找了现在这份工作。

2014年2月24日，他从老家来到这里，打算像以前一样“干几个月看看呗”。

军事化的管理和一群年龄相仿的同伴，还有“不错的伙食”，魏振远喜欢上了这里。这成了他迄今为止干得最久的一份工作。

“说不上什么原因，就是喜欢当兵，从小就喜欢，觉得军装也帅。”

消防支队一大队加上家属共有43人，包括大队长陈勇军在内的20名消防员全部壮烈牺牲。

19日下午，魏振远坐在宿舍里。这间曾经住过自己和3个战友的房间一切还保持原样，现在就剩魏振远自己了。

记者手记

新华社“中国网事”记者　刘林

这篇手记，说的不仅仅是魏振远，更是和魏振远一样，在这场灾难中奋不顾身与火魔搏斗的天津港消防战士们。虽然在编制上他们无名无分，但他们的精神足以证明，他们是当之无愧的战士。

天津港爆炸事故发生后当日夜间，我和同事便迅速就位，赶赴几十公里外的事故现场。经过几日连续奋战，我们分别在事故现场、医院、安置点之间来回奔波，采访了大量一手资料并形成了一批稿件。

14日，事发后第三天，一组数字的差异让我发现了一个在当时看来是惊人的线索，官方公布的消防人员死亡数字与公安部消防局的数字在同一时间的统计数字有很大差异，后者比前者要少得多。是统计错误还是其中有什么尚未披露的信息？

顺着这条线，我开始试着接触一些消防员家属，他们告诉我，事发后仅有公安消防官兵的死亡失联名单被公布，而天津港公安消防队的死亡、失联数字和人员明细则并没有任何披露。为此,我先后与相关单位取得了联系,对方一句不知情就将此事推了回来。含糊的回答和模棱两可的态度让我感觉到这事采访难度之大。

就在我感到棘手的时刻,消息传来,天津市公安部门组织了一次采访活动,采访在事故中受伤的天津港公安民警,我感到这是一个接触到消防的机会,一定要牢牢把握住。

15日下午,按照天津公安部门的安排,我先后要在天津市内以及滨海新区采访多名公安民警。虽然一路跟着采访大军进行常规采访,但我的心里一直在盘算如何接触到消防人员。甚至在采访车上,我一直有意跟开车的公安民警聊天,试图从他那里获得更多的信息;私下里,我又跟以前接触比较多的天津公安的相关负责同志进行了沟通,然而得到的信息却还是同样——"不知道"。

经过焦急的漫长等待,15 日晚 10 点左右,在争取突破此事过去一天半之后,我终于进入了临时驻地,见到了传说中已经全部阵亡的四大队大队长崔振河和消防支队综合室领导,进行了长达一个半小时的专访。

进入驻地,目触所及是一片已经倒在地上的年轻专职消防员。距离事发过去近 70 小时,这支队伍一直在持续搜救,只有当晚才在附近已经清空的企业驻地找到了一处临时休息区域。

崔振河说,事故发生后,这群实际为合同工的消防员没有一人离队,忍住悲伤寻找战友的消息。这群消防员年均 20 岁左右,经过持续作战,许多人身上已被汗水腌伤,有些还受了轻伤。

崔振河当日并不值班,接到值班员起火电话后,在家休息的他立刻开车赶往事故现场。在距离事故现场 200 米左右的地方时,爆炸就发生了。巨大的冲击波令行驶的汽车停了下来,气囊也打开了,"轰"一声,当时什么也听不见了。"崔振河从车内爬出,天空好像在下着火雨,"爆炸后烧红的铁块不停地往下掉"。沿着路边树林,崔振河冲入了距离事故现场只有一路之隔的支队楼内。

值班室是当日给崔振河打电话报警的值班员,他被压在倒塌的门下,崔振河奋力将他救了出来。其后,他又在楼内搜救到了两名当日值班人员。

爆炸发生后,崔振河便一直在前线参与救援,对于爆炸后是否有幸存的战友被别人发现后送往医院救治,崔振河并不了解。

爆炸冲击波让他的左耳听力困难,当记者问出事之后四大队确认还活着的还有几人时,侧耳听了半天,崔振河慢慢地掰着手指头数了 3 个人之后,就哽咽着再也数不出来了。

此次采访后,天津港公安的一位宣传干事给我打电话说,刘记者你是新华社的,能不能给我们一个小战士呼吁下，他为了参加救火，把入伍的日子都给错过了，看能不能还有机会延迟入伍。这个人就是魏振远。

8月2号，魏振远休假回家。发生在12日晚的爆炸事件过去7个小时后，魏振远从家里偷偷溜出来归队。就在15日晚，我在宣传干事的带领下深入救援队驻地采访时，魏振远就睡在不远的地上。那天是他入伍的日子。魏振远辍学很早，然而，就是这样一个从小就在外面“混社会”的孩子，在关键时刻，展现出了无穷的人格魅力和光辉。

微语录

“我不害怕，他们都是我的兄弟！”——“逆行消防员”魏振远

微评论

腾讯网网友“小曾也”说：拿着农民工待遇，干着正式工的活。关键时刻不退缩，这是人性之大美。

腾讯网网友“熙天”说：在火场中，敢于逆向行走的人只有我们的消防战士。在大灾大难前，他们用自己的生命筑起了我们的保护伞。向英雄致敬！

"潜水员"官东

他是一名90后海军潜水员，积极参与长江客船翻沉救援。他凭借高超潜水技术，一连救出两名幸存者；危难时刻，他只想着赶紧救人，让出自己的潜水器具，险被急流冲走。官东这个帅小伙的义举，赢得社会点赞，被网友亲切地称为"男神潜水员"。

"潜水员"官东：在最危急的那一刻 我只想着赶紧救人

新华社"中国网事"记者 李伟 张乐 皮曙初 陈曦

24岁的官东这几天已成为家喻户晓的名人。在长江客船翻沉事件的救援过程中，他多次下潜，凭借高超的潜水技术，一连救出两名幸存者；危急时刻，他让出自己的潜水器具，险被急流冲走。其英雄义举，获得了网民的一致点赞。

主动请缨：一举救起两名幸存者

官东是海军工程大学的潜水员，虽然是一名90后，却已经多次参与救援任务，是名老资格的潜水员了。6月2日，接到救援命令后，他主动请缨参加救援。

上午11点20分，官东和战友抵达湖北监利大马洲水道的救援现场，他申请第一个下水。"水很冷，下水后身体发凉。"官东回忆，当头没入水面后，冰冷的江水将头皮刺得生疼。

中午12时许，官东身穿负重设备，潜水摸到了沉船的一个房间施救。凭借着舱内稀薄的空气，一位60多岁的老人正在等待救援。房间门口，堵满了客船倾覆后的杂物。官东将杂物一一清除，用力砸开了房门，艰难地爬进了房间。房内，老人整个人都浸在水中，只有头部露在水面之上。"她一看见我就哭了。"官东说，看到老人意识清醒，我连忙给她打气："您一定要有信心，我会把您带出水，水面上还有很多人期待着您。"

老人安静下来，官东和另一名潜水员讲解了救生衣的使用方法，并帮助老人穿好装备,一切就绪,两人一前一后护着老人出了舱。浑浊的江水中,到处是漂浮的木板、家具、杂物和绳索。为了方便老人避开水中的漂浮物,避免受伤,官东把自己的潜水头盔递给了老人。

救起老人不久,生命探测仪又探测到一位幸存者(21岁的陈书涵),官东再次下水,探摸到幸存者所在的舱室。“舱室又小又黑,漂满了柴油,出入十分不便。”官东说,好不容易进入舱室,看到陈书涵蜷缩在一角,嘴里吐着柴油。见到官东,陈书涵没有任何反应。“他的眼神里都是绝望,我和他打招呼、说话,他都没回应。问了三四句,他才淡然一笑,说了一句‘你来了’。”

“当务之急,是燃起他生的欲望。”官东一刻不停地和他说话,整整说了近20分钟,小伙子的眼睛终于慢慢有了光彩,于是官东给他穿救生设备。由于幸存者体力消耗巨大,陈书涵已经无力穿戴设备。官东果断摘下自己的装备,套在陈书涵的身上,将其送出舱室,交给其他两名潜水员护送上岸。

救出生还者后,殿后的官东却遭遇了突如其来的危险:他被暗流卷入深水区,身上的信号绳被船体杂物缠绕。氧气快耗尽了,刹那间,官东果断做出决定:割断信号绳,丢掉潜水压载装具和无气气瓶,憋着一口气快速升出水面。刚出水的官东满头满脸都是油污,由于上升速度过快,出水后,官东双眼通红,鼻孔流血,双耳胀痛难忍。

“从鬼门关口逃脱,出水的一刹那,我有一种重获新生的感觉。”官东告诉记者。负责现场水下救援指挥的海军工程大学专家李其修也表示,“万一上方有杂物,快速上升极易砸伤潜水员。”上升速度过快还会在短时间内对潜水员的肺部和耳膜形成巨大的压力,导致器官受损。

“在最危急的那一刻,我只想着赶紧救人”

海军工程大学为救人英雄官东记一等功,李克强总理还亲切接见了他,并对他的救人义举给予高度评价。

“在最危急的那一刻,我只想着赶紧救人。”面对掌声和荣誉,官东表现得很平静。他说,在被漩涡卷入水流深处、命悬一线的瞬间,他脑子里闪过了父母的样子。“执行任务的事,我没告诉父母,怕他们担心。”直到6月3日凌晨5时,他才给父母发了一条微信:“一切安好。”短短4个字,让全家人都长长舒了一口气。为了不干扰儿子继续救援,父亲官昌元发了一条短信:“儿子你很棒,我为你骄傲。但有一个前提,一定要注意安全,你安全了,才能救更多的人。”

虽然此前已经参加过大大小小很多次救援工作,但官东说,这是他第一次参与幸存者的搜救工作。对潜水员来说,被救人员的心理素质和对潜水员的依从度,直接决定了潜水员和被困人员的安全。“如果救援对象不听从我们的指挥，或者因为情绪失控出现死死抱住我们、拉扯潜水设备管子等行为，可能不仅不能救出被困者，潜水员的生命也会遭遇很大威胁。”他说。

相比平时的潜水实操，沉船地点的情况还要复杂很多。连日暴雨，加重了长江水的浑浊度，潜水员在水下的能见度低、视距短。虽然配备有强光照射灯，但在水下仍然什么都看不见。并且，按规定，水流速度超过 1.5 米/秒就不能实施潜水，而现场实测显示，沉船区域部分位置水流速度高达 1.8 米/秒。

“时间就是生命，救人是第一要务。”李其修说，虽然环境恶劣，但在权衡再三后，水下搜救指挥部仍然要求潜水员在尽可能确保安全的情况下下潜。

官东过硬的潜水技术，面对险境镇定处置、快速脱险的强大心理素质和危难时刻将自己的装备无私让给他人的奉献精神，赢得了现场救援人员和网民们的一致赞誉。

英雄，来自英雄的团队

官东说自己从小就想做个军人，“伯伯和大哥以前都是海军，看着他们穿海军服，觉得特别帅气，也想当一名海军。”2008 年 9 月，官东通过新兵连和潜水员训练后，被分配到青岛海上防险救生队成为一名潜水员。因为向往海军工程大学潜水分队，官东于 2012 年 1 月从青岛海上防险救生队调到武汉。

海军工程大学潜水分队负责人吴向君介绍，海军工程大学潜水分队是华中地区享有盛誉的专业水下抢险劲旅。在 1998 年长江遭受全流域性特大洪水的关键时刻，这支队伍多次在水深、流速、能见度都大大超过规定数倍的条件下作业，勇敢挑战潜水“极限”和“禁区”，被誉为“抗洪抢险水下尖兵”。1998 年，该分队被中央军委授予“抗洪抢险英雄潜水分队”荣誉称号。

英雄团体并非浪得虚名。一周至少下水 3—4 次，心理干预，3—4 个大气压的不间断加压锻炼，最低 35 米的深水训练，模拟突发事件……平时的“魔鬼”训练造就了官东和队友们过硬的身体素质、潜水本领和强大的心理素质。

虽然锻炼强度大、难度高，但官东一直是其中的佼佼者。“潜水技术高超”“心理素质好”“官东对潜水设备也很熟悉，一些新的装备，我们还在熟悉中，他已经玩得娴熟了”……这是战友们对官东的一致评价。正因此，他曾多次参与潜水打捞任务。

官东的义勇之举，让这个帅小伙迅速成为社会关注的焦点。在互联网上，官东面对媒体采访时帅气的敬礼动作，成为大家争相点击传播的热图。“真正男子汉”“好样的，最可爱的人”“英雄”“男神”“最帅潜水员”……网友们不吝言辞，给予他最高、最美的评价。

得知自己在网上走红的消息后，官东显得有些吃惊。“我只是本次潜水救援行动的一员。”他谦虚地说，整个救援，潜水、接应、指挥、操作任何一环都不能缺失，任何一个人的作用都至关重要。“他们都是默默奉献的英雄！”

记者手记

新华社“中国网事”记者　李伟

“作为一名年轻的海军战士，我很荣幸被评为全国敬业奉献模范，并参加了10月13日举行的第五届全国道德模范授奖仪式，这是一次难得的学习和交流机会。”近日再次接受记者采访时，官东向记者说出这一好消息。面对记者的点赞，官东再次谦虚地表示，“成绩源于部队的培养和大家的鼓励，我只是做了自己应该做的。”

官东，在今年6月的“东方之星”长江客船翻沉事件中，他舍身救人，赢得了现场救援人员和网民们的一致赞誉。在10月13日举行的第五届全国道德模范座谈会上，官东作为代表向全民发出倡议，希望全民“汇聚向上向善的强大道德力量”。

还记得6月在长江边上第一次采访官东时“颇费周折”，当时官东所在海军工程大学潜水分队负责救人、沉船扶正打捞下水作业任务非常重，轮班倒，每天只有几个小时的休息时间。当记者见到官东时，他刚下水作业回到驻地，两眼通红，还没有吃上饭。

官东对记者说不好意思，请稍等几分钟，记者站在官东门口，只见官东匆忙扒拉几口饭，喝了几口水后就接受了记者的采访。接受采访后，他还要赶紧眯一会儿。

官东告诉记者，作为军人不分年龄，作为一名90后海军专业潜水员，从穿上军装的第一刻，责任两个字就扛在肩头。“责任”往大了说，是保家卫国；往小了说，就是在每一次搞训练、每一次出任务的时候，你能不能向前冲。

官东向记者讲述了救援当天的情景，面对神经高度紧张的陈书涵，他说：“兄弟你放心，有我在！”官东告诉记者之所以说这句话，就是想让他明白，再危急的时刻依然有军人坚实的肩膀可以依靠。

生死一瞬间，年轻英雄的心理如何？官东向记者讲述了生死之间的状态：几十秒钟，眼前好像把与父母亲人战友的往事，32倍速快进放电影一样过了一遍，大悲大喜各种情绪都有，但绝没有后悔。官东后来再次通过微信与记者交流，他始终觉得，那样的紧急场合，救人就是每一名专业潜水员的职责。

如今作为一名海军大连潜艇学院旅145队学员，官东说，未来祖国辽阔海疆的保卫需要更多有灵魂、有本事、有血性、有品德的新一代革命军人。这次的荣誉对我而言是又一次的鞭策和鼓励，鼓励我向着更高的标准、更好的明天而努力奋斗。

“展望未来，希望能抓住学习深造的机会，好好学习，丰富自己，提高自己的整体素质,从头开始,从零开始,荣誉属于过去。"在今后的日子里,他会将爱岗敬业、勇于奉献的道德力量传承下去,鼓舞更多的有志青年一起勤学修德、健康成长。

微语录

"我只是本次潜水救援行动的一员。""成绩源于部队的培养和大家的鼓励,我只是做了自己应该做的。""祖国辽阔海疆的保卫将需要更多有灵魂、有本事、有血性、有品德的新一代革命军人。"——"潜水员"官东

微评论

网友"方辉利"说:潜水员官东在面对生死关头,把生的希望留给他人,把死的威胁留给自己,不仅丰富了民族精神的内涵,更是在遇到灾难时刻践行社会核心价值观的精彩体现。"官东精神"是抢险救灾涌现出来的典例,见证民族精神新高度。

网友"满江红的名单"说:官东好帅,颜值真高,不仅有颗勇敢的心,还有睿智的大脑,你的正能量感染着我们每个江淮儿女!给你点赞!

“好男人”张忠祥

1990年，当张忠祥还未从新婚的幸福中走出来时，妻子便患上了尿毒症，病情严重，无法生育。1993年，他四处举债为妻子换肾后，父亲、妹妹却相继意外离世，留下了智障哥哥。2000年，母亲双目因病几近失明。2009年妻子突发高烧，肾脏再次被摘除，此后每两天透析一次。然而面对厄运的折磨，张忠祥不仅没有抛弃、放弃，而且通过压缩睡眠时间来赚钱还债、处理琐事，用最认真的态度赢得领导、同事的赞许，永远把标志性的笑容留给家人，独自撑起“多病”的家。

“好男人”张忠祥：用脊梁撑起“多病”的家

新华社“中国网事”记者　汪伟

如果说坚守在一个人的病床前不离不弃是因为爱，那么用心守护着一家子病人20余年，则体现了最勇敢的担当。

张忠祥就是这样一个人，新婚妻子罹患尿毒症，智障哥哥需要人终身照顾，父亲、妹妹相继意外身亡，母亲患病双目几近失明……20世纪90年代初开始，厄运接连闯入他的生活，而这个憨直的汉子始终笑对人生，对挚爱亲人不离不弃，用他坚实的脊梁撑起了风雨飘摇的家。

不屈，是面对坎坷命运的抗争

张忠祥是沈阳铁路局沈阳车辆段的一名普通职工，今年49岁，符号般的笑容是他给记者的第一印象。然而走进他的生活，记者才了解到，这份笑容背后是20余年来与磨难斗争的坚韧和不屈。

1989年,张忠祥娶了年轻漂亮的妻子郑伟,迎来了人生中短暂的幸福。婚后不到一年,郑伟被诊断出患了肾炎,尽管四处求医,花光了积蓄,但厄运还是再次降临。

1992年5月,因病情恶化,郑伟被确诊为尿毒症,需要换肾。家徒四壁的张忠祥一面四处求援,一面等待着肾源。

1993年8月,张忠祥迎来3年来最幸福的一天,单位组织的职工捐款和亲朋的帮助不仅凑够了钱,而且找到了与妻子相匹配的肾器官。成功换肾的妻子虽然每月还要固定支出医疗费近2000元,但生活终归步入正轨。

然而,命运又接连和张忠祥开了若干个玩笑。1995年春节刚过,张忠祥的父亲突遭车祸身亡。1996年,经常为自己分担重担的妹妹,因发烧引发心肌炎去世。2000年,常年患有糖尿病的老母亲,突然视网膜脱落几近失明。2009年,妻子突发高烧,肾脏再次因受损摘除,此后因没有肾源,必须每两天透析一次。在这过程中,张忠祥还不得不担起照顾智障哥哥的任务。

"当一丁点儿小事都要你来做时,真感觉到生活太难了。"张忠祥说,自己也想过放弃,但作为男人,自己不能屈服。

拒绝,是对挚爱与尊严的坚守

在张忠祥的生活中,本可以不必这么累,但命运每一次准备为他减负时,都被他拒绝了,为了那份爱和属于自己的尊严。

"祥子,放手吧!"妻子郑伟换肾后,知道自己不但无法生育,还要拖累祥子,提出了离婚的想法。而这直接遭到了祥子的拒绝,为了彻底打消妻子的念头,张忠祥苦口婆心劝了一夜。

"祥子讲娶了我就要陪我一辈子,讲做人,讲做男人,讲结婚时我对他好,我家对他好……那一夜我哭了整晚。"郑伟说。

张忠祥说:"结婚时我是个穷小子,家里的电器都是她娘家买的,人家当初没嫌咱,咱今天哪能那样做,况且这是我媳妇啊!"

2009年,命运再次为张忠祥送来了选择题,郑伟高烧,肾脏必须摘除,手术不仅有危险,而且人救活后要过上常年透析的日子。"大夫问祥子,要钱还是要人,祥子一点儿没犹豫,一面开始出去借钱,一面让大夫全力救人。"张忠祥的老母亲说。

对于这些,张忠祥只说了句:"我真怕她那次就没了。"

张忠祥不仅是生活中的强者,在工作中,他同样拒绝平庸。"优秀共产党员""先进生产者标兵""党员安全示范岗标杆""新长征突击手""冬运立功"……采访中,郑伟骄傲地拿出一沓证书。

“祥子是段里的检车员，技术绝对过硬，评奖评优职工总是会推举他。”张忠祥的工长王健说，大家都知道祥子家里的特殊情况，快下班时工友想替替他，但是经常被拒绝。“他这个人从来都不愿意麻烦别人。”

在妻子郑伟眼里，为了既能照顾家又不耽误工作，祥子居然选择上了十余年的夜班，最近几年因为身体承受不住调成了白班。“上夜班那些年，因为白天还要打工赚钱，有几次差点在马路边睡着。上白班这些年，只要休息一定陪我透析，赶上上班，祥子晚上下班也一定准时去医院接我，他很少请假。”

担当，是父辈传承的硬朗脊梁

在张忠祥狭窄的小屋里，分成东西两屋，中间是一个小厨房。房间虽然紧凑，却收拾得井井有条，没有一丝脏乱。眼前这一切，任谁也不会想到，这家里竟住着两个没有劳动能力的病人和一个智障人士。

“全靠祥子，白天上班，晚上还要惦记着做饭收拾家。”郑伟说，整个家里，祥子没有几件像样的衣服，一双皮鞋开了口子，还坚持穿，省着钱给妻子买药。而在家里厨房的墙根下，摆着几口咸菜缸，而这就是祥子一年的主菜。

在妻子印象中，她很少看到祥子发愁，回家总是一副笑脸。“如果没有他，我活不到今天。”郑伟说，“每天晚上吃过饭，祥子有时间还会和我一起去楼下遛弯，这辈子有了他让我很幸福。”

作为老母亲，看着儿子辛辛苦苦把家撑起来既感到欣慰，同时又有些揪心的痛。采访中，张忠祥的老母亲一度叹气，说：“我儿子苦啊，但又能咋办，我这眼也看不清，不能帮上啥。”

对于这些，张忠祥认为，这是自己应该做的，而这种担当的意识来自于父亲。从父亲开始，他一个人养活五口人的家，老人家一辈子几乎不怎么吃肉，这种担当影响了自己。“媳妇要和我离婚时，父亲还健在。他当时就反对，还叮嘱我，咱家可不能干这事儿。”

采访中，尽管记者看到了太多的难处，但在张忠祥看来，现在的生活已经开始好转，工资水平提高了，妻子也有医保，单位每年还对自己有些资助。“既然我是这个家里的男人，那么无论多难我也不能倒下。”张忠祥说。

张忠祥所在的沈阳车辆段党委书记佟克说，从家庭的角度看，祥子是一个敢于担当的好男人。从单位上来讲，他在这样的生活压力下，还能认认真真工作，勤恳负责，是大家学习的楷模。

记者手记

新华社“中国网事”记者　汪伟

张忠祥，一个在悲剧中创造幸福的男人

傍晚，张忠祥与妻子手拉手漫步在家附近的河边，谈笑间秀足了让人嫉妒的恩爱。若不是真正走进这个男人不幸的人生，你根本是无法体会这幸福的时刻来得多么不易。

和老舍笔下的“骆驼祥子”一样，这个被妻子唤作“祥子”的男人，生活中也尽是坎坷。但面对不幸，现实中的“祥子”却挺起了脊梁，用脊背遮住风雨，用笑脸面对家人。

第一次见到张忠祥，印象最深的便是那张给人暖意的笑脸和那只厚实的手掌，那是一种踏实的感觉。而这就是生活的磨难送给张忠祥的一个能力。“家里人也知道我难，回家要是再苦着脸，日子就没法过了。”张忠祥说。

第一次走进张忠祥的家，狭小的空间被分成东西两屋，里面挤住着两个没有劳动能力的女人和他的智障哥哥。就是这样的四口之家，被收拾得井井有条。“我这眼看不清，就是收拾屋子这样简单的活都是祥子干。”老母亲的话语里，虽然充满了一个母亲对儿子的心痛，但也能感受到孝子在身边的那种踏实。

第一次看到张忠祥的妻子郑伟，这个外表干练的女人也和祥子一样笑得让人安心。如果不是手上因为透析而凸起的血管，记者真看不出她是一个早就被医学判了死刑的人。“没有祥子，我活不到今天。摊上个好丈夫，我是幸福的，想着他苦，又觉着对不住他。”郑伟说。在郑伟心里，自己身体虽然被病痛折磨着，但是身边这个男人却给了自己最踏实的臂膀，最幸福的家。

为了让妻子安心，让家庭宽裕一些，张忠祥上了十余年的夜班，白天有时还要外出打工；为了不让家人看到自己内心的痛苦，父亲、妹妹走了后，祥子学会自己向自己倾诉；为了让这个“多病”的家不失去生活的尊严，祥子挤出时间让房子不显得凌乱……

“当一点儿小事都要你去操心，你就会体会到生活有多难。”采访中，张忠祥轻描淡写地把生活的苦难说出来。而对于这些，祥子对记者只是简单地说了句，“谁让咱是男人！”

生活就这样一天天过去，祥子辛苦却又满足。

这一天妻子刚刚做完透析，又像个正常人一样可以陪祥子散步，这一刻没有烦恼、没有愁苦，全是幸福。如果说有一点担心，那就是祥子怕老天哪一天会带走妻子。

“我爱她！”在结束采访时，祥子给出了他能在悲剧中创造幸福的原因。

微语录

“谁让我是男人！”——“好男人”张忠祥

微评论

新华网网友“稳稳当当2685445”说：这才是好男人、孝儿子、大丈夫。

海广网网友“乡村大叔”说：这样的男人值得佩服！

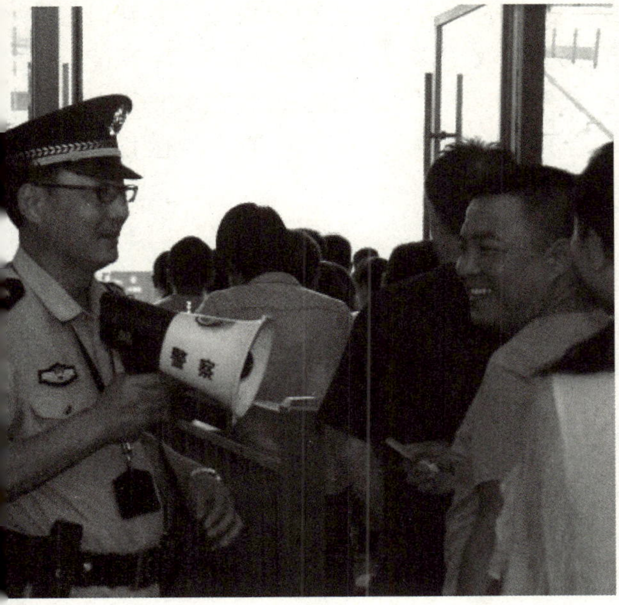

"雷锋公安"仵新学

23年的从警生涯中，从基层第一线的客运民警、刑警到大站派出所所长，他怀着满腔热情，认真践行"人民警察为人民服务"的宗旨。在就任延安站派出所所长的5年中，先后帮助困难旅客350余人次，找回旅客遗失物品200余件次，离家出走的外地儿童37名，现金4万余元，手机、银行卡、身份证等物品180余件次，为在外丢失财物和面临困境的旅客个人捐款9000余元，收到锦旗28面、感谢信34封。群众叫他"雷锋公安"，同事称他"无所(仵所)不管"。

铁肩担道义　侠骨现柔情

延安站派出所　杨利娜

仵新学，男，汉族，43岁，中共党员，现任西安铁路公安局延安铁路公安处延安站派出所所长。在23年的从警生涯中，他从基层第一线的客运民警、线路民警和刑警干起，脚踏实地、兢兢业业，先后荣获公安处"十大破案能手""查缉标兵"等荣誉称号。2011年，仵新学就任延安站派出所所长。他怀着满腔热情，带领全所民警，认真践行"人民警察为人民服务"的宗旨，打造一流队伍，争创圣地爱民模范。几年来，他用实际行动践行着诺言，先后被西安铁路公安局评为"优秀所队长"，授予个人三等功2次、嘉奖3次，连续三年被评为优秀公务员。2015年1月，他作为延安政法的代表人物，被陕西省委宣传部评为"2014年度陕西省岗位学雷锋标兵"；同年4月，荣获"中国网事·感动2015"第一季度网络人物称号。

延安车站是圣地的窗口，每日熙熙攘攘的客流近3万人次，每天接踵而至的求助事件多样，仵新学始终用一颗爱心和真心面对着求助的各种群体。4年来，他先后帮助困难旅客350余人次，找回旅客遗失物品200余件次，离家出走的外地儿童37名，现金4万余元，手机、银行卡、身份证等物品180余件次，为在外丢失财物和面临困境的旅客个人捐款9000余元，收到锦旗28面、感谢信34封，受到群众好评不断。群众叫他“雷锋公安”，同事称他“无所(仵所)不管”。

6名少年回家记

仵新学的家在西安，亲人们都在那里，在延安工作的他常常没有时间回家，他把对亲人的思念嫁接到自己的岗位，让更多的人感受来自铁警的温暖。他常说：“我有一个非常可爱的女儿，每当看到那些流浪在外无家可归的孩子，我总会‘把持’不住想要去帮助他们，让他们感受到社会大家庭的温暖。”他是这样说的，也是这样做的。

2013年10月16日14时许，子长县吴家坪村高某到子长火车站派出所寻求帮助，称其孩子和朋友因厌学乘坐火车离家出走前往延安，请求帮助找回。民警随即询问车站工作人员和调取监控录像，发现有6名少年于16日13时53分乘坐榆林开往宝鸡的K8167次列车。而此时列车早已驶出子长车站，民警将此情况及时通报给了前方停靠站——延安站。仵新学得知情况后，第一时间带领民警李东军在列车到来之前赶到出站口，成功“截获”这6名少年，随后将其带回公安值班室。他一边安抚孩子们的情绪，一边积极与家属取得联系，他还嘱托前来探亲的妻子为孩子们做了美味可口的臊子面，看着他们“狼吞虎咽”式的吃相，他像看到了自己的孩子，轻抚着他们的脑袋说：“慢点吃，慢点吃。”当家长从他手中安全接走孩子时，他又再三叮嘱他们要好好读书。其中一位家长因特殊情况没能来接孩子，仵新学亲自开车将孩子安全送到100多公里的家中。当孩子们一个个安全地回到家人那里，仵新学的脸上终于露出了欣慰的笑容。

七旬老人父子团聚

在仵新学的眼里，“急民之所急，予民之所需”是一名人民警察的基本价值观，在旅客群众真正需要的时候及时出现，帮助他们渡过难关，是“人民警察为人民”的现实体现，也是个人价值的实现。

2014年11月5日夜，仵新学带领民警在广场巡逻时，突然发现一名老人躺在广场上，衣衫褴褛，浑身瑟瑟发抖。他迅速将老人扶起，拿起其携带的行李往候车厅值班室里走去。一到值班室，仵新学就为老人倒上了一杯开水，泡上了一包方便面。老人吃下去后，精神渐渐缓了过来。在他的耐心询问下，老人用浓重的陕北口音零零碎碎地说出了自己的一些信息。仵新学得知后，赶忙拿起电话与地方派出所联系起来，几番沟通，终于拨通了老人儿子的电话。老人儿子赶到已是凌晨的2点钟了,两人相拥的画面让在场的民警心里都酸酸的。通过了解,才知道老人姓惠,今年73岁,因患有老年痴呆,早上6点从家出走未归,全家出动寻找未果,急成了一团乱麻。接到仵新学的电话可把家人高兴坏了,老人儿子含泪激动地握着他的手,连声感谢。这样的事例对于仵新学和他所在的延安所来说可以说是不胜枚举,百姓的口碑就是铁警的丰碑,他们赢得了盛誉。

情暖农民工

2015年1月17日,仵新学带领民警陈琦在候车厅巡视时,发现候车厅座椅上有一个背包,四周一个人都没有。他打开背包后发现,里面有现金5000余元、车票20张、身份证20张。根据经验,他第一反应就是这可能是民工兄弟遗失的。于是他立即通过车站广播发布失物招领信息,同时调取车站监控,最终找到了20多名民工的工头张师傅。背包失而复得,张师傅眼含热泪地说:"干活的地方离火车站有几十公里远,我来帮20多个工友买回家的车票,包里装的身份证、车票都是工友的,多亏了仵所长及时发现并找到我,如果找不回来,我都没有脸回去。"3天后,这20多位农民工兄弟专程来到派出所向仵新学表示感谢,仵新学谦虚地说道:"外出打工赚钱不容易,只要你们能够顺利回家,我就心安了。"

寻物解困暖民心

仵新学认为服务于人民群众,帮助困难群众排忧解难是铁路公安的职责所在,在火车站开展工作总会遇到这样那样的求助,及时帮助旅客群众解决困难,是服务旅客的暖心之举,也是自己岗位的意义所在。他常说:"出门在外都不容易,碰见有困难的旅客,自己伸把手帮衬帮衬是我们工作中的举手之劳。"

2015年6月11日,仵新学值班时,收到旅客刘某求助,称其为某大学教授,来圣地延安进行一项农业科研活动,在候车厅候车时不慎将装有重要科研资料的电脑包(内有三星电脑一台,文件资料若干)遗失。刘教授心急如焚,紧张得说不出话来。仵新学看在眼里,马上开展了行动,调取监控、组织警力搜寻、走访车站工作人员……几经周折,终于在一名保洁员的帮助下找到了电脑包。电脑、科研资料失而复得,刘教授紧紧地抱着电脑包,激动地说:"这些东西对我和我的科研项目来说特别重要,你们延安铁警真是群众的贴心人!"并制作了一面写有"寻物解困感激不尽,人民警察心系百姓"的锦旗向仵新学表达自己由衷的谢意。

老人发病晕倒得救助

2015年3月29日11时许，仵新学带领民警章昌文在售票厅执勤时发现一名老人突然倒地，头部受伤后血流不止，立即拨打了120急救电话，找来急救包等物品为老人止血，实施现场急救，并疏散围观群众，保持空气通畅。一旁的老伴李老太吓得惊慌失措竟哭了起来，仵新学一边安抚老人情绪，一边了解详细情况。原来，老人王某与妻子李某系江苏省东台市人，已逾七旬，三天前来延安旅游，此番准备乘坐7006次列车前往米脂县游玩，不料在排队购票时因高血压病发晕倒。120急救车到达后，仵新学配合赶来的120急救医务人员将老人抬至急救车前往医院进行进一步治疗，上车前，李老太含泪紧握住仵新学的手说道："幸亏你们铁路警察，不然我一个老太太真不知道怎么办了，后果不堪设想，我们从心底里感谢你们！"身体稍有好转后，王老先生不顾医生静养的劝告，带着老伴悄悄溜出病房来到延安站派出所将自己亲笔撰写的一封感谢信交到了仵新学手中。他说："救群众于危难中，你们用行动传承着延安精神，不愧为红色延安的一面旗帜。"面对老人的至高赞誉，仵新学暗暗地下决心，只有带领自己的队伍做得更好，才能无愧于群众的真诚认可。

帮助粗心爸爸找回娃

2015年5月18日，陕西子长男子蔡某带着5岁的儿子在延安火车站准备乘坐7006次列车回子长。在候车室候车时，蔡某发现有两名旅客发生口角，便对儿子说："你乖乖地坐在这，那儿有人吵架，爸爸去看看，一会儿就回来，你可不能乱跑。"说完，蔡某便去看起了"热闹"。待两名旅客平息了争吵，蔡某才想起儿子，可当他回到座位上时，儿子却不见了。蔡某急忙找到延安车站派出所所长仵新学求助。仵所长接到求助后立即赶到候车室进行查找，并通知民警调取监控录像，发现蔡某的儿子在蔡某离开后独自走出候车室，向车站广场旁的水果摊走去。仵所长立即带领民警赶往水果摊，发现蔡某的儿子正坐在水果摊前吃水果。此时，已错过了列车的发车时间，仵新学帮蔡某车票改签后，将蔡某父子送上了回家的列车。

火车站是人员密集的公共场所，为确保旅客生命财产安全，几年来他带领民警查破各类案件4000余起，查缉网上逃犯210余名，在反扒抓绺中为旅客挽回经济损失20余万元，解救被拐卖妇女5名。在熙熙攘攘的客流中，面对隐藏其中形形色色的犯罪分子，他和民警们施重拳、展作为、勇担当，守护着旅客的安宁。火车站是城市的地标，各种咨询求助量大费心，仵新学身先士卒，用爱心包容着旅客的各种困难，他带领的队伍成为"岗位学雷锋"的英雄群体。

他常这样说道："咱生活在革命圣地延安，我们对待老百姓的一言一行、一举一动代表着人民警察的形象。老百姓再小的事儿，我们也要高看一眼，抓好落实。只有脚踏实地，才能在平凡的岗位上干出点事。”

记者手记

中央人民广播电台陕西站(央广网)记者　雷恺

一直听西安铁路公安局的朋友说延安铁路公安处有个“无所(仵所)不管”，但素未谋面。一次乘动车去延安采访，一下车，朋友指着车站里一位戴着眼镜、正在接车的警察说，他就是“无所(仵所)不管”仵新学，一位“暖男”铁警。

仵新学有个特点，不论走到哪里，脸上始终洋溢着微笑。正是这种微笑，让延安火车站的旅客们在遇到困难时，愿意第一时间找到仵新学；正是这种微笑，让旅客们相信仵新学、愿意把自己的困难说给他听。

延安火车站是革命圣地延安的窗口，每日熙熙攘攘的客流近3万人次，每天车站派出所遇到的各种求助种类多样。脸上挂着微笑的仵新学始终用一颗爱心和真心面对着求助的各种群体。他总说，帮助旅客群众是他最快乐的事情。群众都叫他“雷锋公安”。

仵新学的家在西安，妻子、女儿都在西安。西安距离延安300多公里，坐动车只需要两个多小时，仵新学完全可以利用“职务之便”随时回西安看望家人，但他却常常连休息日都没有时间回家。他把对亲人的思念嫁接到自己的爱心岗位，让更多的人感受来自铁警的温暖。他常说：“我有一个非常可爱的女儿，每当看到那些流浪在外无家可归的孩子，我总会‘把持’不住想要去帮助他们，让他们感受到社会大家庭的温暖。”

“暖男”仵新学对犯罪分子来说却是噩梦。几年来，仵新学带领民警查破各类案件4000余起，查缉网上逃犯210余名，在反扒抓绺中为旅客挽回经济损失20余万元，解救被拐卖妇女5名。在熙熙攘攘的客流中，仵新学和民警们守护着旅客的安宁。

我常年采访铁路公安，和他们一起跟车、查危、接车、送车、巡逻……说句实话，有许许多多像仵新学这样的铁路警察，舍小家为大家，一年到头没有休息时间。尤其是春节前后，大家都休息了，都回家团圆了，仵新学们却迎来了一年中最忙碌、最辛苦的时候，他们许多人都记不清最近一次和家人一起守岁是什么时候。

朋友们，当我们进站时，当我们乘火车时，别忘了向那些广场上、候车大厅内、车窗外身穿警服的仵新学们一个注目礼！

感谢他们！祝福他们！

微语录

“咱生活在革命圣地延安,我们对待老百姓的一言一行、一举一动代表着人民警察的形象,老百姓再小的事儿,我们也要高看一眼,抓好落实。只有脚踏实地,才能在平凡的岗位上干出点事。”——“雷锋公安”仵新学

微评论

腾讯网网友“我不是在笑”说:能用自己的爱心坚持帮助身边素不相识的人,时刻将百姓放在心中,展示出了一名铁路警察的侠骨柔情,献上32个赞。

腾讯网网友“那时年少”说:他的责任心、爱心和用心,让出门在外的人们感受到了一抹温暖,他的身上延续着雷锋精神,他用自己的行动为“圣地”延安增光添彩!

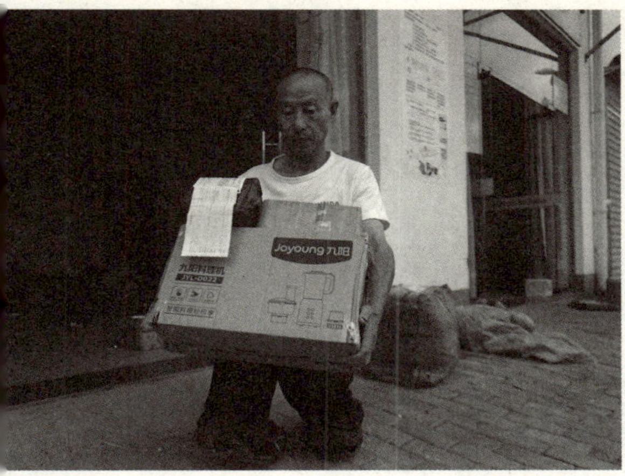

"自强不息哥"章日辉

年近60的章日辉，出生时膝盖以下萎缩，无法站立，虽求医问药，但因家贫最终放弃。身体的残疾并没有压垮章日辉。相反，他56岁开始干快递，每天膝行两三公里，在这个行业一干就是3年，没有顾客投诉，没有丢过一件包裹。章日辉用艰辛和努力面对逆境人生，谦和、守信，书写了一个属于普通人的励志故事。

"无腿快递叔"："膝行"三年送快递，逆境中笑对人生

新华社"中国网事"记者　陈尚营

安徽省绩溪县，徽州文化发源地之一，215省道穿城而过。从县城到扬溪镇有15公里路程，开车只需一刻钟，沿途风景如画。

听到记者对于环境的称赞，自小在扬溪镇长大的章日辉笑笑，不置可否。一个快递员负责一个镇的快递接收和投送，上班时间，接打电话是常态。放下手机的章日辉，并不太愿意说话。

性格内向的章日辉，在端午节前，"莫名其妙"地在网上"火了"。"3年了，大家都习以为常，没觉得有什么，但没想到网上那么多人会关注他。"在同一家公司送快递的凌成侃说。

网友关注的是章日辉的"特殊"。

快递员在人们的印象中大都是手脚麻利的年轻人，但老章颠覆了很多人的"印象"。

今年59岁的章日辉，出生时膝盖以下萎缩，无法站立。尽管他也去医院看过，但家境贫寒无法承担高额的医疗费用，他最终落下了终生残疾，只能依靠膝盖行走。

先天身体的残疾，并没有压垮章日辉。相反，他56岁开始干快递，每天膝行两三公

里,在这个行业一干就是3年,没有顾客投诉,没有丢过一件包裹。

网友“XWJ668YX”留言说:“抱怨解决不了问题,只有坚强面对。为章日辉的敬业和乐观精神点赞。”

网友“小小壹童鞋”说:“满满都是正能量,我们还有什么理由抱怨自己的不如意。为自强不息的章叔点赞!”

网络上海量的转发和点赞,对于章日辉来说,最大的改变是平日里熟悉的同事和亲戚朋友见面总会跟他开个玩笑:“老章,你是名人啦。”

他的工作依然按部就班。

6月19日是个大晴天,天气预报显示当天最高温度31度。早上8点钟,章日辉开着他的三轮车出门。这样的生活他已经坚持了3年。

一路上,他接了近10个电话,沿路收了3个寄出包裹。章日辉负责县城内4家公司的快递业务,主要的任务是投送包裹。到达县城第一家快递公司代理点时已快10点钟,因快递还没到,章日辉坐在三轮车里看手机。他在搜索引擎输入自己的名字,开始看与自己有关的新闻。

“我也没有网友们说得那么坚强。今年过年的时候,快递太多,有客人嫌我送得有点慢。送完我就哭了,很委屈。”老章说,大家的关注和鼓励会让他更用心地做好自己的工作,“我不是快递哥,按年龄应该算快递叔了。”

年近六旬的章日辉不只会用手机上网。在女儿的帮忙下,他学会了网购。“有时候忙,没时间买东西,就会在网上买点啤酒和牛奶。”

章日辉的三轮车,是去年才买的油电混合车。由于身体原因,矮小的他够不到刹车。这难不倒他。新车买来后,他加工了一天,用一截钢筋把刹车杆加长。“家里一些电器有些小毛病我都是自己修,不难。”他说。

难的是上下车。上车的时候,因为膝部不能着力,章日辉需要依靠手臂的力量,爬进驾驶室;下车的时候,用手把住车门,慢慢地把膝部放到地上。为了保护膝盖,手巧的章日辉用旧轮胎做“鞋”,把膝盖以下都装进去。

“以前这样一双鞋能穿好几年,干快递以后,最多穿两年,容易磨破。”老章说。

现在的三轮车还是有些小,旺季时,包裹太多,车子装不下,章日辉一天就要来回县城两趟,“想买辆再大点的车,暂时手头没钱。”

10点30分左右,送快递的货车终于到了,章日辉赶紧下车,开始和其他快递员一起分拣包裹。为了看清楚快递单上的字迹,老章戴上了老花镜,看得非常仔细,生怕弄错。“他是一位很合格的员工,和其他快递员一样,什么活儿都不少干。”业务主管凌云鹏说。

11点多，满头大汗的章日辉把所有扬溪镇的包裹搬到三轮车里，来不及擦汗就爬上车，开始去下一家快递公司。

走完4家快递公司，已经下午2点。取到了54件包裹的老章，拿出抄录的货主电话表，一边往镇上赶，一边沿路送货。一天中最热的时候，驾驶室里闷热难当，“热还好，下雨下雪天最遭罪，雨天常淋透湿，雪天常摔跤。”一路上，章日辉走走停停，时不时会拐进小路送货。

他以前卖过早点、摆过修鞋修伞摊，3年前开始干快递工作。“快递也分旺季和淡季。”章日辉说，只要肯干，收入相对稳定。“我还想在这个行业继续做下去。”

下午4点，扬溪村的葛银影拿到了自己的包裹。“老章挺负责任，我们看他不方便，路近的有包裹让他打个电话，自己过来取，路远的会送过去。”快6点，章日辉送完所有的包裹，回家简单检查了一下三轮车，准备第二天的工作。6月20日是端午节，下午记者打电话给老章的时候，他还在县城回扬溪镇的路上。

3年了，除了生病不能外出，几乎每天都走这条路。老章说：“每天把包裹安全地送到别人手里，才是我最开心的事。”

记者手记

新华社“中国网事”记者　陈尚营

普通人章日辉

坐在章日辉送快递的三轮车上，老章问我一个问题：“你为什么要采访我？”

我一时语塞。

脑子里的真实想法是：“你腿部残疾居然还找了一份最需要用腿的工作，太让人意外和佩服。”

这样的回答显然会伤害到对方，我选择了更加温和的答案：“你现在火了嘛，所以来看看。”

老章听了，笑着摇摇头：“我看网上有人说了，我这样一个腿部残疾的人还送快递，一般人做不到。”

很显然，老章已经习惯了别人对他身体残缺的评价。这种自信，不是每个残疾人都有。

自信之外，相处一天，更加认定老章就是个普通人。送快递就是为了挣点钱让自己生活得更好，对政府给残疾人的补助不高也有点怨言，家里的事情也总是会让他烦心……

搬运快递的照片在网上火了以后，章日辉的生活一如从前，除了电话费支出有所增加——接打各地记者和热心网友的电话。对于别人的关心，章日辉很感激，但他是一个不善于言辞的人，沟通常常不畅。

我印象最深的，是老章的勤奋。分拣快递、送快递，每一项流程都很繁杂，老章做起来熟门熟路，很少坐下来休息。

他说他怕耽误事。其实能耽误什么事呢？都是乡里乡亲的，即使快递晚到一天，村民们也不会怪他。坚强还有一点犟，认准的事情努力做，这就是章日辉。

微语录

"每天把包裹安全地送到别人手里，才是我最开心的事。"——"自强不息哥"章日辉

微评论

新浪网网友"松果不要钱"说：很多像老章一样的残疾人选择了逃避或者等待救济，但老章用自己的坚持和敬业表明，谁的人生都可以精彩，就看你怎么经营。祝福老章！

腾讯网网友"一朵"说：困难面前，每个人都有自己应对的方式。章日辉让人尊敬，他用他最不擅长的方式干好了一件事，这要比常人付出更多的艰辛和努力。很难想象他居然坚持送快递送了3年，用双手创造收入，不等不靠，应该为他点赞。

"留守儿童的妈妈"汪付珍

女校长汪付珍以校为家，把留守儿童当成自己的孩子，身边的教师都说她是"工作狂人"。为了能接纳更多孩子读书，学校几经搬迁，汪付珍带着老师砌花池、垃圾池，栽花种草，平整操场和道路；为了不让学生每日上学长途跋涉，汪付珍筹集资金购买空心水泥方砖和石棉瓦，搭建简易棚子让远处学生居住；为了给老师们做好表率，汪付珍当校长后坚持每天6点多就到校，和老师们轮流值班，不值班也要在学校里巡查到晚上10点以后再回家。十六年如一日，这个习惯一直坚持到现在。

"没有什么诀窍，就是把留守儿童当成自己的孩子"

——记贵州罗甸县第四小学校长汪付珍

新华社记者　李春惠

女校长汪付珍在贵州麻山腹地坚守近30个年头，她以校为家，把留守儿童当成自己的孩子，有学生失学时她痛心，孩子生病时她揪心，上学路远了她担心……

除了给学生上课，汪付珍还要给他们做饭、洗澡、洗衣、换衣……她就像妈妈一样把满满的"母爱"给了边远落后山区的留守儿童。

"不怕折腾，就怕孩子没书念"

汪付珍身边的教师都说她是"工作狂人"，为了让孩子们能读书、读好书而不知疲倦地奔波劳累着。

1985年，汪付珍来到罗甸县罗悃镇一所村级小学当数学老师。1999年，工作成绩优秀的汪付珍到另一所村级小学龙坪镇和平小学（罗甸县第四小学前身）担任校长。

为了接纳更多的孩子，汪付珍当年将学校由龙坪镇五星村布其组迁入龙坪镇霸王湖畔，学校服务半径由一个村扩大到三个村，学生由原来的几十人增加到200多人。刚搬迁时学校只有两栋新建的教学楼，其他附属设施全无，教学楼四周晴天尘灰飞扬，雨天变成“烂泥塘”。汪付珍带着教师一边上课，一边利用休息时间建设校园，他们自己砌花池、垃圾池，栽花种草，平整操场和道路，不久后，校园绿树成荫、整洁舒适。

2000年，龙坪镇交谷村教学点教室垮塌，68名一至三年级的学生并到和平小学，这些孩子从家走到学校单程就要3个小时，有的孩子因此失学。“心痛学生，我想法子筹集资金，购买空心水泥方砖和石棉瓦，搭建了一个160多平方米的简易棚子让远处学生居住。”汪付珍说，罗甸县第一所农村寄宿学校就此诞生，这样学生上学不用每日长途跋涉了。

2008年，龙滩水电站水位淹没到学校坎脚，学校出现地质灾害隐患，不得不再次搬迁。在新校区建设完工之前，学校借用县福利院作为学生生活区，借县职校作教学区，而当时学校无工勤人员、生活老师、医务人员和安保人员，也没有资金。不放心年幼的住校生，汪付珍每天早上到福利院为孩子们做饭、洗衣，将他们送到县职校上课，下午放学后又把孩子送回福利院，晚上等孩子们都熟睡后她才离开。

“每次学校搬迁都很折腾，我不怕折腾，就怕孩子没书念。”汪付珍说。

两年后新校园建成并正式更名为罗甸县第四小学。有企业了解到学校和师生的情况后，投入资金为学校改善硬件设施。如今的学校体育场铺着塑胶跑道，还有现代化教学楼和宿舍楼。“汪校长做事风风火火，为学校的发展付出许多，学校能有今天她是第一功臣。”五年级数学教师罗磊说。

“对留守儿童多看一眼，多问一声，多帮一把”

汪付珍经常挂在嘴边的话是，寄宿制学校不同于其他学校，对留守儿童要多看一眼，多问一声，多帮一把。

学校刚有宿舍时，为了解决孩子的吃饭问题，汪付珍找几块砖搭了个灶台，和老师们义务为孩子们烧菜做饭，看到孩子们在校园内吃上热腾腾的饭菜，汪付珍和老师们哭了。

学校教职工的敬业远近闻名，很多在外打工的村民都慕名而来，将自己的孩子送来读书，如今学校学生已增加到1681名，其中有1300余名留守儿童，他们是全县8镇1乡的留守儿童和7个省的农民工子女。

学生多了意味着多操心。“新生刚进校，最不放心的是生活自理问题，有的孩子甚至不会擦屁股，要一点点教。”去年9月的一天，汪付珍刚出差回校就看见一年级的小学生郭睿(化名)手提着裤子站在宿舍门口,满脸通红,原来他将大便拉在裤子上。汪付珍帮他脱掉裤子和鞋子,把这个双腿沾满大便的小男孩子抱到卫生间,给他洗澡、换衣。

新学期开学的前几周,汪付珍是不会离开学校的,她也成了"住校生"。每天汪付珍要带着教师教一年级小朋友摆放洗漱用品,存放衣物,折叠被子,使用卫生间,还要教孩子们清洗小件衣物等。晚上巡夜,要给孩子们盖被子,提醒有尿床现象的孩子上厕所。"没有什么诀窍,就是多付出,把留守儿童当成自己的孩子。"

8岁的王兴愿是二年级三班学生,她一年级就学会了洗衣服、规整生活品,放寒假时回家帮助家人收拾屋子,在外打工的父母回家过春节时直夸她能干。

"将来要上高中、考大学,然后当个好老师,就像汪校长一样。"四年级四班学生蒙泽管说。

每天第一个上班最后一个离校,十六年如一日

当校长后,为了给老师们做好表率,汪付珍坚持每天 6 点多就到校,和老师们轮流值班,不值班也要在学校里巡查到晚上 10 点以后才再回家。十六年如一日,这个习惯一直坚持到现在。

有孩子生病时,汪付珍总是第一个赶到孩子身边,第一时间送孩子就医,垫付医疗费、守护照料孩子。"最担心孩子生病,每次有孩子生病心都是揪紧的。"

学校寄宿的留守儿童较多,汪付珍深感责任重大,没有特殊情况她从不外出,也几乎没有享受过节假日,"大脑中的那根弦紧绷着,不敢大意。"

众多事务缠身的汪付珍从没放松过教学,有空就到课堂听课。青年教师岑红现等老师刚到学校,汪付珍就手把手地教她们如何上好数学课。白天时间不够就利用晚上时间,带着新老师研究制作课件,反复听试教课。一招一式,一言一行,手把手传帮带,新教师很快成长起来。近两年,王丹萍等青年教师还在各级优质课比赛获奖,成为学校的教学骨干。

由于工作表现突出,汪付珍荣获了"优秀教育工作者""十佳校长"等荣誉称号。2014 年 9 月,汪付珍获评"全国民族团结进步模范个人"。"汪付珍以校为家,用心教育,她是受人尊敬的好老师、好校长、好'妈妈'。"罗甸县教育局局长卢海说。

记者手记

新华社记者　李春惠

在对留守学校校长汪付珍的采访全程中,我不但见了汪付珍,还有许多学生、老师和家长,他们讲述了许多感人的故事,有人感激她,有人佩服她,而最让我感动和震撼的,是汪付珍对留守儿童就像对待自己的孩子一般。

今年暑假期间,我走进留守儿童学校罗甸第四小学,让我吃惊的是,这所小学竟然拥有现代化的校舍和各种教学设备,校园里绿树成荫,操场铺着塑胶跑道。更令我吃惊的是,暑假期间学校开了十几个兴趣班,那些没人照看、回不了家的留守儿童们可以依然在学校"吃住耍"。

走进舞蹈班,正看见舞蹈老师带着十几个女孩子学习舞蹈《感恩的心》,孩子们虽然没穿什么高档、名牌的衣服,但都很整洁,还有那投入的眼神、婀娜的舞步,居然来自最贫穷、最封闭的麻山深处的孩子们。除了舞蹈班,学校还有电子琴兴趣班、书法班、美术班、合唱班、科学班等,孩子们尽情享受着免费的暑期生活。

而学校如今的一切,如果不是这位"拼命三娘",恐怕不会有这样的变化。

罗甸第四小学的前身是一所村级小学龙坪镇和平小学,校舍是一处小小的、摇摇欲坠的土坯房,1985年汪付珍任校长后,为了解决附近几个村寨的孩子的读书问题,汪付珍当年将学校由龙坪镇五星村布其组迁入龙坪镇霸王湖畔,学校服务半径由一个村扩大到三个村,学生由原来的几十人增加到200多人。刚搬迁时,学校只有两栋新建的教学楼,其他附属设施全无,教学楼四周晴天尘灰飞扬,雨天变成"烂泥塘"。为了改善校园环境,汪付珍带着教师一边上课,一边利用休息时间建设校园,他们自己砌花池、垃圾池,栽花种草,平整操场和道路。

邻村教学点教室垮塌后,几十名孩子合并过来,但由于这些孩子上学路太远,有的孩子放弃了学业。看在眼里,痛在心里的汪付珍下决心筹集资金,购买空心水泥方砖和石棉瓦,搭建了一个160多平方米的简易棚子让远处学生居住,学生上学不用每日长途跋涉了,汪付珍的这一举动竟然诞生了罗甸县第一所农村寄宿学校。几年后学校出现地质灾害隐患,不得不再次搬迁。有企业了解到学校的状况和汪付珍的事迹后,投入资金为学校改善硬件设施。"学校能有今天,汪校长是第一功臣。"教师罗磊说。

汪付珍爱孩子是出了名的。汪付珍经常挂在嘴边的话是,寄宿制学校不同于其他学校,对留守儿童要多看一眼、多问一声、多帮一把。学校刚有宿舍时,为了解决孩子的吃饭问题,汪付珍找几块砖搭了个灶台,和老师们义务为孩子们烧菜做饭。看到孩子们在校园内吃上热腾腾的饭菜,汪付珍和老师们哭了。

汪付珍可以为孩子做饭、洗衣、接送上下学、哄孩子睡觉。有孩子生病时,汪付珍总是第一个赶到孩子身边,第一时间送孩子就医,垫付医疗费,守护照料孩子。

汪付珍坚持每天6点多就到校,和老师们轮流值班,不值班也要在学校里巡查到晚上10点以后才回家。十六年如一日,这个习惯一直坚持到现在,只为了孩子们健康快乐地成长。

汪付珍已经不是在对待一项工作了，而是把教书育人作为挚爱的事业，她不断地努力与付出，并收获了快乐和满足。

愿汪付珍继续在挚爱的道路上前行。

微语录

“寄宿制学校不同于其他学校，对留守儿童要多看一眼、多问一声、多帮一把。”

——“留守儿童的妈妈”汪付珍

微评论

腾讯网网友“边走边看”说：坚持每天6点多就到校，晚上10点以后才回家，十六年如一日，这位校长的责任心令人敬佩。

腾讯网网友“鱼离不开水”说：一个校长肯为孩子洗澡、擦屁股，这说明她真正爱着孩子。

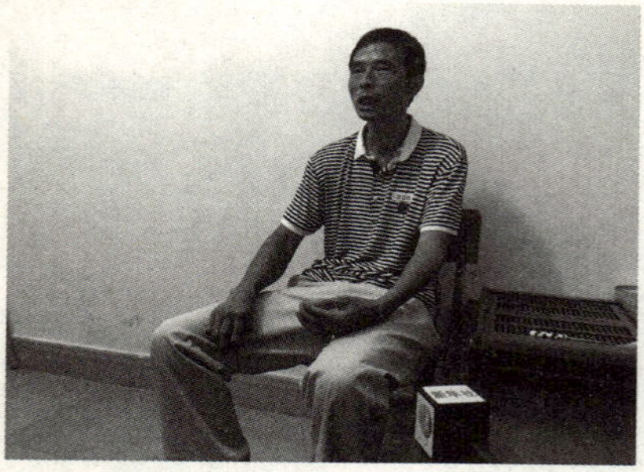

“乡村教育的守护者”李耀辉

这是一所“另类”的学校：它由一个没有什么文化且本身并不富裕的残疾人借钱创办，并负债经营；这里的老师吃住在学校，工资低，待遇差，没有周末，没有假期；这里的学生都是留守儿童，他们脆弱而又坚强，大部分时间都待在学校，以校为家……

为留守儿童撑起一片天！

——“负债校长”李耀辉的坚守故事

新华社“中国网事”记者 郭强

这是一所“另类”的学校：它由一个没有什么文化且本身并不富裕的残疾人借钱创办，并负债经营；这里的老师吃住在学校，工资低，待遇差，没有周末，没有假期；这里的学生都是留守儿童，他们脆弱而又坚强，大部分时间都待在学校，以校为家……

9月6日，中国抗战胜利70周年纪念日调休放假结束后，这所“另类”学校——江西省抚州市金溪留守儿童学校，正式开学上课，在困境中开始新的坚守！

一所在困境中坚守的学校

他是个不起眼的小人物，过着安逸的小日子。他没有什么文化且本身并不富裕，他身患残疾，10个手指中只有右手大拇指和无名指能自由活动。

但他又是一个有着大情怀的人，为了一群孩子，他拿出所有积蓄，并负债上百万元，办起留守儿童学校，为留守儿童撑起一片天！

他就是金溪留守儿童学校的创办人李耀辉。

20世纪90年代，李耀辉从部队退伍后，在当地林场工作。后由于林场效益不好，自己开了一家照相馆，小日子过得不错，家里还买了一辆几万元的小汽车。

但是2009年发生的一件事改变了他原本安逸的小生活。

那年，当地发生了一起留守儿童在家玩耍被电线勒死的事故。李耀辉深受触动，萌发了要创办留守儿童学校的想法:"让这些爸妈不在身边的孩子也有人照顾,不让悲剧再发生!"

但这一想法却遭到家人的强烈反对。"我们又不是什么有钱人,瞎折腾不起。"妻子说。

是啊,要创办一所学校,谈何容易!

但看着孩子们没人照顾,李耀辉还是不顾家人反对,拿出自己年辛辛苦苦攒下的50万元积蓄,并向亲友借了150万元,租下当地一所废弃小学创办金溪留守儿童学校。

"刚开始,我们是搞托教,留守儿童在周边学校上学,在我们这里吃住。"李耀辉说。后来他发现很多山区孩子不能在县城学校就读,去年他又申请获得开办寄宿制学校的资质,面向农村留守儿童招生办起小学。

一个没有什么文化的残疾人办起了学校,这在当地成为新闻。

但是,办学之路并没有预想的顺利。李耀辉告诉记者,由于和教育部门沟通出问题,学校至今还没有享受学生人均公用经费、寄宿生生活补助、家庭经济困难学生补助等,所有费用均是自筹。

"到今年开学时,我还拖欠着老师3个月的工资。"李耀辉说,办学到现在,他一共欠下了一百五六十万元的债务,沉重的债务经常压得他有喘不过气来的感觉。

"如果不是办这所学校,我的生活应该会过得很好。"李耀辉说,他本想为留守儿童做些事,但没想到这么困难,"好多次想过要放弃,但看到孩子们无助的眼神,我想只要能坚持还是会尽力坚持。"

一群脆弱而又坚强的孩子

11岁的谷浩林是金溪留守儿童学校二年级学生。他的爸爸妈妈在浙江打工,自己跟着爷爷奶奶在家生活。

谷浩林长得虎头虎脑,平时在学校里比较调皮,上课会睡觉,下课了会抢同学的玩具。但在谈起自己的爷爷奶奶时,这个前一刻还天不怕地不怕的孩子却一下子哭了起来。"爷爷奶奶年纪大了,身体也不好,我很想他们。"谷浩林有些哽咽地说道。

记者在金溪留守儿童学校采访发现,提起家人,很多前一刻还活泼开朗的孩子声音一下子就会低沉很多,有的甚至开始抹眼泪,但这群脆弱的孩子却又有着十分坚强的一面。

与媒体曝光中的问题儿童不同,大部分留守儿童积极乐观,身处逆境志更坚,当同龄孩子还在父母怀里撒娇时,他们理解务工父母的艰辛,早早承担起家庭重担。

抗战胜利70周年纪念日调休放假期间, 金溪留守儿童学校六年级学生黄蓉一直待在学校，她的爸爸妈妈在江苏打工，一年回来两三次，所以平时她很少回家。

黄蓉告诉记者，以前爸爸妈妈在外打工时，自己跟着他们在外读书。去年，他们到江苏自己做点小生意，没时间照顾她，就把她送到外公外婆家读书。“外公外婆年纪大了，而且身体都不好，平时也不怎么管我，但我自己会管好自己。”黄蓉说，自己也很想爸爸妈妈，但也知道他们在外面很辛苦，“中午吃饭都要两个人轮转着吃，晚上也要忙到很晚，所以我自己要懂事，好好学习让他们放心。”

想念父母是留守儿童共同的情感，这里面包含一些埋怨，但更多的包含了理解、担心和牵挂。他们犹如山谷里孤独绽放的“野花”，承受着大自然的阳光雨露，也经受着雨打风吹，小小身体里的能量与感动，让人动容生惜。

黄蓉的外公告诉记者，外孙女很懂事，基本上不需要他们费心，相反，她还经常帮家里干活，“暑假有时我和她外婆在外面干活晚了，她就在家把饭做好等我们回来。”

李耀辉说，留守的孩子们脆弱而又坚强，他们用稚嫩的肩膀迎来生活的风风雨雨，但他们毕竟还只是一群孩子，需要我们用爱来呵护！

一群没有周末、节假日的老师

让李耀辉坚持下去的，除了孩子，还有一群同样充满爱心的老师。

80后的陈戒星是金溪留守儿童学校的老师，朴实、清秀是他给人的第一印象。

2012年大学毕业后，陈戒星没有像别人一样，在城里找一份安稳工作，而是参与了西部志愿者计划，到广西崇左市成为一名志愿者。在当地团市委服务一段时间后，由于感觉没有帮到真正需要帮助的人，他提出想去支教，当地给他安排在中心小学。

“中心小学的条件好，不缺老师，我想去的是那些真正缺老师的地方。”他拒绝了当地的善意。后来，通过朋友介绍，陈戒星自己去了崇左市一个偏僻的乡村教学点支教。

在团市委当志愿者时，陈戒星每月能领取1000元补助，但到偏远教学点支教后，补助没有了，支教也没有任何工资。他一下子失去了生活来源，只能靠朋友接济，平时吃住在村里，“实在没钱了，就找人借点。”

就是在这样的条件下，陈戒星坚持了整整一年。

支教结束时，他身上只有15块钱，坐车出山的钱都没有。后来还是当地一些志愿者朋友到山里把他接了出来，并帮他买了一张火车票，他才得以回家。

而这一切，家人毫不知情。

2014年，陈戒星到金溪留守儿童学校任教。虽然是当老师，却没有想象的那么轻松，不仅没有寒暑假，就连正常的周末和节假日都没有，但他却没有一点抱怨。

“学校都是留守儿童，很多周末都回不了家，我就留下来陪他们，带他们去艺术中心学学才艺,遇到端午、中秋等节日,也和他们一起过。"陈戒星说,在每个孩子生日时,老师都会给他们过生日,"虽然每人只能分得很小很小一块蛋糕,但孩子们都很开心。"

虽然和学生一样吃住在学校,但留守儿童学校老师们的待遇却不高,一个月2000元左右,且没有社保。陈戒星的办公室在教学楼二楼,前半部分是办公区,后半部分是住宿区,中间用一个铁皮柜子隔开。

李耀辉告诉记者,他很想改善老师们的条件,解决他们的社保问题,但确实是心有余而力不足,现在给他们发工资都困难,真的很对不住他们。

"其实我们学校承担了关爱、照顾留守儿童的任务,本来应该享受更多的扶持政策,但现状是,我们不仅没有享受这些政策,反而连一些办学本应享受的政策都享受不到。"李耀辉很苦恼地说道。

记者手记

新华社"中国网事"记者　**郭强**

留守儿童学校不能成为一个人的坚守

一个平凡的小人物,为了一群孩子,在困境中苦苦坚守,他没有获得多少体制内的支助,反而因为来自体制内的一些阻力而愈加艰难……采访李耀辉,既让人感动,又让人感怀。

近年来尤其是今年贵州毕节4名留守儿童自杀事件发生后,留守儿童问题受到社会各界的广泛关注,从中央到地方,从政府、学校、社区到公益组织、爱心人士等,都采取了一系列措施关爱留守儿童,取得了一定成效。然而,与数量庞大、分布广泛、问题突出的留守儿童群体相比,当前我国农村留守儿童关爱服务体系仍然十分薄弱,整体处于"零敲碎打"状态,具体表现为:横向上,各关爱主体各自为政,缺乏统筹,致使关爱覆盖面不广;纵向上,关爱活动持续性不强,很多都流于形式甚至作秀,成为农村留守儿童问题多发频发的重要原因。

在这种背景下,一些像李耀辉一样的爱心人士站出来,"想为留守儿童做些事"。对于他们中的一些人来说,这些事超出了他们自身的能力,但他们还是做了,因为他们心中有爱。在他们想来,做这件事应该不会孤单,应该有很多人会支持他们,尤其是政府会支持他们。

但让他们没想到的是,来自政府的支持非常少,不仅一些应有的政策不给他们,反而因为一些原因给他们设卡设障。但即便如此,他们也没有放弃,而是选择了在困境中坚守。

李耀辉是孤单的，但他的遭遇却不孤单，因为在全国，和他一样坚守的留守儿童学校校长还有很多：在河南周口，留守儿童学校校长朱秀霞因为数次举债百万改变学校面貌，被当地村民亲切地称为“百万身价的校长”；在四川泸州，身患癌症的丁瑞莲一边肩负着教育照顾留守儿童的重担，一边承担着经营办学的370万巨债；在安徽阜阳，明珠双语学校校长刘虎一肩扛起教育留守孩子的重任，却只能靠负债勉强维持学校的正常运转……

当前各地开展的留守儿童关爱活动中“运动式”“一阵风”等作秀现象突出，而这些留守儿童学校却给孩子们提供了持久的、长效的关爱。只是这些关爱处境太艰难，李耀辉用爱心温暖了留守儿童，但自身却倍感委屈和心寒。如此下去，爱心将难以持续。因此，不能让留守儿童学校成为一个人的坚守，针对当前留守儿童关爱服务体系中存在的问题，亟须改变管理机制，形成强大的关爱合力，实现留守儿童关爱服务的“全覆盖、无死角”。

微语录

“本想为留守儿童做些事，但没想到这么困难，好多次想过要放弃，但看到孩子们无助的眼神，我想只要能坚持还是会尽力坚持。”——“乡村教育的守护者”李耀辉

微评论

网友“晨曦90后”说：这样的人、这样的事，值得我们尊重和效仿，哪怕我们做不到像他一样的付出，也要在某些时刻、某些地点尽自己的绵薄之力……

网友“fdEden”说：伟大的校长，希望社会各界能给予他更多帮助，不让他再孤单坚守！

"按住生死的开关"袁野

袁野，男，43岁，湖北赤壁人，中共党员，建设银行咸宁赤壁支行客户经理。6年前因患肝硬化和中低分化肝细胞癌症，导致脾脏全部及肝脏部分切除。在被告知只剩两年生命的情况下，他始终没有放弃对生活和工作的追求，不愿成为家庭、单位和社会的负担，毅然选择重返工作岗位。通过积极乐观的精神、保守治疗和坚持锻炼，他不仅战胜了肝癌绝症，创造了医学生命奇迹，同时通过辛勤努力的工作，连续四年取得建行咸宁分行五项业务第一的优异业绩，将个人追求与"建行梦""中国梦"紧密融合。

建行赤壁支行袁野：创造生命与事业双重奇迹

新华网通讯员　程向阳　邓祖荣

有这样一个不幸的人，也是一个战胜不幸、创造奇迹的人，他的名字叫袁野，赤壁支行营业部个人客户经理，一位普通的基层员工。他在身患肝癌经历了两次大手术并被医学专家预言"最多只能活两年"的情况下，以顽强的意志、惊人的毅力、乐观的心态、饱满的激情，一边治病一边工作，不仅书写了一个普通人战胜肝癌的奇迹，而且凭着骄人的业绩，谱写了一曲爱岗敬业的感人赞歌。

业务精英　身患顽疾

袁野于1972年出生在赤壁市随阳山区一个农民家庭，父亲是一位残疾军人，母亲是一位普通农民，全家仅靠父亲的抚恤津贴和母亲种地的微薄收入艰难度日。作为家中的长子，袁野从小就帮助父母做饭、照顾弟弟妹妹，利用寒暑假放牛、打猪草、下地干活，从不叫一声苦。1992年，他以优异的成绩考入了哈尔滨投资专科学校。毕业后，加盟建行赤壁市支行，先后在普通柜员、对公柜员、京珠收费押运、金库管理员、大堂经理、个人客户经理等岗位上工作过。他还利用业余时间参加中南财经政法大学独立金融本科的自修考试，取得了中级经济师、中级理财师职称以及RFP注册财务策划师执业资格。他最大的爱好就是读书和学习业务，特别是对信用卡系列业务钻研颇深，成为大家一致公认的“土专家”。

2009年8月的一天，在金库中忙碌的袁野突然感到胸口沉闷，到卫生间洗漱时一口鲜血从口中喷出。随后他到赤壁市人民医院进行了体检，并经武汉同济医院的专家会诊，被确诊患有“肝硬化导致脾脏肿大”！治疗方案是必须切除脾脏。就这样他经历了人生的第一次大手术。尽管单位和家人给予他一系列的关照，帮助他精心养病，但在2011年11月份的另一次体检中，仍发现他的右肝上有3.5厘米×4.5厘米的肿瘤(3.0厘米以下为小肝癌)，甲胎达300多(超过了8.1就非常危险了)，不得不再次进行了大手术。他的肝脏被部分切除，经取样分析，仍被确诊为“中低分化肝细胞癌症”。为他做手术的武汉同济医院教授悄悄告诉家属：“患这种癌的人最多只能活两年。”接二连三的打击，让这位坚强的“山里娃”一下子深陷绝境……

自立自强 勇斗病魔

为了治病，全家几乎花光了全部的积蓄，尽管单位给予了一些帮助，但袁野的病情并不见明显的好转。为了不增加社会负担，他封锁了患病的消息，不让亲友来看望他，甚至拒绝了工会为他组织的募捐活动。为了节省费用，袁野决定改变原来的治疗方案，不再住院治疗，采用保守的中医疗法。即使是这样，每个月中草药要花1300元，中成药要花2500元，抗病毒要花1200元，还有定期的检查费用，全家老小还要吃饭，小孩还要上学。每每想到这一切，他的心在哭泣，他不想拖累家人，更不想成为建行的负担，仅仅病休4个月的他做出了惊人的决定——上班！领导和同事好心相劝，要他以身体为重，在家安心养病，不要过度劳累。袁野的回答是：“我热爱生命，热爱亲友，热爱建行给予我的岗位！我不想成为社会的包袱，工作不仅可以增加收入，更能从病痛中解脱出来，让我感受到劳动的快乐！待在家里只会病得更重，我咨询过专家，只要积极锻炼、合理膳食、心态乐观、劳逸结合，完全可以慢慢恢复。”

从此，袁野除了按时服药、坚持锻炼、定期检查外，把全部的精力都投入工作中。白天他为客户提供咨询服务，收集业务资料，辅导客户填写信息；下班后，他或在电脑上录入客户信息，或打电话向客户营销产品，有时忙到八九点钟还没有回家。

尽管身患重病，袁野却用心工作，不仅勤奋努力，而且勤于思考，总结了一整套行之有效的营销方法。

不怕吃苦是他营销最有力的武器。有一次，他利用休息时间到车埠镇某单位营销信用卡，因为误了班车，加上天色已晚，连出租车都打不到，为了不误第二天上班，他硬是从乡下步行 20 多公里回到家。那一次他竟然成功营销了 80 多张信用卡，创下全行单人单日成功营销的记录。

积极思考问题是解决困难的最好办法。2012 年以来，汽车分期业务同业竞争异常激烈，除了搞好服务和营销，袁野深入市场进行全方位调查，撰写了一篇《赤壁市汽车分期业务市场调查报告》，将建行产品与同业进行全面的比较分析，提出了一系列建设性的意见。该报告引起上级行高度重视，省分行随即出台了汽车分期的直客式模式，基层行客户经理反映强烈的问题基本上得以圆满解决。

对客户的持续跟踪是袁野营销的又一利器。2015 年上半年收官之战时，一位长期在其他银行开户的高端客户终于在建行开户了，并克服重重干扰一次性通过网上银行转入 200 万元到建行账户上来。事后袁野得意地说："这个客户我为他服务了 3 年，关键时刻还是讲感情啊！"

当同事开玩笑地问他："你现在精神这么好，吃的是什么药？"袁野认真地回答："我非常享受工作的过程，每一次成功营销之后的快乐，就是抗癌良药！"

天道酬勤　屡创佳绩

凭着顽强的意志和过人的毅力，奇迹在他身上发生了！通过近 4 年的科学治疗，并经医院反复检测，袁野的各项生化指标已全部正常，精神状态明显好转，工作的热情和劲头更足了，一举打破了医学专家"最多活两年"的权威预言，让众多病友看到了生的希望。在这 4 年的艰难岁月里，他不仅战胜了癌魔，更取得了一系列出色业绩，创造了新的奇迹。

在取得骄人业绩的同时，袁野获得了一系列闪光的荣誉：2011 年被咸宁市分行评为"优秀共产党员"；2012 年被湖北省分行评为"信用卡营销能手"；2013 年被湖北省分行评为"百佳营销能手"；2014 年被建行总行评为"营销标兵"；2014 年被湖北省分行评为"优秀员工"；2014 年被咸宁市分行评为"优秀个人客户经理"；2011—2014 年连续四年被赤壁市支行评为"先进个人"。

正是凭着坚韧不拔的精神，袁野战胜了病魔，创造了医学上的生命奇迹；更让人感叹的是，他拖着患病之躯，取得了许多健康人也难以企及的职业佳绩，创造了人生新的奇迹。他的感人事迹启示我们：爱岗、敬业、奉献，并不是在消耗生命，相反，即使在最困难的情况下，也会让生命焕发出新的耀眼光彩！

记者手记

新华网通讯员　程向阳　邓祖荣

袁野,人如其名。

他犹如大自然中一棵挺拔的劲松,巍峨的大山赋予了他坚韧勤劳的品质,即使风吹雨打,始终屹立不倒。

他是一名身患肝癌的基层党员,曾经历了两次大手术,在医学专家预言"最多只能活两年"的情况下,他以乐观的心态、饱满的激情,一边治病一边工作,不仅创造了战胜肝癌的奇迹,而且收获了骄人工作业绩,谱写了一曲爱岗敬业的感人赞歌。

金秋十月,阳光普照,让人感到格外舒适。

10月9日下午,袁野像往常一样准时来到建设银行赤壁支行上班。

这个现在正常上班的中年汉子,在4年前竟是一名肝癌患者。

如今的袁野每日坚持步行两公里上下班,只见他步履轻盈、神清气爽,一点都不像重病患者。而这一切,全都是源于他坚强的意志和不懈的斗志。

第二次手术后,全家为了给袁野治病,花光了全部积蓄。虽然通过医保,报销了部分住院医疗费用,但沉重的经济负担,仍然压得人透不过气来。

得知这种情况,单位通过补充医疗保险,及时给予帮助;又通过大病救治、慰问、组织捐赠等方式,帮助他战胜经济困难,鼓励他树立抗击癌症的必胜信心。

让人意想不到的是,袁野在这关键时刻,接连做出了三个惊人的决定:一是封锁患病的消息,不让亲友来看望他,谢绝了单位工会为他组织的募捐活动;二是不再住院治疗,回家采用保守的中医疗法;三是仅仅病休4个月就重返工作岗位。

家人和同事好心相劝,要他以身体为重,在家安心养病。可袁野的回答是:"我热爱生命,热爱亲友,热爱建行给予我的岗位!但我不想成为社会的包袱,工作不仅可以增加收入,更能从病痛中解脱出来,让我感受到存在的价值和劳动的快乐。而待在家里,只会让我病得更重。我咨询过专家,只要积极锻炼、合理膳食、心态乐观、劳逸结合,我完全可以慢慢恢复。"

从那以后,袁野家中塞着成捆的中药、中成药和西药。

年逾七旬的老母亲不顾眼疾和驼背,总是佝偻着腰在厨房里忙碌着。老人家每天熟练地将薏米、小米、红枣、莲子、山药等食材放入电饭煲内煮,作为袁野的主食;每隔三天要用砂锅熬制一大锅中药,4年来从未间断。

"每逢周二和周四袁野值班,我都要给他送饭,一次都没有耽误。每天晚上休息前,还要为他烧水泡脚,按摩一个小时,从没停过。"拖着残疾之躯的老父亲袁兴明说,袁野肝癌手术几个月后，就坚持要去上班，他们都不同意，主要是担心他的身体“奈不何”。但是，在袁野的坚持下，他们再苦再累都会挺住。

每当看到年逾古稀的双亲为其劳累，袁野总是满怀愧疚地说：“我是单位的客户经理，是家中的顶梁柱，我必须要好好地坚守这两个岗位。我的力量都源于父母妻儿对我的支持和帮助。”

凭着顽强的意志和过人的毅力，袁野创造了医学奇迹！通过4年的科学治疗，并经医院反复检测，他的身体各项指标已全部正常，一举打破了医学专家“最多活两年”的权威预言。同时，他也取得了一系列骄人业绩，不仅有多项考评位列咸宁分行首位，而且获得了一系列建行总行、湖北分行授予的各类荣誉称号，成为建行系统中爱岗敬业的模范标兵。

近日来，袁野的感人事迹经媒体报道后，在读者中引起强烈反响。《咸宁周刊》社长、总编龙鸣说：“袁野是一个内心无比强大的人，能战胜癌症的人，一定能够做好任何有挑战性的工作。”赤壁热线网友“老黄牛”留言：“与其他病友不同的是，袁野是带病工作，享受工作过程中的快乐和成就感，而不是等着别人来帮助他”。

微语录

“爱岗、敬业、奉献，并不是在消耗生命，相反，即使在最困难的情况下，也会让生命焕发出新的耀眼光彩！”——“按住生命的开关”袁野

微评论

腾讯网网友“平凡的路上平凡的我”说：曾见过身边很多患病的朋友，大多都是自己放弃了自己，心态悲观，而袁野面对病魔的心态确实让人称赞、让人敬佩。我们现在社会正在大力宣扬社会主义价值观，作为咸宁人，我想，这种身边人、身边事，不就是最好的宣传吗？

人民网网友“疯狂的小蜜蜂10”说：可以看出，袁野是一个非常坚强的人，不仅战胜了病魔，还取得了工作上的成就，这是非常不容易的，相信未来可以应对更大的挑战。

“微视频表情帝”汤彦杰

汤彦杰，男，1991年5月生，共青团员，2013年8月参加公安工作，担任局前街派出所局前社区民警。2015年3月，汤彦杰同志获得“社区民警标兵”称号，并记个人三等功一次，同年获得“岗位操作能手”称号。

为了尽快熟悉社区基本情况，汤彦杰同志每天往返奔波于社区和警务室，认真走访辖区的每一户居民，充分考虑社区居民的生活习惯，错时上门，利用夜间、周末的时间，深入居民家中进行走访。在入户调查走访中，汤彦杰发现单纯的防范宣传单起到的宣传作用越来越低，他便利用自身优势发挥幽默特长，将枯燥的说教和网络流行语结合起来，推出“阿汤哥说防范”微视频，借用派出所微信公众号平台，推广给居民百姓。他所录制的防范微视频受到网友的好评，转发量超1亿次。

防范微视频中的“表情帝”汤彦杰

《南方都市报》记者 吴雪峰

汤彦杰，1991年5月生，2013年8月参加公安工作，2014年9月参与社区工作，成为常州市公安局天宁分局局前街派出所的一位普通社区民警。局前街派出所建所于1949年10月，可以说是与新中国一起成长起来的，60多年来，代代“局前人”始终牢记人民公安为人民的根本宗旨，用理想和正义、爱心和智慧打造了“守护、温情、敏行、传承”的“局灯”精神，为一方百姓撑起平安之灯、幸福之灯。汤彦杰现为前后北岸社区的社区民警，社区常住居民1346户，占整个局前街派出所辖区的30%，且有第一人民医院、路桥市场、文化宫广场等人流密集场所，属于重点管辖区。作为前后北岸社区的社区民警，汤彦杰的责任之重、压力之大可想而知。但正是这样一名社区管理“新人”，他将压力化作了动力，凭借着年轻人的"一股冲劲"和对社区居民的"一腔热情"，短短3个月，便在全市近千个社区考核单元中名列前茅，凭着工作的耐心、细心，贴近了群众，赢得了居民的认可，同时，他也成为领导眼中值得信任的优秀青年民警。他获得"社区警务之星""社区民警标兵"等称号，成为同事争先效仿的榜样。

深入走访"贴民心"，排忧阿汤人人夸

做社区工作就要和群众面对面打交道，家家有本难念的经，怎样让群众都满意，怎样更好地为社区居民服务？汤彦杰认为，基本服务都是一样的，但要考虑到每一户居民的具体情况，因人而异，学会换位思考。一天上午，辖区居民毕某因琐事与张某发生口角后动了手，毕某受伤住院，汤彦杰接警后赶到医院了解情况。躺在病床上的毕某情绪失控，对汤彦杰大吼大叫，把怒火发泄到民警身上。汤彦杰虽然觉得自己很委屈，但是，他想起了局前所老民警的教导："小汤，干咱社区民警，受委屈是常事，要有超常的忍耐和毅力，你要多磨炼啊！"汤彦杰压住了怨气，耐心劝慰毕某，表示一定会秉公处理，让他安心养伤。在初步了解情况以后，汤彦杰将张某传唤到了派出所。张某态度不错，但不承认打伤了毕某。汤彦杰心想：两个人的说法不一，我也不能判定真假，还得多调查才行，可不能委屈了当事人。于是，汤彦杰马不停蹄地赶往事发现场寻找目击者。就在这时，汤彦杰接到电话，说张某突然昏倒在派出所，汤彦杰二话不说，立刻折回，先将张某送往医院救治。此时已到下午，没吃午饭的汤彦杰赶到交警部门，调取事发路段的监控，并找到了当时在场的交通协管员了解情况，证实毕某确实是被张某打倒在地的。面对忙前忙后并救护自己的民警，张某羞愧难当，向汤彦杰道歉，并承认了自己的违法行为。张某的诚意换来了毕某的谅解，双方握手言和。事后，张某专门来派出所向汤彦杰赠送锦旗，上书"为百姓排忧解难，好民警爱岗敬业"。这面锦旗上的这句话，汤彦杰一直铭记心中。

都说群众工作难做，用心、耐心，是汤彦杰同志始终坚持的社区工作信条。从警不到一年，汤彦杰收获了10余面锦旗，在群众满意度评比中勇夺全所桂冠。汤彦杰根据社区居民的作息规律，错时上门走访；每周上门探望孤寡老人、帮扶对象，提供便民服务。2014年以来，他走访了3000多户居民，帮助了40余户困难群体。

扎实防范"赢民心"，领队阿汤人人爱

从事社区民警越久，就接触到越多的侵财案件。派出所警力有限，怎样提高安全防范质效呢？这个问题一直压在汤彦杰的心里。他想到了社区里那些"爱管闲事"的居民，汤彦杰就一一找到了这些居民，一个一个地做思想工作。刚开始，他们有的不好意思，

有的怕别人说闲话,都不愿意。但经过汤彦杰反复地游说,最终获得了他们的支持,组建了“小喇叭”义务治安巡逻队。近年来,他又想到了社区中经常一大早就能见到的送奶工、保洁员、往来接送客人的出租车驾驶员,顺利构建了“送奶工、保洁员和出租车驾驶员”三支信息员队伍,确保了治安防范时空的全覆盖。努力织密织牢以社区警务为主导,治保组织为核心,保安联防为支撑,“三支队伍”和治安积极分子为补充的治安防控工作网络。目前仅“巡防钟点工”队伍就达 41 人,提供信息帮助破案 7 起,抓获 9 名犯罪嫌疑人。

开拓创新“聚民心”,明星阿汤人人赞

和同龄的年轻人一样,汤彦杰也有个性,也追求时尚,有时也爱玩。但他始终认为,做个有责任、有担当、有爱心的人,90 后就能散发出强大的正能量。

在入户调查走访中,汤彦杰总是带着安全防范宣传资料,为群众讲解安全防范知识,在采集信息的同时有机结合了防范宣传,提高了群众的自防意识,增强了社区走访工作的实效。但经过了一次又一次的走访,他发现,还是有很多人缺乏防盗防骗防抢的知识。

2014 年底,汤彦杰在手机上看到了一个微电影,他一下子就有了新的发现:“好多人都没空看防范手册,原来都像自己一样迷上看手机了,要不自己也拍个手机视频,把防范知识说给大家听?”于是,他开始了自己的第一次尝试,但想法是美好的,现实是残酷的,一开始就出现了专业装备匮乏、面部表情僵硬、特效剪辑落后等各种问题。一次次尝试,一次次失败,一段短短 15 秒的视频他就拍了近 3 个小时,汤彦杰几次都想到了放弃,所领导了解这个事情后,迅速找他谈心,周围的同事也纷纷过来鼓励。利用休息时间,汤彦杰一次次反复琢磨微视频自拍技巧,一次次对着屏幕练习自己的表情和语言,渐渐地,他的微视频做得越来越好。终于在 2014 年 12 月 29 号,历时 3 个月的第一部“阿汤哥说防范”之“防盗”微视频顺利出炉,视频播出后,就迅速走火网络,得到了网民的极大关注。之后,围绕人民群众人身财产安全问题,他又精心策划拍摄了“阿汤哥说防范”之“防扒”“防骗”“防拐”等系列微视频。发布后,新浪、搜狐、网易等 20 余家国内知名门户网站、客户端选择首页置顶播放,《人民日报》《中国青年报》等 70 余家中央、省、市级新闻媒体进行报道,央视特约评论员杨禹、2015 年的春晚总导演哈文等知名网络“大 V”纷纷转发点赞,一些单位甚至主动致电申请在地铁、广场等人流密集场所播放版权,阿汤本人也被央视《新闻周刊》列为一周新闻人物,湖南卫视《天天向上》、东方卫视《新闻眼》等 20 余家金牌栏目邀请录制节目。公安部副部长孟庆丰到常州调研时称赞他是“一个带有时代特色的警界新星”。截至目前,“阿汤哥说防范”系列微视

频点击量已经突破了10亿，创造了公安网络话题关注纪录，取得了良好的网络宣传效果。

“做好局前事，当好局前人，这一直是支持我做下去的信念。”“阿汤哥”即使在红了以后，也一直对身边的同事这样说。“阿汤哥”作为局前街派出所青年民警的杰出代表，以自身行动充分诠释了“局灯”精神，但“阿汤哥”表示：“我只是我们公安民警的一个代表、一个缩影，在我的背后还有很多这样默默付出的民警。人民警察这个职业注定是艰辛的，但用我们的汗水能换来一方百姓的平安就是值得的。”

记者手记

《南方都市报》记者　吴雪峰

汗水的背后

抛开警察身份，作为一名普通人来观察汤彦杰的话，其实这样一个“网络红人”在工作和生活中更真实。微视频里的他为了引起更多人的注意，让尽可能多的人在看了他的防范视频哈哈一笑过后能记住他自创的那些防范顺口溜，他是“浮夸”的。在小小视频框里，他卖萌、搞怪、扮囧、耍帅……但当你真正接近他时，你会发现这样一个90后民警有着与时下90后与众不同的标签，那就是他的坚毅、执着、追求完美。

刚开始拍这个视频时，周围同事很支持，但更多的是观望，因为这个事情谁都没有做过，汤彦杰可以说是第一个吃螃蟹的人。这只螃蟹是怎么吃下来的，个中滋味也只有他最了解。虽说曾经有一定的表演经验，但是没有专业的仪器，没有专业的指导，从编台词、编剧情，到剪辑、后期，等等，这些看上去好像不是很难的活儿却让汤彦杰这样的视频制作菜鸟两眼一抹黑。特别是在基层派出所，每4天要值一个24小时的班，在这24小时内，你要一直待在派出所，有群众报警求助你要立即处警，平时不值班的时候要在社区入户走访，向居民做防范宣传，救助孤寡老人困难群众。在一遍遍的走访宣传下依然有群众会上当受骗或者被盗财物，这让汤彦杰很郁闷，带着这样的郁闷，他一门心思要把这个视频做出来。第一次做视频，他自掏腰包购置了自拍杆等装备，短短15秒的视频他拍了3个多小时，往往一个字、一个表情，他就要反复琢磨反复拍，直到拍到他满意的效果为止。功夫不负苦心人，第一期视频一经推出，获得了周围同事的一致称赞，他放到网上去让更多的人看到它，就这样，“阿汤哥说防范”系列微视频诞生了，一下子就火了。现在，连辖区的局民看到他也不再喊他“汤警官”，而是“阿汤哥”。

成了名的“阿汤哥”并没有停下前进的脚步，享受成名带来的荣耀，他依然坚持不值班的时候就是在社区工作，管理着他自己的“一亩三分地”。一级又一级的阶梯、一遍又一遍的敲门，衣服后背上干了又湿形成的深浅不一的汗渍，这无一不记录着他的努力、他的付出。

生活中的他健康向上，是位健身达人，有氧、抗阻、推举等健身名词可以说是如数家珍，健身几乎就是他业余生活的全部。“我的工作占了我生命 1/2 的时间，我不希望剩下的 1/2 只是睡觉休息，公安工作是很累，但是抱怨没有用，一切都要靠自己，一切都是最好的安排。”

微语录

“抱怨没有用，一切都要靠自己，一切都是最好的安排。”——“微视频表情帝”汤彦杰

微评论

新浪网网友：威武霸气帅。

网易网网友：演技这么好，不去春晚可惜了。

“历史伤痕的记录者”李国庆

今年70岁的李国庆曾在山西沁县史志办研究抗战史20余年，退休10年来，他独自一人骑摩托车辗转九省三市，拜访了595名日军侵华惨案的亲历者，用镜头记录了他们记忆深处那段血泪斑斑的屈辱史。李国庆说，他一直在与时间赛跑，收集整理一手的口述史，既希望日本政府正视历史做出赔偿，更想昭示国人勿忘国耻，珍爱和平。

与时间赛跑，用镜头记录伤痕

——七旬老人10年探访近600位惨案亲历者

新华社“中国网事”记者　王学涛

今年70岁的李国庆曾在山西沁县史志办研究抗战史20余年，退休10年来，他独自一人骑摩托车辗转九省三市，拜访了595名日军侵华惨案的亲历者，用镜头记录了他们记忆深处那段血泪斑斑的屈辱史。李国庆说，他一直在与时间赛跑，收集整理一手的口述史，既希望日本政府正视历史做出赔偿，更想昭示国人勿忘国耻，珍爱和平。

与时间赛跑　寻找血债人证

在山西沁县县城一个胡同内的两层小楼内，记者见到了头发花白的李国庆。几近晌午，阳光正毒，他却穿上一身整齐的长袖迷彩服，戴着头盔，拎上照相机、摄像机等家当准备外出工作。记者问他为何穿得这么严实，他说：“热是热点，但耐脏、安全。”

李国庆的一身装备在人群中十分抢眼，对他来说这都是宣传工具。摩托车车身、车尾旗帜及头盔上印着“勿忘国耻，珍爱和平”“走遍中国受害地，见证侵华日军罪证”等字样，车上还播放着《弹起我心爱的土琵琶》等革命歌曲，不时引来路人观看。

到了83岁惨案亲历者李孝明家，李国庆先给老人的身份证拍照，然后架起摄像机,就手拉手跟老人聊起了往事。李孝明说,他当时只有八九岁,一天中午五六个日本人闯进了他家,用枪逼着父亲走到门外的大杨树下,日军把他从父亲怀中摔到了地上,他疼得放声哭了起来,刹那间,父亲的脑袋就掉在了地上,满身是血。

“别人都叫爸爸妈妈……我从来没有享受过父母的疼爱,是共产党、毛主席把我养大的。”李孝明两眼含泪,哽咽着说。后来他把父亲的血衣埋了,但这种伤痛一辈子也忘不了。

临走时,老人紧紧握住李国庆的双手说:“侵华日军不知道在中国杀害了多少无辜百姓,你的这种做法对我、对我们国家都很有意义,谢谢你。”

今年70岁的李国庆出身于农民家庭,喂过牲口,当过民办教师,在县剧团工作过,1981年调到沁县史志办工作直至退休。

谈起为何要记录亲历者的口述史时,李国庆说,20世纪80年代他在史志办工作时,有一次在郭家庄偶遇了两名被日军用刺刀分别刺了17刀、12刀的老太太。当时,她们让他看肚子上留下的伤疤。遗憾的是,他没有照相机,无法拍下来。等到90年代他再去找这两位老人家时,她们已经离世了。

“时间很残酷,证据没有了,我感到很遗憾。”李国庆说,他意识到随着时间流逝,见证过日军罪行的幸存者越来越少,他应该行动起来去收集亲历者头脑中的“活资料”。

历千辛万苦 见证丑恶罪行

李国庆决心很大。2005年即将退休之际,他买了摩托车、照相机、摄像机,并在出发前由当地出具了身份证明。但出远门成为摆在他面前的第一道坎儿。

“刚开始骑自行车去采访,但时间都耗在路上了,腿上、屁股上也磨破了皮,浸出了血。”李国庆说,后来他开始学骑摩托车。但由于上了年纪有一次该刹车时他却拧了油门,结果猛得冲了出去撞在墙上狠狠摔了一跤。

事实上,类似的危险对他就像家常便饭,但没有一次危险让他停下前行的脚步。李国庆回忆说,有次他到山西寿阳县羊头崖村去采访,一个老乡给指了一条近路,但却是一条羊肠小道,路面不平只有一米宽,路旁是深沟,有几次差点翻下沟。李国庆说:“到了山顶时,出了一身冷汗,全身衣服都浸湿了。但能得到一手资料,吃点苦也值得。”

有时碰上天气不好,道路更加艰辛。李国庆举例说,他在河北井陉县采访“老虎洞惨案”时,正遇到阴雨天气。老虎洞位于深山上的半山腰,他硬着头皮来到山脚下拍了照片后就往树林外跑,眼镜弄坏了,等他跑到大路上,山洪倾泻而下。

除了征程坎坷,李国庆还时常遭受别人的冷眼和不理解。“这种时候太多了,我做宣传时经常被城管赶,说影响了市容。有时亲历者愿意说,但他们的儿女们不支持,把我轰出家门。”

遗憾的是，他辛苦采访的成果还曾丢失过一次。在山西洪洞县采访时，他的摄像机、照相机、录像带、胶卷等被人偷走了。“那次损失很大，十几个惨案呢，气得我饭乜吃不下。”李国庆说。

为了节省开支，李国庆经常吃一碗面充饥，晚上就在汽车站或火车站附近找一家小旅店和衣而睡。由于吃饭、住宿都是挑选便宜的，一年出去五六个月绕上几个省市，才花费1万元。

至今让他记忆深刻的是，有一次他落脚到河南林州任村镇的一家旧汽车院内。“臭得没法住，铺盖全是黑的，一晚上就要了我几毛钱。”老李说。

虽然行程艰辛，但李国庆认为自己做的事情非常有意义。他告诉记者，2005年，他到安徽省淮北市渠沟村采访惨案时，当时85岁的赵胜奎对他说：“我冥冥之中在等一个人，终于等到你了。”这位13岁时被日军残害致残的老人，坐着轮椅带他参观了村里的烈士陵园和合葬坟。

“老人讲起往事非常悲痛，他说全村被杀死烧死260余人，32户被杀绝，仅他自己家里就有13口人遇害。”李国庆说，老人平时不愿来合葬坟，他说想起惨死的乡亲，心如刀绞。

访九省三市　著书教育后人

10年来，李国庆的足迹踏遍中国九省三市，最北到过辽宁，最南到过浙江，采访到惨案亲历者595人，涉及300余件惨案，并写下两大厚本的行程日记和五卷布的签名。

“一路走来，得到很多人的帮助，很感动。”李国庆说，不少好心人帮他修车、寻找亲历者、留他吃饭。经初步计算，10年来，他共花费约10万元，其中自愿支持的钱就达一半。

李国庆举例说，2007年，他行走到河南滑县靳庄村时摩托车爆了胎，当时附近没有修车的，一个村民了解情况后，免费帮他把车修好了。为了感谢雪中送炭的情谊，他专门在日记本中作了一首小诗：“靳庄爆胎车难行，难中巧遇胡忠心。忠心帮我解危难，难忘忠心助我情。”

与此同时，李国庆的事迹也感动了身边的人。他说，每次外出采访、宣传，给他捐款、送饭、送水的人不计其数，他们中有教师、交警、饭店服务员，有退休老干部，也有十几岁的孩子。“有一个叫葛历峰的男子曾硬塞给我300元，他对我说‘看到你就看到了民族的希望’。”

采访过程中，李国庆还收集了一大沓诉讼书，上面详细记载了房屋等财产损失和人员伤亡。但李国庆遗憾的是，他个人之力太过微薄，民间诉讼无法启动，只能尽自己所能，记录好这些珍贵口述史，并不断去呼吁。

目前，他正在整理自己采访的资料，并计划出四卷书。其中，《侵华日军暴行亲历者口述证言·山西卷》已经送到出版社。该书包含山西178名亲历者讲述的118件惨案。

“我能尽自己最大努力，给后人留下一份亲历者的口述文字和影像资料，感到很欣慰。”李国庆说，他希望更多人士加入其中，能为曾经“哭泣的中华”讨回公道。

记者手记

新华社“中国网事”记者　王学涛

采访过程中，记者被一位头发花白的七旬老人身上散发的热情、执着、吃苦精神所感染。

在李国庆家中转一圈就知道他是一个很有故事的人。整面墙的大书架上摆放着满满的有关近代史和抗战的书籍，部分旧书已成罕见之物；桌面上整齐地摆放着一盘盘录像带，是他10年采访工作的见证；一卷卷“惨遭侵华日军杀害中国军民亲属大签名”的签名布无声地控诉着侵华日军当年的罪行；更让人难忘的是那辆全身武装的摩托车，车身车尾旗帜上印着“勿忘国耻，珍爱和平”“走遍中国受害地，见证侵华日军罪证”等字样。

虽然头发花白，但李国庆干起工作来却热情似火。记者初次见他时，正好赶上李国庆去采访一位83岁的惨案亲历者李孝明。让记者惊讶的是，炎热的天气他却全身武装，一身迷彩服和头盔十分抢眼，摩托车上还播放着《弹起我心爱的土琵琶》等革命歌曲，他一经过马上引来周围人的观看。对此，李国庆说，这些都是宣传工具，无形中提醒人们勿忘国耻。

干起工作来老李也非常认真。他不仅要给惨案亲历者的身份证拍照，还架起摄像机做记录，并热情地跟被采访对象聊天，拉近心灵的距离。

因为从事党史工作对抗战精神有更深的体会，李国庆对探访惨案亲历者这件事非常执着。退休后他毅然学会了骑摩托车，无论遇到天气不好、道路艰险，或者是遭受别人的冷眼和不理解，他都坚持自己的梦想。10年来，他的足迹踏遍了九省三市，从东北的辽宁到南方的浙江，采访到惨案亲历者近600人，涉及惨案300余件。

家中两大厚本的日记记录着他在行程中遇到的酸甜苦辣。为了节省开支，李国庆说，他经常吃一碗面充饥，晚上就在汽车站或火车站附近找一家小旅店和衣而睡。至今让他记忆深刻的是，有一次他落脚到河南林州任村镇的一家旧汽车院内。“臭得没法住，铺盖全是黑的，一晚上就要了我几毛钱。”

而最严重的还是精神上的打击。李国庆告诉记者，有次在山西洪洞县采访时，他的摄像机、照相机、录像带、胶卷等被人偷走了，连续工作多天的十几个惨案的内容丢失。李国庆回忆说，至今他想起来气得连饭都吃不下去。

虽然经历千辛万险，但李国庆回忆往事，收获更多是感动。他回忆说，有次去安徽省采访惨案，让人惊讶的是85岁的赵胜奎对他说："我冥冥之中在等一个人，终于等到你了。"老人希望在有生之年能把自己经历过的惨案讲给后人听。此外，行程中帮助过他的人、被他所感动的人都让他觉得自己正在做的事情非常有意义。

然而李国庆也有遗憾，他说，虽然收集了一大沓诉讼书，但他个人力量太过微薄，民间诉讼无法启动，因此只能尽自己所能，不断去呼吁。但李国庆并不后悔，他说在有生之年能尽自己最大努力，为后人留下一份亲历者的口述文字和影像资料，感到很欣慰。

微语录

"我能尽自己最大努力，给后人留下一份亲历者的口述文字和影像资料，感到很欣慰。我希望更多人士加入其中，能为曾经'哭泣的中华'讨回公道。"——"历史伤痕的记录者"李国庆

微评论

新浪网网友"田飞 tianf"说：记住历史，鞭策中华！

网友"艾萨拉的风721"说：不忘历史。

“列车上的雷锋”——赵平忠

赵平忠，1965 年出生，是兰州铁路局银川客运段上海二队第一包乘组列车员。参加工作 19 年来，他始终热心帮助旅客，视满足旅客需求为己任，甚至以列车为媒介，发现并帮助家庭困难的学生完成学业，被誉为列车上的“活雷锋”。他以实际行动影响了他所在车队的整体服务理念，车队借鉴赵平忠的工作方法，倡导特殊、亲情、人性化服务，提炼命名出“平中四感工作法”，使每一名职工都树立起品牌服务意识，提升了整个车队的服务水平。

列车上的“活雷锋”

央广网记者 许新霞 刘梦 孙宇 通讯员 李丽霞

赵平忠是银川客运段上海车队第一包乘组列车员。参加工作 19 年以来，他以雷锋为榜样，在平凡的岗位上书写了自己的精彩人生，先后荣获“中华全国铁路总工会火车头奖章”“服务明星”“安全标兵”“道德模范”等称号。

赵平忠时刻用一个党员的标准严格要求自己，哪里有需要，就总能看到他的身影，用自己的言行感染和带动了周围的同事，大家都亲切地称他“活雷锋”。今年春运期间，K1332 次列车从济南开车后，一名面色十分惊慌的男孩看到正在巡视车厢的赵平忠，急忙上前寻求帮助。在赵平忠的细心询问和安慰下，得知该旅客由于行李太多，不慎将自己的灰色双肩挎包落在济南站候车室，包里装有“索尼笔记本电脑、新买的苹果手机、索尼 mp3、一支钢笔、一本书、移动电源、两个耳机和两个充电器”等物品，总价值 2 万多元。此时列车已离开济南站很远了，赵平忠一边安慰旅客不要着急，一边询问旅客挎包丢失的具体位置，得知挎包落在济南站 B4B5 候车室后，赵平忠及时联系济南站的工作人员帮助寻找。由于寻找及时，旅客背包失而复得，在这个过程中，赵平忠用手机联系不下 10 次。有人说他“傻”，但他总是憨笑着说：“能为旅客解决困难是我最大的心愿！”

去年9月份的一次值乘中，列车从银川开动后，赵平忠像往常一样细心地巡视车厢，突然，一个愁容满面的男孩引起了他的注意，他主动走过去和男孩攀谈起来，在聊天时赵平忠看到男孩的泪水在眼眶中打转，便再三追问出了什么事。原来，男孩名叫满承森，今年22岁，家住甘肃皋兰县西岔山区，刚考上了太原理工大采矿专业，家中为他上学已经借了不少的钱，可学费有了，生活费又怎么办？对一个刚出校门的孩子来说的确是个难事。得知这些，赵平忠安慰男孩说：“你不要着急，先好好地去上学，把你的电话留给我，回去我给你想办法！”就这样，留了男孩的手机号码，赵平忠又开始想办法了！回到银川后，赵平忠顾不上休息，按照男孩提供的地址去了趟男孩的家，了解到男孩的父亲已去世多年，家中全靠老母亲一人种着几亩旱地维持生计，男孩有两个姐姐，一个早已出嫁，一个在外打工，家里除了几亩薄田再没有其他经济来源。看到男孩年迈的母亲和贫困的家庭，赵平忠感到很心酸，他当时就做出决定，要资助满承森顺利完成学业。

赵平忠的爱人在一家公司上班，他们有一个女儿，正在重庆上大学，每月赵平忠给女儿1500元生活费，比起满承森，他感到女儿生活“太优越”了，于是他决定每月从女儿的生活费中拿出300元来寄给小满，数额虽然不多，但也可以解燃眉之急。之后赵平忠便给这男孩打电话，告知每月会寄给他300元的生活费，直到他大学毕业，并希望小满在学校学习期间能勤工俭学。这样的话，生活费基本上不用家庭支付了，学费遇到困难时他会再想办法。今年暑假时，赵平忠在担当临客值乘任务时，再次利用休息时间去男孩家探望。有了他的支持，男孩一家看到了希望，他也看到了山区孩子在艰苦环境下努力学习的信念和理想是多么可贵，这也再次坚定了他资助贫困山区孩子学习的决心。

记者手记

央广网　许新霞　李丽霞　刘梦　孙宇

升华的幸福

人与人之间的相处，需要阳光般温暖的心。这是赵平忠与旅客真心相处得出的结论。

参加工作19年来，赵平忠总结、创造出了细心想、细心看、细心访、细心讲、主动帮的“四细一主动”服务法以及“说话轻、走路轻、作业轻、开关门轻”的无干扰服务法，受到了广大旅客的欢迎。

赵平忠告诉记者，身为铁路职工，他有幸经历了中国铁路事业的高速发展，感到无比自豪。在新的征途上，他希望能以更高的标准要求自己，立足岗位、开拓进取，努力为铁路事业做出新的更大贡献!

“赵平忠大哥是我的大恩人,没有赵大哥,就没有我们的今天。”提起赵平忠,商丘人施先生言语中是满满的感激。2009年,赵平忠在商丘站台上遇到了两名特殊旅客,一名年过六旬的老人背着一位双腿打着石膏的老太太,艰难地行走在拥挤的人群中,赵平忠见状,帮忙把两位老人扶上车后才发现,前往银川投奔亲属的两位老人只买了一张车票,身上再无余钱,他便自掏腰包帮忙买了车票。

到达银川后,赵平忠亲自把两位老人送到女婿施先生处,施先生深受感动,自此二人成为朋友。在随后的交往中,赵平忠发现施先生一家生活困难,便经常帮助他们一家,并把自家的旧衣物送给他们。

“在列车上为旅客提供服务,是我的本职工作,遇到真正需要帮助的人,给予他们帮助,这是我工作的最大乐趣。”采访中,赵平忠朴实的话语令人感动。

采访那天,赵平忠显得有些着急,甚至心不在焉。原来,那天是给小满邮寄生活费的日子。小满是太原理工大学大三的一名学生,家庭贫困,他便每月从读大学的女儿原本不宽裕的生活费里扣除300元用来资助小满,一直持续到现在。“做这些事情,我并不想有什么回报,只想在退休以后,坐在阳光下,能有些值得回忆的东西。有时间了,去看看他们过得如何,就足够了。”

我们虽然无法和赵平忠一起经历那些旅途中温馨与感动的场面。可是,听他的讲述,我们依旧能够想象、感受到一名平凡的铁路职工温情服务每一名旅客时的平凡幸福!

微语录

“在列车上为旅客提供服务,是我的本职工作,遇到真正需要帮助的人,给予他们帮助,这是我工作的最大乐趣。”——“列车上的雷锋”赵平忠

微评论

新浪微博网友“天天小隐身”说:人在路上,一句问候、一点关心都会传递一种温暖,赵平忠的一点善举让我们这些经常在路上奔波的人觉得特别舒心,给他点赞!

腾讯微博网友“大豆豆最后竟然”说:做一件好事不难,坚持不懈地做好事不易,最难得的是这种朴实的爱心。有时候自己会为了帮还是不帮而纠结,怕遇到骗子,但其实帮助别人是发自内心的关怀,不应该掺入太复杂的东西!

"夜色里的文化使者"丁颂扬

他的一生很简单，三个字："放电影"；他的梦想很实在，"为乡亲们放一辈子电影"。放电影浓缩了丁颂扬一生的轨迹，农村电影经历过红火期、低迷期，到今天惠农电影回暖期，他一直行进在山村放映路上，从未放弃。父母临终之际，他都在远村放电影，未来得及赶回见上最后一面；女儿突发高烧夭折，他也在外村放电影，孩子连一张照片也没留下；妻子中风瘫痪在床近10年，那是电影低谷期，他也依然坚守放电影。他被评为全国农村优秀放映员。

丁颂扬：点亮乡村夜色的使者

新华社"中国网事"记者　俞俭

每当夜幕降临，在湖北麻城市盐田河镇的山村，会看到一位年逾花甲的老人带着他的徒弟忙着拉银幕架机器，准备为乡亲们放电影。这就是63岁的电影放映员丁颂扬，45年来，他与放映机为伴，年复一年日复一日，已放映电影1.3万多场。他坚实地行走在乡村放映路上，足迹踏遍山山岭岭，汗水洒遍村村落落，用青春和激情点亮山村夜色，以执着和辛劳换来乡亲欢乐。

"丁师傅的伟大，就在于无怨无悔地坚守这份平凡的事业！"同行和乡亲们都这样称赞丁颂扬，他先后被评为全国农村优秀放映员、全国广电系统劳模。

坚守，一辈子都在放映路上

"明天要转到那边大山放电影，那边有五大山、惠兰山几个村。"站在放映电影的三轮车旁，丁颂扬指着对面高高的山岭对记者说。

丁颂扬心里最清楚，现今农民还是爱看电影，尤其是留守在村里的老人，有一种特别的电影情结,像电影《黎明行动》《妹娃要过河》看了一遍又一遍,农村需要这样一份精神食粮。

他对自己的坚守充满自豪和自信。从 1970 年入伍与电影放映结缘,他退伍回乡后,又当了一名电影放映员。农村电影经历 20 世纪七八十年代的红火期、90 年代末的低迷期,到今天惠农电影的回暖期,不管电影景不景气,他从一根扁担、两个竹筐到三轮摩托车,一直行进在放映路上,从未放弃。

电影低谷年代,全镇 18 名放映员其他都改行经商打工,独他一人坚守,一套设备、几副拷贝,翻山越岭到村村坳坳放映。当时他不是没有更好的选择,当村干部,进文化站,到乡镇企业当厂长,都被他谢绝了。他说,这么大乡镇,几百个村湾,应该有一个放电影的人。

2008 年实行农村数字电影惠农工程,农村电影迎来春天,丁颂扬心中燃起了一团火,他深感一辈子的坚守很值得,更加全身心投入电影放映之中,让数字电影之花,开遍大山深处村村寨寨。全镇方圆 140 平方公里,34 个行政村,几百个村落,最远的山村 30 多公里,最高的山村海拔千米,每一条山路上都能看到他奔忙的身影,每年都能完成 400 多场放映计划。

2010 年麻城市"迎新春电影展映活动月",丁颂扬从腊月十八放到大年三十,正月初一也没停。正月初八,他要到海拔 860 多米高的邹家边村放映,由于雨天路滑,坡陡弯急,三轮放映车滑下路沟,他手脚受伤,过路人帮他把放映车抬上来,劝他回镇疗伤。"计划不变,不能失信。"他继续爬上高山,带伤放映大家盼望的《黎明行动》。

放映科教片更让他找到成就感。丁颂扬说,像家庭急救常识、森林防火、白蚁防治、农村家庭巧用电、婚育新风等,科普性强,与生活很贴近,群众蛮感兴趣,男女老少都爱看,种养农业技术的科教电影更是深受欢迎。

盐田河镇是中国板栗之乡,《板栗栽培技术》他放映了 108 场,使广大栗农由原生态栽培学会科学嫁接,老干嫁新枝、老树开新花,产量成倍增长,去年、今年全镇板栗收入 2 亿多元。

丁家山村支部书记丁升平对记者说,农民都喜欢看科教片,懂得不少生活常识,很实用,学到很多农业新技术,打开了致富之门。付家冲的村民丁兴权学会板栗嫁接和管理方法,1000 多株板栗树成了摇钱树,他也成了小有名气的板栗大王。

亲情,一生还不尽的亏欠

丁颂扬的家在丁家山村最高处,那条坡路坑坑洼洼很难走。推开家门,家中看上去十分整洁,却颇感冷清,平时只有他一人住。

"昨天又看了一遍《庐山恋》,这碟片是上月底进城买的。"他拿出《中国电影百年经典珍藏》让记者欣赏,甜蜜的微笑里带着一缕忧伤。

他与妻子胡丹花的恋爱是当年传遍整个盐田河镇的一段佳话。那时《庐山恋》可火了,不知道放了多少场次,有一天下雨放映,有个女孩为他打伞、遮机器,后来这女孩常帮他擦机器、换片子。她就是胡丹花,后来成了他风雨同舟的人生伴侣。

电影低谷期也是他的家庭不幸期,那是他人生最艰难的时候。1997 年初,妻子中风瘫痪在床,这一病就是 9 年 7 个月,原是他的好帮手,现在全由他伺候,擦身换衣,煮汤熬药。为了给妻子治病,他凌晨 3 点就去帮人挑砖背水泥,上三层楼,一块砖一分钱、一袋水泥一角钱。妻子临终时拉着他的手说:"今生拖累了你,来世再报答你。你放电影,我还给你擦机子、当助手。"

电影红火的那些年忙于放映,几乎没在家过个团圆年,生活对他的打击也接连不断。1979 年,父亲因病去世,他在农田水利工地上放电影,临终没见一面;1983 年,出生 27 天的女儿突发高烧夭折,他在外村放电影,孩子连一张照片也没留下。

"这是一生中永远忘不了的痛。"1984 年除夕,丁颂扬给病倒在床的母亲喂饭,母亲说可不可以陪她一天再走,他却说乡亲们都等看电影,让妻子在家照顾,就强行走了,母亲当时就流泪了。春节期间他从正月初一开始一直忙着放映电影,正月十二在肖家山村接到母亲去世的噩耗,当晚 800 多人看电影,他再也忍不住哭出来,一边放电影,一边流着泪,坚持把电影放完,连夜赶回家。

"这个事过去 30 年,至今想起来还很难过,最对不住母亲。"丁师傅讲述着,泪水抑制不住流下来。

梦想,为乡亲们放一辈子电影

丁颂扬对放电影情有独钟,他说:"我的一生很简单,三个字:'放电影'。"爱也电影,痛也电影,放电影已融入他的生命。

20 世纪 90 年代到新世纪初,农村电视机逐渐增多,农村电影再没有人愿意看了,这是丁颂扬最为失落的一段时间。

如今,农民喜欢看电影,老丁为自己定的放映计划是每年 408 场,让所有村民每月都能看到一场电影。"我习惯了村民们对我的需要,只要这种坚持还有一点意义,我就会坚持到底。"

乡亲们都说他是用真情放电影。每放一场电影,他从来都是人不离机,坐三四个小时一脚不动,既保证放映质量,又保护机器不让小孩玩碰。放映一场,有始有终,观众满意,自己放心。每次放映提前一小时架机,播放歌曲,营造气氛,帮老人抬椅凳,与村民很亲近,因此来看电影的就特别多,放映效果好。

丁颂扬说，农村电影不是没人看，对胃口的影片要跟上。他留心收集信息，挑乡亲爱看的故事片，哪村爱看喜剧片，哪村喜欢战斗片，哪村放什么科技片最适合，对了乡亲胃口就不会冷场。如惠兰山村闹白蚁，就放《防治白蚁》，每个月定期放两次，村里因此建了“防害队”，编了白蚁防治手册。

打开放映三轮车棚，记者看到，两床棉被垫着放映机，包裹得稳稳妥妥。几十年来，他使用的放映设备从未受过损伤，2008 年发放的数字电影放映机，还是像新的一样。

麻城市新农村电影院线公司经理陈旭峰说，丁师傅作为院线一名基层放映员，执着无悔，淡泊名利，他凭着一腔热情放电影，所以放得好，观众多，放映质量在麻城首屈一指，无效场次为零。

“农村需要电影，要找一个靠得住的接班人。”他想带一个徒弟，既喜欢放电影，能守得住，更要人品好。陈旭峰介绍，这两年丁师傅都在物色人选，公司也支持他选好徒弟。今年下半年已选定 40 岁的夏有球，他以前在外面打工，现正跟着丁师傅实习。夏有球说，他对放电影有情结，更深深为丁师傅精神所感动。

“为乡亲们放一辈子电影。”丁颂扬找到了人生价值，也成就了人生梦想。几年前，麻城市委书记到他家看望，问有什么要求，他说就是想多放几年电影。

盐田河镇党委书记李黎明说，放电影浓缩了丁颂扬一生的轨迹，也闪耀着一位老党员的党性光芒。丁颂扬 2011 年被评为湖北省优秀共产党员，2012 年光荣当选为湖北省第十次党代会党代表。

记者手记

新华社“中国网事”记者　俞俭

年初参加湖北省电影工作会议，有一个山村电影放映员丁颂扬的典型事迹材料吸引了我、打动了我。也许从小在农村长大，对乡村放电影有一种特别的情结，更想到当今网络时代，还有人坚守山村为乡亲们放映电影，同时也颇感疑惑，农村电影还有观众吗？就这样踏上了采访之路。

丁师傅是一个老典型，还能写出多少新意，能否再度感动读者，同事的这些疑虑，也是我一路所担心的。事先打听到当晚他就在丁家山村放电影，就驱车直奔丁家山。

山路弯弯，这是丁师傅几十年上下往返的必经之路。盐田河镇是山区，这样的山路通往各个村落，以前都是泥巴沙石路，如今基本都修了水泥路，但依然是路窄坡陡弯多。一年到头，丁师傅就是奔忙在每一条山路上，为乡亲们送去欢乐时光。

当时红艳艳的杜鹃花开遍山山岭岭，我心里想，丁师傅有点像这山间的红杜鹃。

其实，我一路都在思考，如何寻找这个老典型的闪光点、感动点，但没有想到，一进入大山，一接触采访，激情就来了，敬佩感动油然而生，为他的坚守、为他的梦想、为他不舍的亲情。

60多岁的丁师傅像大山里的老农民一样，憨厚朴实，却透出坚毅，不善言辞，但说到放电影，颇有兴致，从他在部队与电影放映结缘，到退伍回乡当上电影放映员，经历农村电影红火期、低迷期，到今天回暖期，似乎有说不完的话。

他为自己的坚守而自豪，虽说不过是全国千百个放映员中的一员，却是中国农村电影的见证者，这样的一生充实而有意义。

山路就是他的人生之路，村场就是他的舞台，人生几十年，如同电影从黑白到多彩。特别是今天，看到农民喜欢科教片，想到看电影是留守老人的欢乐时光，自己依然有一种被需要的感觉。

“科教片村民喜欢，我也喜欢。”《板栗栽培技术》《农村家庭巧节电》《道路交通安全》等科教片都放了100多场。人说不断重复放映，枯燥单调，不会看厌吗？但丁师傅说，每放一场电影，自己就学习一次，后来成了“科普专家”，村民经常向他请教。

村民丁杏林、丁升平、丁兴权都夸说丁师傅做事很负责，电影放得好，总是订一些他们喜欢看的科教片、抗战片、戏曲片、武打片。放电影时，先放半小时歌曲，有气氛，村民也都照顾着丁师傅，夏天给他点蚊香，冬天送火笼给他烤火热手。

在他颇感冷清的家里，讲到妻子的离世，他眼睛渐渐红了，泪花在打转。他为自己未能守护病中的母亲深为愧疚，再也抑制不住泪水，几度哽咽，他觉得最对不住母亲。

两天的采访，已经忘记要去寻找什么感人事迹，却常常处在感动之中，内心难以平静，在平凡普通的叙述中，经受一次次心灵的震撼。这也给人启发，采访不必刻意去寻找感动点，只要用心观察、用心体会，感人的新闻就会呼之欲出。

微语录

“我一生很简单，三个字：‘放电影’。乡亲们喜欢看电影，他们的需要就是我坚持的意义、人生的价值。我别无所求，只要为乡亲们放一辈子电影！”——“夜色里的文化使者”丁颂扬

微评论

网友“旭日”说：丁师傅从事电影放映工作45年，放映电影1.3万多场，像一个农民春耕秋种一样，日复一日，年复一年，但他栉风沐雨、痴心不改，默默在工作岗位上45年不间断，不管事业是繁荣还是萧条，都能够始终不变，他这种“坚守”就不能不称为一种“精神”，他身处基层，精神却站在高处。

网友“美丽心情”说：在平凡的岗位上默默奉献，值得我们学习！

“乡情铺就回家路”巩义村民

一人走失，全村行动。巩义羽林庄村做出了示范。人人都期盼乡情和亲情的回归，这种行为充满了无限的温暖和感动。3月6日，巩义市芝田镇羽林庄村的52岁聋哑妇女冯起凡走失后，村民自发组织起来，出车出人出资，苦苦寻找七天七夜，行程万余公里，足迹踏遍周边十多个市县，终于带她回到了家里。发生在村民身上的事迹感人肺腑、催人泪下。在重唤乡情、亲情和道德回归的今天，羽林庄村民用实际行动诠释了“敦亲睦邻，崇善尚美”的质朴之爱。

淳淳民风 浓浓乡情

——被大爱包围的羽林庄

新华网河南频道记者 程文超

3月3日晚上8时许，一场特殊的欢迎仪式在河南省巩义市芝田镇羽林庄村头举行，上千名村民自发地聚集在这里，迎接已失联七天七夜，刚刚被找回的聋哑女村民冯起凡。当冯起凡被丈夫紧紧拥抱在怀里的时候，羽林庄，这个曾因北宋羽林军驻扎而得名的古老村庄，在此刻沸腾了。

在烟花和鞭炮的映衬下，在大爱的包围下，羽林庄显得是那么的绚烂、感人与可敬。

淳淳民风，浓浓乡情，在这一刻的羽林庄得到了完美诠释。

事情还得从2月24日说起。

车改线　她走失

2月24日,大年初六。

老话说:"三六九,往外走。"这一天下午,52岁的冯起凡决定乘班车去芝田镇益家窝村的妹妹家探亲。这条路,她曾走过无数次,虽然自己是聋哑人,但去妹妹家的路早已烂熟于心,没有任何压力。

下午4点左右,她抱着一箱饮料,登上了公共汽车。然而,她不知道的是,自己再熟悉不过的探亲之路却因公共汽车的临时改线而变得陌生。她更不知道的是,在走失的七天七夜里,全村近千人四下寻找,累计行程达1.5公里。

现在已无法获知冯起凡在什么地方下了车,可以明了的信息是,她在自己不熟悉的地方下了车,然后一切都陌生了。

她沿着310国道走了两天两夜,在2月26日晚上,来到了离家几十公里远的荥阳市乔楼镇辖区。此时的她饥寒交迫,身上的20元钱早已花光,终于累倒在道路边。幸好,两个陌生的好心人发现了她,立即拨打110,该镇派出所迅速出警,将其送到荥阳市社会福利中心救助。

在随后的5天时间里,她被安置在这里,直到3月3日下午民警看到寻人启事联系到家人后,她才离开。

乡情浓　村民动

冯起凡的丈夫叫周记州,今年53岁,幼年因病(小儿麻痹)造成一条腿残疾。

2月24日下午6时许,得知妻子走失,他一下子蒙了,与自己相依为命将近30年的妻子就这样"丢"了!妻子虽然不会说话,有时甚至还很"任性",但她仍然是这个家庭最重要的支柱,不仅为自己生育了两个儿子,而且还帮助自己盖起了新房子。虽然不会说话,但她勤劳持家,侍候老人,照顾孙女,和睦乡亲,深受街坊邻居们的喜爱。

"一定能找到!"这是周记州那几天最常说的话。

他在发动亲戚朋友四下寻找的同时,向羽林庄第三村民小组组长周鲜波求救。

周鲜波得知周记州的遭遇后,立即召集周保洲等村民代表连夜商议,当即组织4辆汽车、3辆摩托车和20多人,连夜寻找。

第二天,很多邻里村民听说了的这件事,立即找到周保洲或周记州,自告奋勇地参与到搜寻行动中。

于是,从2月25日开始,一支支浩浩荡荡的寻人队伍出发了。他们以巩义市芝田镇羽林庄为中心,沿着乡间小路、城镇街道、公路沿线四面出击,或逐村张贴启事,或沿途询问,或出谋划策,或调看监控,拉网查寻,昼夜不停。

据不完全统计，在七天七夜里，羽林庄第三、第四、第七村民小组先后出动780多人次，出动汽车19辆、三轮车2辆、摩托车11辆，印发张贴寻人启事5000多份，行程东至荥阳郑州，南至新密登封，西至关林洛阳，北至修武焦作，总行程达1.5万公里。

民风正　八方援

滚滚大爱，无处不在，即便陌生人，也愿意伸出援助之手，用自己的方式尽绵薄之力，把爱传递。

2月25日，是冯起凡走失的第二天，周记州和周鲜波一起四处查找。上午11时许，他们来到巩义市区，周记州开始在电线杆上张贴寻人启事。两个女青年看到后，立即向他们要了一份，然后放在路边的水泥台阶上，用手机拍下来，发到微信朋友圈里。经过短时间的发酵后，寻找冯起凡的信息跨出了巩义，辐射到郑州、洛阳和焦作等地。而那些转发微信的人绝大部分不认识冯起凡，甚至连羽林庄在哪都不知道，但他们还是转发了。

同样在巩义市区，环卫工人听说后，主动替他们出主意，提供线索，有的环卫工人甚至要了一些寻人启事，在休息的时候帮助他们散发。

一些客车司机伸出了援手，在车门位置张贴了寻人启事，发动乘客提供线索。

有几家饭店老板和服务员也积极帮忙，他们把寻人启事张贴在饭店的显著位置或餐桌旁，尽可能地让来店吃饭的顾客们看得到。

巩义市区一家打印店的老板听说事情的经过后，当即为他们打印了数百份寻人启事，分文不取……

爱就这样温暖着中原大地，融化了彼此的陌生，滋润着人们的心田，爱所及，到永远。

政风清　终团圆

突发事件考验的不仅仅是一个地方的社情民风，还能检验一个地方公共服务体系是否健全，是否有应变力、执行力和责任担当力。

冯起凡走失事件的结果表明，当地基层公共服务体系是完备的，也是经得起考验的。

事情发生的第一时间里，羽林庄第三村民小组组长周鲜波就得到了消息，然后迅速召集村民代表，精心布置，果断决策，当晚就派出小分队进行搜寻。尽管他们刚刚上任3个多月，但敢于担当，勇于负责，发挥了基层组织的应有作用。

在搜寻过程中，充分利用城镇监控体系，公安机关积极配合，随时查看监控录像，获取了宝贵的线索,使搜寻工作更加有序、有效。据不完全统计,在七天时间里,调用的监控录像达到了28处。

荥阳市乔楼镇派出所民警朱子伟、卫大成在接到报警后,果断出警,将当事人及时送至荥阳市福利中心,确保其不挨饿受冻,并在看到寻人启事后,及时通知其家人,终成团圆。正是这种高度负责的精神,确保了这次突发事件画上了圆满的句号。

冯起凡的意外走失,让羽林庄村上演了一部爱心接力、乡情传递的大剧。在这次意外事件中,任期仅3个月的新一任村组干部,履行了自己的职责,兑现了自己的诺言,经受住了实践的考验,得到了群众的拥护。一次意外的走失,让羽林庄村内蕴的淳朴民风、厚重乡情再次迸发,让看似疏远的世情人心再次凝聚。

乡情发自民风,民风得于政风,政风清则民风正,民风正则乡情浓,乡情浓,则民心归,民心归,则万事可成、万事可兴。

这就是被大爱包围的羽林庄传递出来的正能量。

记者手记

新华网河南频道记者　程文超

大半年后,羽林庄的故事仍然不时在我眼前显现。

获知这个故事纯属偶然。从2月28起,我偶然在微信朋友圈里看到一条寻人启事,不过没有引起注意。直到3月9日,才通过巩义市宣传部副部长秦了解到整个事件的来龙去脉,以及故事中流露出的人间大爱。于是,才有了随后的采访。

羽林庄位于河南省巩义市芝田镇,是一个古老的村庄,因附近有北宋的永安陵和永昌陵,因此,不少村民坚信,村名可能与曾在此驻扎守陵的大宋羽林军有关。

它是一个典型的中原村落,村外丘陵起伏,村内巷陌纵横。3月10日,当我到达该村时,春节的气息还在,村民们三三两两地聚在一起,闲聊着村里的趣事儿。听说要采访,大家都慢慢围拢上来,七嘴八舌地谈论起寻找冯起凡的经历。

冯起凡是羽林庄的一名村民,今年52岁,聋哑人,2月24日,在走亲戚时因公交车临时改线而走失。对于一名既不会说也不会写的农村妇女来说,这是一件非常令人恐惧的事情,由于无法沟通,她惶恐不安,由于不认识路,她越走越远。

而她的丈夫叫周记州,今年53岁,幼年因病(小儿麻痹)造成一条腿残疾。当得知妻子走失之后,他没有放弃,而是发动亲朋好友,想尽各种办法,寻找与自己相依为命近30年的妻子。与此同时,他还向羽林庄村第三村民小组组长周鲜波求救,周鲜波立即组织村民连夜商议,组织群众连夜寻找,从而拉开了七天七夜的大搜索行动,并成功找回走失的冯起凡。

这起看似普通的寻人事件，因为有近千人的自发参与而感天动地。究竟是什么原因使这么多人自发地参与其中，而且不计报酬？在其背后，还有哪些值得我们挖掘和传播的品质？

首先，这个古老的村庄有着淳淳的民风和浓浓的乡情。在采访中，我了解到，冯起凡和周记州虽然在村里属于弱势群体，但他们与邻里的关系相当融洽，与村民睦邻友好，谁家有事了积极参与，自己有事了也及时寻求帮助。正是这种和谐的邻里关系，才使大家在冯起凡走失后，自发地参与到搜救行动中。其次，羽林庄村基层组织拥有较强的号召力和组织能力。冯起凡走失后，第三村民小组立即组织搜救行动，并及时向村党总支、村委会汇报情况，由村两委牵头，向有关部门进行沟通。正是这种责任与担当，才使周记州和其他村民看到了希望，他们没有放弃，将寻人范围扩大郑州、洛阳。第三，社会上有着大量的好心人，当我们在抱怨人情冷漠的时候，冯起凡得到了太多人的帮助，从环卫工人到复印店老板，从餐馆服务员到素不相识的路人，从公交车司机到公安干警，都在寻找冯起凡时提供了帮助，他们彼此陌生，但都有一颗善良的心，愿意帮助需要帮助的人。当我们被这种人间最淳朴的爱所包围时，还有什么样的艰难不能战胜？还有什么样的困苦走不出去？

爱是责任，爱是担当，爱是毫无保留地付出，人们在大声疾呼"爱的回归"的时候，其实，爱就在我们身边，它默默地坚守着底线，守候着我们的灵魂。

微语录

"亲人有难大家帮，邻里有难一起上，在咱们庄，这就是做人的底线。"——羽林庄村第三村民小组组长周鲜波

"没啥说的，冯起凡就是我们的亲人，她'丢'了，把她找回来，还需要感谢吗？"——羽林庄村村民周保洲

微评论

腾讯网网友"故乡好人多"说：这个故事读起来很幸福，因为它温暖了我们的心灵。

腾讯网网友"大宋好公民"说：善良是一切美好时代的通行证，只要我们心存善良，一切困难都会成为过眼烟云。

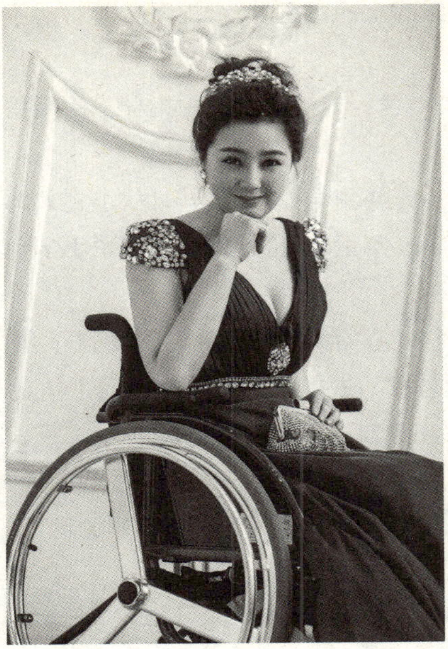

"轮椅天使"丁玉坤

丁玉坤，女，1982年3月出生，先天性脊柱裂，双小腿截肢，与轮椅为伴。她牵头创办"残疾人创业中心"，是"信诺方舟"网站站长，石家庄市肢协会员。

她爱笑，即使回忆起苦难的童年，灿烂的笑容也从未从她的脸上褪去；她爱美，漂染的头发映衬着精致的妆容，残疾的身体并未阻止她追求时尚的脚步；她好强，从"吃低保"到帮助"吃低保"的贫困残疾人，坚强的信念撑起了她的微笑人生。她就是丁玉坤，自强美丽的她被大家亲切地称为"轮椅天使"。丁玉坤坚信，作为一名残疾人，只要热爱生活，勇敢地追求梦想，一样可以走出精彩的人生。

"轮椅天使"丁玉坤的微笑人生

新华网河北频道记者　樊小菲

她爱笑，即使回忆起苦难的童年，灿烂的笑容也从未从她的脸上褪去；她爱美，漂染的头发映衬着精致的妆容，残疾的身体并未阻止她追求时尚的脚步；她好强，从"吃低保"到帮助"吃低保"的贫困残疾人，坚强的信念撑起了她的微笑人生。

她就是丁玉坤，自强美丽的她被大家亲切地称为"轮椅天使"。"残疾其实并不可怕，可怕的是对自己失去信心。"今年33岁的丁玉坤坚信，作为一名残疾人，只要热爱生活，勇敢地追求梦想，一样可以走出精彩的人生。

"我只想和正常人一样生活"

丁玉坤常说，她是一个天生不幸却又后天幸福的人。

丁玉坤患有先天性脊柱裂，出生时双脚严重变形，父亲在她年幼时放弃了她，母亲也因肢体残疾无法照顾她。一出生就输在人生起跑线上的丁玉坤,曾被医生断言活不过12岁。

当同龄的孩子蹒跚学步的时候,年幼的丁玉坤就已经开始在姥爷的指导下使用拐杖行走。

脊柱裂还造成丁玉坤大小便失禁,她说,因为不方便到学校正常学习,从小到大她都活在自己的世界里。这样的日子一直过了19年,19年里,丁玉坤自学完成了小学到高中的全部课程。

丁玉坤说,2002年是她的幸运年。这一年,一位好心的大姐把她的情况发到网上,引起了强烈反响。在众多爱心人士的帮助下,丁玉坤成功进行了多次手术。“好心人的帮助给了我做截肢手术的机会,装上了假肢以后才感觉自己真正站了起来。”

2003年,一位好心人特地从天津赶到石家庄,为丁玉坤捐助了一台价值3000元的电脑。一根网线给丁玉坤插上了一对无形的翅膀,她通过网络了解到外面精彩的世界,她强烈渴望要到社会中去,参与社会、融入社会。

“我从小的梦想就是过上和正常人一样的生活,现在有这么多好心人帮助我,我觉得离梦想越来越近了。”丁玉坤很开心,从那以后,她开始学习计算机知识,还报名参加了自学考试。

丁玉坤说,当时,她发现做网络营销非常适合残疾人,就找了几个残疾人朋友一起合伙。虽然收入不是很多,但每一名残疾人朋友都非常高兴,因为他们终于能通过自己的双手挣到钱了。“那一刻我暗暗下决心,一定要在残疾人创业的路上更加努力前行。”

2009年,丁玉坤结识了一位高位截瘫的小伙子房冲,并与他迈进了婚姻的殿堂。有了爱人的陪伴,丁玉坤更加自强不息,他们做起了网站,并于2011年成立了自己的传媒公司。

“我想带动更多的残疾人踏上追梦之旅”

丁玉坤说,当初找工作时没少受别人的白眼。“对于残疾人来说,工作的意义不仅仅是养家糊口,更是生命价值的体现。”

公司成立后,丁玉坤更是想方设法地帮助残疾人士自力更生。她常说,如果没有爱心人士的帮助,就不会有今天的成就。

“残疾人最需要的就是融入社会,有一个属于自己的社会环境,并且通过自己的劳动能力赚钱,养活自己和家人。”丁玉坤说,她最难忘的就是一个重度残疾朋友拿到第一份工资时的那份喜悦,钱虽然不多,但那种满足感非常强烈。

如今,丁玉坤公司的员工有一半都是和她一样的残疾人。为了方便残疾员工出行,丁玉坤把他们免费安置在公司附近带电梯的公寓楼里。无论在办公室还是在公寓里，凡是需要的地方，丁玉坤全都为员工安上了无障碍设施。她还经常拿自己的切身经历鼓励残疾员工们直面困难，为梦想拼搏。

面对社会上一些歧视残疾人的现象，丁玉坤说出了这样的话：歧视残疾人，是因为他们不了解残疾人。其实，残疾人和健全人一样，不同的只是身体上的不健全。在"社会"这个大舞台上，人人平等。

2015年第二十五个全国助残日当天，由丁玉坤牵头创办的"残疾人创业中心"正式开业。"我身边很多残疾人都会制作手工艺品，但就是没有销售渠道。"丁玉坤说，创业中心主要通过实体店和互联网销售残疾人制作的商品，目前已有30多名残疾人加入进来，产品达10大类100多小类。"这里卖的不仅仅是手工艺品，更是一种精神。"丁玉坤说，未来他们打算拿出利润的10%做公益，以回馈社会。

丁玉坤说，她是个一出生就被判了"死刑"的人，小时候的她不断地和病魔做斗争，唯一的追求就是活着。后来身体状况慢慢稳定了，就想着能够活得更好。让每一天都不虚度，成了她的信念。她说，只希望每一天都能比前一天进步一点点，这样，无论什么时候离开，都不会遗憾。

捐助残疾人子女、参与义卖活动、免费为残疾人和下岗职工培训钩编技能……现在的丁玉坤每天都在为各种事情奔波着、忙碌着，尽己所能扶贫助困，她常说自己是累并快乐着。

"身体残缺，但梦想不残缺。未来，我想带动更多的残疾人踏上追梦之旅。"丁玉坤说，未来，她只想踏踏实实做好现在的工作，带动更多的残疾人真正融入社会，让更多健全人认识残疾人，了解残疾人，实现残健共融的和谐社会。

记者手记

新华网河北频道记者　樊小菲

双腿不能奔跑　但梦想可以飞翔

一台轮椅，一抹微笑，漂染的头发，精致的妆容……这位自强美丽的女子就是丁玉坤。

初见丁玉坤，她始终面带微笑，笑起来的样子暖暖的，像冬日里的阳光，自信且从容。没人能想到，就是这样一位内心明亮的女子，曾被医生断言活不过12岁，几次与死神擦肩。

33年前，丁玉坤呱呱坠地，伴随她而来的是一种无法治愈的疾病——先天性脊柱裂。

行走，对常人而言轻而易举。但对丁玉坤来说，绝非易事。

记忆中，是姥爷给了她无微不至的呵护与关爱。当同龄孩子蹒跚学步的时候，年幼的丁玉坤就已经开始在姥爷的指导下，学习使用拐杖行走。长时间的练习把脚背皮肤磨出了血泡，疼痛如影随形，这段特殊的经历磨炼出了丁玉坤自强的性子。

到了上学的年纪，脊柱裂导致的大小便失禁使得丁玉坤不方便到学校正常上课学习。19年寒来暑往，凭着一股不服输的劲头，丁玉坤自学了从小学到高中的全部课程。

2002年，是丁玉坤命运发生改变的幸运之年。丁玉坤回忆说，那一年，自己的情况被一位好心大姐发到了网上，引起很大反响。在爱心人士的捐助下，进行了多次手术，直到安装了假肢后才感觉自己真正站了起来。

采访过程中，丁玉坤提到，是一台3000元的电脑开启了她的梦想之旅。这台好心人捐助的电脑，帮助丁玉坤找到了论坛维护、信息发布等不用出门也可以做的工作。

工作对于普通人来说，或许不过是谋生的手段而已。但对丁玉坤而言，工作的意义不仅仅是养家糊口，更是生命价值的体现。

2011年，丁玉坤与爱人房冲成立了自己的传媒公司。她的公司里，有一半的员工是残疾人。为了方便残疾员工出行，丁玉坤把他们免费安置在公司附近带电梯的公寓楼里。

无论在办公室还是在公寓，凡是需要的地方，丁玉坤全都为员工安上了无障碍设施。对于那些和她不在一个城市的员工，丁玉坤会通过网络安排工作、发放工资，让他们在家也能实现自我价值。

交谈中，丁玉坤给我们说了许多，仿佛在诉说自己一路的成长历程。说到兴奋之处，她脸上洋溢的都是满足的微笑。

当我们问道："这么多年的风雨历程，支撑你的信念是什么？"

丁玉坤沉默许久，告诉我们："虽然我双腿不能奔跑，但是我的梦想可以飞翔，我一定要用自己的努力，带动更多的残疾人活出精彩。"

这位坐在轮椅上的"天使"，用她并不强壮的肩膀担负起残疾人的希望。她用33年的人生经历告诉我们，只要努力，就有可能创造奇迹。

采访接近尾声，丁玉坤反复重复着"梦想"这个词，坚定而执着。看着她坚毅的眼神，我感触良多。虽然上天没有赐予他们健全的身体，但并没有剥夺他们追求梦想的权利。

双腿不能奔跑，但梦想可以飞翔。丁玉坤只是残疾人群体的一个缩影，他们用自强不息在"社会"这个大舞台上，舞出了精彩，收获了幸福。这个群体的幸福，不仅是社会进步的需要,更是实现中国梦的呼唤。

微语录

"我喜欢生命力顽强的小草,无论是山崖还是戈壁,都能顽强地活着。""我只是芸芸众生中一个微乎其微的生命,尽自己全部力量坚强地活着。"——"轮椅天使"丁立坤

微评论

网友"若晗果果"说:身残志坚,大爱无疆。

网友"蓉城俏佳人"说:佩服,为她点赞!

“大爱不打折”王勉

一位平凡的按摩师，一家极狭小的店面，这位被人戏称为“王老抠”的山东汉子在他乡异地，在这样简陋的环境中，持续27年践行爱心，温暖了无数人。助学助困、帮残捐款、传授技艺、创办爱心组织，尽管身体瘦弱，也不善言谈，尽管不富裕，甚至称得上寒酸，他却用朴实无华的行动和精湛的技艺，传递了人与人之间的温情，一次次感动一座城。他就是小区按摩师——王勉。

“中国好人”按摩师王勉的27年助困路

《河北日报》、河北新闻网记者　龚正龙

他是一名小区按摩师，因生活节俭，被人戏称为“王老抠”。在27年的按摩生涯里，他凭借精湛技艺获得人们认可，更用一腔乐善之心组建爱心团队助学助困。今年9月，这位叫王勉的按摩师，当选秦皇岛市“十大最美志愿者”，其事迹荣登“中国好人榜”。

27年里，他免费为5000余人按摩治疗

王勉的按摩店位于秦皇岛临河里小区，面积只有10多平方米。店门口贴着一张醒目的告示：“长期免费为70岁以上老人修脚拔罐；免费为五保户、残疾人、特困户按摩治病；免费为残疾人、下岗职工及就业困难者进行按摩培训。”王勉告诉笔者，自从1988年来到秦皇岛落脚开店，就张贴出了这则告示，“一开始只有‘一免’，后边‘两免’都是逐渐加上的。”

今年51岁的王勉是山东临沂人，20世纪80年代就远赴秦皇岛，以按摩推拿为业。27年来，这是实诚的山东汉子凭借着自己精湛的技艺赢得了顾客青睐，更因免费服务、热心助人而被人们称赞认可。

“如果不是王大哥坚持为我免费治疗，我恐怕至今不能动弹。”采访中，该市海港区

石山村退伍军人孙月含泪告诉笔者。30多岁的孙月，在数年前因病导致双下肢瘫痪，为治病欠债10余万元。王勉得知后，从2012年12月起，冒着严寒冰雪每天骑车来回40多里地，亲自上门义务为他足疗和按摩，甚至大年三十和初一也从未间断过。经过长达一年的治疗，如今孙月已经能正常坐起，双腿也可以轻微活动。

在免费按摩的同时，王勉还主动帮助残疾人创业。市民王春叶夫妇肢体残疾，行动不便，没有劳动能力，日子过得紧巴巴。王勉获悉后，不仅亲自上门为夫妻二人按摩治疗，还手把手传授其按摩和修脚的技术。如今夫妻二人在更多好心人的帮助下，支起了一个修脚摊点儿，已能够自食其力。"王大哥真是我们的再生父母，这份恩情这辈子都报答不了啊！"王春叶夫妇感动地说。

"我虽然靠手艺吃饭，但不能见钱眼开。能靠手艺帮人，我觉得很快乐。"王勉说。而笔者也了解到，每逢节假日王勉都会开展针对"道德模范"和"好人"的义务按摩服务。2014年三八妇女节，为了关爱道德模范，王勉向秦皇岛市女道德模范每人赠送了一张价值500元的按摩卡。

笔者获悉，截至目前，王勉在27年的按摩生涯里已累计为5000余人提供免费按摩、足疗、修脚、拔罐、刮痧等服务，义务培训残疾人、下岗职工及就业困难者500多人。因乐于奉献，今年7月，他荣获河北省委宣传部、省发改委评选的十大"河北节约之星"荣誉称号。今年9月，他又当选秦皇岛市"十大最美志愿者"。

助学助困助残，他凭一己之力带动更多的人热心公益

王勉是个节俭的人，采访中笔者曾去他家中看了看。一家三口挤在不到50平方米的租住屋内。为了省钱省电，家里没有买冰箱和洗衣机，也很少看电视。两辆老旧的自行车，他和妻子使用了多年，都舍不得扔掉。因为生活节俭，邻居朋友们都叫他"王老抠"。但就是这样一个人，靠一己之力资助了全国33名贫困学生，并且创立了志愿者爱心团队，长年开展助困助残助学活动。

"助学，源自我内心深处的缺失。"提出助学的缘由，王勉慢慢拉开话匣子，眼眶中泛起泪水。王勉从小在临沂农村长大，因家境贫寒穷，兄妹中只有他一人有机会读书。即便这样，最终学习优秀的他还是因贫穷而失学。"上学时，我时常饿肚子，吃发霉的馒头……那时我常常在想，如果能不为衣食操心，安心读书，那多好啊。"王勉含泪说，在秦皇岛落脚开店后，他决定资助家庭困难、品学兼优的孩子上学，让他们能衣食无忧地接受良好教育。

2014年春，王勉获悉青龙写字洞村男童小奇杨家境困难、面临辍学，于是他亲自赶赴该村考察。当时小奇杨的父亲已去世，爷爷奶奶已年过八旬，哥哥正在上初二，一家

人全靠妈妈种几亩玉米地生活。目睹此情此景后，王勉当即决定每月资助小奇杨300元，直到其年满18岁完成高中学业。今年8月份，秦皇岛媒体报道了当地3名考上大学的学生因家庭特别困难而交不起费用面临辍学的情况。王勉知道后拿出3000块钱，委托当地媒体转交给这3名孩子。

“安徽的刘畅、李佳琪；河南的李洋、孙佳悦；卢龙县，8岁女孩小佳怡……”在王勉的家中有个助学小册子，上面记着这些年资助过的学生，“有的已经毕业了，有的孩子还需要继续资助，我差不多隔段时间就会按照册子上记的联系方式，给孩子们寄去钱和学习用品。”王勉说。笔者了解到，除了助学，王勉还踊跃参加各类爱心募捐活动，积极向汶川地震、玉树地震、雅安地震灾区等捐款，这些年来累计捐款捐物约50万元。

然而，一个人的力量毕竟有限。为了带动更多的人献爱心、做好事，从1996年8月开始，王勉组织成立了青年志愿者爱心团队，经常带领爱心志愿者到敬老院及困难群众家中开展志愿服务活动。如今团队已发展成员2000多人，累计义务服务10余万人。同时，他还通过网络，成立了反射疗法行业献爱心群，号召全国同行一起行动起来为五保户、残疾人、特困户等进行义务按摩，目前群里的同行达200多人。

“生命不息，奉献不止；生命结束，全部捐献。”这是王勉给自己立下的誓言。他是这么说，也是这么做的。2014年，通过给家人做思想工作，王勉和中国红十字会人体器官捐献中心签订了人体器官捐献志愿书，决定把自己器官和遗体全部无偿捐献出去，用于帮助需要帮助的人。“一个人的价值不在于赚了多少钱，而在于他能否让别人活得更好。这次能荣登‘中国好人榜’，对我来说是极大的鼓励，更是深深的责任。我会继续尽自己力量，去帮助他人。”王勉坚定地说。

记者手记

《河北日报》、河北新闻网记者　**龚正龙**

得知按摩师王勉，是极偶然的事。就像大多数新闻线索的获得一样——某一天，朋友无意间聊天，然后说起这么一人，提及轮廓并不清晰的事儿。也许是善行类的采访经历太多，起初我对此并不太敏感。毕竟这些年助学助困的人太多了，我感兴趣的是他的名字。因为古代有一位画家叫王冕，我当时想这位老师傅怎么名字这么传统古板。

真正决定采访，是因为不久后又得到一个线索，秦皇岛几位学生考上大学，却因家庭特别困难而交不起学费。但很快，有人给这3个孩子送去学费。也不知是否冥冥中的缘分，我突然就想起了王勉。然后托人打听核实，果然就是他。忽然我就在想，这么一位按摩师，又是外地人，这么多年来坚持不懈做善事，到底为了什么？所以，这一次我决定直接和他接触，了解背后的事儿。

我得承认,王勉给人的感觉是十分特别的。印象中,助人为乐者大都是胖乎乎的、健谈的、笑脸绽放的,但王勉颇为古板,整个人也清瘦,说话声音平缓轻淡,甚至还有些低沉,语调也极少高亢,并不像风风火火的山东人。你知道这水有温度、在流淌,但平静如初、不显露。采访其实是交谈,得让受访者在不知不觉中敞开心扉,唯有如此,你才能发掘其细微处的东西。对王勉的采访很缓慢,也许是我不缓不急的方式,让他有了一种"同路"感,他缓缓道出这些年的经历。

毫无疑问,他的经历富有传奇色彩。幼年困窘的家境、少年艰苦求学的印记、成人后异乡漂泊的孤单无助……这些过往,他虽然所提不多,可你看得出这是个感情细腻且丰富的人,他能清楚地记得那些小细节。但是,如同如今过的依然朴素甚至算得上寒酸的生活一样,他总能用坦然的心态去面对,并报之以温度。这会让你相信,他此后做的这些帮扶之事并不出奇,而是经历、性格和情感使然。一句话,走的路很单纯、想法很简单。

"这些年,很多人说我傻笨缺心眼,当然,也有一些非议,但我没有去理会。我不伟大,我是草根,但草根有草根的坚守。我只是希望,自己能做一个有情怀的草根。如果再能带动一群人一起同行,那无疑会更好。"王勉说。

微语录

"我觉得,一个人的价值在于他能否让别人活得更好。我没有干出什么惊天动地的业绩,也没有那些令人惊叹的本领,我就是一个修脚匠、一个按摩的,我靠自己技艺吃饭,兢兢业业工作,然后再用自己的爱心去一点点帮助别人。我所做的仅此而已。如果非要说还有什么特别的话,那就是坚持的时间比大家稍微久一点。"——"大爱不打折"王勉

微评论

新浪网网友"福莱曼 PK"说:做一件好事容易,做一辈子好事难。偶尔救助一个人不难,难的是持续20来年坚持助人。这是平凡的小人物的坚持,是人性中善的默默发扬。

腾讯网网友"格拉G之K"说:实在、质朴、努力、坚持——这是真汉子!这是真好人!春风化雨、润物无声,也许王大哥并不愿让太多人知道他,但毫无疑问,这样的行为一定会鼓励更多人,不仅给我们感动,还会给我们反思——你的人生,是否温暖了别人?

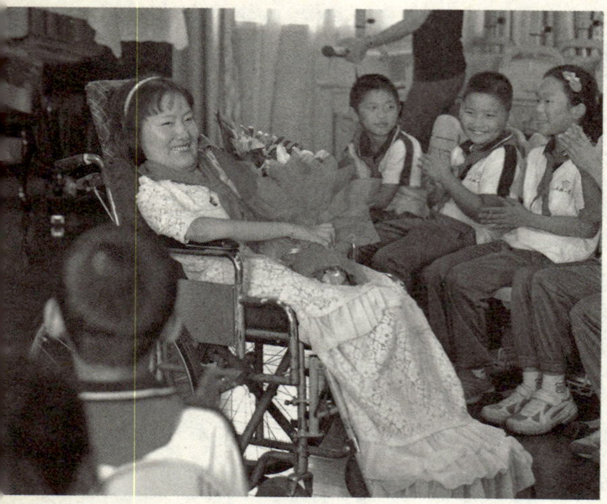

“躺着的奋斗者”钱敏丹

钱敏丹，一个医生曾断言活不过16岁的“渐冻”女孩，2岁无法行走，10岁无法站立，13岁遭遇车祸身体无法坐直，如今仅剩下两根手指存有微弱的力气。然而，她通过“口述”答题的方式考上大学，以优异的成绩完成大学心理学课程；躺着自学网页设计，在网上开店自食其力；考取国家心理师资格，开通“敏丹心灵旅”心理热线，帮助近百位求助者重拾人生希望；写下20万字自传《活着的100个理由》，用自身经历激励他人……

“渐冻人”钱敏丹：活着可以有100个理由

新华社“中国网事”记者 倪瑞捷 凌军辉 李光正

自考上大学，写下20万字自传，成为心理咨询师救助百人……今年37岁的钱敏丹，2岁无法行走，10岁无法站立，13岁遭遇车祸身体无法坐直，如今仅剩下两根手指存有微弱的力气，她用渐渐“冻结”的力量和生命创造了一个又一个的奇迹与感动。

“活下去可以有100个理由，但是选择死亡的理由只需要一个——放弃。”“渐冻人”钱敏丹总是这样鼓励自己和他人。

身患重病坚持学习 终圆大学梦

10月底的苏州还未入冬，钱敏丹就已经换上冬装，把自己捂得严严实实了，轮椅上的她虽不能移动丝毫，但她已经可以娴熟地告诉母亲该如何帮助她了。她喜欢笑，笑起来有江南姑娘特有的甜美，说起话来不紧不慢，却像一个演说家一样富有感染力。

因患有先天性进行性疾病，钱敏丹早就记不得站着是什么样的感觉了。9岁时，钱敏丹执拗地让父母送她上学，一边同病魔斗争，一边坚持学习。然而不幸再次降临，一次上学的途中，钱敏丹被一辆三轮车撞倒，造成左腿骨折。连续几次手术之后，连坐直对钱敏丹来说都是一种奢望。

车祸之后，钱敏丹的身体每况愈下，但她却以优异的成绩考上了初中。时间慢慢“吞噬”着钱敏丹的身体，最终她全身上下就只剩下右手的拇指和食指还残存一些微弱的力气，她连一张薄薄的书页都翻不了了。一次就诊时，医生和钱敏丹的母亲急了：“要读书还是要命？她这个身体活不过16岁。”就这样，钱敏丹永远地离开了学校。

通过网络，钱敏丹找到了可以重新上学的机会——自考。2009年，钱敏丹报考了南京师范大学心理学大专课程。“或许不用多久，我手指的力气也会消失，就只剩下说话的力气了。那时，我还可以用我学到的心理学知识去帮助那些感到迷惘的人，让更多人积极地面对生活。”钱敏丹说。

那年的自考为钱敏丹破了例：自考办在钱敏丹的家里设了一个特殊的考场，两位老师亲自上门监考，允许钱敏丹以口述的方式答题，由妹妹代为执笔。钱敏丹成功了！3年后，她以高分通过全部13门课程，取得了她梦寐以求的南京师范大学心理学专业毕业证书。2014年，钱敏丹又考取了国家三级心理咨询师资格。

开网店、写自传养活　自己感化他人

钱敏丹曾经无数次问自己为什么生命要以这样一种方式存在。一天晚上，钱敏丹突然发现自己左手的食指不管怎么动都不听使唤，她仿佛听到了生命正在倒计时。“我开始认识自己，接纳自己，喜欢自己。我发现我已经没有太多时间去等待，如果可能，我得慢慢地去学着养活我自己。”

躺在床上，钱敏丹自学了网页设计，给公司做网站，后来她还学会了在淘宝上开网店。钱敏丹的网店最高月收入达到了5000元，她证明了通过努力自己也一样可以自食其力。

钱敏丹感慨，活着真好！依靠仅存的两根手指和手写板，钱敏丹把她的故事写成了一本20万字的自传《活着的100个理由》。许多人被钱敏丹的事迹感动，她也相继受邀到学校、街道、企业等地演讲。钱敏丹不知疲倦地讲了60多场，累计有超过5万观众听到了她的人生感悟。

在常熟的少管所里，钱敏丹告诉这群懵懂的少年：“我被命运剥夺了行动自由，被宣判生命有限，上天给我的判罚比你们重得多。犯一次错没关系，只要不放弃，你们一定会拥有美好的未来……”话音刚落，原本不屑一顾的孩子们竟然落下了悔恨的泪水，他们向这位“敏丹姐姐”保证绝不自暴自弃。

钱敏丹收到来自苏州女子收容所几个失足女子的来信，她认真地回复了每一封信件：“加油，小妹！生活真正的美好不是物质上多奢华，而是心灵上的温暖充实。”她把

《活着的100个理由》捐给了西藏希望小学和特殊学校的孩子们,希望以此让他们感受到生命的美好。一些正常的孩子读过了钱敏丹的自传,打电话告诉她“没有理由不好好学习,好好生活”……

开通心理热线 帮求助者重拾信心

2015年年初,钱敏丹开通了“敏丹心灵旅”心理热线,以一名心理咨询志愿者的身份,帮助求助者重拾对生活的信心。没想到,这个心理热线得到了许多人的关注,短短几个月来找钱敏丹的求助者就已接近100人。

前不久,一位叫小慧的姑娘不远万里来到位于常熟的钱敏丹家中,为的就是见一见这位让她重拾生活勇气的“敏丹姐姐”。从小,小慧与妈妈及双胞胎妹妹相依为命。小慧外出打工时,不料妈妈和妹妹相继离世。万念俱灰之时,小慧认识了钱敏丹,钱敏丹一次又一次地用自己学到的专业知识和亲身经历开导小慧。“从我认识小慧以来,她没有一刻不在哭泣。当她离开我家的时候,她笑了,那是她几个月来第一次笑。”

钱敏丹偶然通过网络认识了一名留守儿童小华,亲情的缺失和对城市生活的陌生让她厌学、沉迷网络。当钱敏丹看见屏幕上一行“面对中考的压力,我真的想过自杀”的字句,她的心都颤抖了。钱敏丹只要看到小华在线便会主动去开导,一下就坚持了两个月。小华起初都不怎么回答,慢慢地,她被这位姐姐的真诚所打动,打消了自杀的念头。小华告诉钱敏丹,她以后也想做一名心理咨询师帮助别人。

面对残疾人,钱敏丹更加感同身受。一名16岁的常熟女孩不慎摔伤导致高位截瘫,钱敏丹把自传送给她看,还鼓励她报名学习轮椅乒乓;常熟支塘镇一位母亲带着她10岁高位截瘫的孩子前来求助,钱敏丹告诉他要和健康人一样去追逐梦想;一名女孩不幸失明,钱敏丹陪她一同感受黑暗……

钱敏丹在自传中这样写道:“这些让自己活下去的理由。其实只不过是为了让自己对生活有所期待,它不需要多强大,只需要在自己绝望的时候温暖一下自己就够了。”现在,她“活下去的理由”正激励和感染着越来越多的人,如此强大,如此温暖。

记者手记

新华社“中国网事”记者 倪瑞捷 凌军辉 李光正

2岁无法行走,10岁无法站立,13岁遭遇车祸身体无法坐直,到如今仅剩下两根手指还有微弱的力气,她却自考上大学,写下20万字自传,成为心理咨询师帮助近百人,来自江苏常熟的钱敏丹,身体虽然“渐冻”,却用一颗坚强的心传递着生命的力量。

在江苏常熟,记者见到了躺在床上的钱敏丹,钱敏丹今年37岁,因从小患有先天性肌无力疾病,她全身的力气逐渐消失,成为人们口中所说的"渐冻人"。

虽然从小就没有力气,但小时候钱敏丹执拗地要去上学。而随着年龄的增长,她的病情逐渐恶化,坐直对她来说都是一件困难的事情,甚至后来她连薄薄的一纸书页都翻不了,医生和家人劝她放弃学业,无奈之下,钱敏丹上了一年初中就离开了学校。

身体的残疾、精神的空虚不断打击着钱敏丹,辍学在家的她把自己封闭起来。用钱敏丹自己的话说,这是她人生中最灰暗的时光。

偶然的机会,钱敏丹通过网络发现了一个可以圆自己大学梦的机会——自考,这让她重新燃起生活的希望,几番比较后,她报考了南京师范大学的心理学专业。

钱敏丹学到半夜,母亲就陪到半夜;翻不了书,父亲就用相机把每一页都拍成照片,还为她特制了一个显示器,这样她躺在床上也可以学习,学习困了就咬自己的嘴唇;而自考部门也照顾她的情况,直接把考场设在了钱敏丹的家中。

3年时间,钱敏丹写了几十万字的读书笔记,最终顺利通过了所有13门课程的考试,取得了梦寐以求的南京师范大学心理学专业毕业证书。就在去年,她又考取了国家三级心理咨询师资格。

钱敏丹说,在学习心理学的过程中,她也学会了接纳自己,对人生有了新的追求,甚至会像别的女孩一样,特地去拍一些写真照。为了给自己过去的人生一个总结,她决定写一本自传,最终在热心人的帮助下,在拿到自考毕业证书之前,钱敏丹终于完成了20万字的长篇自传《活着的100个理由》。

顺利取得心理咨询师资格后,今年年初,钱敏丹开通了"敏丹心灵旅"心理热线,以一名心理咨询志愿者的身份,帮助求助者重拾对生活的信心。短短几个月来,通过各种途径找钱敏丹的求助者就接近100人了,其中有亲人相继离世的外地女孩,有因意外而高位截瘫的10岁男孩,也有缺乏家庭温暖的留守儿童。

在家人的陪伴下,钱敏丹也开始走出家门,她到了全国10个省20个城市,甚至在他人帮助下登上了青藏高原。越来越多的人被她的事迹感动,她也相继受邀到学校、街道、企业等地演讲。钱敏丹不知疲倦地讲了50多场,累计有超过5万观众听到了她的人生感悟。常熟少管所的少年、苏州女子收容所的失足女子,都是她的听众。

目前,钱敏丹还在继续学习着心理学的教材,她希望自己能尽快拿到国家二级心理咨询师的证书,成为一名专业的心理咨询师,同时她对自己还有更高的期许。

微语录

"身虽禁锢,御梦翱翔。就算全身只剩下两根手指的力气,我也要创造属于自己的精彩人生,让可恶的命运成为我人生的助推器!即便一开始就知道自己会带着重残的身躯来到世间，即使一开始就知道将要面对充满曲折的坎坷人生，我也依然会选择来到这个世界上。因为存在过、努力过，感受过生命的美好，人生就已无悔！”——“躺着的奋斗者”钱敏丹

微评论

网友“乌目山人”说：如果说生命的意义就是领受真理，那么信念的启迪往往是终生的永动力。如果说身体是罪恶的本源，如果说灵魂是天使的翅膀，那么在这里我们看到了一双隐形的翅膀与惊涛骇浪勇敢搏斗。我无法想象仅有如此坚韧的魂魄，就绽放出了璀璨的生命之花，努力地传递着爱的热能，我无法不感到生命的可贵。

网友“summer6843”说：敏丹，真想一口气读完《活着的100个理由》，可当我看到这一章节时，突然想我可以静心先想想我能有多少个活着的理由，于是合上了书，躺下，静静地回味前面的章节，感受着你的努力、执着、沮丧、欣喜，你所经历的一切仿佛都在我眼前……“做一个关怀心灵的人”是我们共同的目标！一起继续努力！

网友“心空”说：我看到你写的一些内容，总感觉是在看我自己经历过的一样，我忍不住眼泪直流。我本来不想哭，我怕给家人看到，但我就是控制不住眼泪……就如同把我内心没有说出的怨和委屈，统统细细地描述出来，只有经过的人才能真正理解这种内心的疼。我真的很佩服你，佩服你的自信、勇气、坚强、不服输的性格，向你学习！

"良心农户"杨占利、田俊丽夫妇

数年积蓄、多方借债、不分昼夜的辛劳，眼看3000多只野山鸡即将出栏，却遭野狗突袭，几乎"全军覆没"——这场飞来横祸，令杨占利夫妇损失惨重，两人欲哭无泪，甚至觉得"天都塌了"。然而，面对赶来收购死鸡的商贩，他们一口回绝。"万一人们吃了有病菌的鸡，那不是坑人吗？"杨占利夫妇直摇头，撵走了小贩。"不能祸害人，咱心里过不去。"这对普普通通的农村夫妇，用他们纯朴的善念和对良心的坚守，打动了无数网友。

"昧良心的事儿咱不能干！"

——山西农村夫妇拒卖死鸡获赞

新华社山西分社记者　马晓媛　王卓伦

数年积蓄、多方借债、不分昼夜的辛劳，眼看3000多只野山鸡即将出栏，却遭野狗突袭，几乎"全军覆没"——这场飞来横祸，令杨占利夫妇损失惨重，两人欲哭无泪，甚至觉得"天都塌了"。然而，面对赶来收购死鸡的商贩，他们一口回绝。"万一人们吃了有病菌的鸡，那不是坑人吗？"杨占利夫妇直摇头，撵走了小贩。"不能祸害人，咱心里过不去。"这对普普通通的农村夫妇，用他们纯朴的善念和对良心的坚守，打动了无数人。

一场飞来横祸　养殖的野山鸡几乎"全军覆没"

杨占利夫妇住在山西阳泉郊区三都村。村子西南角半山坡上的两座大棚，是他们的鸡舍。与多数养殖户不同，杨占利养的是稀罕的七彩野山鸡。

"咱从去年开始养这种鸡，市场上很畅销，于是今年就想扩大规模，找朋友借了十几万，加上以前攒的钱，改大棚，添设备，进了3000多只鸡苗，前前后后投进去50多万。”杨占利说，成年野山鸡一只能卖到 80—100 元，顺利的话到年底就能挣下二三十万。

3000 多只野山鸡，寄托着杨占利夫妇的希望，因此夫妻俩也格外上心。白天，两人轮流给鸡捡菜叶、喂食、添水，几乎没有休息的工夫。到了晚上，杨占利就一个人睡在鸡舍旁不足 10 平方米的小屋里，一有响动就要出去查看，几乎每晚都是和衣而睡，从没睡过一个囫囵觉。

日子久了，夫妻俩都跟鸡有了感情。“这鸡性格都不一样，有的鸡黏人，你走到哪儿它跟到哪儿，有的鸡怕人，你还没走近它就跑得远远的。”妻子田俊丽一说起自家的鸡，满脸都是笑，“自从养了鸡，我家老头儿就一口鸡都不吃，从小看到大，哪里能吃得下！”

眼看还有一个多月鸡就能出栏，一场灾祸却不期而至。杨占利清楚地记得，那是重阳节前一天的早上，他像往常一样回家里吃饭，刚端起碗，邻居便打来电话说棚里进了几条野狗。夫妻俩急了，慌忙往棚里跑。人到了，狗已经跑了，满地是东一只西一只的死鸡，活着的寥寥无几。

“当时蒙了，人都发傻了，觉得天都塌下来了。”回想起当时的情景，田俊丽依然眼眶泛红。“我家老头儿坐在地上，咋也起不来，叫他也听不见，太难受了。”

“卖死鸡这事儿不能干，咱心里过不去”

鸡没了，夫妻俩一夜没睡好。第二天一早，田俊丽问丈夫，死了的鸡咋办。杨占利低着头，过了好一会儿，说了一句：“还能咋办，报告村里和防疫部门，埋了吧。”

从村委回来，夫妻俩开始收拾鸡舍。想着欠下朋友们的债今年怕是还不上了，想着辛辛苦苦没白没黑几个月的心血付诸东流，夫妻俩说啥也干不到心上。

这时，一个骑摩托的商贩寻了来，问杨占利愿不愿意把死了的鸡卖给他。

“我问他买死鸡干啥用，他说你别管，10 块钱一只卖给我，你还能收回三五万的成本。”杨占利急了，“这些鸡是被野狗咬死的，要是带上病菌让人吃了可咋办？”

“咋能这样呢，咱自己损失就损失了，不能让这些肉再上了餐桌祸害人！”夫妻俩一口回绝。觉得两口子“真傻”，小贩转身离去。

很快，防疫部门把这些死鸡全部做了无害化处理。处理的当天，杨占利夫妇没去现场，因为怕看了心里难受。

有人知道了夫妻俩拒绝卖死鸡的事，问他们，当时就没有一点儿犹豫吗？杨占利坚决地摇了摇头：“不行，干这事儿，咱心里过不去。”田俊丽则羞涩地笑笑，说：“当时就想要是狗没有传染病，那么好的鸡白白埋了太可惜，可又觉得万一坑了别人，一辈子也不心安。”

村委会负责防疫的侯占辉平时与杨占利夫妇相熟。在他看来，杨占利夫妇拒绝这样的事一点也不意外。“他们两口子人实在，以前卖菜的时候从不缺斤短两，所以他家的菜总是比别家卖得快，遇上村里有谁家需要帮忙的，他们也热心。”

“只做了一件平常事，却得到了这么多”

杨占利夫妇拒绝卖死鸡的事传开后，得到了广泛的社会关注。网友们纷纷为这对夫妇点赞。网友“爱我家园”说：“在这户淳朴的夫妻俩身上我们看到了最宝贵的东西，良心与诚信，满满正能量，感动！”网友“绿萝 Twb”说：“亏了我一个，不祸害其他人。说起来容易，做起来则难。真心为这对夫妻点赞！”

一些义工组织还在网上发起预购，以实际行动帮助杨占利夫妇恢复生产，渡过难关。阳泉市义工联合会会长薛志鹏告诉记者，该组织发起的“预购山鸡”活动启动以来，已有近百人参与，订购量达到 300 多只。“他们不为私利的选择让人感动，他们的良心义举应当得到回报，不能让这样的好人成了某些人眼中的‘傻子’！”

记者了解到，阳泉市及郊区的相关领导得知此事后，也对杨占利夫妇的精神和义举表示肯定和赞赏，并委托有关单位实地察看慰问，对其后续发展给予适当帮扶。

政府的关怀、亲友的相助以及众多陌生人的支持，让杨占利夫妇十分感动。“我们只是做了一件很平常的事情，却得到了这么多，我不知道该说什么好，我觉得这个社会还是好人多，要相信善。”杨占利说。

采访期间，夫妻俩告诉记者，他们准备贷些款，重新修整一下鸡舍，再进些鸡苗。“刚出事儿的时候，真是不想干了，可是现在我们信心很足。有这么多人关心、帮助，我们觉得一定要干好，不能对不住人家。”

记者手记

新华社山西分社记者　**马晓媛**

最初选择这对夫妻作为“中国网事”感动系列的题材时，我心中是犹豫的。养的鸡死了，没把死鸡卖出去，说来说去，无非是“没做坏事”，这样的事、这样的人物，值得感动吗？

直到我风尘仆仆，坐在这夫妻俩的鸡舍里。

谈起养鸡的快乐，夫妻俩眉飞色舞，滔滔不绝。田俊丽笑嘻嘻地说：“这鸡跟鸡的性格都不一样，有的鸡黏人，你走到哪儿它就跟到哪儿，有的鸡怕人，你还没走近它就跑得远远的。”好像这些鸡就是她的孩子。

杨占利与鸡“共处”的时间更长。采访期间，一只出事时逃走的鸡去而复返，被杨占利捉个正着，杨占利乐呵呵地说，这鸡他认识。在他眼里，每一只鸡都跟其他鸡不一样。自从养了鸡，他就再也吃不下一口鸡肉。“自己看着鸡从小到大，哪里还吃得下。”他说，家里来客人了有时会炖只鸡，他连看一眼都觉得难受。

为了这些鸡，夫妻俩搭上了所有积蓄、所有时间、所有精力。白天没个空闲工夫，晚上夫妻俩还得“分居”，走哪儿都是一身的味儿。这些鸡，是他们的命。

尽管采访时距鸡舍遭袭已经过去了半个月，但说起当时的情景，夫妻俩仍是隐藏不住的难过。人高马大的男人红了眼圈，旁边的妻子偷偷抹着泪，周围的人也陷入沉默。

拒卖死鸡的事儿，俩人都不愿意多说了。趁着同事摆弄镜头的空当，我悄悄问夫妻俩：“当时真没犹豫吗？过后也没后悔吗？”丈夫杨占利眼睛直视着我：“说心里话，真的没有。咱也不是因为啥，就图个心里踏实。”妻子田俊丽不好意思地说，当时有一下下，就是可惜这些鸡。

言语和眉梢之间的纯朴，让我动容。的确，他们没做什么惊天动地的事，也没什么了不得的成就，甚至不会让你潸然泪下。可就是这样一对普普通通的农家夫妇，他们对良心的坚守和纯朴的善念，让我动容。

杨占利夫妇的事经本地媒体报道后，不少人与他们联系，愿意提供帮助。其中，阳泉义工联合会发起了“预购山鸡”的活动，帮助夫妻俩恢复生产，得到广泛响应。联合会会长薛志鹏说：“这对夫妻宁肯亏了自己，也不愿意祸害他人，如果每个人都能这样，社会肯定能变得更好，人与人之间就能多些信任，所以我们帮他们也就是在帮我们自己。”

面对争相伸出的援手，杨占利夫妇也感慨良多：“没想到我们只做了一件平平常常的事，却收获了这么多，我们很感动。等我们缓过来以后，也要想着回报社会。”

我们真的看到，“正循环”启动了，正能量在传递。冬日里的重重雾霾之下，这个故事让我们看见了阳光。

微语录

“昧良心的事咱不能干，咱心里过不去。”——“良心夫妇”杨占利、田俊丽

微评论

网友“Activision 尚尔法”说：正是有良商人的这种模范做法，使我们这些买家避免了一些疾病的感染，别说这样的新闻和我们没关系，某种程度上我们应该谢谢他们。社会真的需要这样的正能量唤醒那些无良商家！

网友“绿萝 Twb”说:亏了我一个,不祸害其他人。说起来容易,做起来则难。真心为这对夫妻点赞!

网友“马踏彩云飞 _25773”说:宁舍其财不祸害他人,你们是当今最牛的人。你们的行为虽然不能感动天地,但一定能感动世人。好人一定会有好报。

“背着老师去治病”90后大学生

他们，是湖北科技学院80多名90后甚至95后大学生。在老师瘫痪在床而陷于绝望的时候，他们自发地组织起来，背着老师去医院治病。老师说：“我想过结束自己的生命，也许没有学生们的照顾，我真的挺不下来。”学生说：“老师，您无私地爱我们，教育我们，您现在有困难，我们绝不袖手旁观。我们要陪伴到您重新站上讲台的那一天。”一届学生毕业了，下一届接着背。3年多来，他们风雨无阻，从不间断，用稚嫩“脊梁”背起新时代的师生情，用行动演绎着大学师生融洽和谐的壮丽诗篇。

80多个稚嫩“脊梁”背起新时代的师生情

新华社武汉分社记者 王贤

2014年初以来，湖北科技学院资源环境科学与工程学院80多名90后甚至95后的大学生，风雨无阻背送患病瘫痪的老师覃从军去医院做理疗，背不动的女生就轮流陪老师聊天散心。一届学生离开了，下一届接着背，爱心接力已持续了一年。

学生们说，只要学校还有人在，就不会扔下老师不管，我们要陪伴到他重新站上讲台的那一天。而今，覃从军的身体状况虽有所反复但逐渐好转，原来毫无知觉的手脚渐渐能动了。覃从军眼含热泪激动地说：“谁说90后没有担当、不懂感恩？我为有这样一群可爱的学生而自豪。”

80多名学生自发接力背送瘫痪老师就医

“好久没来了，以后来一趟也不容易，今天就让我来背老师吧。”刚从外地实习回来的湖北科技学院资环学院大四学生窦明浩推开学弟，往地上一蹲，两边同学抬着覃从军扶上他的背，他熟练地托着老师的双腿站了起来。

“慢点，慢点！”窦明浩背着覃老师穿过医院大厅，走出侧门，拐进旁边老师住的小区,上二楼,小心地将老师放在沙发上。"现在背起来比刚开始轻松多了,覃老师的上身可以使上点劲了,整个人的精神状态也好多了。"窦明浩高兴地说。

3年前,41岁的覃从军不幸患上一种不知名的病,手脚渐失知觉瘫痪在床,四处求医后仍未能确诊,2014年起转而做中医理疗。自己身体完全不能动,家中又没有壮劳力,还要人背着去理疗。"我不想成为别人的负担,那段时间甚至想过结束自己的生命。学生给了我莫大的鼓励,也许没有他们,我真的挺不下来。"覃从军唏嘘不已。

正当覃从军郁郁寡欢之时,他所教的2011级地理信息班的同学来到他的床前,班长姜露主动请缨动员班上同学轮流背送。她说,覃老师是我们的班主任,是我见过的最尽职的教师,一直兢兢业业,跟大家打成一片,班上47名同学都很喜欢他。经过集体商议,班上每天安排两个男生轮流背着覃从军去理疗,两个女生则陪护聊天,一支帮扶志愿者队伍悄然诞生。

半年之后,2011级地理信息班进入大四,同学们或实习找工作,或要备战考研,谁来接班背护覃老师理疗成了问题。"覃老师是学院的老师,只要有学生在,就会有人来背,我们绝不会扔下他不管。"资环学院学生会主席、工程管理专业大三学生王亚元得知情况后,立即号召成立志愿者团队,30多名覃从军未曾谋面的各专业学生积极报名,接过了学长们的爱心接力棒。

颤抖的双腿和情不自禁的男儿泪

覃从军住在湖北科技学院对面一小区二楼,从家里到校医院理疗室只有100多米的路程。路程虽短,但要背起一个四肢无力、体重60多公斤的成年人,寒来暑往风雨无阻,对于这群还没有发育完全特别是一些偏瘦的同学来说,并不是一件容易的事。

赵鑫是资环学院年仅17岁的大一新生,年纪轻个子也不高。他说,第一次看到覃老师很震惊,还有点害怕,他整个人瘫坐在沙发上,连电视遥控器都控制不了。"我担心自己背不起,中途坚持不下来,就没敢去背。第二次去他家,我给自己打气,咬着牙、咬着嘴唇,终于背起来了。"

"第一次背的时候覃老师身体状况很差,手脚都没有力量,手臂抱不住,腿也夹不住,整个人都压在自己身上。"王亚元说,当时,一站起来腿就发抖,就一直对自己说,"咬咬牙坚持住,既然来了就一定要背下去。"

说起学生对自己的帮助,覃从军总是很激动。他说,去年7月份有一天天气酷热,王亚元和汪城背我去做理疗,当时我四肢和腰部没有任何力气。王亚元蹲在我面前,汪城从后面抱着我扶到王亚元的背上。我能明显地感觉到,他慢慢站起来时身体都在颤抖,只能一步一步地挪动,每往前走一步身体都要往下躬一点,到最后身子基本成了90

度。到医务室时他们的衣服已经完全湿透,大颗大颗的汗珠掉下来,休息了10来分钟才缓过神。我一看心里既感动又很不是滋味,当时就忍不住掉下泪来。

“覃老师没直接教过我们,但通过背送他和他接触,我们的师生情更浓了,言传身教中也收获了很多。”大二学生张晨阳说,“他不仅给我辅导功课,教我一些知识,更教我如何过好大学生活,如何为人处事。在他的身上,我看到了什么是坚强、乐观,遇到事情就该勇敢面对。”

“我要重新站上讲台,继续教书育人的神圣事业”

得知覃从军病情后,近期不断有多年未见的学生到他家探望。在众多师生的关心和帮助下,覃从军的精神状态大为好转。他每天坚持康复运动,身体也有了好转,手慢慢可以抬起来了,在他人的搀扶下,还可以下床走几步。

王亚元等多位志愿者表示,覃老师逐渐好转给了同学们很大的信心和成就感,大家都盼望着老师早日康复。“从2014级到以后的2015级,再到以后的以后,志愿者小组会一直陪伴着覃老师,直到他重新站上讲台的那一天……”

湖北科技学院资环学院辅导员高丽说,看到学生们自发的义举,耳闻目睹同学们对覃老师的这份爱心,学校的老师都感到特别欣慰振奋。无论时代如何变化,不管是80后、90后还是00后,师生之间的这份真情厚意永远都不会变。

看着眼前这帮可爱的学生,覃从军的眼里满是感动和怜爱,尽管身上的病痛不时袭来,他总是告诉自己要坚持,再坚持。他说:“我要活下去,我还有很多没做完的事,我要重新站上讲台,好好教书育人,回报学生对我的爱。”

“记者同志,我们还有一个心愿,老师的病现在都还没有确诊,能不能给我们呼吁呼吁,请了解类似病症的病友或医生提供一些治疗信息,帮助老师早点好起来?”姜露和她的同学们略显沉重地说。

不知不觉夜幕来临,覃从军和他的学生们一一击掌告别,学生们不断地给老师打气,并送上最美好的祝福。

记者手记

新华社武汉分社记者　王贤

他,45岁,教了20多年书,桃李无数。

2011年,他的手脚开始逐渐失去知觉,但他仍不愿离开三尺讲台。

2012年,病情开始恶化,他从此告别课堂。

辗转各大医院诊治未果后,如今,他回到简陋的家中,在校医院做常规性理疗。

3年多的时间里,他的学生轮流背他去看病,风雨无阻。

他们,湖北科技学院资源与环境科学学院的学生。

他们说,覃老师上课严谨,有耐心,每天早起晚归,愿意花时间与我们聊天谈心,我们都叫他"覃爸"。

他们说,覃老师还欠我们一场篮球赛呢。

他们说,我们只是尽自己所能,希望他能早日重返讲台。

他们说,面临毕业,看到学弟学妹们接过爱心接力棒,我们也就安心了。

一个好老师,用20载青春换来了学生的反哺之情。

一群好学生,在老师患难之际,奉献爱心,传递社会正能量。

也许,在这群学生看来,他们此举并不算什么,但恰恰是这平凡的举动,让我们看到了社会中爱的光辉。

这爱让曾想轻生的覃老师坚定了生活的信念,这爱泛起了人们心底向善的涟漪,这爱触动了每人心中的善念。

榜样的力量是无穷的。在2011级的学长们将要毕业之际,2012、2013、2014、2015级的学弟学妹们接过爱心接力棒,让爱继续在校园里流淌。

微语录

学生说:"从2014级到以后的2015级,再到以后的以后,志愿者小组会一直陪伴着覃老师,直到他重新站上讲台的那一天……"覃从军眼含热泪激动地说:"谁说90后没有担当、不懂感恩?我为有这样一群可爱的学生而自豪。"

微评论

湖北省副省长郭生练在《楚天都市报》看到《学生们轮流背着老师去治病》新闻报道后,对湖北科技学院这群有担当的90后甚至95后的大学生称赞不已。

网易新闻发表点评说:育人教书恩情重,饮水思源暖严冬。本以为大学的老师和学生之间感情是最淡的,看到这群学生轮流背老师就医的故事,太让我感动了!这群学生让人称赞。老师真心付出,学生反哺感恩。这是一种社会的良性循环,是一种社会主义核心价值的体现。

媒体评论员发表评论说:一个好老师,用20载青春换来了学生的反哺之情;一群好学生,在老师患难之际,奉献爱心,传递社会正能量。也许,在这群学生看来,他们此举并不算什么,但恰恰是这平凡的举动,让我们看到了社会中爱的光辉。

“爱心红包达人”常鹏

他不是马云,也不是马化腾,却在羊年春节掀起了一场充满爱心的网络捐助,为无钱治病的白血病患儿送去了生的希望。

祖国边陲城市的普通市民常鹏,在自己手机的微信朋友圈发了一个救助白血病患儿的视频,掀起了一场网络“红包大战”。而在手机另一端,白血病患儿的母亲韩文灵接“红包”接到手软,却不知发起这次“网络红包”筹款的“恩人”是谁。常鹏希望有更多的“网络红包”能够飞到北国,帮助这个小天使继续她的漫漫人生路。

充满爱心的“红包大战”

——为了一位北国白血病患儿的“网络救助”

新华社“中国网事”记者　李建平

羊年春节,当人们为了抢“网络红包”变成“低头族”,黑龙江省鸡西市的韩文灵却收红包收到“手抽筋”。

这是一场关于白血病患儿的网络救助。

“看,这是我的微信朋友圈,这是微信‘钱包’,目前我收到的‘微信红包’有377个,总共有17700多元钱。”韩文灵向记者展示着手机。

如果以接收红包的数量衡量,韩文灵可能是全国最幸运的人,但在这份幸运的背后却是一个不幸的家庭。

去年10月,韩文灵5岁的女儿被确诊得了白血病。在约5个月的时间里化疗4次,花费20多万元,家里积蓄不够用,还举债10多万元。

2月15日,农历腊月二十七,大街小巷已经可以嗅到过年的味道。此时,韩文灵和丈夫却仍在街头四处借钱,他们只有一个念头,希望能在农历大年初八前给孩子凑够第五次化疗费用。

“这是我活这么大岁数过得最黑暗的一个春节。人们都在和家人团聚，高高兴兴的，而我们一家却要遭受没钱治病的痛苦。"韩文灵开始抱怨命运。

然而，转机也在这时悄悄出现。2 月 16 日，当地的两个微信公众账号"鸡西发布"和"鸡西微生活"的网友得知了韩文灵的不幸后，想借助网络发起捐助活动，为韩文灵一家做点事情。

鸡西市民常鹏是这次爱心捐赠活动的主要发起者。通过"鸡西微生活"，他了解到韩文灵家的境遇。"她家俩孩子，还有个患精神疾病的老父亲，经济负担非常重。而她患病的女儿和我儿子差不多大，所以我能够感受那种痛苦，也非常想帮她。"常鹏说。

常鹏把韩文灵家的遭遇写成文字发到微信朋友圈，可反响并不大。他和同事灵机一动，想到或许可以借助眼下"最火"的"网络红包"来筹款。于是他们又连夜赶制了一个视频短片，加入了"网络红包"筹款的内容，放到了网上和微信朋友圈里。

"没想到这事儿一下子在网上'火'了。"除夕那天，常鹏的微信朋友圈"开锅"了，网友们看到视频后，纷纷送来"微信红包"。开始是让常鹏转交给韩文灵，后来红包实在太多，常鹏忙不过来，大家就直接加韩文灵的微信号码了。

"大年三十，我们一大家子过年，我光鼓捣手机了，半夜炮都没放，我媳妇都和我急眼了。"常鹏不停地把收到的"微信红包"截屏发朋友圈，还要致谢、回复，鼓励大家转发，插着充电器的手机热得有点烫手。

而在微信的另一端，"网络红包"为韩文灵一家带来了意外的惊喜。韩文灵说："开始收到的红包金额比较少，还有一分钱的，可后来 100 元、200 元的大红包就呼呼进来了，我开始紧张了。手机回复慢，我就用电脑，得知这些红包里的钱就是人家把银行卡的钱直接划给我，我就有点不安了。除夕那天，我收到了 117 个红包，一共有 7000 多元。"韩文灵甚至不知道这些好心人的真实姓名、性别等最基本的信息。

"有个 1000 元的红包被我拒收了。"这是一个叫王芬的好友转来的，委托王芬发"微信红包"的人是一个正在康复中的白血病患者，韩文灵太了解白血病家庭的状况了，这钱她说啥也没收。

直到 2 月 25 日，韩文灵还不知道发起这次"网络红包"筹款的是个什么样的人。只是很多送红包的人都自称是常鹏的朋友，韩文灵隐约知道暗中帮她的人姓常，可不知道是大哥还是老弟。

后来常鹏听说韩文灵一家 2 月 26 日要从鸡西到哈尔滨看病，却买不到火车票。常鹏决定找车送他们去，两家人这才第一次会面。

此时，韩文灵终于见到了教她取消微信好友验证、教她微信捆绑银行卡、教她使用电脑微信客户端的"恩人"。而常鹏手机微信中的 1200 多个好友中，有 300 多个已经成为韩文灵的好友。

“我的智能手机是交话费送的，最初微信好友只有不到20人，都是家人、同学啥的。现在我微信里有330多人了，都是春节收红包时加的，很多都不知道叫啥名，就叫他们‘恩人’。”韩文灵眼圈有点发红。

2月26日下午3点半，韩文灵一家顺利抵达哈尔滨医科大学附属第一医院，办完入院手续，韩文灵看了一眼微信，又有3个“微信红包”蹦了出来，分别是50元、100元、20元。

在这个飘雪的春节里，“微信红包”载着来自网络的爱心温暖了韩文灵一家。但对于这个不幸的家庭，未来的道路仍然漫长、崎岖。

春节的鞭炮声逐渐稀疏，“网络红包”大战也偃旗息鼓。可常鹏依然希望有更多的“网络红包”能够飞到北国，帮助这个爱照相、爱跳舞、想上学的小天使继续她的漫漫人生路。

记者手记

新华社“中国网事”记者　李建平

在这个“互联网+”可以和任何事物联通的年代，祖国最北省份一个贫困家庭的白血病患儿在羊年春节走进了人们的视野。她只是众多白血病患儿中普通一员，因为爱心“红包达人”常鹏牵线，将她与时下最火的“微信群”“朋友圈”“抢红包”相关联，在网络上掀起了一场充满爱心的“红包大战”。

一切皆出于偶然。常鹏是黑龙江省鸡西市一个普通年轻人，爱上网，喜交友，在当地经营着一家规模不大的婚庆公司，自给自足，悠然自得。作为当地微信公众账号的活跃网民，常鹏经常组织和参加公众账号的活动，为白血病患儿小菲阳捐款便是其中之一。

“第一眼见到小菲阳我就落泪了，也许是因为她的懂事听话，也许是因为她与我儿子年龄相仿。”常鹏下决心为小菲阳做点事情。他把韩文灵家的遭遇写成文字发到微信朋友圈，可反响不大。他又灵机一动，利用自己专长，连夜赶制了一个视频短片，加入了“网络红包”筹款内容，放到了网上和微信朋友圈里。“没想到这事儿一下子在网上‘火’了”。

回顾整个事件经过，不懂得网络营销策划的常鹏却在不经意间策划出一个网络爱心救助活动。常鹏事后总结认为，这场网络救助活动成功在于抓住了几个关键点。首先，春节假期在网上“闲逛”的人比平时多不少；其次，抢各种“网络红包”成为春节里最火爆的一项全民运动；最后，白血病患儿能够更深地触碰到人心最脆弱的地方，而视频表达方式更能引发大家同情心。

走进哈尔滨医科大学附属第一医院的儿童白血病病房，哪怕是最冷漠的人也会为之动容。一个个剃着小光头、脸上充满阳光的孩子，就像折翼的天使，让人心痛，却又无能为力。

"姑娘你要是疼就咬妈的手。""不能咬，要是咬你，你会疼的。"类似催人泪下的对话，儿童白血病病房不知还有多少。在这里接受救治的多数患者与小菲阳类似，除了自己需要承受超出年龄的痛楚，其家庭还会背上沉重的包袱，而这份重荷是一个人或家庭根本承受不了的。

中国不缺乏爱心，只是缺少有效平台。希望互联网的蓬勃发展能够给中国的慈善救助事业开辟一条新路，让更多的小菲阳能够早日康复回家。

微语录

"'网络红包'大战虽然偃旗息鼓，可我依然希望有更多的'网络红包'能够飞到北国，帮助这个爱照相、爱跳舞、想上学的小天使继续她的漫漫人生路。"——"爱心红包达人"常鹏

微评论

新浪网网友"笑着哭"说：常鹏只是一个普通人，却凭借自己的力量在网上发起爱心救助，为白血病儿童筹集数万元医疗费，这体现了"开放、平等、协作、分享"的互联网精神。"只要人人都献出一点爱，世界将变成美好的人间"，在互联网助推的社会里，人们奉献爱心会越来越便捷，彼此的心也会越来越近。

某网友说：毛泽东在《实践论》中说："要想知道梨子的滋味，就必须亲自去尝。"对于我们而言，要想知道英雄模范人物如何不平凡，就从自我积极的感动行动开始吧。

“感恩骑行者”罗维孝

他是一位普通退休工人——罗维孝。10年前，年过半百的他骑着自行车开始丈量祖国河山——北上漠河，南下天涯，他先后骑行中国内地的31个省、市、自治区，其中三上青藏高原，骑行川藏、青藏、滇藏、新藏四条进藏公路，著有《问道天路——骑游青藏高原六十二天》一书，被誉为“青藏高原的骑游宝典”。

10年后，年过花甲的他骑着自行车首次独闯异国他乡——横跨南北丝绸之路，纵横亚欧大陆，穿越8个国家，历时115天，行程长达1.5万多公里，从大熊猫发现地(四川省宝兴县)到大熊猫发现者的故乡法国艾斯佩莱特市，完成了“新丝路”的大穿越，写下了30万字的书稿《行无国界》。

花甲老人公益骑行路越走越宽广

四川省《雅安日报》记者 杨建光 高富华

2014年3月18日，“大熊猫文化使者”、64岁的罗维孝骑着自行车从世界首只大熊猫发现地雅安市宝兴县出发，在亚欧大陆上独自骑行115天，穿越8个国家，行程1.5万余公里，远赴法国艾斯佩莱特市(大熊猫科学发现者阿尔芒·戴维故里)，宣传大熊猫文化，在亚欧大地上再一次掀起了“大熊猫旋风”。

时隔一年多后，他完成了近30万字的书稿《行无国界》，2015年11月底，书稿将由四川某出版社公开出版。

不拉赞助　不要资助　他把公益骑行走到底

2014年7月23日，四川省大熊猫生态与文化研究会、宝兴县人民政府在“熊猫老家”宝兴县为罗维孝举行“欢迎中国勇士罗维孝万里独骑法兰西载誉归来”座谈会。市委常委、宣传部长姜小林，雅安市老领导、四川省大熊猫生态与文化研究会会长杨水源发来贺信,祝贺罗维孝"万里走单骑·追梦法兰西"活动圆满成功,并向罗维孝的壮举致敬、致谢。

"我以强大的祖国作为坚强的后盾和支撑,有沿途中国驻外使馆的协调,有华人华侨的帮助,我这个不懂外语的中国老头,才能从中国骑行到法国,把一个中国人想圆的梦圆在异国。把用邮戳来印证自信、自强的中国印记永远留在了法兰西的土地上。"罗维孝让大家分享他的成功。

2014年是大熊猫科学发现145周年,是中法建交50周年。在"4·20"芦山强烈地震灾后恢复重建一周年之际,罗维孝骑行法国体现出"挑战自我,不胜不休"的精神,与雅安灾后恢复重建结合起来,进一步提振雅安人民的"精气神",推进雅安灾后恢复重建的步伐。

罗维孝从2005年开始骑行以来,一直坚持公益骑行,9年来,足迹遍及祖国大江南北,并跨出了国门,总行程超过了5万公里。这次骑行途经哈萨克斯坦、俄罗斯、拉脱维亚、立陶宛、波兰、德国,抵达法国。四川省旅游局原巡视员、四川省大熊猫生态与文化研究会名誉会长孙前说:"罗维孝追求高远目标,9年来的公益骑行,没有一己私利,堪称'平民英雄''熊猫骑侠'。"与会人员表示:英雄就在我们身边,传承和弘扬英雄的事迹和精神,是时代的需要,更是灾后恢复重建的需要。

"挑战与超越,探险与寻觅,是全人类最为崇尚的进取精神。"大家共同祝愿"草根英雄""熊猫骑侠"罗维孝在未来公益骑行的道路上越走越宽广。

"燃烧自己的骨油,放飞心中的梦想。我做了一件我最想做的事,走了一段我最想走的路,看了一路我最想看的景,圆了一个我最想圆的梦!"儿子罗里大学毕业后在成都工作,自己和老伴是"吃饭挣钱"的退休老人,一家人衣食无忧。骑游已成了罗维孝生活的一部分,自己的钱自己花,自己的事自己干。从喜欢上骑行的那一天起,罗维孝就把骑行定位为个人爱好,谢绝所有单位和个人的资助。自行车厂主动提供赞助,被他拒绝了,公司要给他一笔奖励,也被他婉谢了。

他最先的梦想是到西藏。西藏之行后,又有了新的梦想,骑游中国大地,丈量祖国大好河山,让自己的足迹踏遍中国大陆的每一个地方。

2008年"5·12"汶川特大地震发生时,罗维孝正骑行在滇藏公路上。他看到沿途的群众都在向地震灾区捐款捐物,雅安市是四川六个重灾市州之一,他一看到有捐款的地方,就停下车主动捐款,并且不留姓名。回到雅安后,他就思考如何感恩,最后他决定,还是用自己的方式——骑行感恩!

2009年4月10日清晨,像往常一样,罗维孝又一次悄然上路。带着写有"大爱无疆·雅安在废墟中崛起新家园——'5·12'汶川特大地震雅安灾区市民罗维孝感恩万里行”的旗帜，他单骑东进南下，途经成都、重庆、湖北、湖南、广西、广东等地，5 月 3 日，他到达感恩行的最后一站——海南省海口市。

一路骑行一路感恩，罗维孝先后在广安市、武汉市、海口市为援建雅安的广安市和湖北、海南市民送一杯感恩清茶。“我以我自己骑行的方式，表达雅安人对他们援建之恩的谢意。”

骑行归来，当罗维孝听说雨城区正在征集抗震救灾实物时，他毫不犹豫地捐出了走过大半个中国、东进南下感恩的“坐骑”(自行车)，同时他还捐赠了一面盖满邮戳的感恩旗帜。

语言不通　水土不服　他把异国他乡闯到底

2012年，罗维孝骑遍了中国内地 31 个省、市、自治区。下一站又到哪里?

2013 年“4·20”芦山强烈地震，再一次重创了雅安，世人的目光聚焦到了雅安，大家在关注受灾群众的同时，也在关注着生长在这片土地上的大熊猫。

“再不出门就老了！我要当大熊猫文化使者，向世界传播大熊猫文化！”2013 年底，罗维孝突发奇想，沿古老的丝绸之路远行到法国。

之所以选择法国，罗维孝有他的理由。1869 年 5 月，法国生物学家阿尔芒·戴维在宝兴县夹金山麓发现了大熊猫，并把这一珍稀物种介绍给了世界。后来中国送给法国的“国礼”大熊猫，就来自宝兴县。骑行法国，一是向世人展示雅安人在灾难中奋起的精气神，二是向世人报告有着良好生态的雅安，大熊猫生活得依然幸福。

“老罗要骑车到法国，简直是疯了！”朋友的劝阻，他一笑了之，亲人的反对，他说：“反对有理，但反对无效。”

3 月 18 日上午，在省旅游局原巡视员孙前、省旅游协会副会长司徒华等人的祝福声中，罗维孝踏上了漫漫征程。

雅安宝兴县与法国艾斯佩莱特市相隔 1.5 万多公里，他独自一人骑行在欧亚大陆上，途经国内四川、甘肃、新疆等省、自治区，4 月 30 日跨过国门，进入哈萨克斯坦，后经俄罗斯、拉脱维亚、立陶宛、波兰、德国，6 月 30 日进入法国。7 月 10 日，罗维孝抵达戴维故乡法国西南部巴斯克地区的艾斯佩莱特。当罗维孝的身影出现在街头时，当地民众和游人向他欢呼，合唱团唱起了巴斯克民间欢迎贵宾的民歌。

万里骑行，致敬先贤。罗维孝站在窗前，举拳高喊：“艾斯佩莱特，我来了！”

7 月 15 日晚 8 时(当地时间下午 2 时)，罗维孝应邀来到位于巴黎的法国国家自然历史博物馆，把一面盖着 8 个国家近百个邮戳的旗子交到了博物馆负责人手中。博物馆负责人盖上最后一枚印章后，收藏起来，并向罗维孝出具收藏证书。为罗维孝万里走单骑、横跨亚欧大陆的壮举画上了一个圆满的句号。

不畏艰险　百折不回　他把生态大旗扛到底

9年骑行，每次出门，罗维孝行囊中少不了两样东西，一是蒙顶山茶，二是四川省大熊猫生态与文化研究会的徽章。茶和大熊猫，是雅安良好生态的标志，他走到哪里，就把生态雅安宣传到哪里。

“走出雅安，我代表着雅安人的形象；跨过国门，我代表的是中国人的形象。”

2005年5—7月，罗维孝等7名老人骑行茶马古道，之后，他产生了创作的念头，决定再一次“行走天路”——用心灵叩访。

罗维孝只念过小学三年级，写作的艰辛不亚于再上一次高原。花了整整一年时间，六易其稿，他终于写完全书。

《问道天路——骑行青藏高原六十二天》一书出版后，成为骑游爱好者的“骑游宝典”，多次再版。出版社邀请罗维孝到北京签名售书，他二话不说，骑着自行车就上北京了。

从宝兴县邓池沟出发，“西游”法国，更是有着不可想象的困难。遭遇抢匪，靠着机智和灵活摆脱；语言不通，差点被送进修道院；体力不支，摔倒在公路上，好心人将他扶起来；车子坏了，正好碰到一英国骑友，主动帮他修理……

1.5万多公里，罗维孝一米一米向前走；115个日日夜夜，罗维孝一天一天挺过来，目标越来越近，但罗维孝的体力似乎已到了极限，有很多次，罗维孝担心躺下去就再也起不来。病了、累了，自行车坏了……罗维孝有一万个理由退缩，但“挑战自我，不胜不休”的誓言支撑他不畏艰险，百折不回。

68岁的艾斯佩莱特前市长戴海杜先生曾4次访问雅安。他对罗维孝的壮举由衷钦佩。当地官员沙堡女士向罗维孝赠送礼品，并表示明年春天要到雅安“喝茶、看熊猫”。

“我不敢妄言说我成功了，但我敢说我努力了！”罗维孝要写一本骑游“新丝路”的书，把一路的所见所闻和熊猫文化更好地宣传给全世界。经过一年的“心路”跋涉，2015年11月，罗维孝已完成《行无国界》书稿的创作。

作者手记

四川省《雅安日报》记者　杨建光　高富华

你还有多少精彩让我们期待？

2014年4月30日下午4时许，我的手机铃声突然响了起来。我一看，是罗维孝打过来的。

“富华老弟，我已站在了中国最西北的新疆维吾尔自治区霍尔果斯口岸，马上就要通过海关，踏上西行路上的第一个异国他乡哈萨克斯坦的土地。在哈萨克斯坦的后面，还有6个国家。你们就等着我抵达法国艾斯佩莱特市的好消息吧。轻轻一抬腿，我就冲出了国门。再见！”

在一个多月前的3月18日，罗维孝从四川省雅安市宝兴县邓池沟天主教堂出发，单骑前行，从四川到新疆，已连续骑行了44天，行程5000多公里，终于抵达了出境口岸。罗维孝的目标，是从中国的西南部到法国的西南部，从大熊猫发现地到大熊猫发现者阿尔芒·戴维的故乡——法国西南部比利牛斯省的艾斯佩莱特市。

从出发地到目的地，虽然同在西南部，但相隔东西方，相距千万里。

罗维孝骑行的路线是从南方丝绸之路上的重镇雅安出发，进入北方丝绸之路后，再沿丝绸古道一路西行，离开中国出境后，穿越中亚哈萨克斯坦，经东欧俄罗斯，进入北欧波罗的海三国中的拉脱维亚、立陶宛后，再经中欧波兰、德国，最后进入西欧法国的东北部，最终抵达位于法国西南部的艾斯佩莱特市——回访大熊猫的发现者阿尔芒·戴维故里，实现跨越145年的握手。

罗维孝说起来似乎很轻松，但我知道，这一路他会走得很孤独，也很艰难。在无外援，也无后勤保障的情况下，而他不仅年过花甲，还不会外语，别说交流沟通了，就连最简单的路标路牌都不认识，还有漫长的1万公里的行程、7个国家的疆界等待着他穿越，只要有一个失误出现，也许对他的骑游都是致命的。

然而他经过115天的艰难跋涉，又活蹦乱跳地回来了。

退休工人、退伍军人、花甲老人、青藏高原、亚欧大陆、“螺丝”、小学肄业、大熊猫文化使者、摄影家、作家、北京签名售书……

这些毫不相关的字眼，犹如一盘散沙，很多人难以把它们联系在一起，“奇人”罗维孝却集这些字眼于一身，因为这些标签都可以贴在他的身上。虽然有些“混搭”，但很“搭调”，一点儿也不觉得有什么不妥。

退休后，罗维孝整天骑着自行车满世界疯游，不是南下北上，就是西进东征，青藏高原来来回回跑了好几趟，在退休前后的几年时间里，他骑游了滇藏，还不忘新藏，硬是把进藏的川藏、青藏、滇藏、新藏四条公路一条不拉地走了个遍。仅仅几年时间，大江南北，长城内外，中国内地31个省、市、自治区都留下了罗维孝的足迹。他说：“东西南北中，祖国在心中。”

读万卷书，行万里路。从古到今，行走的人多，行吟的人少，成书的就更少了。

《问道天路——骑游青藏高原六十二天》被四川出版集团四川民族出版社出版，该书不孚众望，一上市就“洛阳纸贵”，刮起了一股“草根风”，曾一度“杀进”北京王府井书店、西单图书大厦的畅销书排行榜。

“别人是行万里路，写万卷书。我是行万里路，只写一卷书。”也许正是罗维孝的厚积薄发，才会出手不凡，一鸣惊人。

如今，一本近30万字的书稿又摆放在了四川某出版社编辑的案头，这是罗维孝写的，书名叫《行无国界》。

罗维孝，你还有多少精彩让我们期待？

微语录

“我做了一件我最想做的事，走了一段我最想走的路，看了一路我最想看的景，圆了一个我最想圆的梦！我不敢妄言说我成功了，但我敢说我努力了！”——“感恩骑行者”罗维孝

微评论

资深媒体人高山说：“飞机带来的是便捷，但沿途只有机场和白云；火车呼啸而过，窗外的风景也只是转瞬即逝。但‘熊猫爷爷’等友好使者返璞归真，他们用小行为促进国与国之间的友好交流，这种真挚弥足珍贵。”

博客“邹玉麟”说：一个国家、民族走向盛世繁荣，必有其敢为天下先的探索者。在中华民族的历史上，汉武帝时有张骞出使西域，唐太宗时有玄奘天竺取经，明永乐时期有郑和七下大洋的鸿篇史诗，而今天越来越多的民间友好使者踏上了探索世界的征途。

“爱心快递哥”曹晓祥

21年前，一张希望工程“大眼睛女孩”的宣传照片点燃了他从事公益事业的热情，让他保持定期捐款的习惯直至今日。无偿献血1.5万毫升，组织捐献过冬衣物超6吨，资助5名西部贫困学生完成学业，曹晓祥正用他实实在在的举动，践行着“日日行，不怕千万里；常常做，不怕千万事”的座右铭。现在，除快递员的身份外，他还是一家公益组织的负责人，集结更多的爱心人士，发出更大的光和热，曹晓祥的公益之路还将继续。

“好人”曹晓祥　以快递为翼助飞公益梦想

江苏省邮政管理局　祝梅

9月29日，江苏省首届“最美快递员”评选揭晓。泰州汇通快递员曹晓祥在颁奖现场作为10名“最美快递员”的唯一代表发言。为什么是他代表发言？带着疑问，笔者在现场与他进行了深入交谈。

一张照片　一笔捐款　开启二十余载“真情路”

多年前，小女孩手握铅笔、蓬乱的头发下一双求知若渴的大眼睛——一张以“我要上学”为题的照片曾经震撼了多少国人的内心，引发了全国人民捐资助学的热潮。1994年10月的一个下午，刚刚参加工作不久的曹晓祥通过报纸，看到了希望工程的相关报道，也看到了“大眼睛女孩”苏明娟的照片。他当即决定，将自己一个月的工资53元全部捐给希望工程，为那些因为家庭贫困而失学的孩子点亮希望。“震撼”“动容”，21年过去了，提起当年看到照片的感动曹晓祥仍然难掩激动的心情。

一个出生于普通家庭的20岁小伙，在一家乡镇企业打工，经济状况也算是“一穷二白”，却拿出一个月工资进行捐助，身边人也有不理解。曹晓祥的想法却朴实又简单，他认为就像歌里唱的那样，只有人人都尽己所能献出爱心，这个社会才会变成美好的人间。这样的理想信念支撑着他，从 1994 年起，他每个月都坚持向希望工程捐款，并形成习惯保持至今。

除了捐款助学外，曹晓祥参加无偿献血也已有 17 个年头，至今累计献血量超过 1.5 万毫升，相当于 3—4 个成年人的血量，并先后荣获“全国无偿献血奉献奖银奖”“全国无偿献血奉献奖金奖”“全国无偿献血志愿服务奖一星奖”等荣誉称号。2007 年 5 月，他又成为造血干细胞志愿捐献者。

6吨衣物　千人同行　渐成凡人善举“孵化器”

2001年 9 月，曹晓祥如愿以偿地成为了一名注册志愿者。次年，他成立“晓祥工作室”，决定发挥一技之长，为居民提供免费的水电维修。然而，几年时间里却仅有十几个人将信将疑地打来电话，甚至还有人质疑他在搞花样促销。不被理解的滋味并不好受，但曹晓祥却能静下心来理性分析，认为这是当前中国社会普遍的信任危机，个人单打独斗做慈善始终不能发挥最大功用。于是他决定创办慈善平台，寻找公益道路上同行的“小伙伴”。

2007年 6 月，曹晓祥与姐姐共同创办了泰州地区第一个综合型公益网站——泰州公益网。当年 10 月，他与西部的多个公益组织进行合作，在报纸、电视、网络上发起募捐衣物的倡议，得到了泰州广大热心市民的积极响应。通过努力，活动共募集到 5000 多件衣物。8 年时间下来，分别向泰州市福利院、云南省凤庆县三岔河中学、青海省玉树州教育局、四川省德格县的岳巴小学、阿木拉村小和年古乡小学等单位和学校捐赠了超过 6 吨的衣物。2008 年和 2009 年，他还先后组织志愿者积极参与了《泰州晚报》发起的“暖冬行动”，为泰州市部分贫困家庭送去了御寒衣物。

曹晓祥的公益合作渠道还在不断拓宽。2009 年起，他和四川省甘孜藏族自治州德格县更庆镇八里达中心小学的扎西多吉老师取得联系，共同为四川藏族的贫困学生募集学习用品、御寒衣物和助学金。截至目前，曹晓祥成功地为 80 多名四川藏族的贫困孩子寻找到了热心资助人，其中仅曹晓祥一人就资助 5 名贫困生顺利完成了学业。

昂文才仁是曹晓祥资助的第一个西部学生，来自青海省西宁市曲麻河乡的一个牧民家庭。“当初资助他的时候，他还在曲麻河乡寄宿学校读小学，从家到学校需要走上 3 个多小时的山路，可想而知，小昂文要比我们这边的学生多吃多少苦，多受多少罪。”说起他资助的孩子，这个有些寡言的中年男子突然变得有感而发、侃侃而谈。据他介绍，小昂文如今已经顺利完成学业并找到了工作，现在每年都会寄信过来。看着随信而来的照片里，那个原先瘦弱的小昂文变成了现在的壮小伙，瞧着原先歪七扭八的汉字变成现在整洁通顺的表达，曹晓祥心里甭提多开心了。

央视“慈善1+1”行动大使、泰州市十大杰出志愿者、“感动泰州”十大人物提名奖、江苏好青年百人榜、江苏省优秀青年志愿者、入选江苏好人榜、入围中国好人榜等等，这些年来，曹晓祥获得了很多荣誉，但他常说：“没有千人参与，就没有多达6吨的捐赠衣物；没有百人助学，就没有那么多的西部学生重获学习机会。荣誉属于每一个奉献爱心的好心人。”今年5月，为了合法合规地开展公益活动，曹晓祥的“泰州市飞翔公益服务中心”正式注册成立。

两个事业　一样真情　注入快递工作“慈善魂”

说起从事快递工作的初衷，曹晓祥并不讳言是奔着较为丰厚的收入而来。2008年，为了解决公益活动经费不足的问题，曹晓祥开始进入快递行业。随后，为了进一步扩大业务，他加盟了当时的汇通快递。2014年，百世汇通进行直营改革，曹晓祥进入了百世汇通泰州四部工作。一路走来，也算是见证了快递业规范经营的发展历程。

快递工作虽然十分繁重辛苦，但也为曹晓祥从事公益事业提供了窗口和渠道。每天，在收派快件、提供热情周到服务的同时，他也抓住机会向客户们宣传无偿献血知识，并为有心人提供爱心帮扶的信息。曹晓祥还十分有心地在快递面包车身上张贴了宣传海报，随着他走街串巷的车轮，将无偿献血的观念播撒在城市的每个角落。泰州百世汇通的负责人刘冰不无感慨地说道：“曹晓祥工作一直勤勤恳恳，人也非常热心，大家都很喜欢他。在知道了他的公益事迹以后，我们都很感动。公司也一直号召全体员工向他学习，做一个忠于职守、乐于奉献的快递人。”据何冰介绍，在曹晓祥的鼓舞带动下，公司很多快递员都加入到了公益事业的队伍中去，泰州百世汇通正在变成一个充满仁爱的大集体。

知道公司同事对他的交口称赞后，这个40岁的大男人倒有点不好意思起来。他一遍遍强调，这些年来，如果没有四通八达的快递网络，那么多的捐助物资就没有办法顺利到达受助人手中；没有公司领导的关心和支持，没有同事们牺牲休息时间，义务帮助他打包募捐到的衣物，他一个人是处理不了这么多包裹的；没有快递工作服务面广的特殊性，他也没有办法在短时间内积聚这么多的爱心力量。在他心里，公益慈善和快递工作息息相关，都是将为之奋斗终生的事业。

砥砺前行　不忘初衷　愿做和谐社会“螺丝钉”

今年8月份，在与四川德格县阿咪妈啰爱心助学协会取得联系后，曹晓祥乘坐了36个小时的火车赶到成都，与协会其余10名志愿者一起，走访了德格县7所小学，共历时12天,总行程5800公里。这是结缘8年来,曹晓祥第一次踏上西部这片土地。在亲眼见到藏区深处师生们学习、工作、生活的困苦后,曹晓祥决定把他的所见、所闻、所感告诉更多的人,让更多的爱心人士能够帮助那些藏区孩子。

打开曹晓祥的QQ空间,里面全部都是各种捐助信息,还有他8月藏区行的100多张照片。有好心人在下面留言:“你做的事情很了不起,我很支持你,愿意与你一起关心困难的孩子。”曹晓祥说,这是他最开心的事,因为社会上还有这么多人支持他。虽然作为大大社会的一颗小小“螺丝钉”,他能做的事情其实不多,但他愿意一直做下去,就像他的座右铭一样,“日日行,不怕千万里;常常做,不怕千万事”。

曹晓祥在从事公益的过程中早就体会到了人生的另一番境界,在一次社区演讲中,他提到,“作为一个志愿者,在助人的同时,也是自助。在使其他生命活出色彩的同时,志愿者也可以从中得到思想上的升华,学会与人沟通,学会关爱他人,也更深刻地领悟到生命的意义。而且,志愿者的活动,也为我提供了一个接触社会的机会,提供了一个锻炼自己的机会”。现在,为加强青少年思想道德建设,培养公益事业生力军,他又积极推出了“泰州公益慈善小天使”项目,组织青少年参与文明环保、敬老助困、义务劳动等主题公益活动。没有人知道曹晓祥的下一个公益项目在哪里,但所有人都知道他的善心善举永远在路上。

记者手记

江苏省邮政管理局　祝梅

第一次见到曹晓祥是在江苏省首届“最美快递员”颁奖现场。黝黑的脸上架着一副眼镜,笑起来憨厚地露出两排白牙,健壮的体格可以看出是长年体力劳动的成果,这样的快递员在每个人身边都很常见。

与别的快递员不一样,见面伊始,曹晓祥就递上来一张名片。名片上除了“百世汇通”的logo显示主人快递员的身份外,在更显眼的位置上还写着“泰州市飞翔公益服务中心”的名称,而曹晓祥的职务是这家中心的理事长。和一般的名片不同,除了联系方式外,背面的微信公众号二维码图标十分吸引眼球。“弘扬公益精神,传播公益文化,培养青少年志愿者,开展西部助学活动”,简短的描述,说明了这位快递员的不一般。

颁奖现场,代表10名“最美快递员”发言时,曹晓祥简短地介绍了自己20年来走过的公益之路。就像很多脚踏实地做善事的人一样,他说自己的不多,更多的是感谢一路以来帮助过他的人们。在他坚定的眼神中,不难看出,这位40岁的中年男子在公益事业中不仅有所付出,同时也得到了升华,内心的善让他充满了一种更加踏实稳重的感觉。江苏省邮政管理局副局长孙安宁聆听完他的发言后深受感动。孙安宁表示,之所以要积极寻找、大力表彰这些“最美快递员”，就是为了弘扬至真、至善、至美的道德品质，不断加强行业精神文明建设，希望全省快递从业人员向这些先进人物学习，让快递员这个职业赢得全社会的尊重与赞誉。

会后，由于快递业务和公益事业的双重忙碌，我和曹晓祥并没有机会好好坐下来长聊。他留下了他的发言稿和QQ号，让我有什么问题就联系他，所以后来的采访都是在网上交流的。就像所有的快递员一样，白天忙于收派件，网上采访只能穿插着进行。所幸网上关于他的各类报道已经比较多了，包括曹晓祥的QQ空间上都留下了许多热心网友赞许和鼓励的话语。作为一名记录者，我能感受到一个正能量的人物带给社会大众的震撼和感动，也暗暗希望这样的事迹能够吸引更多的人来关注快递员群体，关注快递业发展。

现在，第二届全国“最美快递员”评选活动已经拉开帷幕，行业内唯一的权威杂志《快递》已经对曹晓祥的先进事迹进行了专题报道，并在微信公众号上做了重点推送。通过网络，越来越多的人认识了曹晓祥，了解到了他所从事的公益事业。就像曹晓祥自己说的那样，他并不求出名，只是希望能够通过自己的努力，凝聚起社会扶贫济困的力量。我想，正是这种努力和付出，才是曹晓祥身上最为闪光的地方。

微语录

“作为一个志愿者，在助人的同时，也是自助。在使其他生命活出色彩的同时，志愿者也可以从中得到思想上的升华，学会与人沟通，学会关爱他人，也更深刻地领悟到生命的意义。而且，志愿者的活动，也为我提供了一个接触社会的机会，提供了一个锻炼自己的机会。”——“爱心快递哥”曹晓祥

微评论

腾讯网网友“过客”说：持之以恒做公益，这样的快递员平凡而又伟大，很了不起！希望能更多地宣扬这样的先进事迹，传播邮政行业的正能量，我也愿意和曹晓祥一起关心困难的孩子。

腾讯网网友“如意”说：曹晓祥好样的！快递员行走在大街小巷，全年无休地为消费者传送快件，本身的工作负荷已经很大。在这样的情况下，曹晓祥还能热心于做公益、行善事，这样的精神值得我们学习！

"中国的阿甘"喜憨儿团队

他们来自一个特殊的群体;他们与曾经感动和激励了无数人的阿甘一样,单纯、善良,他们虽然心智有些缺陷,但永远积极、乐观;他们独立搭公交车上班、签到、换工作装、分工洗车、在休息中心做能力训练;他们用"阿甘精神"对待工作,尽全力将顾客的汽车洗得一尘不染;他们用实践证明,凭借自己的双手也可以实现自我价值,获得社会的认可与接纳。

他们中最小的19岁,最大的47岁,他们没有怨言,他们努力工作,他们就是来自深圳喜憨儿洗车中心的喜憨儿们。

深圳喜憨儿洗车中心:心智障碍者的"梦想庄园"

新华社"中国网事"记者　冯璐　白瑜

近日,深圳市一家开业不久的洗车店迎来了络绎不绝的顾客,与其他店面不同,这里的洗车工是9名心智障碍者,又称"喜憨儿"。与曾经感动和激励了无数人的阿甘一样,单纯、善良的他们用"阿甘精神"对待工作,尽全力将顾客的汽车洗得一尘不染,并渴望从中实现自我价值,获得社会的认可与接纳。

"中国版阿甘"就业　为心智障碍者打开一扇窗

独立搭公交车上班、签到、换工作装、分工洗车、在休息中心做能力训练……像其他上班族一样,深圳喜憨儿洗车店9名员工开始了他们第一个月的"职场生活"。然而这些看似简单的程序,对他们来说都是挑战。

喜憨儿是心智障碍者的通称,包括自闭征患者、唐氏综合征患者、脑瘫患者等,发病原因尚未明确。据介绍,中国目前智力残疾人共有984万。全国第二次残疾人口普查显示,心智障碍者是所有残疾人中就业最为困难的人群之一,就业率还不到10%。多数智力残疾人生活经济来源主要靠家庭,成年后如何融入社会一直是令人忧虑的问题。

这家洗车店的9名喜憨儿，最小的19岁，最大的47岁。他们有的跟人说话时眼球不自觉向上翻，有的下巴肥大，有的口齿不清，有的四肢粗短，但都有着漫画人物般的憨厚与可爱。

"我擦完了！"专门负责擦轮胎的陈星佑总是在完工后兴奋地"请功"；有自闭症的周灰被安排擦车，工作细致又耐心；因为身高优势，李嘉师喜欢给车冲水、打泡沫；刘墨庄虽然腿脚不便，但年长有工作经验，身为组长的他会一笔一画记下当日有多少辆汽车前来接受服务……

杨师傅负责教这些"孩子们"洗车，他将洗车分成了10多个环节，根据个人情况安排岗位。"有的时候，今天教完明天就忘了，需要多次重复，这也是最大的困难。"杨师傅说，"我们采取的办法就是让他们每天坚持练。"在洗车之余，黄艳是他们的辅导老师，她给这些喜憨儿安排了阅读、运动、认知等康复训练，时间定为上、下午各一个小时，还给每个人建立了成长档案。

"是不是我哪里做得不好，你们不要我了？"周末轮休的李嘉师情绪有些低落，他还没有假期的概念，放假的时候总给老板打电话，怕这个给自己生活洒进阳光的"窗口"突然关闭。工作人员王飞虎告诉记者："有的孩子一大清早就给我打电话兴奋地报告：'老板，我就要来上班了！'令人哭笑不得，但也很感动，他们对于工作的渴望毫不亚于我们。"

尽管洗车店开业时间不长，但很多前来洗车的顾客都是"回头客"，有人看着喜憨儿们洗车时认真努力的身影默默流泪，"他们不争利，也不抱怨，洗车极其用心。"一位前来洗车的顾客说。甚至有人专程带自己的孩子过来："你看哥哥姐姐们多努力，他们好棒！"还有人送苹果、送玩具，一来就下车陪喜憨儿们玩耍、聊天，给他们了解外界打开了一扇又一扇窗。

"我们有自己的价值，我们也需要尊严"

一个月的职场生活，为喜憨儿们带来里程碑式的变化。通过洗车的分工和考核，喜憨儿们的时间观念、责任意识一步步树立；看到有车进来，他们会远远打招呼，有礼貌地向顾客微笑；反复摩挲着第一个月挣的2000多元工资，更是让这些自食其力的"孩子们"脸上流露出自豪的神情……

刘墨庄曾经做过4份工作，在餐厅打过工，也在工厂检测过电路板，用他的话说，"总感觉到歧视"。如今在洗车中心，刘墨庄被委以重任，担任组长，他很开心，"我们不是没有用的,我们有自己的价值,我们也需要尊严”。

每天中午,喜憨儿洗车中心的“生活老师”郑慧宁带着喜憨儿员工去附近的出租车司机饭堂吃饭。“开始不懂得排队,喜欢吃的菜也不知道要先跟师傅讲,直接就去拿了。现在,他们已经有了排队和秩序的概念。”

下班后,工作人员送喜憨儿上车,再把车号拍下来,通知他们的家人到公交车站接。锻炼了几次之后,原来没有独自搭公交车经验的陈星佑学会了自己上下班搭车回家,这对他来说是跨越式的进步。

广东省智力残疾人及亲友协会主席张敏告诉记者:“喜憨儿最大的障碍就是无法和人正常沟通,如果没有就业辅导员在岗位上进行引导式帮扶,喜憨儿在一年内的就业流失率可能高达 90%。”

工作带来的自信让这些喜憨儿们更加主动地与人交流。在接受记者的邀请后,患有唐氏综合征的李纪政跳了一段《小苹果》,在掌声中露出了骄傲的神色,虎头虎脑的他提胯、迈步、站定、扭胯、叉腰,每一步都踩在节拍上。

“早上起来知道了上班要准时,更喜欢与人交流了,回家会跟我们说完成了什么任务,老师教了他什么,也经常唠叨伙伴的名字,基本上每个人的名字他都叫得出来。”李纪政的妈妈周女士说。看到儿子拿到人生的第一笔工资时,周女士微笑着使劲眨着眼睛,不让眼泪落下。

守望相助、薪火相传的“梦想庄园”

相比同情与关爱,喜憨儿们更渴望平等的接纳和尊重,而这正是洗车店创办的初衷。洗车店老板曹军的孩子同样是一名喜憨儿,正是因为深刻体会到喜憨儿就业的重要性和难度,他和其他几位喜憨儿家长一起通过众筹的方式成立了这家洗车中心,并在民政局注册,希望通过半开放式的就业环境和系统培训,以及民政部门的监督,探索喜憨儿健康成长和就业的新模式。

能不能把洗车中心做起来,这些家长们开始心里并没有底,但看到孩子们的进步,悬在他们心中的这块石头终于落了地。孩子们对于工作机会的心理依赖,也成为家长们这一搏不能失败的压力。

连曹军自己也觉得意外,原本只是朋友圈里的一条简单微信,却引来了络绎不绝的洗车族。第一个试营业的周末,高峰时十几辆车排着长队拥入洗车中心,让还在学习洗车的喜憨儿们措手不及。现在的洗车量平均每天 40 辆,多时近 80 辆,经常有客户多付洗车钱。

“残疾人就业分为庇护性与支持性两种，喜憨儿洗车中心属于后者，在与社会不脱节的情况下提供就业，对智力残疾人成长发展更有好处。”中国智力残疾人及亲友协会主席张宝林说，“希望这里的就业模式能够在成熟后推广，变成培训中心，再向全国各地复制成功样本。”

这一期望与家长们的想法不谋而合，曹军计划把当前的管理模式探索成熟后，再复制推广到其他行业领域，让更多喜憨儿能真正融入社会，实现自我价值，获得应有的尊严，他把这一计划称为“梦想庄园”。

“我们希望把这个庄园打理好，一定不能让孩子们衣衫褴褛流落街头。我们也会老去，希望到那一天能有更年轻的人们去管理，一代一代，薪火相传。”曹军说。

（曹岷参与本文采写）

记者手记

新华社“中国网事”记者　冯璐　曹岷

见证“梦想庄园”的诞生

世界总是充满了各种各样的缺陷，“喜憨儿”或算作其中一种，然而，沉浸在劳作或嬉闹中的他们其实是快乐而不自知的。这或许是“梦想庄园”最大的意义：总有那么一些人群，承受了比常人更多的苦难和不幸，但也总有那么一方天地，能够安放这些孱弱和缺陷，让每一个生命都散发出自有的光和热。

接到这个采访任务的时候，喜憨儿洗车行试营业已有一段时间了。喜憨儿是一个怎样的特殊群体？他们能够胜任洗车的工作吗？带着疑问，我们出发了。

车子缓缓驶入洗车行，从车里走下来，一股暑气扑面而来。在这样的艳阳下别说干活了，站上一会儿人都有点受不了。当我们渐渐走近洗车行，迎面看到五六个小伙子正在一个遮阳篷底下热火朝天地擦洗着车子。看到我们拎着机器走近，他们先是愣了一下，之后腼腆地笑起来，擦车更卖力了。与之前的想象不同的是，他们擦车并不笨拙，手脚麻利，不一会儿就擦完一辆。洗车行生意也不错，前来洗车的客人也是络绎不绝。

我们在一个简易的活动工棚里见到了喜憨儿洗车行的老板曹军。他提到自己有一个13岁的孩子也是喜憨儿，他最担心的就是等他们夫妻俩老了之后，孩子如何在社会中生存。他意识到必须让孩子有一技之长，这样才不会被社会淘汰。于是，他毅然辞去了高薪工作，开始了这段特殊的创业之路。曹军跟我们说，幸运的是，现在正赶上“创新创业"的热潮,洗车行的顺利开业离不开政府的大力支持,让他感受到了社会对喜憨儿群体的关爱。

采访途中,一个小小少年的身影突然闯了进来。

"在拍电视吗?"

"是啊。你来做什么呀?"

"我也想来擦车。"

曹军跟我们说,这个17岁的喜憨儿小伙子住在马路对面的一个小区,每天都会过来"打卡",但是因为还不够年龄,所以暂时还不能开始工作。我们在采访的过程中,小男孩一直好奇地盯着我们的机器,好像它是一个神奇的物件儿,可以把人装到屏幕里,只见他一会儿对着屏幕手舞足蹈,一会儿又跑到机器后面看录制效果,忙得不亦乐乎。我在一旁看到曹军的表情,他好像慈父一般,眼神温柔地看着这个可爱的小男孩,嘴角一直挂着微笑,令人动容。

其实这个简易的活动工棚是喜憨儿的活动中心,这里有一位专门辅导喜憨儿们学习的老师,在房间里还摆放着孩子们的健身器材,还有各种小玩意儿。喜憨儿们也是才艺多多,唱歌、跳舞、玩魔方、跳棋……他们都各有所长。轮到他们休息的时候,他们就会在这个活动中心玩耍。采访期间,李纪政熟练地打开跑步机上的音响,为我们跳了一段完整的《小苹果》,舞技一点儿不输正常的孩子——有范儿,活力奔放。融洽的氛围让我们感受到这里不仅是孩子们工作挣钱的地方,也是孩子们快乐成长的梦想庄园。

拍完片子,收好机器,我们准备离开。那个一直对我们好奇的小男孩跟着曹军一起送我们出来。"我会上电视吗?"听到这句话的时候,我的心抖了一下,突然意识到跟这些孩子们交流一定要非常谨慎,因为他们的心那么纯真,以至于你说的每一句话他们都记在脑子里,百分百相信,他们分辨不了玩笑与欺骗。于是,我们跟他说,你现在还不能自己挣钱养活自己,所以还不能上电视,等你长大了,可以挣钱了,你就能上电视了。

采访完回到社里,感受最大的就是,有了社会的爱和理解,才能让这个梦想庄园得以守望相助、薪火相传啊。媒体采访热潮过后,喜憨儿家庭的生活仍将继续。期待更多的"梦想庄园"在现实生活中涌现,它不仅仅是喜憨儿的美丽新世界,还象征着整个社会的包容和进步。

微语录

"我们不是没有用的,我们有自己的价值,我们也需要尊严。"——"喜憨儿"刘墨庄

微评论

网民"于昆大汗"说:让残疾人经过专业训练成为有谋生能力的人,这是社会进步的体现,希望政府能够支持和扶持,牵头成立更多类似机构。

网民"饼饼达达"说:智力残疾者在重复性、细致的工作方面更有优势,这样的就业机构越多越好。

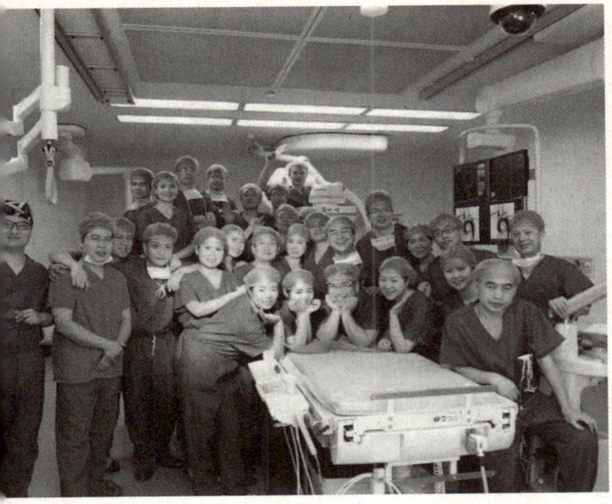

“守护生命的铅衣卫士”介入医生

湖南省人民医院有一群医生，他们每次手术都必须头戴铅帽，身穿20多斤重的铅衣，脖子上还套上铅圈。即使这样，一台手术下来他们所“吃”的射线相当于普通放射科医生一年的量。为了守护病人的生命与健康，他们承受射线的辐射，奋战在手术室，双手和胳膊常年暴露在X光下，他们被称为穿着“盔甲”的生命卫士……有些医生在体检中，查出了白细胞下降、免疫力下降等问题，而掉头发、皮肤病、易疲倦、颈椎病、腰椎间盘突出已经成为介入医生的“通病”。

穿“盔甲”的生命卫士：牺牲健康守护病人的生命

新华社“中国网事”记者　帅才

有一群医生，他们每次手术都必须头戴铅帽，身穿20多斤重的铅衣，脖子上还套上铅圈。即使这样，一台手术下来他们所“吃”的射线相当于普通放射科医生一年的量。为了守护病人的生命与健康，他们承受射线的辐射，奋战在手术室，双手和胳膊常年暴露在X光下，他们被称为穿着“盔甲”的生命卫士……

近日，一组关于湖南省人民医院一群“生命卫士”的照片在网络上曝光后，引起数千名网友“点赞”。

一台手术的辐射量相当于拍1000次X光片

“我们一边‘吃’射线，一边做手术。一台心脏介入手术一个小时，脑梗手术一个半小时，每次做完手术，脱掉铅衣，发现手术服被汗水全浸湿了。”湖南省人民医院介入血管科医生姚袁晖说。

记者了解到，介入治疗是从人的股动脉或静脉开个“小口”，将特制导管插至病人的病变部位进行治疗，介入手术可用于肿瘤、血液病、妇科病、腰椎间盘突出等疾病的治疗，具有创伤小、治疗精准等特点。

“患者检查身体时，会尽量避免拍胸片，担心有X射线辐射。而我们常年要在X射线的环境中工作，介入医生平均一台手术接受的辐射量相当于拍1000次X光片。”姚袁晖说。

湖南介入医学的领军人、湖南省人民医院副院长向华告诉记者，介入医生做手术要依靠一台大型X光机，这就像医生的“放大镜”，把患者的病变部位彰显得一清二楚。看着电脑屏幕上的影像，医生操作着仪器使已进入患者体内的导线准确到达病患部位。因为介入手术需要X光机的全程配合，伴随着辐射的风险，医生需要穿着厚重的铅衣做手术，一站就是几个小时。这对于很多医生来说，是对体力的严峻考验。

牺牲健康守护生命：免疫力下降是代价

湖南省人民医院介入血管科病室主任刘觉仕告诉记者，介入医生穿厚厚的防护服，仍不能完全抵挡辐射。有些介入医生在职业病体检中，查出了白细胞下降、免疫力下降等问题，而掉头发、皮肤病、易疲倦、颈椎病、腰椎间盘突出等已经成为介入医生的“通病”。

向华说，由于长期接受辐射，介入医生发生肿瘤的概率会上升，更严重的还会造成基因突变，直接影响下一代。因此，医院介入血液科里的医生全是男医生，大多都是已婚已生育，且体质相对较好。

记者发现，每个医生在“铅衣”里都会放一个监测X射线辐射量的小牌子，每3个月会检查一次是否辐射量超标。如果辐射剂量结果显示超标，那么该牌所属的医护人员就必须休养一段时间。

“但是，医生常常会忘记带这个监测牌，因为现在病人太多，医生永远都在为下一台手术做准备。”向华说。

“按照国家规定，接触射线的工作人员每年有一个月的休假期，但是科室医生却没有真正休满过，我已经十几年没有休假了。”刘觉仕说，介入医生必须随时待命，手机24小时开机，只要遇到急诊科转诊的病人，介入医生必须“随呼随到”。

“盔甲”卫士吐心声：“我们也渴望表扬与喝彩！”

向华说，有一台手术让他印象很深。去年，医院收治了一名75岁的下肢动脉闭塞患者李爷爷。该名患者本来要做截肢手术，医生团队充分讨论后，决定给李爷爷做介入手术,整台手术从早上 8 点开始术前准备,一直到晚上 8 点多完成。医生穿着 20 多斤重的铅衣站了 10 多个小时,终于成功"清除"患者血管中的"垃圾",保住了患者的双腿。

去年以来,湖南省人民医院实施了近 6000 台介入手术,其中不少患者取得了良好的效果。一些中晚期肿瘤患者在术后,肿瘤得以控制,带瘤生存的质量明显提高。

"目前,介入医生队伍在不断壮大,湖南已有 30 多家县级医院的医师在湖南省人民医院接受技术培训,未来,我们将拥有更多医生为病人造福。"向华说。

"介入医生的使命感、成就感,常在成功完成各种疑难手术过程中迸发,这让我们忘记了手术的辛苦。由于射线辐射的原因,我们看起来比同龄人衰老,头发也掉得快,但我们充满激情、充满理想,也渴望病人和同行的喝彩!"向华说。

近日,关于湖南省人民医院这群"生命卫士"的照片在网上传播,引发网友热议。网友"叮当"说:"我是一名医学院的本科生,我和同学们看到生命卫士的恪职尽守,深受感动,我为前辈们的敬业点赞!"

网友"月下影"发表评论:"谁是新时代最可爱的人?这群医生当之无愧!他们牺牲身体健康,换取病人的健康,这种无私奉献的精神,感动了无数网民!"

记者手记

新华社"中国网事"记者　帅才

医护人员需要更多的尊重和理解

我们在医院接受过治疗,看过生病的亲朋好友。从外面看医院,和从医院看外面是不一样的。生病的人看待这个世界的方式和健康的人是不一样的,生病的人承受着痛苦,看待所有事物,他身心都是有负担的,当看到身体不受自己掌控的时候,病人肯定会视医院和医生为唯一的救命稻草。

在我眼里,我不仅把医院当作发生新闻的场所、发生医疗纠纷的地点,我更愿意去观察在这儿发生的故事,这里的医生、护士、技术人员、保安、门卫,他们的故事,观察病人与疾病的纠缠,与亲人朋友的感情,医患之间的故事,他们之间的谈话、交流,都是我观察的内容。

在采访湖南省人民医院这一群"铅衣卫士"的过程中,我为这些医生的敬业精神而感动。在休息时间长期不足的情况下,很多医生都对工作保持着极大的热情,他们能够换位思考,站在患者的角度看问题、想问题,急患者之所急,看到患者的病痛有所缓解,会由衷地为患者感到高兴。

什么样的医生是好医生？我认为，兼具仁心仁术的医生是好医生，真正关心病人的医生是好医生，而湖南省人民医院的这一群铅衣卫士则是医生中的楷模，他们牺牲自己的健康与休息时间，为患者看病、做手术，为患者减轻病痛，这样的医生值得我们尊敬。

我长期在医院采访，和医护人员接触，我比较了解医务工作者的工作常态。在我国医疗资源分布不均衡的情况下，群众看病难、看病贵的问题依然存在，而分级转诊制度不顺畅，导致病人纷纷拥向大医院，医生长期处于超负荷工作状态，他们常常是日夜颠倒地工作。在这样的工作状态下，我们应该对医务人员有更多的理解。

通过采访，记者为医生的敬业而动容，也希望患者对医生多一分信任，多一分耐心，与医生并肩作战，共同战胜病魔。医生和患者本就是同坐在一条船上的人，只要双方多一分理解，学会站在对方的角度上想问题，那么医患关系就会越来越和谐。

“有时是治愈，常常是帮助，总是去安慰。”对于医护人员来说，能够为患者做的很多，有的时候多一句安慰、多一句解释，就能给患者带来一丝阳光和一些正能量。

正如“铅衣卫士“向华医生说的：“医生有时候也渴望大家的鼓励与喝彩！我们希望社会给予医务人员更多的尊重和理解。”

微语录

“介入医生常年穿铅衣、‘吃’射线，但每做完一台手术，救活一条生命，这种过程带给我莫大的快乐，一切就都是值得的。”——湖南介入医学的领军人、湖南省人民医院副院长向华

微评论

网友“叮当”说：我是一名医学院的本科生，我和同学们看到生命卫士的恪职尽守，深受感动，我为前辈们的敬业点赞！”

网友“月下影”说：谁是新时代最可爱的人？这群医生当之无愧！他们牺牲身体健康，换取病人的健康，这种无私奉献的精神，感动了无数网民！

"爱心打馕哥"阿布杜如苏力

22岁的新疆维吾尔族小伙阿布杜如苏力·买买提，从遥远的南疆来到四川绵阳打馕谋生。他一家三口挤在10平方米的出租房，妻子没工作，还有2个月大的孩子，他却拿出积攒的6万元帮助四川和新疆两地32名贫困生圆了上学梦。他的善良和爱心感动了绵阳和新疆两地。2014年年底，阿布杜如苏力·买买提获得了"四川好人——首届感动四川十大年度人物"提名。

"爱心打馕哥"阿布杜如苏力

天山网记者　王薛

22岁的阿布杜自家条件并不算好，却拿出4万元捐助绵阳地区10名困难学生的感人事迹，在阿布杜的家乡新疆莎车县引起强烈反响，大家纷纷表示要学习这种无私大爱的精神，要用实际行动为维护社会和谐、增进民族团结出一份力。

莎车县委常委、宣传部部长帕夏古丽·赛迪尔丁说："阿布杜的家里条件一般，养家糊口的压力也很大，却捐助4万元帮助贫困的学生，这种精神非常可贵。这几年，新疆有一小撮极端分子，给我们维吾尔族脸上抹黑，让我们新疆的形象蒙上阴影，但是，阿布杜却用自己的实际行动为新疆正名。维吾尔族是一个勤劳、勇敢、善良、聪慧的民族，我们新疆有很多个像'阿布杜'这样的人，是他们让我们的民族更加团结、社会更加和谐。"

"阿布杜，亚克西！"莎车县伊什库力乡吾格兰村的村民艾山江·卡迪尔是阿布杜的邻居，他说："在网上看到了他的事迹，我很感动，也替他开心。他从小就是个好孩子，谁家有困难了，他总是很热情地帮忙，他是我们这里出了名的好巴郎(好孩子)！"

"莎车是我的家，绵阳也是我的家。"8年的打拼，阿布杜如苏力一家已经融入了当地的生活，结交了很多当地的汉族朋友——开粮油店的生意伙伴左云跃、视自己为弟弟的曾峥哥哥……这个有爱的维吾尔族小伙心中还有一个美丽的梦想：带动员工一起学好汉语，开一家新疆特色餐厅，将更多的新疆美食带给绵阳人，宣传新疆，展示新疆，同时有更大的能力多帮助一些有困难的人。

外出打拼感受大家庭的温暖

1992年,阿布杜出生在新疆莎车县伊什库力乡吾格兰村。2006年,14岁的阿布杜如苏力随父亲一起来到四川绵阳,人生地不熟加上不会说一句汉语,初来绵阳的一家人经历了不少波折,但因受到当地汉族、回族等各族朋友的帮助,逐渐在绵阳站稳了脚跟。

“2006年,刚来绵阳时,人生地不熟,一句汉语都不会说,也没什么钱。”阿布杜说,一位汉族朋友毫不犹豫地借他1000元,汉族朋友还帮他办理营业手续、修电脑、租房子等。现在,结交的汉族朋友多了,阿布杜已会讲一口流利的四川话了。

左云跃就是阿布杜的一位汉族朋友,两年前,他们通过做生意认识。平时只要阿布杜一个电话,左云跃就会跑过来帮忙,一来二往,他们成了无话不谈的朋友。“阿布杜勤奋踏实,对人很真诚,这样的朋友值得交。”左云跃不吝赞美之辞。

几年前,阿布杜和家人开始在绵阳做馕饼生意。一家人起早贪黑,每天早上5点就起床揉面,晚上8点才打烊。靠着勤奋打拼和新疆人的善良朴实,目前,阿布杜如苏力已在当地经营起3家馕饼店、一个烤肉摊和一个水果摊,生意好时一天能卖400个馕。热情善良的阿布杜如苏力致富不忘乡亲,去年年初,在他和父亲的带动下,老家莎车县的21个亲朋好友和他们一起来到绵阳共同经营生意。“只要好好干活,困难总会过去的。”阿布杜如苏力经常这么说。

现在,阿布杜憧憬着能在绵阳买套房子,以后让儿子在绵阳上学。为了更好地融入绵阳,阿布杜正在努力学习汉字,争取早日考取驾照,然后带着家人游遍绵阳好玩的地方。

“生活好了我要捐助贫困学生”

今年年初,生意有了起色后,22岁的阿布杜如苏力又有了资助当地贫困生的想法。他说:“他们的生活太困难了,我有点不相信,看了我才知道,像袁燕妹妹这样贫困家庭的孩子还有很多,这是真的。现在我的家乡也没有这样困难的人,全国都在帮助新疆,我们应该互相帮助!”多年前,阿里木大哥就已是他学习的榜样,他要像阿里木一样靠勤劳和智慧帮助更多的贫困学生,回报社会。阿布杜的内心深处那个朴素的帮助贫困学生、孤儿、残疾学生的心愿一直敲打着他,当他把这个想法告诉家人时,家里人都很支持他。

因为不熟悉如何捐赠，阿布杜最初找到当地公安部门。公安部门把这一情况转给了民政部门。在民政部门的牵线搭桥下，阿布杜如愿以偿。

"我今年要捐助10名困难学生。"阿布杜说，这10名学生包括4名大学生、3名高中生、2名初中生和1名小学生。阿布杜做了一个预算：大学生3000元/学期，高中生2000元/学期，初中生和小学生1000元/学期，"这次总共要拿出2.1万元。"阿布杜告诉记者，"今年，我打算拿4万多元帮助这些贫困学生。今后还要长期资助这些孩子。"

目前，他捐助的学生分布在绵阳北川县、盐亭县和三台县等乡镇，资助的学生包括初中生、高中生和大学生。阿布杜如苏力的善举经媒体报道后，在当地甚至全国其他省市引起了强烈反响，大家亲切地称他为新疆的"小阿里木"——"爱心馕饼哥"。

绵阳市政府在8月18日的2014年"金秋助学"活动助学金发放仪式上授予阿布杜如苏力"捐资助学爱心大使"荣誉称号。绵阳市委书记罗强与他进行了座谈交流，赞扬他是传递爱心的使者、传递正能量的楷模，值得绵阳人民学习，并向阿卜杜如苏力赠送了印有绵阳文昌祖庭年画的宣传画。

事实上，阿布杜家里的生活压力并不小：妻子没工作，还有一个2个月大的小孩，一家三口仍租住在绵阳城郊的一间不足10平方米的简陋民房里，每月房租200元。因为在一楼，房间通风并不好，显得有些闷热和潮湿。房间里除了一台电脑，再没有任何家电。"这样的条件比以前好多了。"阿布杜很满足。

记者为阿布杜算了一笔账：一个馕饼10元，除去面粉、门面、房租、工人工资、水电费等费用，能赚2元。要捐助4万元，等于要卖出2万个馕饼。而阿布杜每天能卖200个馕饼，也就是说，2万个馕饼要卖3个多月才能卖完。

捐助穷学生一大把零钱和一个大大的拥抱

7月3日下午，阿布杜交代完店里的生意，和父亲一起来到北川县通口镇战斗村，把3000元助学金交到王志超手中。

今年高考，王志超考了583分，按照民族政策可加10分，他填报了武汉大学，但上大学的费用让家人犯了难。父母于5年前离婚，家里还有一个上小学的妹妹，父亲靠打零工勉强维持一家人生计。

当阿布杜和父亲要离开王志超家时，平时很腼腆的王志超主动伸开双臂，给了这个维吾尔族哥哥一个大大的拥抱。"你要好好学习，今后，我会想办法一直帮助你，希望你将来也能够去帮助更多的人。"临走时，阿布杜用熟练的四川话鼓励王志超。

阿布杜和父亲来到通口镇黎明村沈雪梨家，将3000元助学金送到了沈雪梨手中。临行前，沈雪梨一定要和这位维吾尔族哥哥合个影，还教会了他写"妹妹"两个字。

李建辉在新皂中学上初一，父亲患小儿麻痹症，母亲患风湿性心脏病，家庭十分困难。7 月 4 日，当阿布杜将 1000 元助学金送到李建辉手中时，记者注意到，这 1000 元钱几乎全是 10 元、20 元的零钱。“这是昨天的营业款，还没来得及兑换成整钱呢。”阿布杜有些不好意思。

家乡的学生都圆了大学梦了吗？

2014 年 9 月，莎车县伊什库里乡党委书记的办公室里来了一位特殊的客人，他叫买买提依明·吐尔孙，是阿布杜如苏力的父亲，这次他不远万里回到家乡莎车，就是受儿子的委托给家乡的贫困学子进行爱心捐助。

眼下正是开学的时节，阿布杜如苏力除了打理自家的店铺，他的心里又多了一个牵绊，万里之遥的家乡莎车今年有没有学生会因为贫困而离开学校，放弃自己的大学梦？思来想去他决定拿出 2.1 万元钱，捐助家乡 21 名贫困大学生。因为要照顾未满 4 个月的孩子和手下的 20 多个工人，他只能委托父亲回一趟老家把他的爱心传递给家乡的学子们。在捐助的过程中，父亲了解到莎车县莎车镇 19 岁的阿吉古丽·吐尔洪父母双亡，和 98 岁的奶奶相依为命，今年阿吉古丽考上乌鲁木齐工程学院，家里拿不出钱来让她上学的情况后，阿布杜如苏力当即决定再为阿吉古丽捐助 3000 元学费。这次，阿布杜如苏力共为家乡的 22 为贫困学子，捐助了 2.4 万元助学金。

“在我小的时候，父亲帮人运货去西藏时出了车祸，家里的车毁了，还要赔偿货主几十万的货款，家里实在拿不出钱来供我上学，我才上到小学三年级，就不得不辍学。”谈起这段往事，电话那头的阿布杜如苏力的语气中充满了遗憾。这些年因为没有文化，吃了很多苦，所以帮助贫困学子是他努力做生意的动力。

对于未来，他有着自己的打算，他打算成立一个“馕饼基金”，长期资助那些因贫困而上不起大学的孩子。

通过电话他对笔者说：“新疆莎车是我的家，这些年忙于生计很少回家乡，但是家乡的点点滴滴，无时无刻不让我牵挂。”“现在一些年轻人，因为贫困而失去了上学的机会，跟着坏人学坏，走上了邪路。我就是想尽自己一份小小的力量，让家乡的孩子能够接受好的教育，让他们走出莎车，看看外面的世界，学到知识把莎车的未来建设得更加美好。”

在他的内心深处还有一个美丽的梦想：带动员工一起学好汉语，开一家新疆特色餐厅，将更多的新疆美食带给内地的朋友，宣传新疆，展示新疆。

记者手记

新华社“中国网事”记者　蔡虹

“莎车是我的家，绵阳也是我的家。”与他聊了许久，这是我印象最深的一句话。

第一次见到阿布杜如苏力，很难把眼前这个干净帅气的小伙子和印象中辛苦打馕、收入微薄，还坚持资助学生的人联系在一起。

几年前，阿布杜和家人开始在绵阳做馕饼生意，一家人起早贪黑，每天早上5点就起床揉面，晚上8点才打烊。“2006年刚来绵阳时，人生地不熟，一句汉语都不会说，也没什么钱。”阿布杜说，“但是我相信，只要好好干活，困难总会过去的。”

靠着勤奋打拼和新疆人的善良朴实，目前，阿布杜如苏力已在当地经营起3家馕饼店、一个烤肉摊和一个水果摊，生意好时一天能卖400个馕。

生意有了起色后，22岁的阿布杜如苏力有了资助当地贫困生的想法。他说：“他们的生活太困难了，我有点不相信，看了我才知道，像袁燕妹妹这样贫困家庭的孩子还有很多，这是真的。”

事实上，阿布杜家里的生活压力并不小：妻子没工作，还有一个2个月大的小孩。一家三口仍租住在绵阳城郊的一间不足10平方米的简陋民房里，每月房租200元。因为在一楼，房间通风并不好，显得有些闷热和潮湿。房间里除了一台电脑，再没有任何家电。“这样的条件比以前好多了。”阿布杜很满足。

我帮阿布杜算了一笔账：一个馕饼10元，除去面粉、门面、房租、工人工资、水电费等费用，能赚2元。要捐助4万元，等于要卖出2万个馕饼。而阿布杜每天能卖200个馕饼，也就是说，2万个馕饼要卖三个多月才能卖完。

“在我小的时候，父亲帮人运货去西藏时出了车祸，家里的车毁了，还要赔偿货主几十万的货款，家里实在拿不出钱来供我上学，我才上到小学三年级，就不得不辍学。”谈起这段往事，阿卜杜如苏力的语气中充满了遗憾。这些年因为没有文化，吃了很多苦，所以帮助贫困学子是他努力做生意的动力。

目前，他捐助的学生分布在绵阳北川县、盐亭县和三台县等乡镇，资助的学生包括初中生、高中生和大学生。

他说：“新疆莎车是我的家，这些年忙于生计很少回家乡，但是家乡的点点滴滴，无时无刻不让我牵挂。”“现在一些年轻人，因为贫困而失去了上学的机会，跟着坏人学坏，走上了邪路，我就是想尽自己一份小小的力量，让家乡的孩子能够接受好的教育，让他们走出莎车，看看外面的世界，学到知识把莎车的未来建设得更加美好。”

现在阿布杜憧憬着能在绵阳买套房子，以后让儿子在绵阳上学。为了更好地融入绵阳，阿布杜正在努力学习汉字，争取早日考取驾照，然后带着家人游遍绵阳好玩的地方。

对于未来，他有着自己的打算，他打算成立一个“馕饼基金”，长期资助那些因贫困而上不起大学的孩子。

微语录

“新疆莎车是我的家，这些年忙于生计很少回家乡，但是家乡的点点滴滴，无时无刻不让我牵挂。”“现在一些年轻人，因为贫困而失去了上学的机会，跟着坏人学坏，走上了邪路。我就是想尽自己一份小小的力量，让家乡的孩子能够接受好的教育，让他们走出莎车，看看外面的世界，学到知识把莎车的未来建设得更加美好。”——“爱心打馕哥”阿布杜如苏力

微评论

新浪网网友“微雨夜归人”说：作为“北漂”，我真切地体会着在异地他乡打拼的艰辛。与我相比，维吾尔族小伙阿布杜如苏力面临的境况只会更艰难。正因如此，才凸显出他面对磨难的坚强、异地打拼的勤奋、坚持善举的执着有多么宝贵。他用可果腹的馕换来四川和家乡新疆的贫困学童吮吸知识养分的机会，平凡小爱，点亮希望。

腾讯网网友“看见曙光”说：阿布杜如苏力靠着勤奋打拼和新疆人的善良朴实在人生路上快乐地奔跑。他所播撒的爱，也在感动着越来越多的人。他的勤奋善良、舍小家为大家的精神让生活在当今人情淡薄社会的我们重新充满了正能量。

"执着的修路人"李华明

文山州西畴县岩头村小组长李华明，忠于党和人民群众的事业，宁可三年不种地，也要坚持修公路；面对无理取闹的群众，化解矛盾纠纷，做到骂不还口，打不还手；他干净做事，不拿群众一分一文，垫钱跑上级部门协调资金和项目，自己却过年也顾不上买一件新衣服；他勇于担当，哪里有困难，哪里最危险，他就主动到哪里，不管天晴下雨，只要一有空他就要坚持上工地，坚守12年硬生生地在山崖上凿开了一条进村公路。他就是西畴精神的捍卫者，被大家称为当代愚公，是领导干部践行"三严三实"和"忠诚、干净、担当"的楷模。

大山之子

——记西畴县西洒镇岩头村村小组长李华明

新华网传媒频道　高海英

李华明，云南省文山州西畴县西洒镇岩头村村民小组长。他用12年的坚守，带领群众坚持修通进村公路，而自己3年没种田地；他在干公益事业过程中忍辱负重，深入群众化解矛盾纠纷，做到骂不还口，打不还手；他拿自己的钱办集体的事从不计较得失，一心只为村民能走出大山。

文山州西畴县位于云南省东南部，北回归线横穿县境，这里山峦重叠，山山相连相依。全县25万人口都居住在大山深处，人均耕地仅0.8亩，一代又一代的西畴人依山建房、依山修路、靠山吃山，是大山养育了他们，也是大山给了他们不屈不挠、奋斗不息、不甘落后的精神。

李华明所在的地方更加边远落后，因居住在大山的悬岩之上而命名为岩头村，行路难是岩头村祖祖辈辈最揪心的事。

没有路的坚守

2015年春天，我有幸到西畴县参加女子太阳节，在前往的途中看到这样一块醒目的横幅："热烈祝贺岩头村通车仪式"。我好奇地问随行的工作人员，一个村修通一条水泥路要搞这么隆重的通车仪式？随行人员的解释让我产生了一定要进村看看的想法。

进村的公路从一个悬崖通过，悬崖到处都是人工凿路留下的印迹，从上面通过的时候简直就不敢往下看。在村口，我们碰上了村小组长李华明，他指着修得最费力的那段路说："就是这里最危险了，以前是一条小路，路比较窄，猪牛都从这里滚下去过，一头猪最少要找 8 个人才能抬出村卖，把 8 个人一天的吃喝除外，猪本都没了……"

让我们感到奇怪的是，这里条件这么艰苦，为什么要搬到这样的地方来生活呢？为什么不搬到条件更好的地方生活呢？

随行的工作人员告诉我们，在人均仅有 0.8 亩耕地的西畴县，作为依靠土地盘活生计的农民能种上一块平整的土地无疑是件很幸福的事。岩头村的祖先们就因为看中村里那块相对平整的土地，而举家搬迁到了这个几乎无人进出的地方。他们虽然找到了一个能栽能种的地方，但所有物资进出都很困难。他们高一脚矮一脚地在那条羊肠小道上行走了几十年，甚至上百年。在那条小路上发生过的危险让村民至今记忆犹新，村民杨育芬说："我们以前从这里下去读书的时候，一到下雨天路就滑，有一次我在上面差点掉下去。"

为了改变不通公路的这个现实，曾经有人提议过搬迁。作为村主任的李华明思考着，家是搬出去了，但人还是要依靠土地过日子，还是要得回村种土地，他们最终还是选择留下来守住自己的家园。

没有路　走出去难走回来更难

岩头村共 15 户人家 78 人，多少年来，村民都是守着那一亩三分地，过着养猪过年、养牛种田的传统生活。因为没有文化知识，村民就连打工也很难出得去。就因为不通公路，各方面差距和其他村越来越大，村里的姑娘长大后因村里条件不好大多选择嫁到外村、外乡甚至外省。小伙子们却娶不进来，娶进家的媳妇有些觉得村里条件不好而选择离家出走。据李华明介绍："村里有 6 个年轻人的媳妇后来跑掉了，有 4 个 30 多岁的小伙子到现在也没娶到老婆，就是因为公路不通，姑娘们来到村口就说这里公路都不通，我们回去了。"在进村路上，我们还碰上村里远嫁湖北省的姑娘杨育芬，她 1998 年出嫁后很少回家，今年两次回家，是因为母亲生病需要照顾。在她看来，她不是不想回家，是因为回一次老家会感到很累很累，所以，她每次回来了就不想走，出去了就不想回来。她湖北的家比自己的老家条件要好得多，她说："家乡如果再不修路，发展会更加缓慢,很希望得到各级政府的支持和帮助。"

西畴精神激发他们修路的热情

岩头村距县城不到10公里,村民目睹着县城周边村寨一年一个样的新变化,而自己居住的岩头村就因进村的1公里路没修通,10年也没变样。能有一条进村公路方便物资进出是他们最迫切的愿望。村里几十双渴望通路的眼光让村主任李华明压力很大,感到责任重大。

2003年,他到西畴县委大院内做临时工,看到黑板上几行大字:"搬家不如搬石头,苦熬不如苦干,等不是办法,干才有希望",他细心地琢磨着,这几个大字不正是要我们树立信心修路吗?"中国梦、云南梦、西畴梦,我们岩头村的梦想就是在西畴精神的鼓舞下修通进村公路。"李华明微笑着介绍他们的梦想。

在修公路的动员会上,村民们都用不相信的眼神审视着李华明。要修进村公路,村口的那个悬崖是必经之路,在悬崖峭壁之上修一条进村路有可能吗?甚至还有些人和他打起了赌:"你如果把这条路修通了,愿用手掌煎鸡蛋给你吃。"邻村的村民也打赌说:"如果李明华把这条路修通了,我愿把手指砍下来煮汤给他喝。"李华明面对这些质疑,面对村民的冷嘲热讽,他暗下决心,不管有多大困难也要修通公路。2003年,在村主任李华明的带领下,大家开始了长达12年的修路历程。

艰难的修路历程

李华明介绍,修路得到了当地党委政府的大力支持,但正当他们干得热火朝天的时候,邻村群众却给他们出了个大难题。因为他们修路要征用跨石岩村的土地,而且修路过程中滚落的石头会砸在人家房屋上,所以反对他们修路。600米的路段,李华明多次与邻村协调,在进村协商的过程中,很多村民不理解、不支持,轻则出口辱骂,重则拳脚相加,把他赶出门。面对这种尴尬的情况,他骂不还口、打不还手,一心只想修路才是大事。通过他多方的努力,最终与跨石岩村村民达成协议,以7.8万元把修路所占用的土地出让给岩头村。为了不让村民反悔,他们签下了征地协议,在那张已经发黄的征地补偿协议上面,密密麻麻地按满了邻村被占地群众的手印,补偿数额多的上万元,少的几千元,为了筹集这笔补偿款,岩头村15家人当年多数没杀年猪,其中几户还卖掉了耕牛。

2003年至今,一年也没停止过修路,只要是农闲时节,他们就组织群众集体出工,用钢钎、锤子硬是将一座石头山敲打下来,用双手将石头一块一块搬走。12年来,共投工5000多个。在修路进入攻坚时期的3年里,李华明几乎顾不上自己的家,3年没种河边的田地，一家生活重担全落在了妻子孙兴辉的肩上。走进李华明的家，在他用石棉瓦搭建的厨房里我们看到了这位农村妇女，她热情地招呼着我们，一点也感觉不到在修路过程中她究竟受到了什么样的煎熬。从那双长满老茧的双手不难看出这个家全是她撑着。她告诉我们："在修路过程中，李华明白天忙上工地，晚上忙跑跨石村协调用土等事情，上山打柴、下山挑水、背化肥这些粗活重活我都担着做。有时化肥运到山脚下，摸黑也得把它背进村……"为了这些，她曾经和李华明闹过情绪，甚至有过离家出走的想法，后来想想，走惯的山坡不嫌陡，为了儿孙的幸福也就留下来了。

2014年，西畴县人民政府出资16万元，村民自己投工投劳用了近20多天时间将岩石村水泥路浇筑完工，终于实现了他们10多年的通路愿望。

离开岩头村时，记者问李华明这些年为村民修路辛苦不。他用很朴实的话说道："我是共产党员，为村民做事是应该的。我今年59岁了，只要我还能动，只要村民需要，我一定还会继续干下去。"

记者手记

西畴县委组织部　李发雷

西畴县西洒镇龙泉村委会岩头村距县城仅8公里，虽然仅有8公里，但他们的生产生活条件和周边的其他村相比要落后10年，落后的原因就是因为进村1公里路成了他通向外界的老大难问题。直到2014年，岩头村修通了进村水泥路，村民10多年的愿望终于实现了。

说起岩头村修路的艰难历程，村民小组长李华明最有话语权，为了修路他被邻村村民骂过，甚至打过，为了修路他3年没种自家的地，为了修路他和村民几年不买一件新衣服穿……

从2012年开始，我先后多次走进岩头村采访，每次进村和李华明及其他村民交谈回来后都有新的收获和不同的体验。每次走在村口的水泥路上都会回想起村民们用安全绳系在腰间攀崖作业的身影，叮叮当当的敲山之声回响在耳畔。坚守12年只为修通1公里进村路，这是一名村小组长的任职承诺，他3年不种地，3年不穿新衣服也要兑现自己的承诺。这位只上过小学三年级的村民小组长，"忠诚、干净、担当"的词语，他念都念不通，但他用实际行动把这6个大字的真正内涵诠释得很完美。过去只听说过蜀道难难于上青天的故事，没想到岩头村的路比蜀道还要险。在李华明的带领下，村民们硬生生地在悬崖上凿开了一条路，现在还镶嵌在悬崖上那些深浅不一的铁锹印记深深地记录着岩头村人民战胜自然、战胜困难的艰苦岁月，"搬家不如搬石头，苦熬不如苦干，等不是办法，干才有希望"的西畴精神在他们身上上得到升腾。

微语录

“我是共产党员，为村民做事是应该的。我今年59岁了，只要我还能动，只要村民需要，我一定还会继续干下去！”——“执着的修路人”李华明

微评论

网友“无怨无悔”说：他就是当代愚公，西畴精神的捍卫者，是领导干部践行“三严三实”和“忠诚、干净、担当”的楷模。

网友“随遇而安”说：生活中总有一些人和事感动着我们、温暖着我们、激励着我们。有一些人，十几年如一日，那份在平凡中执着坚持的力量，让人心怀敬佩。12年默默的坚守，有多少日子就有多少道沟坎，现实的艰难困苦，他总咬紧牙关，永不放弃，在最艰苦的日子里继续前行。这短短几公里的路程是而今最温暖的旅程。朴素的信念、勤劳的双手，他的行动实践了几代村民的希望，造福了一方乡民！执着如斯，让人心怀敬佩！

“‘夫妻学校’守护者”张绍禄、吴光琼

这是一座位于大巴山深处的“夫妻学校”。山高路远，户散人稀，从1994年开始，张绍禄、吴光琼在此坚守了21年，托起了400多名山里娃的“求学梦”，义务留宿、照顾路远的孩子，遇到暴雨山洪还特地赶到村头河边接送学生。

曾经，在同座大山内执教，却相隔8小时路程。夫妻俩隔山相望，每周只得一聚。老人年迈体弱、稚儿嗷嗷待哺，夫妻俩只得带着孩子在山路间辗转、奔波。

岁月不饶人。如今，吴光琼患上了脊椎突出，张绍禄则视力下降得厉害，遇到阴天，连书上拼音的声调也看不太清。面临退休，夫妻俩双双不舍，最大的愿望是，希望有新老师能接过手中的教鞭……

大山里的“夫妻学校”——夫妻并肩坚守撑起村小21年

中新网重庆频道通讯员　谢道玖　记者　章莹

3月，初春的大巴山里鲜花遍野。置身其中的重庆巫溪县中梁乡星溪村小迎来了新学期。

清点学生、打扫清洁……这天，年过半百的夫妇张绍禄和吴光琼又开始了新学年里的忙忙碌碌。

一座大山，一所村小，一对夫妻。21年来，从晨曦到晚霞，从青丝到白发，夫妻俩无悔坚守，携手撑起了这座村小，延续着山里娃求学的希望。

隔山相望　他们是大山里的“牛郎织女”

今年55岁的张绍禄是中梁乡双河村1社人。妻子吴光琼则是中梁乡星溪村1社人，今年50岁。

1979年，高中毕业的张绍禄成了乡里电影放映队的一员。1983年，初中毕业的吴光琼选择在本乡朱家村村小代课。一次放映路上，两人偶然结缘，1985年喜结连理，在中梁小学附近安家。

中梁小学是乡里的中心小学。1986年学校缺教师,作为村里少有的高才生,张绍禄很快被请去顶编代课,月工资27元。

银水村小在中梁乡最东边,离张绍禄的家有50里山路。1989年,村小有个小学毕业班找不到合适的老师,村里想到了张绍禄,张绍禄当场应了下来。而此时,吴光琼已被调到离家30里外、乡域西端的平安村小代课,2岁多的儿子正是需要细心照顾的时候。

“为了别人的娃,自己的娃都不顾,你们这是为哪般呀!”面对许多人的不理解,张绍禄却说,孩子们背靠大山,读书可能是最好的出路,他和妻子算是半个“知识分子”,有责任帮孩子们走好这条路。

老人年老体弱、负担重,夫妻俩只能自己带孩子。妻子授课路程也远,带孩子的重任多半落在张绍禄身上。每周末,他从家里走时就背个“驼子背篼”,背篼里除了年幼的儿子,还有两把面条、一小袋苞谷面,这是他们在学校6天的伙食。

陡峭蜿蜒的山路难走,杂草丛生中尽是凶险。到银水村小的第二年,张绍禄就遭遇了“生死劫”:一次在去学校的半路歇脚,他左膝不小心被“干柴棒”(学名叫“竹节虫”)偷袭。

“当地人称这种虫叫‘无药医’,毒性厉害无比。”张绍禄情急下想到“以毒攻毒”,他请同行的老人帮忙抓住毒虫,用石头压碎后用树叶敷贴在伤口。怕学生到校后没人上课,他在路边找农户讨了两杯药酒喝下,硬是咬紧牙关一瘸一拐一路攀爬到了学校。这一咬牙,让他的腿脚疼痛多年,至今左膝盖伤疤还在。

两所村小相距8小时路程,夫妻俩虽在同一个乡教书,却只能隔山相望。5年时间里,两人仅“串”过1次校,除寒暑假,只有周末才能相见。

坚守深山　他们携手撑起村小21年

有一次,夫妻俩吃罢午饭,又要分头各奔学校。刚出家门,孩子舍不得妈妈,在背篼里大哭不止。老校长胡绪和见状,难抑眼泪横流:“为了山里的娃娃们,你们两口子牺牲太多,我不能狠心肠让你们一直没有小家呀。”

中梁乡山大坡陡,农户居住分散,最多时全乡有32个村小教学点。后来村小校点撤并,此前的水田、平安、太平、向阳和南坪等5所村小被撤并成星溪村小。

1994年,张绍禄和吴光琼双双被调到星溪村小,圆了“小家梦”。自此,两人再没离开过这所村小,一干就是21年。

比起昔日的从教路,夫妻俩到星溪村小的路程也不轻松。

自古“山路十八弯”。张绍禄说，那时到星溪村小，要翻过大大小小10多道山梁，趟过32条河沟，才能爬到学校。河沟上没有桥，不论春夏秋冬，夫妻俩都要卷着裤腿蹚过冰凉刺骨的河水。经年累月，两人双腿都患上了关节炎。

2005年，山下的中梁水库正式开始建设。两人在河口的老家被拆迁，就将家搬到了学校。

2006年，张绍禄和吴光琼双双通过民师转聘考试，成为正式教师。星溪村小也调来了两个新教师，破天荒有了4名教师和4个班、80多名学生。但好景不长，第二年这两名老师就先后调走了，自此再没来过新老师。

经过这短暂的“热闹”，星溪村小又只剩下了孤独的夫妻俩。

如今，张绍禄教一年级，有16名学生。吴光琼教三年级，也是16名学生。32名学生中，不少都是夫妻俩教过的学生的子女。两人笑言“自己都是祖师爷、祖师母了”。

晨曦送走晚霞，青丝染上白发，夫妻俩撑起这所村小21年，星溪村小也成了名副其实的“夫妻学校”。

省吃俭用　他们是帮贴学费的“老账人”

夫妻俩几十元的月工资拿了很多年。两人省吃俭用，种地补贴家用，生活清苦。

有一年，巫溪县教委组织代课教师集中申办教师资格证，报名费和培训费每人要100多元。听闻消息，张绍禄又喜又忧，“喜的是教了这么多年终于可以持证上岗了，忧的却是报名费。”张绍禄最后决定让妻子先考，自己以后再考。就这样，张绍禄错失了几次转正考试。

吴光琼感叹，夫妻俩那些年“遭的孽可以卖”(方言，意指吃了很多苦)。儿子、女儿从小跟着他们读书，到中学后最怕接到儿女打来的电话。“一打电话，多半就是要生活费。一个月一两百的生活费，还要到处找人借。”张绍禄调侃说，他们那时是村里有名的“老账人”。

生活上捉襟见肘的夫妻俩，在学校和学生身上却大方得很。

刚到星溪村小那年，学校没有铃铛，张绍禄去买了个口哨，后来觉得吹口哨指挥上下课不靠谱，又自掏腰包花40元“巨资”买了个手摇铜铃沿用至今；90年代农村电网建设那年，夫妻俩商量学校没电不行，自出1000多元买了电线、灯泡，张绍禄自己动手安装；星溪村小新校建成那年，临近开学，校园建筑垃圾一片，夫妻俩花50元一天请来几个工人，卷起衣袖、裤脚一起装运垃圾、清扫校园，迎来新校新气象；学生“营养午餐”开始实施那年，除中心校配发的一个电饭煲外，其余的锅灶瓢盆全是吴光琼花几百元到集市上买来的……

“只要是做正事、好事，花这点钱不算啥。”张绍禄说，有些人见他们生活困难还花“冤枉钱”，劝他们去报销。夫妻俩却一笑了之。

冉隆军是星溪村4社人，10多年前上学时交不起学费，从幼儿班到3年级，夫妻俩给他垫了4年的书学费。“总共差不多1000元，张老师那时候大半年工资才抵得上。”冉隆军说。

集腋成裘，聚沙成塔。几十年下来，夫妻俩就这样几十、上百元的帮贴学费，贴出去了3000多元。

教良心书 他们是学生们心中的太阳

“教书得对得起良心，对得起山里的乡亲。”让山里娃走出大山，是夫妻俩一生的心愿。

几十年间，夫妻俩从未耽误一天课程，教学精益求精，学生成绩常名列全乡前茅。张绍禄最骄傲的，就是有一年全乡共1800元教学质量奖，他独拿1600多元，其余几十个老师只分了200元。“星溪村小有一对好老师”的声名远播，以至于隔山的宁厂镇也有家长送子上门求学。

山高路远，户散人稀。村里住家最远的学生到校要走足足3小时。寒冬腊月，山路常铺满积雪。“孩子小，走这么远的路受不了。”夫妻俩商量，让最远的孩子留校住读，他们义务帮忙照顾。

现在巫溪县人民医院上班的刘道玲，就是夫妻俩住校照顾的学生之一。从学前班到三年级，刘道玲住读了4年。她回忆说，所谓的住读，其实就是在老师家吃住，“多亏了他们当年的细心照顾，我才能安心学习，走到今天”。

夫妻俩到底带过多少个“刘道玲”，他们不记得，附近村民说，“少说也有一二十个”。

学校离村卫生室较远，山里孩子衣着单薄，常有学生感冒，吴光琼就备一些感冒药等常用药。遇到暴雨山洪，夫妻俩会特地赶到村头河边接送学生。

张绍禄不爱串门、不爱娱乐，但有个习惯，空了就四处搜罗树苗，将其移栽到校园。现在，校园内大大小小100多株树木，全是他亲手移栽。

让夫妻俩感到有些遗憾的，就是没能好好照顾一对儿女。2009年，儿子张伟在外地打工遭意外身亡。读高三的女儿张艾如今准备报考艺校，为了对女儿多一些弥补，两人现搬到了县城居住。每周日下午到校，周五下午回县城，来来回回就靠一辆摩托车，80多公里的路程，一路他要歇息两次。张绍禄说，坐车不划算，来去一趟两人要120元路费。

岁月不饶人，吴光琼患上了脊椎突出，常疼痛不已。张绍禄则视力下降得厉害，遇到阴天，连书上拼音的声调已看不太清。但说到将要到来的退休，夫妻俩满是不舍。

吴光琼掰着指头算道，她2020年6月退休，张绍禄则要2021年6月退休。退休了干什么？吴光琼说，她要坚持到学校，陪张绍禄教完最后一批孩子。

吴光琼告诉记者，夫妻俩现在只有两个心愿：一是未来有新老师接过他们手中的教鞭，继续撑起星溪村小；二是希望女儿在今年的高考中取得好成绩，扬起她人生的帆。

记者手记

中新网重庆频道通讯员　谢道玖

守住的不只是青山

张绍禄夫妇的事迹，是到中梁乡采访时偶然听当地村民讲起的。作为一个从事多年新闻采访的田坎记者，我敏锐地觉得，这对夫妇身上一定有着一般教师没有的故事。

是日，我从县城出发，独自驱车80余公里，一路寻访，终于在群山环抱之中找到了星溪小学。

阳光微露，但初春时节料峭的春寒犹在。迎风飘扬的鲜艳的国旗下，一名穿着旧棉衣的中年男子正使劲地摇着老式手铃铛，嘴里吆喝着“下课了，同学们快出来晒晒太阳”……听见铃声，从另外一间教室，走出一位同样身着旧棉衣的中年女性，有条不紊地招呼着十几名孩子到土操场游戏。

两人便是张绍禄和吴光琼，虽然年过半百，但精神奕奕。得知我是记者，夫妻俩连声推辞，怎么也不愿意接受采访，异口同声道：“没做过什么特别的事儿，就是教了几十年普普通通的书，哪有什么可写的？”

真有这么轻描淡写吗？我知道，这是大山里的老师特有的谦卑和质朴。在他们看来，教师育人只是尽了自己的本职，这都不叫事儿。

禁不住我的追问，夫妻俩还是打开了话匣子。青年时期，作为村里少有的念过初中和高中的“读书人”，两人没有跟随其他青壮年的脚步，南下打工挣每月几百上千元的高工资，而是选择了留到山里当代课教师，月工资只有可怜的20多块钱，甚至连吃顿饱饭就是问题。“山里穷，穷根在教育”“要治穷，先得治愚”，他们没有放弃，是因为觉得有责任扛起大山里的教育责任。这一扛，就是30多年。

山里的孩子绝大多数都是留守孩子，除了物质上的不足，最缺乏的还是情感上的关爱，夫妻俩有空闲就漫山遍野地跑去家访，给孩子们送去温暖。孩子们有的山路遥远，有的孤苦无依，有的老人体弱难以照顾，夫妻俩就让他们住校读书，教他们做饭洗衣，但更多的时候是和自己同吃同住，似对待儿女般给予他们无微不至的关心爱护。这样的“编外”儿女，他们自己从没记过有多少个。

村小的校址经历过几次更替，夫妻俩也有很多机会下山到中心小学去任教。但山高路远，以前到学校没有公路，“交通靠走，通讯靠吼”，没有人愿意接手。夫妻俩说，这里条件太差，吸引不了人来，也留不住人。如果他们俩走了，山上的孩子们就没有依靠了。他们坚守于此，守住这里的青山。

不！他们守住的不只是青山，还有山里娃求知的希望……

微语录

“教书是门良心活，我们得对得起山里的乡亲。”——“‘夫妻学校’守护者”张绍禄、吴光琼

微评论

网友“清风徐来”说：在当下浮躁的社会风气熏染下，这种质朴的坚守，不计回报的付出，就像一股清流，带给人温暖和力量。

网友“你相信，我相信”说：应该给这些坚守者们更多的切实关怀和扶持，让这种爱的能量持续传承下去！期待有更多这种正能量的报道，向夫妻俩致敬！

“白发医生”陶仲为、徐澄夫妇

一袭白衣从未脱下，一双巧手治病救人。在人生90岁的当口，坐诊、查房、会诊，陶仲为、徐澄夫妇照旧忙碌。风雨雪雾阻止不了他们，道路崎岖拖延不了他们，岁月流淌也奈何不了他们。夫妇二人，凭借一颗从未冷却的红心，诠释着医生这一职业的含义，更彰显出源自灵魂深处的无私大爱。

悬壶济世一甲子，医者仁心是本真

——山东省立医院陶仲为、徐澄夫妇坚守岗位65载

新华社“中国网事”记者 萧海川

人生到了90岁的当口，本应颐养天年、含饴弄孙，山东省立医院的一对教授夫妇陶仲为、徐澄却凭借一颗不老的心和对医疗事业的热爱，仍然坚守在工作岗位上。

丈夫陶仲为研究呼吸疾病多年，妻子徐澄则主攻妇科疾病。夫妇二人虽已是鲐背之年，却依然坚持每周坐诊、查房、会诊。他们既用高明的医术解除病人的痛楚，医德风范也同样感染着身边的人。

“上班看病人、下班看书，不然会落伍”

“你们找陶教授？他刚从医院回来，刚上楼。”当记者10月15日一早来到陶教授住处时，小区门卫很热情地为记者指路。

作为山东省立医院呼吸科奠基人与医院的“终身教授”，陶仲为每周有4天要跟病人打交道：周一全天坐诊，周二、周三会诊疑难病患，周四医院查房。每个周四的清晨，他都步行15分钟，穿过两个十字路口，去病房楼例行查房。一般半个小时后，他再沿原路回家。这也是他多年来的工作习惯。

走进陶仲为、徐澄夫妇的家，100多平方米的房子，记者却觉得有些局促。除电视、冰箱等几样家电外，柜子、沙发等家具都用了许多年。柜子里装的多半是书。

老两口爱看书，于是把三居室中阳光最好、最宽敞的一间，当作了书房。书房西墙有一排“顶天立地”的书架，书架上披有一层白色的帘布。各种医学书籍、刊物把书架塞得满满当当，有些书刊早已泛黄。

“当医生就是要上班看病人、下班看书，要不然会落伍。”陶仲为说，家里放着三张书桌，书房里对放的两张书桌常用来研读医学专著，会客厅的书桌则用作看报刊。家里常年订阅《中华呼吸和结核杂志》《国际呼吸杂志》《中国现代医学杂志》等10余种医学刊物。

“给人看病不能半途而废，把病治好才算了结心事”

算起来，1950年夫妇二人从当时山东省医学院毕业参加工作，至今已有65年。20世纪90年代初夫妇二人就已到退休的年纪，迄今又过去了20多年。有人感慨，陶仲为、徐澄夫妇做了4个医生的工作。

在采访中，徐澄教授告诉记者自己其实也很想趁着身体尚可，在国内转转、去国外看看。“可给人看病，不能半途而废，总得把病治好才算了结心事。所以哪个更重要就做哪个吧。”

是什么支撑着两位老人坚持行医几十年？“我们目睹过祖国的苦难，经历过缺医少药的岁月”“自己喜爱的工作又能对人民有所裨益，那就一直做下去”，这是他们的回答。

徐澄教授1926年出生在山东淄博的一个大家族，从她记事时起，日本侵略者的铁蹄就肆意践踏着自己的家园，这让她立下志向要用自己的微薄力量救死扶伤。

后来徐澄凭借优异的成绩免学费进入当时的山东省医学院学习。在那里，她遇见了陶仲为。陶仲为回忆道，当时国家缺医少药，不像如今有这么多医院，国民体质之差还被扣上了“东亚病夫”的帽子。“所以从事保健和医疗工作，就成了我的人生志向。”陶仲为说。

“坚持到再也无法坚持的时候”

周末两天，妻子徐澄更为忙碌，因为她主动将自己坐诊的时间，从周二、周五调整到周六、周日。“平常门诊上都有同事坐诊，周末大家也要休息，可病人千里迢迢来，住宿、吃饭不方便，我周末上班能少耽误病人时间。”徐澄说。

“徐教授周末坐诊，说是两个半天，其实都是从早晨七八点一直工作到下午四五点。她自己顾不上休息,还时常叫我站起来活动活动。”徐澄教授的助手宋亚男告诉记者,徐教授对病患视同亲人,对每个病患都要花上一二十分钟了解过往病史、生活习惯。为挤出看病时间,午饭顾不上吃、水也很少喝,常常是一天喝不完一杯水。

像年轻医生一样辛劳忙碌,陶仲为、徐澄夫妇难道不会累吗?徐澄摆摆手说:“做医生,就是要吃苦的。只要病人能解脱,就想不到自己的苦与累。”

来自山东临沂的38岁患者刘女士说:“徐奶奶人好、医术高,药也开得不贵,就是号难挂。周末坐诊,有时候要提前到周四才能挂上号。”

虽然对工作的热忱不减,可岁月无情,就拿上下班15分钟路程来说,近两年老两口遇到的磕磕绊绊多了起来。有一次陶仲为参加医院保健科夜间会诊,赶上市政道路施工,一个踉跄磕伤了膝盖、磕破了右眉骨,缝了好几针。有一次徐澄遇上一摊施工留下的废油,鞋底一滑人就磕在了墙上,头皮被蹭破,血冒个不停,幸好被路人及时送医。

即便如此,老两口牵挂于心的还是病人。山东省立医院离退休干部管理办公室主任郝凤娟清楚记得,一天清晨,陶仲为教授因心脏不适被送到医院急救,看丈夫基本无碍后徐澄早饭没顾上吃,就准备去妇科坐诊。“我们都劝她今天就算了吧,老太太却说不能让病人白挂了号。”

“跟过去比,气力、视力、听力都在退化。但‘小车不倒接着推’,我们也没定下到多少岁为止,就坚持到再也无法坚持的时候吧。”陶仲为说。

记者手记

新华社“中国网事”记者 萧海川

初次听说在山东省立医院有一对医生伉俪,90岁还坚守奔忙在诊疗一线,我与我的同事都很诧异。毕竟“人生七十古来稀”,即便社会进步、科技昌明,90岁的医生依然不很常见。更何况,这对夫妇没有选择闲云野鹤、颐养天年的生活,却像中青年医生一样,坐诊查房、望闻问切、看病开方、解忧除困。所以,我们想去看看这对不一样的“白发医生”。

陶仲为、徐澄夫妇的家,100多平方米理应显得宽敞,但一走进去,就觉得有些局促。往常是门厅兼饭厅的空间,一下子坐进四五个人显得满满当当。在房间的更深处,一眼看去也没有多少富裕的空间。

后来我们才回想起,那时候映入眼帘的,是不同款式的柜子。各式各样的书刊则把不少柜子填满。书多,是陶、徐夫妇给我们留下的第一印象。

因为书,夫妇二人将正南屋的西墙,做成一面“书墙”。几个“顶天立地”的书架,塞满大部头的医学典籍、泛着黄边的经年旧刊。

同样因为书，在这个家中，摆放着三张书桌。一张在门厅，两张在书房。我们来的时候，在门厅的书桌上，放着一盏亮着的台灯、一本摊开的《中国现代医学杂志》与一支签字笔。

"当医生就是要上班看病人、下班看书，要不然会落伍。"陶仲为教授告诉我们，书房里的书桌之所以对着摆放，因为这些年来他们已经养成对读的习惯，成为日常生活中不可缺少的一部分。

带有目的的读书，才更有效率。怎么样能更好地判断病情、对症下药，就是陶、徐夫妇读书的目的。《中华呼吸和结核杂志》《国际呼吸杂志》《中国现代医学杂志》等10余种医学刊物，依然是他们每年必订的案头期刊。即便行医65年，他们依然紧盯着各自领域的尖端成果，不由得让人感慨，这股不懈的毅力，在如今的环境中，是如此的宝贵与珍稀。

在门诊科室采访中，我们又见识到夫妇二人的医德与医风。开的药既有效又不贵，医嘱不仅有关药物，更多的是与生活习性相关，糅合着来自长辈的善意提醒。也是这种平易近人的亲近，赢得了医患之间的信任与好感。在夫妇二人看来，医患之间不应产生矛盾。

可以说，治病救人是陶、徐夫妇的人生目标，单一而纯粹。正因为如此，他们才会觉得，自己为此牺牲再多也值得的。他们也有如一座灯塔，成为周围人不断向前的榜样和标尺。

微语录

"一生所学没有别的技能，就只会给人看病。何况能为他人解除病痛，是一件快乐的事。""我们都经历过祖国的苦难，经历过缺医少药的年代，这也是我们坚持下来的动力之一。"——"白发医生"陶仲为、徐澄夫妇

微评论

网友"xiweixhj"说：这样的医生才是最有爱心的。

网友"歇菜的蚂蚁"说：还有什么好说的，这才是爱。

网友"浮屠小半生"说：我觉得这正是大家需要的医生。

“人民好干部”曾宪蕃

18年村干部，11年村支书，海南省万宁市山根镇大石岭村党支部书记曾宪蕃带领村民们将一个有名的贫困村建设成了市级美丽乡村。如今已经59岁的他依旧事必躬亲，长年日晒使得他皮肤黝黑，他每天必做的就是骑着他那辆旧摩托车在村里到处转转看看，哪里有垃圾，他就去打扫，哪个村民有困难，他就去帮助，18年来，他将全部心血放在了村民身上，为了帮助村民致富，他荒废了自己的事业，最终用行动在老百姓心窝里扎根。

“他用行动在百姓心窝里扎根”

——记海南万宁山根镇大石岭村党支部书记曾宪蕃

新华社“中国网事”记者　张玉洁

在海南省万宁市的山根镇，几乎人人都知道大石岭村有一位“好干部”。18年来，他带领着村民们，把大石岭村从一个有名的贫困村建设成了市级美丽乡村。他将所有的心血都放到了村民身上，为了帮助村民致富，他荒废了自己的事业，最终用行动在百姓的心窝里扎根。他，就是大石岭村委会主任、党支部书记曾宪蕃。

自掏腰包，带领村民致富却荒废自己的事业

大石岭村位于万宁市山根镇的东北部，东邻南海却没有港口，土地资源不丰富，村民大多以种植水稻和番薯为生，曾经是山根镇9个村中最贫困的一个。“那时村里男丁要娶媳妇，大家只要一听是大石岭村的就纷纷摇头！”曾宪蕃说。

为了生计，曾宪蕃在20世纪90年代跟着琼海市潭门镇的船老板出海到南沙捕鱼，不怕吃苦的他很快就有了一笔不小的积蓄。“当时南沙刚开放，资源丰富，出一次海能赚一万元，很快我就有了几十万的存款，算是村里最早的‘土豪’。”曾宪蕃笑着说。

曾宪蕃自己的生活是改善了，可他看到同村的村民们还过着白饭就番薯的日子，于是决定带着大家一起干！在他的带领下，村里的男丁们跟着他一起到琼海出海捕鱼。渐渐地，村民们的生活有了初步改善。

1997年，曾宪蕃当选了大石岭村委会委员。同年，他带领着村里20多个男丁一起出海去南沙捕鱼却遭遇了强台风，7条渔船160多人险些被困，加之此后与菲律宾渔民的冲突使曾宪蕃意识到，出海捕鱼的危险系数还是十分大的，他心想不能再带着村民们一起冒险，必须开辟新的“生财之道”。

当时南方沿海各省掀起了新一轮的养虾热潮，由于大石岭村靠近南海，很适合发展高位池养虾，于是曾宪蕃出钱出力，带着村民们挖虾塘，再将一部分虾塘承包出去给有技术的人做，村民们在收承包费的同时也跟着学习养虾技术。这样，一部分村民出海捕鱼，一部分村民养虾，大石岭村逐渐摆脱了贫困村的帽子。

2004年，曾宪蕃全票当选村委会主任，后又当选党支部书记。在发展养殖业的同时，他还带领村民们种植反季节瓜菜。“村里有贫困户买不起种苗的，曾书记还会自掏腰包给他们送种苗！”大石岭村政府雇员冯启浪说。

如今，大石岭全村拥有耕地面积1860亩，其中水旱田430亩、高位池230亩，村民们的人均可支配收入近7000元。村民们越来越富，可当年村里的“首富”曾宪蕃却越来越穷。“说起来人家笑话。”曾宪蕃不好意思地低下头。“他每天就在村里跑，什么都要做！哪有时间搞副业！”村民曹玉珠忍不住插话。

真抓实干，贫困小村“变身”美丽乡村

如今不少村民住上了小洋房，还有部分村民在山根镇盖了楼房。村里两旁种有600多米的绿化景观树木，还有白色栅栏围起来的花花草草，干净的水泥路边摆放着配套的石椅石桌。4000多平方米的村级活动场所内还配有戏台、球场和健身点。每到傍晚，村民们便围坐在村边的石桌旁纳凉休闲。

“从前村里可不是这样。”82岁的村民符新雅说，“以前村里穷，大家住的都是瓦房，路上到处都是垃圾，跟现在简直没法比！”曾宪蕃当选村委会主任后，开始注重村容和村貌，“大石岭村就是我们的‘大家’，怎么能让家里又脏又乱呢？”曾宪蕃说。

“修村道、修水塔、清垃圾、拉水管，曾书记什么都冲在最前头。”冯启浪说，“村里有些年轻人比较懒，不讲卫生，曾书记就拿着扫帚去他们家里敲门，叫这些年轻人出来扫地。”

一开始，还有一些村民不理解，但随着村容村貌的改善，曾宪蕃的行动换来了更多的认可。在曾宪蕃的带领下，大石岭村的村民们几乎人人都变成了“卫生标兵”。

2014年，大石岭村进行危房改造，获得指标的25户可以领到政府发放的5万元补贴。仍然住在瓦房里的曾宪蕃放弃了这个建新房的机会，只说了句："先让村民们住！"

2009年，大石岭村被评为万宁市级文明生态村；2011年获得山根镇两委班子绩效考核第一名，同年还被万宁市妇联评选为"维护妇女权益先进集体"；2012年和2014年度被万宁市评选为"先进基层党组织"；2012年度还被海南司法厅和民政厅联合授予"海南省民主法治示范村"。村里人都说大石岭有现在，曾宪蕃居功至伟，连邻村都知道大石岭有个"好干部"。

事必躬亲，他用行动在百姓心窝里扎根

18年的村干部，11年的村支书，曾宪蕃仍然记得最初当干部时，埋在心底的话："我要为村里做点事！做点实事！"如今已经59岁的他，每天必做的事就是骑着一辆摩托车在村里到处转转看看，长年日晒使得他的皮肤焦黑，指甲缝里沉积着洗不掉的黑垢。正应了山根镇干部的话：他是像老黄牛一样的党员干部！

今年6月，海南大部分地区降雨稀少，发生干旱，为了村里的饮水灌溉，曾宪蕃带着村两委干部，从香车水库开始，为几公里长的水沟清淤。饿了，就打点快餐吃，困了，就躺在草地上眯一会，整整4天，曾宪蕃都没有回家休息。

"我这个当书记的都不带头！事情还怎么做下去？"曾宪蕃说。

曾宪蕃的行为换来了全村人的认可，大石岭村从老到少不仅打从心底里敬佩他，更把他当作自己的亲人。2014年强台风"威马逊"刚过境不久又迎来了强台风"海鸥"，为保证村民安全，村委会干部一家家上门带领村民们去安置点避难。87岁的翁秀兰老人死活不肯离开自己的房子，无论村干部和她的儿孙们如何劝，她只说："除非曾书记过来，不然你们谁的话我都不相信！"曾宪蕃听说后马上赶到翁秀兰老人家中，亲自把老人背到了安置点。

当记者问翁秀兰，为什么只相信曾宪蕃时，老人说："他平日里就很关心我，一直对我很好，在我心里他就像我的儿子一样。"

今年89岁的彭修琼1949年入党，是村里最老的党员也是曾经的老书记，说起曾宪蕃，他赞不绝口："曾宪蕃是我们的好党员好干部！下一届，我还要选他当书记！除了他，我谁都不认！"

记者手记

新华社"中国网事"记者　张玉洁

刚从镇上开完会，曾宪蕃就骑着摩托车风尘仆仆地赶回来，一双凉鞋，一件旧短袖

褂，卷到小腿的裤脚上还沾着泥巴，大石岭村的村民们说这是他每天不变的打扮。

18年村干部，11年村支书，海南万宁市山根镇大石岭村党支部书记曾宪蕃带领村民们将一个有名的贫困村建设成了市级美丽乡村。如今已经59岁的他每天必做的就是骑着他那辆旧摩托车在村里到处转转看看。18年来，他将全部心血放在了村民身上，为了帮助村民致富，他荒废了自己的事业，最终用行动在老百姓心窝里扎根。

“我只是在做我应该做的事，没有什么好值得采访的。”在得知记者要采访他时，曾宪蕃连连拒绝。如果不是以“你不来，我们就一直在村办公室等下去”为“要挟”，恐怕还见不到他本人。

在等待曾宪蕃的过程中，记者在大石岭村到处走了走，不少村民住上了小洋楼，干净的水泥路旁摆放着配套的石桌石椅，路旁种有600多米的绿化景观树木，树下还有用白色栅栏围起来的花花草草，在4000多平方米的村级活动场所内配有戏台、球场和健身点，让人很难想象，从前这里是镇上有名的贫困村。

“以前，村里可不是这样。”82岁的阿公符新雅说，修村道、建水塔、清垃圾、拉水管，曾宪蕃总是冲在最前头，带着大伙一起干，“整个村，数他最累”。

事实上，符新雅不是唯一一个对曾宪蕃赞不绝口的人，在整个山根镇上几乎人人都知道大石岭村有个“好干部”。

今年89岁的彭修琼1949年入党，是村里最老的党员，也是曾经的老书记，提起曾宪蕃，老人不住地点头：“如果没有曾宪蕃，就没有我们大石岭村现在的样子！下一届，我还要选他当书记！除了他，我谁都不认！”

“我到山根镇不久就听说了曾宪蕃的事迹，好几次我们想组织媒体下来采访他，都被他推辞了。这是个像老黄牛一样的党员干部，一直恪守舍己为民的公仆情怀。”山根镇镇委书记李娇慧说。

在采访过程中，每当记者问及他为村里所做的种种事迹时，曾宪蕃都会很不好意思，一边挠头一边憨厚地微笑说，“这些事不要总提！”在他看来，他所做的一切都是理所应当。“我这个当书记的都不带头！事情还怎么做下去？”这是曾宪蕃常挂在嘴边的话。

2014年，大石岭村进行危房改造整片推进，获得指标的25户可以领得政府发放的5万元补贴，当时仍住在瓦房里的曾宪蕃却放弃了这次建新房的机会，只说了句：“先让村民们住！”这事引得妻子唠叨不已，拿几百块工资，还不够摩托车油钱和电话费，人家穿皮鞋，你还是凉鞋，这图的什么？

“家里的事，说出来人家要笑的。”曾宪蕃一边笑一边摆手，“但这些年来，我心甘情愿。”

微语录

“我这个当书记的都不带头！事情还怎么做下去？”——“人民好干部”曾宪蕃

微评论

新浪网网友“水之心盾”说：给力！像曾宪蕃这样真正一心为人民做事的基层党员干部值得所有人敬佩和学习！

腾讯网网友“MMMMM 姑娘”说：现在像曾宪蕃这种愿意舍己为民的党员干部才是人民真正的“好干部”！他虽然在乡村基层，却能够坚持十八年如一日地团结带领村民们致富，如今，全村老少都敬他，将他视为亲人，就是最生动的例证。

“助梦残驾人”王铁继

已过五旬的王铁继有着健硕的上身和自信的笑容，却因为小儿麻痹症不幸落下终身残疾。高中毕业后，王铁继先后当过工人、承包过企业电修队、下海经商并成功创办企业，成为残疾人自强创业的佼佼者。2010 年，王铁继发起并成立了全国首个经过合法注册的残疾人汽车驾驶协会，并成为江西第一个领到 C5 驾照的残疾人。5 年来，在王铁继和协会的帮助下，江西已有超过 1500 名残疾人拿到驾照。

为“残友”装上梦想的车轮

——“双拐”企业家王铁继助上千“残友”实现“驾车梦”

新华社“中国网事”记者　温美良　彭菁

“我要让残疾人的出行半径由 1 公里变成 1 万公里”——这是江西“双拐人”王铁继的梦想。为了这个梦想，王铁继 5 年来义务帮助上千残疾人考取驾照，为他们装上实现梦想的“车轮”。

已过五旬的王铁继有着健硕的上身和自信的笑容，却因为小儿麻痹症不幸落下终身残疾。然而，身体的残疾并没有阻碍王铁继事业的成功，高中毕业后，王铁继先后当过工人、承包过企业电修队、下海经商并成功创办企业，成为残疾人自强创业的佼佼者。

20世纪 90 年代，王铁继因为创办汽车钢板弹簧厂而迷上了汽车。受当时政策限制，王铁继无法考取驾照，无奈之余，他给中国汽车报社写了一封呼吁信。王铁继的呼吁信发表后，全国有不少“残友”给他来信表示支持，这让王铁继下定决心要为他们做点事。

“我们社会都在着力为残疾人建设无障碍环境，其实汽车对于残疾人来说是最大的无障碍设施，汽车可以无限地远行，无限地延伸残疾朋友的梦想。”王铁继说。2008年，王铁继私下与爱车的“残友”们成立了“车友会”，并积极通过残联等部门呼吁放宽残疾人申请驾照的条件。

2010年4月1日，新修订的《机动车驾驶证申领和使用规定》正式实施，放宽了残疾人申请驾驶证的身体条件。与此同时，王铁继发起并成立了全国首个经过合法注册的残疾人汽车驾驶协会——江西省残疾人汽车驾驶技术协会，并成为江西第一个领到C5驾照的残疾人。

协会成立后，王铁继积极协调沟通为残疾人解决实际困难，组织残疾人驾驶员进行安全教育和培训，推广技术咨询，亲自上门安装服务，承担了来访和咨询，为政府和残联排忧解难起到桥梁和枢纽作用。

对于同样因小儿麻痹症致残的装修师傅苏石来说，驾驶汽车所带来的不仅是出行方便。“残疾人驾车会让人家对你有一种敬佩感，让人家更信任你。”苏石说，之前开三轮摩托车跑业务，只能在20公里的范围打转，接的也都是些小业务。开上汽车后，信任他的人多了，业务范围扩大到周边几个县、市，生活有了很大改善，随时可以带上家人出去玩。

除了帮助“残友”们拿驾照，王铁继还不时组织他们参加各种旅行活动和赛事，如井冈山红色之旅、上海世博行等。去年5月，王铁继还和“残友”们一道，驾车穿越滇藏线到达西藏。

如今，王铁继还在为“残友”们的驾车权益和出行需求奔走呼吁。尽管法律规定“公共停车场所应提供专用车位供残疾人免费停放”，但不少开车的“残友”却屡屡遭遇“停车难”和“停车贵”的问题。

据悉，在王铁继和协会的帮助下，江西目前已有超过1500名残疾人拿到驾照，仅南昌城区就有400多位。“希望有更多的残疾人能够圆上自己的‘驾车梦’，减轻对家人和社会的依赖，以此实现无障碍出行的梦想，与正常人一样工作和生活。”王铁继说。

记者手记

新华社“中国网事”记者　温美良

双腿残疾也能行万里路

自信而又平和，这是铁继大哥留给我们所有人的印象，从一个不起眼的残疾人，到成功创办企业，铁继大哥有着太多太多励志的故事。

采访是在铁继大哥自己创办的企业——南昌市鸿惠综合福利厂内进行的。这是一家生产劳保用品的加工厂,有30多名员工,大部分也是残疾人。

得知我们要来采访,铁继大哥早早就拄着双拐站在门口等候我们,铁继大哥的办公室简单而又整洁,茶几上精致的茶具彰显出主人雅致的生活格调。

在大家眼里,铁继大哥绝对算是人生赢家,家庭美满、事业有成。然而,采访中,记者并没有听到他过多地渲染自己是如何一步步走向成功的,只是平和地跟我们讲述了他的故事。

除了讲述他丰富的人生阅历外,铁继大哥似乎更喜欢谈论他去过的那些地方,当提到他和“残友”们一道驾车穿越滇藏线去西藏,途中经历“通麦天险”时,铁继大哥兴奋得像个孩子一样,并反复对记者说:“人这一辈子一定要去一次西藏。”

我不能体会这次西藏之行到底给了铁继大哥怎么样的感受与改变,但他的话语分明向记者表明:这不是一次简单的旅行,而是一次英雄的壮举。

为了配合我们摄影和视频的采访,铁继大哥反复给我们演示双腿残疾人是如何驾驶汽车的,他告诉我们,给残疾人装上一套手驾装置并不难,关键是要给予他们驾驶的勇气。

铁继大哥就是这么一个充满正能量的人,采访中,记者所感受到的,他和企业员工之间,没有上下级的疏远,更多的是家人般的亲密。

一位名叫罗亮的企业员工告诉记者,自己身世悲惨,是铁继大哥的榜样让他有了生活的勇气。

铁继大哥的朋友苏石也说,在他的帮助下,自己开上了汽车,生意也越做越大,生活越来越好。

采访中,记者并没有听到铁继大哥埋怨过命运的不公、社会的艰辛,倒是天马行空般地谈起他的梦想。在这个骨感的现实里,许多人都觉得梦想只是个奢侈品,倒是眼前这个双腿残疾的男子,让记者肃然起敬了!

微语录

“我们社会都在着力为残疾人建设无障碍环境,其实汽车对于残疾人来说是最大的无障碍设施,汽车可以无限地远行,无限地延伸残疾朋友的梦想。我要让残疾人的出行半径由1公里变成1万公里。”——“助梦残驾人”王铁继

微评论

腾讯网网友“Dark Octavian”说:身残志坚,不仅自己顽强地生存下来,得到社会的

认可,还把这种坚韧的信念传递给其他人,积极地帮助更多的人,这样温暖的正能量值得大家点赞。

腾讯网网友"开朗的胆小菇"说:让很多肢体健全的人都自惭形秽吧,感动 ing,希望全社会的人都行动起来,把自己变成一团火,温暖自己,也照亮他人。

"贴心物业人"单振阁

单振阁,1968年3月出生,2001年6月入党,盘锦市辽河油田兴隆台公用事业处物业一公司经理。作为一名有着14年党龄的老党员,他毅然放弃年收入千万元的企业,全身心投入服务居民的事业中,时时刻刻心系居民,兢兢业业无私奉献,在平凡工作中践行着自己的入党誓言,赢得了领导、同志以及居民的交口称赞。他先后被评为辽河矿区首批优秀物业经理、辽河油田优秀党务工作者等荣誉称号,所管辖服务的双兴小区、乐园小区等被评为矿区系统物业服务示范点。

用心用情搞服务　当好居民贴心人

盘锦市互联网宣传管理局　孙洪霞

单振阁,现在是盘锦市辽河油田兴隆台公用事业处物业一公司经理。作为一名有着14年党龄的老党员,单振阁毅然放弃年收入千万元的企业,全身心投入到服务居民的事业中,时时刻刻心系居民,兢兢业业无私奉献,在平凡工作中践行着自己的入党誓言,赢得了领导、同志以及居民的交口称赞。

敬业奉献,当好家园守护者

2009年以前,单振阁在盘锦市兴隆台公用事业处物业公司任职的期间,还利用业余时间打理着自己的家族企业,这个电气设备安装企业由兄弟三人共同经营,年经营收入近千万元。由于他工作能力强,身兼二职,在物业公司是工作骨干,在家族企业里也是顶梁柱。随着企业规模的扩大、个人财富的增加,使单振阁渐渐开始思考更深刻的问题,自己是选择做一个有钱的富人,还是做一个对社会更有用的人?小时候的困难经历、工作后的良好氛围，使他体会到，帮助人就是一种快乐。物业公司这个平台，不正是帮助居民、体现价值的最好平台吗？经过反复思考后，他毅然决定，从家族企业中全部退出，一心扑在为民服务的事业中，实现自己全心为居民服务的夙愿。

单振阁所在的物业公司所辖小区绿地面积 94377 平方米，有 5977 个住户，小区建成年代久远、基础设施差、区域面积广、油地结合部多、商网和驻矿单位多，物业公司要负责辖区秩序维护、环境治理、绿化养护、水电气暖供应保障、市政设施、应急维修等多项工作，压力之大可想而知。单振阁深知自己肩上担子之重，从上任伊始就把精力全部放在工作上，坚持每天跑辖区现场，从环卫、绿化、维修等工作的正常开展到各项应急性工作，他都亲自过问、亲自落实。为了使老旧小区的环境面貌能够打个翻身仗，单振阁联合兴隆街道办事处，组织物业公司和社区近百人开展了环境综合大整治活动，取得了明显效果。乐园小区墙外和钻井设备库之间有一面积 1.4 万多平方米的空地，由于无人管理，造成该空地私搭乱建和自建小菜园现象严重，居民群众对此反映强烈。单振阁克服各种矛盾困难，顶住来自各方的压力，出动大型机械，利用 3 天时间全面完成了清理整治工作，拆除乱搭乱架的违章建筑 30 余处，清运垃圾杂物 500 余吨，将这一"顽疾"彻底解决，辖区居民无不拍手称快。

用心做事，当好优秀物业人

乐园小区是油田的一个老区，居住的都是当年为油田开发建设做出历史贡献的"老钻井""老石油"，油田方面一直为这些"老石油"们供应热水。由于热水需要外购，运输过程中难免会导致水温下降，老同志们对些也有意见。单振阁在走访中发现这个问题后，主动多方协调，申请上级部门特批了一套热水机组，实现由外购热水改为自有锅炉烧水供应居民，既降低了成本，又保证了热水达到足够的温度，使"老石油"们一年四季都能享受到温暖的热水。86 岁的退休钻井工程师王老对此的喜悦之情溢于言表，逢人就夸——"这小伙子真干了件大好事！"

由于辖区地处盘锦市中心地带，区域内道路车辆乱停乱放现象严重，沿街店面店外经营普遍，严重阻碍了消防和交通安全，是让管理部门非常头疼的老大难。单振阁到任物业公司经理后，主动请缨，联合城管大队、交警大队，与工作人员一起不分昼夜加班加点，科学合理地划分停车位、行车线，组织相关人员对违规停放的车辆、广告牌匾进行集中整顿，清理了大量露天烧烤和店外经营现象，辖区的经营环境、卫生环境明显改善。辖区驻地有位领导感叹道："我们上上下下困扰多年无法解决的问题，最终的解决却是来自最基层的物业经理。看来，我们少的不是资源，而是办事的决心和态度，要是都像单振阁一样用心办事，就没有什么解决不了的困难！"

由于小区老年人居多,各家各户都有储备冬菜的习惯,单振阁采取既方便群众,又不影响小区环境的工作方法,组织人员在小区里指定冬菜卖场和晾晒地点,帮助居民免费运送、义务翻晒,既减少了居民的麻烦,也使小区环境和秩序得到维护,菜农更乐于把优质菜源送到小区,居民对此交口称赞。为了给居民创造更好的环境,单振阁组织公司员工在各小区安装凉亭、自制休闲椅,受到居民欢迎;在各小区主要道路上安装了特色的路灯,这些路灯的安装既为小区提供了优美的环境,也为下夜班的职工照亮了回家的路;废弃的水池经过改造,变成了观赏鱼池,成为居民休闲观赏的好去处。在他的努力下,辖区的环境变得越来越干净整洁,小区居民看在眼里、喜在心上,许多人自发地给物业公司送来锦旗表达感激之情。真心付出感染了辖区的居民,得到了良好的回报,一些有美术特长的居民纷纷行动起来,配合物业在下水井盖、垃圾房上绘制精美"涂鸦",成为远近区居民津津乐道的特色景点,引发人们驻足欣赏、拍照留念,得到了新闻媒体的广泛关注,产生了良好的社会效应。

真情服务,当好百姓贴心人

为百姓服务,就得舍小家,顾大家,就意味着付出,就意味着奉献。单振阁深知,担子有多重,责任有多大。多年来,单振阁始终坚持第一个到班,最后一个离岗,从未休息一个周末。几乎整天泡在单位,办公室里成箱的方便面就是他的一日三餐,有时忙起来干脆不吃。经年累月,落下了胃病,他就把药物带在身上依然带病坚持工作。由于早出晚归,他和家人在一起的时间很少,家里的事就更顾不上了,就连妻子、孩子生病,都不能陪在他们的身边。但是小区里谁家的房屋漏了,谁家老人自己留守在家,他都"门清"。

物业公司辖区的新工小区 6 号楼李大娘自己一人生活,身体又不好,单振阁就把李大娘当成自己的家人,有时间就去陪老人家说说话,唠唠家常,了解老人的身体和生活情况,有时还自掏腰包帮助老人解决生活上的困难。李大娘逢人就夸:"单经理啊,人好心善,关心我们这些老人家,生活在这个小区里是我们的福气啊!"单振阁还专门有个记录本,对辖区内局级困难户、空巢老人、残疾人、外闯市场职工等"四类特殊群体"做了标记,组织公司员工定期入户走访,义务提供家政、维修、看管等增值服务,并与 15 户居民结成了稳定的帮扶对子。为了使辖区的老人们老有所乐,他积极与兴隆街道的有关领导研究协商,并与社区街道联合组建了乐园活动室,提供了健身、舞蹈、阅读、棋牌、台球室等娱乐项目,使老人们老有所学、老有所乐,在悠闲中度过美好时光。他联合街道社区完善了残疾人康复室的建设,实现了小区内的每个残疾人和老年人都能够不出社区即可进行康复训练。结合老年人的生理、心理特点,有针对性地组织开展活动,通过座谈会、黑板报等多种形式，对老年人进行法制教育、消防安全、食品安全、防抢、防骗等宣传教育，让老年人了解安全防范和自我保护的基本常识，提高安全防范意识，成为居民群众的平安守护者。单振阁还把自己的微信号向小区居民公开，微信名称就是“善良”。如今，“善良”这个微信已经成为附近小区居民的“知心窗口”，居民群众家有什么大事小情，或者需要帮助时，都会找到“善良”进行倾诉。

采得百花成蜜后，为谁辛苦为谁甜？单振阁，一个平凡的物业人，用自己默默付出结出了累累硕果，赢得辖区百姓的广泛赞誉。如今，他管理辖区内的乐园、双兴等多个老旧小区面貌焕然一新，秩序井然，民心向善，人心向上，成为一方百姓安居乐业的宜居家园。他和街道共同建设的乐园社区正在积极申报国家级示范社区，受到社会各界高度关注，成为全市远近参观学习的样板。

记者手记

盘锦市互联网宣传管理局　孙洪霞

“作为一名物业经理，我站在服务群众、服务民生的第一线，能够真心真意、实实在在地为居民群众做好服务，踏踏实实地当好‘居民群众的贴心人’，让居民群众满意、让上级组织满意，让辖区的居民生活得更加幸福，这就是我的本职工作。”这是盘锦市“贴心物业人”单振阁的座右铭。

单振阁所在的物业公司所辖小区绿地面积 94377 平方米，有 5977 个住户，从上任伊始他就坚持每天跑辖区现场，从环卫、绿化、维修等工作的正常开展到各项应急性工作，他都亲自过问、亲自落实。他用三天时间清理 1.4 万多平方米的空地上私乱搭乱架的违章建筑 30 余处，清运垃圾杂物 500 余吨，辖区居民无不拍手称快。

“单经理啊人好心善，关心我们这些老人家，生活在这个小区里是我们的福气啊！”小区里的居民时常这样称赞他。单振阁组织公司员工定期入户走访辖区内局级困难户、空巢老人、残疾人、外闯市场职工等“四类特殊群体”，义务提供家政、维修、看管等增值服务，并与 15 户居民结成了稳定的帮扶对子。组建乐园活动室，为老人们提供健身、舞蹈等娱乐项目；完善残疾人康复室，实现了小区内的每个残疾人和老年人都能够不出社区即可进行康复训练。单振阁还把自己的微信号向小区居民公开，微信名称就是“善良”。如今，“善良”这个微信已经成为附近小区居民的“知心窗口”，居民群众家有什么大事小情，或者需要帮助时，都会找到“善良”进行倾诉。

单振阁，一个平凡的物业人，用自己默默付出结出了累累硕果，赢得辖区百姓的广泛赞誉。他和街道共同建设的乐园社区正在积极申报国家级示范社区，受到社会各界高度关注，成为全市远近参观学习的样板。

微语录

"作为一名物业经理,我站在服务群众、服务民生的第一线,能够用真心真意、实实在在地为居民群众做好服务,踏踏实实地当好'居民群众的贴心人',让居民群众满意、让上级组织满意,让辖区的居民生活得更加幸福,这就是我的本职工作。"——"贴心物业人"单振阁

微评论

腾讯网网友"希望"说:单振阁没有官架子,和辖区里的居民打成一片,他把小区的事当成自己的事,把辖区的居民当家人,真心实意地为大家解难事办实事,这样的领导干部和物业人,我们支持,为他点赞!

腾讯网网友"碧々轩"说:物业管理是涉及老百姓衣食住行的行业,想要做好做强不容易,有像单振阁这样诚信敬业守则的物业人,我们感觉贴心、踏实,老百姓需要这样的物业人,社会也需要这样的领导干部。

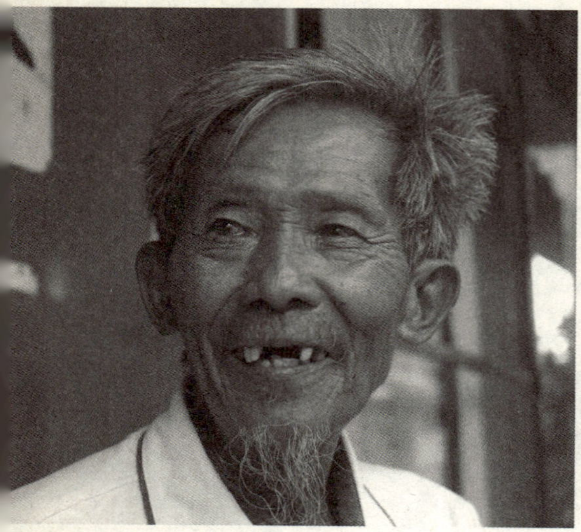

“编外救生员”魏文贤

万泉河边，一位瘦小的老人拖着根长竹竿在烈日下来回走着，时不时停下来望向河里游泳的人们，眼神里透露出一丝不安。直到夕阳的余晖洒下，人们在享受了万泉河的清凉之后纷纷上岸离去，老人这才松了口气坐下休息。“人去河空”后，与老人相伴的只剩他那长长的背影。

这就是75岁的琼海老人魏文贤平常的一天。他每日义务坚守在岸边，用自己手中的竹竿救起了一个又一个的溺水者，无论刮风下雨、烈日炎炎，魏文贤从没有间断过。时间飞逝，魏文贤这一坚守，就走过了近7个年头。

琼海七旬老人魏文贤坚守万泉河边

新华网海南频道记者　林圣钧

日夜坚守　大坝已成他的“第二个家”

琼海市万泉河嘉积水电站大坝显得有些老旧，石墩残缺不全，铁栅栏也锈迹斑斑。大坝的坝口将万泉河一分为二：一边是湍急的河流，一边是“平静”的河水。许多市民和游客喜欢在“平静”的那一侧游泳，但河边六七处醒目的“禁止游泳”“水深危险”等标语很难让人将这里与“游泳好去处”联想到一块。

岸边不少游客和市民已经迫不及待，有的换上泳裤泳镜，有的带上救生圈，随时准备下水游泳。迎着阳光，河里已经开始游泳的人们嬉笑打闹，大坝俨然已经成为一个“大型泳池”。

魏文贤说：“别看河面上水流不急，但是河水很深，这里还是很危险。”

扛着近4米长的竹竿，魏文贤在岸边立马忙碌了起来。他不停提醒着下水游泳的人不要游太远，同时还望向已经游远的人，生怕他们出现什么意外。若是有人溺水，魏文贤随时准备伸出竹竿进行营救。这跑跑那看看，不出短短的几分钟魏文贤已经汗流浃背。

深知河水危险，魏文贤每天在岸边都会苦口婆心地劝说人们不要下水，大部分人都不当回事，听的人少之又少，为此魏文贤没少被人嫌弃。

“我一直在劝他们，但好多人只当耳边风，根本不理会。”讲到这里，魏文贤忧心忡忡地叹了一口气。

因海南天气炎热，许多人喜欢到万泉河消暑游泳，每天下午6点左右和周末是人最多的时候。有时候一些放假的学生也会过来下河玩耍，让魏文贤很是担心。

每天中午匆匆吃完饭后魏文贤便赶往河边，开始他的守护“工作”。为了等候河里最后一个人上岸，他常常很晚才能吃上晚饭，饭后他又赶回来继续守河。天气不冷时他会在河边一艘小船上过夜，天冷不过夜时也会守夜到凌晨两三点。

魏文贤守河救人的故事早已被当地一些市民知晓，不少人为此而感动。在万泉河边散步的市民庞先生说：“魏老伯做这样的事很不容易，做好事，一时一事很简单，但是坚持下来很难。他是义务救人，这种不索取回报、真诚的精神真的很棒。”

日复一日，年复一年，大坝已经成为他“第二个家”，头发花白的魏文贤就这样在河边默默坚守了近7年。

每月仅有300多元补贴，他说够用了

琼海嘉积镇美景社区距离大坝约200米，狭窄的街道两旁坐落着大大小小几十栋房子，其中一栋不起眼的民房便是魏文贤的家。

12月1日，记者来到魏文贤的家中。一进门整个家便“尽收眼底”，没有电视、没有沙发，仅仅只有一个小餐桌摆在原本就狭小的客厅中，餐桌上一盘凉了的空心菜和一碗猪肉就是家里3天的伙食。透过客厅的铁窗可以看到后院简陋的厨房和厕所。魏文贤的家里只有两个房间，一个自己住，一个是他的养子魏忠继住，魏文贤的房间里除了床、蚊帐和一个破旧的衣柜外再无其他，让人看了难免有些心酸。

每个月的低保加上养老金，这300多元的政府补贴几乎就是他的全部收入。偶尔有闲暇时间，魏文贤会去河边捕鱼，捕到的鱼一筐仅能卖上十几块钱，这点微薄的“外快”在别人眼中只不过是一包烟钱或是几瓶饮料钱。

“虽然钱很少，但是也够用了。”魏文贤淡淡说道。

魏文贤平日里没什么喜欢做的事，不打牌、不喝茶，在家的时候只是做做饭、做做家务，大部分的时间都花在了守河上。

因为长时间待在河边，魏文贤很少能好好地陪伴自己的孩子，这让魏文贤总是有

些愧疚。虽然不是亲生的,但魏文贤一直把他当作亲生儿子看待,给予他关爱和呵护。

魏文贤至今没有结婚,他与养子魏忠继的相遇颇具缘分。1993 年某天,他听说琼海一家医院有一个被父母抛弃的孩子,没有孩子的他顿时喜出望外,将其领养回来。他希望孩子再苦也要做个好人,故给孩子起名“忠继”。

谈起自己的养父,魏忠继脸上总是充满了自豪:“父亲做的这一切拯救了许多人,我为他感到骄傲!”

救起数百人 但从不索求任何回报

很多救人时的细节魏文贤已经记不太清了,但有一次他至今印象深刻。回想起那次营救,魏文贤仍记忆犹新,仿佛那一切历历在目。

去年,一对夫妇在万泉河游泳时不幸溺水,湍急的河水拖着两人往大坝水闸极速而去,眼看就要发生险情的时候,魏文贤及时冲了过来,已经来不及拿竹竿,他趴在岸边伸出双手拼死拉住了他们。双手承受着两个人的重量,魏文贤咬着牙死死坚持着,直到周围的人过来帮忙,这对夫妇才幸运地与“死神”擦肩而过。

“如果我没有拉住他们,他们会撞上水泥墙,后果不堪设想啊!”说起这一幕,魏文贤依然心有余悸。

获救之后,夫妇两人对魏文贤感激涕零,他们送上了一些现金和礼品表达谢意,但遭到了魏文贤的拒绝。在他们的再三央求下,魏文贤才勉强收下礼品,但现金依旧不肯收。

被魏文贤救起的人常常会送来一些谢礼,魏文贤总是微笑拒绝,有时候实在拒绝不了才会收下一些礼品,但即使家境贫困,魏文贤也没有接受过一分钱。

魏文贤说,自己做这些事情只是为帮助别人,从来不是为了钱。

魏文贤的默默守护,换来了这些陌生人的平安。虽然他们互不认识,也不知道对方叫什么名字,但每当魏文贤救起一个人,他总是很开心、很满足。

“原来万泉河每年都会有五六个人溺水身亡,自从我守在那里之后情况就好转很多了,这两年我救起的人比较多,光上个月就救了 5 个人呢。”魏文贤说着露出了孩子般的自豪。

没有任何人委托,也没有人给他发工资,魏文贤的守护“工作”从 2009 年开始,至今已经近 7 年。其间,或是用竹竿,或是用救生圈,或是用双手,魏文贤默默地用自己微小的力量救起了数百名溺水者。

义务救人近7年　究竟是什么在支撑着他

"很多人问过我为什么会去做这个(义务救人),我只是不忍心看到他们就这样白白死去,好好的一个人就这样没了,实在让人痛心。"魏文贤说起这些时,眼里泛起了泪光,声音有些哽咽。

感情的触动似乎揭开了魏文贤心底深处一段尘封已久的故事。魏文贤告诉记者,他有个弟弟叫魏文弟,当年魏文弟在万泉河边发现3个溺水的女人,想都没想便奋不顾身地跳入河中救人,而魏文贤在河的另一岸捕鱼,并不知道正在发生的事情。3个女人被救上岸后,他听到附近的人叫喊才知道河里有人溺水了,魏文贤听闻后急忙赶过去救人,怎么也想不到,他从河里救上的竟是自己的弟弟,只是,怀里的弟弟早已经没了呼吸。

魏文贤有些颤抖地擦去了脸上的泪水,说:"这件事已经过去很多年了,但弟弟的救人精神依旧在感染着我,也许我义务救人也有这个原因吧。"

傍晚,75岁的魏文贤坐在河边静静地望着河水说:"我老了,也没有那么多时间和精力守在那里了。"他有些伤感地低下了头,"但是能让他们好,我死了也会很安心。"讲完这些,魏文贤又抬起头笑了起来。

记者手记

新华网海南频道记者　林圣均

说句实话,魏文贤这个名字,我之前并没有听说过。

坐在开往琼海的车上,我翻开手机上网简单地查阅了一下,才稍微了解了这位老人的故事。

在万泉河边日夜守护,义务救人近7年之久。看完让我不禁有些好奇。好人好事在我们的生活中并不少见,但是像这位老人坚持这么久的倒少有听闻。

究竟是什么原因让他去做这样的事情?已经75岁的他是如何将溺水的人救起的?他贫困的生活有没有因救人得到改善?还没与魏文贤见面,肚子里的疑问已经堆满了一箩筐。

琼海离海口并不远,转眼间我就来到了魏文贤的家门前。

偏僻的荒野、破败的木门、残缺不全的土墙……出乎意料地,我想象中的这些场景都没有出现,魏文贤的家从外面看起来很普通。

与嘉积镇美景社区其他的房子差不多,魏文贤家有一个宽大的绿色铁门,门两旁红色的瓷砖墙上挂着一副对联:艰苦勤俭家兴旺,行善积德世和合。

一套标准的农民住房,这是我对魏文贤家的第一印象。

铁门被轻轻地打开，一个佝偻的身影出现在我的视野里。花白稀疏的头发、长长的山羊胡，魏文贤从家里走出来。“小伙子，进来坐咯。”魏文贤热情地对我说。

“魏伯伯您好！”我向他问了声好，他朝我亲切地笑着，便领着我进屋。当我走进去时着实被惊到了，狭小的客厅里看不到电视、看不到沙发，甚至连一张农民家里常见的长木椅都没有，一张小小的饭桌是客厅仅有的家具。小小的后院里有一个简陋的厨房和厕所，加上两个小房间，这些便是魏文贤家的全部了。

与电影、电视剧里贫困人的家里不同，没有刻意的渲染，魏文贤的家贫困得很“真实”。我忍不住想象若是我生活在这样一个环境里会是什么样子，想着想着我感到有些心酸起来。

“我去救人从来就不是为了钱。”魏文贤说。

这样的话很难不让人触动。家境贫困的他完全可以收下别人递过来的现金，虽然可能无法完全改善他的生活，但也能让他多买点好吃的，至少可以在小小的餐桌上多添上几盘菜。

然而，魏文贤从开始救人起就没有收过一分钱，靠着每月300多元的政府补贴，他默默地将对陌生人的爱坚持了下来。

午饭过后，跟随着魏文贤，我来到了万泉河大坝边，扛着长长的竹竿，魏文贤开始了他的守护“工作”。

炙热的太阳照在每个人的身上，热得让人有些睁不开眼。海南的高温总是让人难以忍受，也难怪人们成群结队地过来下河游泳，河水清澈凉爽，看着那些在河里游泳的人连我也有些心动起来。

“不要在那里洗澡了，很危险的，快上来吧”！魏文贤朝一个在岸边洗澡的男子说着。男子只是抬头看了他一眼，没有理会眼前这个瘦小的陌生老人。

每天，魏文贤就在岸边这样劝说着这里的人，在别人尽情消暑的时候他却在岸边用这显得有些笨拙的方式在守护这些人的平安。然而谁又知道，当别人厌烦、嫌弃的话语随意地说出，魏文贤的心又是怎样的难过呢？

突然间，我的鼻子有点酸，我伸出手轻轻地拍在他的肩上，想给他一丝安慰。魏文贤只是淡淡笑着说：“没什么，我都习惯啦，他们不听我的，我看着他们就行了。”

魏文贤笑起来露出了快要掉光的牙齿，脸上的皱纹紧紧挤在一起，但是这一刻魏文贤在我眼里无比的帅气。

时间很快，虽然还想再多待一会，看看魏文贤忙碌的身影，但有工作在身的我必须得回去了。“魏伯伯，我回去了，您辛苦了，我很敬佩您。”我真诚地向魏文贤道别。他慈祥地笑笑，点了点头，马上又回到他的“岗位”上去了。

回去的路上碰巧经过了一艘小船，那是魏文贤在河边守夜时睡觉的地方。我凑上前看了看：小船上杂乱地摆放着一些麻布，船身布满了清晰可见的灰尘，船上6个座位占了大部分的面积，不知睡在这儿的人要怎样才能睡得舒服。

突然，我脑海里浮现出一个画面：魏文贤蜷着身子躺在船中间，身上盖着麻布，以旁边的麻袋为枕头，闭着眼睛静静睡去。或许，魏文贤就是这样度过每一个守河的夜晚的吧。

想得有些入神，这时一阵河风吹来，脸上传来一丝凉凉的感觉。伸手摸了摸才发现，我的眼泪不知什么时候流了下来。

微语录

“很多人问过我为什么会去做这个(义务救人)，我只是不忍心看到他们就这样白白死去，好好的一个人就这样没了，实在让人痛心。”“我老了也没有那么多时间和精力守在那里了，但是能让他们好，我死了也会很安心。”——“编外救生员”魏文贤

微评论

腾讯网网友“天天好心情”说：内心真的是太震撼了，没想到有人居然可以不为钱全年无休守在河边，义无反顾地守护着生命，世界上还是好人多啊！

网易网网友“小孩子”说：老人年纪也挺大了，生活如此艰苦，却还能够保持救人的初心不改，从他的身上我看到了人类的真善美，这才是我们心中的平民英雄！

“爱心传递者”常勇

无父、无房、无妻，还要照顾年迈多病的母亲，36岁的山西大同市铁路工人常勇“很缺钱”。然而，当他捡到35万元现金时一路追赶归还失主。平时的他，节衣缩食做好事，甚至遭遇多次敲诈却始终坚守初心，救人于危困之中。有人骂他脑子“有病”，有人质疑他为了“出名”，但常勇对此付诸一笑。20年来，他用自己那颗无私的爱心，向社会传递崇德向善的力量。

铁路小伙常勇：拾巨款不动心救危困不遗力

新华社“中国网事”记者 王学涛 王卓伦

无父、无房、无妻，还要照顾年迈多病的母亲，36岁的山西大同市铁路工人常勇“很缺钱”。然而，当他捡到35万元现金却一路追赶归还失主。平时的他，节衣缩食做好事，有人骂他脑子“有病”，有人质疑他为了“出名”，但常勇对此均付诸一笑。20年来，他用自己那颗无私的爱心，向社会传递着崇德向善的力量。

人穷志不短 拾巨款不动心

在山西应县随来圆孤儿院，记者见到了从百余里外大同市赶来的常勇，他带领上百名爱心人士为40个孤儿送来羽绒衣、新棉被、粮油等过冬物资和1.8万元爱心捐款。服装店老板胡清兰主动捐献了四大麻袋儿童棉衣，价值2万多元。她说：“常勇是好人，我们把衣物交给他放心。”

作为大同市的一名普通市民，常勇为何有这么大的号召力？

原来，常勇拾35万元现金追赶归还失主的事早在当地传为美谈。2014年6月的一个晚上，常勇开车陪母亲散心，在一个超市附近停车时看到离他六七米远处，一位男士将一个黑色塑料袋放在汽车后备厢盖上，就忙着接电话。后来他边打电话边上车，之后启动汽车飞驰而去，完全忘了那个塑料袋。常勇捡起塑料袋后，发现里面竟是一沓人民币。面对巨款，他立刻开车追赶。最后终于逼停失主的汽车，物归原主。

"遇到这么好的人我很感慨，当场就拿出1万元表示感谢，但他说什么也不要。"失主王先生回忆说，刚开始他看到常勇跟在车后，以为常勇有什么企图，心存戒备就没敢停车。后来他发现，自己一直开车在前面跑，常勇不顾一切在后面追，甚至为此闯过红灯。王先生告诉记者，常勇面对这么多现金不为所动的事对他触动很大，如今他也开始做公益，尽自己所能帮助身边人。

事实上，常勇很缺钱。父亲早逝，身患多种疾病的母亲靠打零工将姐弟三人抚养成人。如今，大哥做生意受挫依然单身，大姐刚做了开颅手术，虽然自己在太原铁路局房建段新华街物业站有一份稳定工作，但母亲的医药费、日常开销等让他每月3000元的工资所剩无几。36岁的他常年在大同郊区租住廉价的旧式单元房，至今仍未成家。"我做梦都想结婚，但咱没房、没存款，拿啥照顾人家？"常勇说。

是什么力量让他能够坚持无私助人？"母亲一直教育我们，人穷志不短，不拿不义之财。"常勇说，7年前，哥哥在深圳做生意被骗后，母亲用卖掉家里老房子的6万元还了外债。"是善良的家人为我树立了榜样。"

救危困不遗力　帮扶患者自掏腰包

在家人影响下，早在20年前在部队当兵时，常勇就连续三年将自己每月40元补贴都捐给了家庭更贫困的战友。走上工作岗位后，他更是尽自己所能帮扶贫困大学生、孤寡老人、孤残儿童、大病患者等困难群体。

在白血病患者杜红亮家中，刚做完手术不久的他戴着口罩慈爱地看着儿子在客厅里玩耍。妻子郑飞飞含泪讲述了常勇为她丈夫和另外一名白血病患者筹集善款的过程。她说，常勇不仅自己为两名患者捐了1000元，为了能为这两位白血病患者筹集更多的钱，他还积极奔走筹办慈善晚会。在2014到2015跨年的几个月里，常勇奔波在太原、大同、北京之间，邀请演员，找人赞助服装、道具等，忙得不可开交。

因种种原因所限，2015年年初举办的这台晚会只筹到了不到4万元。"晚会一结束，勇哥就病倒住院了。那时候全是勇哥自掏腰包，为我们做一些费力不讨好的事情。真的感谢勇哥，感恩！"郑飞飞说。

如今，常勇回忆起这段往事却没有丝毫后悔。"虽然自己搭进去2万元，有时为了省钱就在汽车里过夜，但看到他们一家人幸福地生活，一切都值了！"他说，父亲早逝的经历让他不愿看到如此年幼的孩子失去爸爸。

感动网上网下　团队传递正能量

类似这样的好事，常勇做过许多。“有人问我是不是想出名，其实当面对的是一条生命时，我根本顾不上多想。”常勇说。

常勇的善心和义举感染了网上网下无数人。网民“datongxiaozi”说：“好样的！在常勇的眼中，拾金不昧、助人为乐本来就应该是公民的素养，没什么可炫耀的。在重塑主流价值观的当下，常勇无疑是一个榜样。”网民“开封禹王台区国税局”说：“家境清贫，精神富足，善良成就高尚。让我们为常勇的精神点赞！”

在爱心人士的支持下，2015 年常勇创建了自己的公益组织 “常勇爱心公益团”，目前成员达到 220 余人。成立 3 个多月来，他们到大同天镇县贾家屯敬老院为老人理发、包饺子，到朔州市应县关爱孤残儿童，征集二手电视机、洗衣机送给条件差的敬老院等。

34 岁的陈龙加入这个公益组织近 3 个月，已成为常勇的得力助手。每次做公益活动，他负责整理大家的捐款明细并对外公布。“我们做不到像勇哥一样义无反顾，只是在自己能力范围内尽力帮扶危困。现在做好事已经成为我们生活的一部分，帮助完别人后，自己心里特别舒服、踏实。”陈龙说。

常勇希望自己的公益团队运作常态化，在日常生活中传递正能量。目前，他正着手筹划 2016 年元旦为大同市及矿区内清洁工送早餐活动。“环卫工人最辛苦，他们起早贪黑，挣最少的钱干最辛苦的工作，希望新年第一天给他们送去祝福和温暖。”常勇说。

近年来，常勇先后被评为 2014“感动山西”十大人物、“全国向上向善好青年”、“中国好人”。他说，荣誉让自己能凝聚更多爱心人士，干起事来更有力量。但自己做好事的初衷依然没变，就是希望危急的生命得到救助，年幼的孩子能有幸福的家庭，孤独的老人获得关爱……

记者手记

新华社“中国网事”记者　王学涛

“不好意思，衣物已经不缺了，如果您想献一份爱心，可以捐一些纸尿布。”记者见到常勇时，他正在微信圈中发起一场为一家私人孤儿院筹集过冬衣物的爱心捐款活动，活动得到了来自天南海北好心人士的支持。类似这样的陌生电话他一天能接几十个，常勇非常耐心地接电话解释，去爱心人士那里取衣物。

常勇驱车来到一家小门脸的服装店，37 岁的店主胡清兰主动捐献了 4 大麻袋崭新的儿童棉衣，价值 2 万多元。记者问她为何与常勇素不相识却如此信任他，胡清兰说：“我听过他的事迹，拾到 30 多万元都不动心，我们把衣物交给他放心。”

为了证实常勇拾35万元巨款还失主之事，记者电话联系到了失主王先生，他不仅向记者讲述了事情的经过，还对常勇的拾金不昧之举大加赞赏，事情发生时他曾掏出1万元作为酬谢却被常勇当场拒绝。这件事对他触动很大，他说目前自己也在做慈善，尽自己所能帮扶需要帮助的人。

除了对捡到的巨款不动心外，在生活中他还尽力帮助危困群体。听说常勇要来家里看望，白血病患者杜洪亮的妻子郑飞飞早早就在租住的单元楼下等候。进屋后，刚做完手术的杜洪亮夫妇、杜母连连对常勇表示感激。郑飞飞更是含泪向记者讲述了常勇亲力亲为、自掏腰包为他们筹办慈善晚会的经过。

“跨年的4个月里，别人都在家过年，他却太原、大同、北京三地跑，就是为了筹办一场慈善晚会，为我们筹集善款。事情办完，勇哥就累倒住院了。”郑飞飞说。事后，常勇告诉记者，4个月搭进去2万元，有时候一个人睡在车里，有时候找个80元一晚上的小旅馆，去太原和北京邀请演员，找人赞助服装和道具。由于第一次做慈善晚会，没有经验，最后现场捐款只捐了3万多元。

常勇助人为乐的举动有时候让人难以想象。午饭时间，记者见到了大同市民刘先生，他给记者讲述了常勇深夜抢救他一位寻短见的女性朋友的故事，而在这之前，他们根本不认识。

“我的一个女性朋友因为私事深更半夜寻短见自杀，后来后悔了电话求救，无意中拨打了常勇的电话。没想到的是，常勇竟然前去把她送到了医院，还请自己的朋友去医院照顾至脱离危险。”刘先生说，后来大家才知道原来他们根本不认识，即便是在这种情况下，他还能不怕惹上麻烦，义无反顾地前去救人，这种精神在当下社会急需弘扬。

随着深入了解，记者发现常勇早在自己当兵时就把3年的生活补贴让给了战友。直到现在他还一直在帮助贫困大学生，照顾孤残老人和儿童，并且组建了自己的爱心公益团队，时刻在生活中传播正能量。虽然帮人的过程中难免会遇到不理解甚至遭遇敲诈，但常勇从不灰心。他说：“咱们都有父母，咱们也有老的一天，等咱们或咱们的父母摔倒在马路上肯定希望有人能够扶一把，所以我敢扶！”

这样一位拾巨款不动心，救危困不遗力的35岁的小伙子，实际上却很缺钱。父亲早逝，母亲和大姐常年多病，大哥生意失败后至今单身，而自己因为无钱买房娶妻，常年在大同郊区租住廉价的老式单元房。

记者问他自己的生活还困窘为何还时刻想着去帮助别人？常勇说，他觉得做好事已经是自己生命中不可缺少的一部分，帮完人后心里特别舒服。有人骂他傻、异想天开，还有人问他是不是想出名，其实当面对的是一条生命时，我他根本顾不上多想。

微语录

“母亲一直教育我们姐弟三人，人穷志不短，不拿不义之财。我觉得做好事已经成为我生命中不可缺少的一部分，帮完人后心里特别舒服。有朋友骂我傻、异想天开，还有人问我是不是想出名，其实当面对一条生命时，根本顾不上多想。”——“爱心传递者”常勇

微评论

网民“开封禹王台区国税局”说：家境清贫，精神富足，善良成就高尚。让我们为常勇的精神点赞！

网友“datongxiaozi”说：好样的！在常勇的眼中，拾金不昧、助人为乐本来就应该是公民的素养，没什么可炫耀的。在重塑主流价值观的当下，常勇无疑是一个榜样。

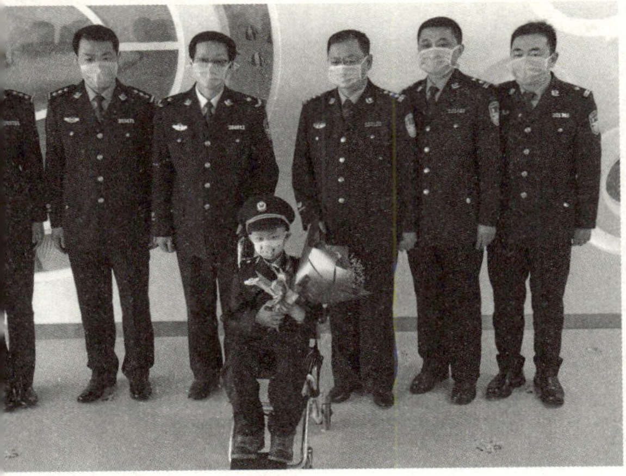

"圆梦警厅"吉林市公安局

来自于吉林的8岁男孩刘梓曦不幸患上白血病，始终坚强与病魔抗争，在他的心底有一个"想当警察"的愿望。为此，全社会纷纷献出爱心，各界人士捐款，学生精心准备情景剧，不同地区的10多位警察为他录制视频打气加油。吉林市公安局的警察还来到医院为他送上了警服和荣誉警号……当刘梓曦举起右手敬礼时，所有人都露出发自内心的微笑。

"为8岁白血病患儿圆梦"的吉林市公安局

新华社长春记者　孟含琪

与外面明媚的阳光相比，吉大一院小儿血液科的462病房有些暗。像往常一样，刘梓曦躺在床上等待新一天的抽血、治疗。他还不知道，一个他盼望已久的心愿即将实现。

3月16日上午10点10分，吉林市公安局的女警察路琳捧着消过毒的警察制服走进病房。看到制服时，刘梓曦似乎没有反应过来，直到身边有人告诉他"警察阿姨给你送衣服了"，他才迫不及待地站在病床上，在爸爸的帮助下急匆匆地往身上套衣服。上衣很合身，裤子却有点大，但这并不影响刘梓曦"威风"的样子。在全社会爱的集结下，刘梓曦实现了"想当警察"的愿望。

"想当警察"　不怕与病魔做抗争

刘梓曦今年8岁，来自吉林市。2014年7月10日，早前一直喊腿疼的刘梓曦被确诊为急性淋巴细胞白血病(B细胞型)。从那时起，他小小的身躯就开始了与病魔抗争的日子。

刘梓曦的父亲刘晓冬说，孩子自生病起，至少已有3次与死神擦肩而过。他的治疗周期是3年，预计面临17个化疗疗程。每个疗程的治疗方式都不一样，可在刘梓曦眼里就只有一个字——疼，各种蚀骨、钻心的疼。自生病以来，他的头发脱了又长，长了又脱，小小的孩子已经学会了忍受痛苦，甚至直面死亡。

他的坚强除了源于家人无微不至的关怀与鼓励，还来自于长久以来他心底的一份夙愿——“我想当警察！”

“我做梦都想当警察！”刘梓曦说。他看过《黑猫警长》以后，这个愿望就在他心底扎了根，那时候他还不到6岁。尽管刘梓曦从没见过真的警徽，也分不清警察的类型。但在他的眼中，警察就像“黑猫警长”一样，“穿着警服，有枪，有警帽”，警察的工作就是“抓小偷，抓坏人”。他最喜欢的玩具就是家里的各种枪和一辆遥控警车。

自从生病后，刘梓曦想当警察的愿望成为他积极治疗的支撑。“他难受的时候，我们就鼓励他‘要像警察一样坚强’。”

助力圆梦 社会各界纷纷献爱心

“无论如何，我要帮儿子实现这个愿望。”再次提起时，38岁的刘晓冬还是忍不住哽咽了。他联系亲戚朋友，在微信朋友圈上诉说了刘梓曦的愿望。逐渐，孩子的心愿得到了媒体和社会上不少好心人的关注，越来越多的人参与到“为8岁白血病患儿圆梦”的活动中，爱心的接力棒正无声的传递下去。

帮助刘梓曦圆梦的微信群很快建立，第一时间发布关于孩子的最新消息。社会各界人士也纷纷献出爱心，为其捐款约1.2万元。不少人还来到医院探望刘梓曦，中国女子短道速滑队运动员肖涵、赵楠楠等在刘梓曦身体状况允许的情况下当面给他鼓励：“希望你快点好起来，今后我们教你滑冰。”吉林市北华大学师范分院的同学录了视频为孩子鼓励加油，吉林市毓文中学的学生为他隔窗表演《黑猫警长》情景剧，还有人给刘梓曦送来类似警徽的保安帽徽做礼物……

“想当警察”这个愿望让不少警察为之动容。“刘梓曦小朋友，我是中国刑警，等你病好了，我们一起抓坏蛋。”“你的梦想也是我们的梦想，希望你早日康复加入到我们的队伍中，为百姓服务。”“等你康复后，可以来白山，我们一起坐装甲车，一起去训练，一起去打靶。”……来自吉林市、辽源市、延吉市、白山市等公安局的10多位警察录制视频为刘梓曦加油。

梦想实现 获荣誉警号“220117”

除了鼓励和祝福外，刘梓曦的家乡吉林市还传来了一个好消息：吉林市公安局决定授予他“荣誉警察”称号，并为他送上量身定制的警服。

吉林市公安局指挥长付长坤说，闻知刘梓曦的事后，吉林市公安局各级领导及民警们都表示了关注，“面对痛苦，他勇敢面对，我们深受感动。孩子有想当警察的愿望，我们有责任帮助他实现梦想。”

得知这个消息后，刘晓冬一直藏着这个秘密，没有告诉刘梓曦：“我想给他个惊喜。”

当路琳把警服送来时，刘梓曦表现得很“严肃淡定”，他安静地换上警服，直到走出病房也没有说话。不过，在换衣服时，他还是悄悄摆正衣领，抹平衣襟。

“小梓曦，听我的口令，立正。”付长坤说，“我代表吉林市公安局，正式授予刘梓曦荣誉警察身份，你的荣誉警号是 220117。希望你今后勤奋学习，提高素质，忠诚为民，做党放心、人民满意的好警察。”在身体情况允许和医生的同意下，吉林市公安局为刘梓曦举行了简单的授予仪式。尽管他未必能全部理解付长坤话的含义，但身着警服的他却站得笔直，两只小手紧紧地贴在两侧，不停地点头证明他的认真。当付长坤宣布“你可以正式履行‘荣誉警察’职责，维护好医院的平安和秩序。出发”时，他立刻向前走打算去“履行”职责，被大家笑着拉回来。

面对大家的纷纷爱心，朴实的刘晓冬不太会用语言表达，只是不停地说着“谢谢”。去年 11 月份，他们全家就计划，如果孩子出现不测，就将遗体器官捐献，回报社会。但由于经过强度化疗，刘梓曦的器官已不适合捐赠。

记者手记

新华社长春记者　孟含琪

刘梓曦是一个内向的小男孩，话不多，总是一副安静的样子。只有在提起“警察”、拿起玩具手枪、看到《黑猫警长》动画片时，才会格外的活泼和爱说话。

当时，刘梓曦每天都要抽血、化验、治疗，一个 8 岁的孩子，不仅要承受病痛的折磨，还要远离同龄孩子的童年生活，每日接受单调的“白”，心中的寂寞与苦涩可能连成年人都无法承受。但是他却比我们想象的坚强得多。孩子总是单纯的，由于他对警察的喜爱和敬仰，每当他痛苦、难受时，“要像警察一样坚强”总会成为支持他的信念和理由。

“我想当警察”，看似一个平凡的梦想，却是这个孩子心中最强烈的渴望。当媒体和社会得知了孩子的愿望后，给予了刘梓曦最大的支持和感动。拍摄视频、表演话剧、送给他保安帽徽、免费拍摄“小警察”系列照片……很多得知刘梓曦经历的人，都在用看似最朴素的方式，传递一份心意和祝愿。吉林市公安局更是决定授予他“荣誉警察”称号，并为他量身定制警服，给予他荣誉警号。

没有任何惊天动地的举动，但感动却润物细无声一样地浸入每个人的心田。

当刘梓曦看到女警察阿姨捧着消毒的警察制服走进病房时，他并没有反应过来这是要做什么，直到爸爸告诉他“警察阿姨给你送衣服了”，他才迫不及待地往身上套衣服。小孩子很腼腆，在换衣服时没有说一句话，但是从他轻轻摆正衣领、抚平衣襟的动作还是看得出，他有多么珍惜身上这身警服。

在身体许可和医生同意下，吉林市公安局为刘梓曦举行了简单的授予仪式，仪式上，付长坤郑重宣布：“刘梓曦正式被授予荣誉警察身份，希望你今后勤奋学习，提高素质，忠诚为民，做党放心、人民满意的好警察。”8岁的他可能未必完全听懂这些话，但是从孩子的眼神里看到了认真和用心。

“我也不知道我要做什么，但是我的梦想实现了，以后我病好了要去抓小偷。”刘梓曦的话感染了很多人，在这里我感悟到了一个小生命对一份职业的敬重和对未来生活的美好畅想。

东北人，一直给人的印象是憨厚、朴实、乐于助人，这种感动和爱一直在我们身边传递，可能沉默，但永不会消失。

微语录

“我做梦都想当警察！”——刘梓曦

微评论

网友“热火朝天”说：让大家一起，把这份爱心传递下去吧。

网友“大爱无疆”说：这么小就得了这样可怕的病症，却为了梦想坚持，小小的人也有大大的梦想，加油孩子！

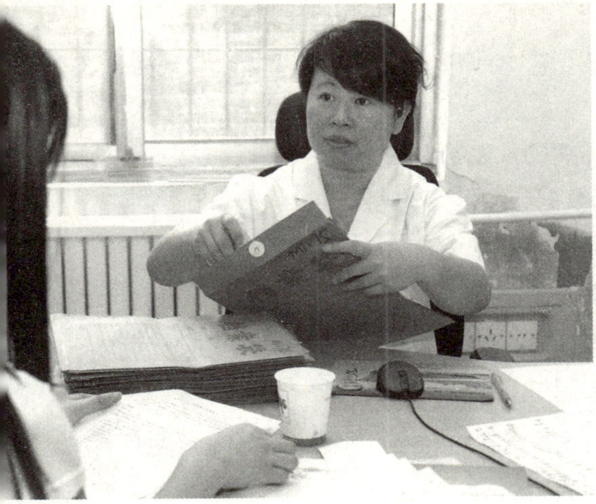

“防艾战线上的白衣天使”刘征

刘征，自 2004 年至今，连续四届担任郑州市疾控中心性病艾滋病预防控制所所长。11 年来，她一直忙碌在防艾第一线，常常深入酒吧、洗浴中心对艾滋病高危人群开展检测、教育、宣传等工作，多次“命悬一线”仍“痛并快乐着”，孜孜不倦地坚持工作。刘征先后荣获全国卫生计生系统先进工作者、“河南好人榜”敬业奉献奖、艾滋病国际治疗倡导联盟(中国区)“精忠奖”等奖项或称号，她多年来从未停止艾滋病防控工作的步伐，被誉为“防艾战线上的铿锵玫瑰”。

郑州市性病艾滋病预防控制所所长刘征：防艾战线上的“铿锵玫瑰”

新华网河南频道记者　郭东亮

刘征，郑州市疾控中心性病艾滋病预防控制所所长。在让人闻之色变的艾滋病面前，她从未退缩，勇敢担当，十多年如一日奔波在防艾前线，为艾滋病人和高危人群撑起了希望的天空，取得了令人瞩目的成就，先后获得全国卫生计生系统先进工作者、“河南好人榜”敬业奉献奖、河南省“我最喜爱的健康卫士”、郑州市第三届道德模范敬业奉献模范提名奖、艾滋病国际治疗倡导联盟(中国区)“精忠奖”等奖项或称号。在诸多荣誉面前，她从未止步，2013 年，46 岁的刘征第四次竞聘并成功连任性病艾滋病预防控制所所长，年近五十的她仍然活跃在防艾第一线，被誉为“防艾战线上的铿锵玫瑰”。

她是第一任艾控科长

2003 年，郑州市疾控中心艾滋病确证实验室纳入微生物检验科，刘征成为第一任科长。之后不久,郑州市疾控中心接到建立男男性接触人群国家级监测哨点的任务。

如何找到这个人群,成为刘征及其团队第一个大难题。一头雾水的他们费尽周折,上网检索、电话咨询、“光顾”特殊场所……

功夫不负有心人,从设立第一个开展艾滋病防治监测的场所至今,10年过去了,刘征和她的团队建立了较为完善的艾滋病疫情数据库。

圈子里的“知心姐姐”

“想和他们搭句话真不容易。”刘征回忆起第一次面对男男性接触者这个特殊群体时,不无感慨地说,“我看到的全是怀疑抵触的眼神。”

刘征后来发现,想被他们接受认可,善于倾听是关键一步。于是,她发挥女性特有的亲和力,认真倾听他们的心里话,有问就答,有难必帮,很快就成为圈子里受人信任的“知心姐姐”。

在刘征的倡导下,河南省首家专注艾滋病咨询、干预的“携手园·关爱之家”成立,利用网站、QQ群、知情人介绍、社区小组干预等多种方式,提供专业咨询服务。

她曾“命悬一线”

11年来,刘征多次面临感染艾滋病的风险。其中一次让她心惊胆战。

那是在一个特殊场所,刘征对高危人群进行血样检测。现场灯光昏暗,很难看清被检测者的血管。如果戴上厚厚的防护手套,又不能保证准确性,还会影响被检测者的情绪。刘征考虑再三,还是戴上了简易手套。谁又能想到,意外就是这样发生了,针头一下子跳出来,扎到了刘征的手上。

被检测者最终被确认为HIV初筛阳性,刘征也因此遭受了“骤然一击”。不敢告诉家人,不敢联系朋友,那一个月,刘征强忍阻断药物的剧烈反应,以拼命工作来缓解不安情绪。

1个月后,刘征的体检结果出来了,证明是虚惊一场。但生性爽朗的刘征“好了伤疤忘了疼”,不仅未生退意,反而更加频繁地开展咨询、检测和培训工作。

“痛并快乐着”的夜间工作者

男男性接触者等高危人群是刘征的重要工作对象。但正常上班时间恰好是这些特殊人群最不活跃的时间段,为采集血样,刘征常常深夜到酒吧、KTV等特殊场所开展工作,有时甚至忙活到凌晨。

尽管很疲惫,刘征却"痛并快乐着",因为她和她的团队每天都能采集七八十份血液样本,这为下一步强化干预奠定了坚实基础。

正是这种看起来很"傻"的工作方式,帮助刘征和她的团队探索出了郑州市男男性接触人群艾滋病阳性感染者管理干预的新模式,赢得了艾滋病国际治疗倡导联盟的肯定。

不仅如此,刘征还将这种下场所开展服务的思路,延伸到了男男性接触人群社区小组管理、艾滋病防治网格化管理等诸多方面,并取得了意想不到的良好效果。

"要把防艾接力棒好好传递下去"

刘征认为,真要做好一项事业,必须带动一批人,尤其是年轻人,共同热情地参与进去。刘征在工作中的"拼命三郎"劲头儿,也的的确确影响带动了一批人。

在刘征的带领下,其团队承担的国家参比实验室"全国主要 HIV 毒株的基因变异金额流行特征研究及数据库建立项目" 获得了国家科技进步二等奖,"ZZCDC 数字化实验室信息管理系统研究项目"获得河南省科技进步二等奖。

为普及性健康知识和艾滋病防治知识,刘征亲手制作了一套《青春期的性健康教育》科普教材,多次走进大学校园为在校大学生举办讲座,并组织"红丝带在行动"系列宣传活动。

年近五十的刘征曾信誓旦旦地表示,一定要努力和团队成员一起把艾滋病防治管理的接力棒好好传递下去。

记者手记

新华网河南频道记者　郭东亮

刘征今年 48 岁,在她 20 多年的医生生涯中,仅和艾滋病打交道就占去了一半。2004 年,郑州市疾控中心艾滋病性病预防控制所成立,曾目睹艾滋病患者窘状的刘征不顾朋友和家人反对,毅然决然地参加竞聘,并成功当选所长。她这一干,就是 11 年,且一发不可收拾,她立下铮铮誓言:"要把防艾接力棒好好传递下去。"

这些年,刘征做了很多事,获了不少荣誉,她对自己的工作深以为傲,她对自己的事业不改初心,她谱写了一曲人间赞歌,她成就了一段人生传奇,而她却早已习以为常,淡然处之。

刘征笑得多,是那种爽朗的大笑,让和她仅有一面之缘的人也能推心置腹;刘征走得快,身材不高的她,走起路来却似乎带着一阵风;刘征性子直,有啥说啥,说干就干,很少藏着掖着;刘征脾气犟,这股犟劲儿已融入她的血液里,演绎为日复一日的工作,成就了她的事业,成全了她的病人,成了感人故事。

11年前,刚刚担任艾滋病性病预防控制所所长的刘征,常常为工作着急,感觉有劲没处使。机构设立了,职位确定了,人员配备了,工作却不知从何下手,这种局面让刘征心急如焚,身为医生的她也开始"有病乱投医"了。

刘征和她的团队首先将目标锁定在酒吧和洗浴中心上,而此类场所与正常作息时间相反,刘征和她的伙伴们不得不变为"夜间工作者",常常白天工作一天,晚上再去酒吧和洗浴中心"蹲点",有时候甚至熬到凌晨一两点。

地点锁定了,艾滋病高危人群如何辨识,辨识之后如何开展检测、教育和宣传工作,刘征和她的伙伴们每走一步都非常艰难。但每一步都是"艾防"工作的一大步,这让他们感到欣喜,这种成就感不断激励着他们一步步前进。

功夫不负有心人。经过几年摸索,不少男男性接触者、性工作者和吸毒人员竟成了刘征的朋友,没有了起初交流时的隔阂敌意,没有了开始检测时的排斥抵触,也没有了对高传染疾病的恐慌畏惧,因为有刘征在。他们不开心时,刘征会陪他们聊天,有时候甚至凌晨三四点,刘征一接到电话,也立即赶到他们面前;他们染上病时,刘征会尽力帮他们检测治疗,想方设法帮他们渡过难关;他们绝望时,刘征会和他们促膝畅聊,劝他们莫轻言放弃,刘征甚至还将艾滋病患者接到自家长期居住,还把户口上在自家户籍簿里,让病人有家的温暖。渐渐地,刘征成了艾滋病高危人群及患者最信任的人,成了他们的"知心大姐"。

从医患关系到朋友关系,从接触的艾滋病高危人群及患者那里,刘征和她的团队建立了较为完善的艾滋病疫情数据库,这为进一步的艾滋病防治工作奠定了基础,刘征团队功不可没。

随着时代变化,近些年艾滋病高危人群及患者逐渐增多的趋势让刘征看在眼里,急在心里。在新形势下,如何开展艾滋病防治工作,刘征和她的伙伴们坚持"高危人群和患者在哪里,我们的阵地就在哪里"这一理念,利用网站、QQ群、微信群等为高危人群和患者开展服务,和他们始终保持着密切联系,不让辛苦建立起来的"阵地"丢失。

要干好艾滋病防治工作,一个人、一个团队的力量是不够的。为此,刘征多次走进大学校园为在校大学生举办讲座,并组织"红丝带在行动"系列宣传活动。"真要做好一项事业,必须带动一批人,尤其是年轻人,共同热情地参与进去。"刘征不止在一个场合表示,一定要努力和团队成员一起把艾滋病防治管理的接力棒好好传递下去。

微语录

"人生苦短,只要心脏在跳动,就不舍弃艾滋病防控第一线。""一个人的力量是有限的。真要做好一项事业,必须带动一批人,尤其是年轻人,共同热情参与进去。""我要保持健康,努力和团队成员一起把艾滋病防治管理的接力棒继续传递下去!"——"防艾战线上的白衣天使"刘征

微评论

腾讯网网友"中医治人"说:一提到艾滋病,其他人避之不及,而刘征却和它"亲密接触"了11年,她已超越了医生职责的范畴,更重要的是情操的坚守。

腾讯网网友"果子"说:刘征去酒吧为艾滋病高危人群开展检测服务,收留艾滋病人在自家长期居住,还在一次检测中被针头扎中,后幸运逃过一劫,刘征的故事在外人看来根本不可思议,而她却早已习以为常,并以此为乐,她就是一个传奇,为她点赞。

“冻不住的孝心”犹波

一场冰桶挑战风靡全球，让越来越多的人关注渐冻症。这篇故事的主人公是一位27岁的渐冻症患者，病情日渐严重的他也希望自己能像正常人一样，为自己的父母尽孝，但日渐僵硬萎缩的身体让他连给父亲敬一杯酒都成为奢望。据媒体报道，渐冻症一般被确诊后，患者的存活年限为3—5年，而渐冻症患者犹波已经被确诊3年了，看着日渐严重的身体状况，犹波恐怕自己已没有多少时间陪伴父母，所以，他联系华龙网帮助他完成一个心愿，作为送给父亲的“最后”生日礼物。

“最后”的礼物

华龙网记者　张译文

他是一个孝顺的儿子，渴望为父亲做点力所能及的事；但同时他也是一个渐冻症患者，日渐僵硬萎缩的身体让他连给父亲敬一杯酒都成为奢望。据媒体报道，渐冻症一般被确诊后，患者的存活年限为3—5年，而今年27岁的渐冻症患者犹波已经被确诊3年了，面对日渐严重的身体状况，他联系上华龙网，希望能帮助他完成一个心愿，作为送给父亲“最后”的生日礼物。

儿子的礼物——“渐冻症”男孩一曲《父亲》唱哭老父亲

“我的老父亲，我最疼爱的人，人间甘甜有十分您只尝了三分，这辈子做你的儿女我没有做够，央求您呀下辈子还做我的父亲。”3月4日下午，綦江区大兴村一户农舍的院坝里，过50岁生日的犹原红收到了一份幸福又心酸的生日礼物。双手努力抱住麦克风，颤抖地唱歌的男孩是他的儿子犹波，27岁的渐冻症患者，而这首《父亲》，犹波说可能是自己送给父亲最后的生日礼物。

他一边帮着儿子托起拿麦克风的左臂，一边偷偷拭去眼角的泪水。听着儿子歌声低头不语的犹原红想起了20年来，儿子患病所遭受的一切。

和普通的农村男孩一样，生病前的犹波也是个满山坡跑的“野孩子”。7岁那年，犹波的身体突然发生了变化，左腿慢慢变短，身子倾斜，走路摇摇晃晃。而这些症状和3年前，犹波母亲李正秀的情况如出一辙，早在犹波4岁时，母亲李正秀就出现了右腿肌肉萎缩的症状。

“你看他走路好奇怪哦，像个掰掰！”患上“怪病”之后的犹波开始被学校的同学嘲笑，原本活泼开朗的“野孩子”也变得内向沉默起来，回家也不愿说话。六年级那一年，不愿被同学笑话的犹波辍学回家了。

“我为什么不能像其他孩子一样出去玩耍？”“这到底是个什么病？”长久以来，犹波都希望能去大医院检查下身体，但是除了犹波与母亲肌肉萎缩行动不便外，当时年迈的奶奶也染病在身，年幼的妹妹还在读书，家庭经济全靠父亲犹原红种田及打零工，根本没有条件让犹波去大医院检查医治。

2012年11月，犹波的事情引发了媒体的关注，在媒体的帮助下，23岁的犹波去西南医院检查了身体才搞清楚困扰自己十余年的怪病是什么。因为目前针对渐冻症全世界都没有找到有效的治疗方法，面对无止境高昂的药费和治疗费用，犹原红无奈只能带着儿子回到了家，中断了治疗。

儿子的求助——希望最后为父亲过一次生日

“我的身体一天不如一天，可能爸爸60岁时我已不在人世，我希望能送他最后一份生日礼物。”2015年1月，犹波给华龙网两江社区打来了一通求助电话，说3月4日是父亲的50岁生日，希望能为父亲筹办一次生日，作为特别的礼物送给他。

“我连给爸爸敬一杯酒都办不到，我还能为他做些什么呢？”一年以来，犹波的病情日渐加重，以前还能勉强走动，现在连起床翻身都已经办不到了，只有蹲在地上才能挪动几步，连坐在电脑前上网也坚持不了多久就必须躺下。医生曾告诉过犹波的家人，渐冻症患者一般确诊后的平均寿命为3—5年，而今年是犹波确诊为渐冻症后的第三年。虽然身体条件跟不上，但犹波还是想为爸爸送上一份礼物。“唱歌吧！”躺在床上的犹波决定用自己最擅长的方式来祝贺父亲的生日。

犹波很爱唱歌，几年前，舅舅送给犹波一部旧手机，犹波开始利用手机下载歌曲听，后来发现自己很喜欢歌曲，经常跟着音乐哼唱起来：“歌中有让我激动的力量，也让我暂时忘掉我的伤痛。”

父亲犹原红也喜欢听犹波唱歌，“虽然他唱得不像专业的那么好，但是在我心中就是最动听的。”犹原红说。每次看到儿子唱歌的样子都觉得当年那个自信开朗的孩子又回来了，平时自己不做事的时候，也会背着儿子到院坝到山坡上静静听他唱歌。

《水手》《晚秋》《扬帆远航》都是他爱哼唱的歌，犹波说自己很羡慕能在外闯荡打拼的人：“我也希望能有自己的一片天空。”这次特意选择了《父亲》这首歌作为父亲生日的礼物在当天唱给他听，“这首歌写出了我的心声，下辈子我还要做父亲的儿子”。

其实这并不是犹波第一次送父亲生日礼物，“小时候身体好的时候，爸爸生日我会自己动手做一张卡片送给他。”就在去年，父亲49岁生日的时候，犹波还用仅能活动的手指，在键盘上敲字做兼职赚钱为父亲买衣服，“两三个小时几块钱，我一年赚了1000块，为爸爸在网上选了一件外套，他穿起来很好看，很合身。”说到凭自己的劳动为父亲买衣服，犹波言语中不由得透着一丝骄傲和欢喜。

父亲的爱——言语不多却可以为儿子吃顿好的“不要脸”

犹波去年生日送给爸爸的那件外套，犹原红一直视如宝贝，放在衣柜里不愿拿出来穿，稀罕程度一如犹波珍藏起小时候爸爸送自己的玩具汽车。“爸爸对我来说就是座山，是我们家的顶梁柱，没有他，我们的家就散了。”在犹波眼里，自己和妈妈患病这20余年来，爸爸一直不离不弃撑起了这个家。

为了方便照顾妻子和儿子，犹原红不敢外出务工，眼看村里的乡亲一个个富起来，自己却只能在家守着那几亩地，农闲时再帮村里的人做点散活儿，挖地基和水泥一次能赚个100多块，每月加上犹波和他母亲的补助，家里只有1000块左右的收入。但犹原红每次打散工赚了钱，他总会花掉一大半给儿子买东西，鸡蛋、牛奶，儿子爱吃的、补身体的他从不吝啬，“犹波平时喝水都是我出门之前给他倒一大盅，床边放了一箱牛奶，他随时伸手能够着。”

儿子上厕所不方便，犹原红干脆就改了老宅的设计，把厕所移到了犹波房间旁边。他的手机也是24小时开机，因为害怕儿子有事找不到自己，“晚上犹波想上厕所就会给我打个电话，我就知道了。”

平时犹原红出门干活，15岁的妹妹去学校上学，家里就只剩下犹波和同样残疾的母亲，好在母亲还能扶着墙勉强走动，煮个饭配些咸菜和剩菜，母子俩就能凑合一顿。为了让儿子能吃顿好的，每次犹原红去村里别家吃席都会再多端一碗走。“有时候也放不下这个脸，但是想到能让他吃好点、尝点鲜也只有厚起脸皮不要脸地端走了。”说到这里，犹原红低下头，又背着儿子偷偷抹起了眼泪。

家里的老婆和儿子都生病了，作为顶梁柱的犹原红不敢倒下，日复一日的重劳力让他的坐骨神经开始一阵阵剧烈疼痛，但他从来不会在家人面前表现出来。"我不能生病，别人生病了有人照顾，我生病了没人来照顾和关心，只有靠自己。"虽然不到60岁，但日渐脱落的头发和脸上的皱纹，让这个朴实的农村汉子看起来更加苍老和瘦小。

父亲的生日愿望——希望儿子能像正常人一样

犹波说，父亲是个不善言辞的人，但他对自己的爱却是用行动来表示，所以自己也希望用实际行动回报对父亲的爱。3月4日，华龙网爱心接力、中国社会福利基金会老年事业基金"关爱1+1圆梦计划"、梅明社会工作服务中心的志愿者和麻辣明星"大炮"刘浩强、周俊洁等爱心人士来到綦江区大兴村，为犹波和他的父亲带来文章开头那场温馨的"生日派对"。

在儿子和志愿者合唱生日快乐的歌声中，犹原红也许下了自己的生日愿望："我希望儿子能像正常人一样。"这位父亲的生日愿望仍然和儿子有关，"很意外，没想到他会联系到你们，虽然他有残疾，但我仍然爱他，也很感谢他的出现。"说完父子给了对方一个大大的拥抱，顿时凝固了时间。

"父亲的肩膀很有力量，每次他抱我起床，我都会感受到无穷的力量，很踏实很安心。"犹波说，父亲给了他生存下去的勇气和力量，希望还能陪他过明年的生日、后年的生日……

在院坝里过完生日，不能久坐的犹波又被父亲背回了床上，父亲瘦小的身板背起体重已超130斤的儿子，看着父亲艰难地蹲下再起身，犹波低声说，靠在爸爸背上的感情是最复杂的，又幸福又难受，"幸福的是父亲背着儿子，难受的是儿子背不了父亲。"

记者手记

华龙网记者　张译文

一场冰桶挑战风靡全球，让越来越多的人关注渐冻症。"四肢肌肉逐渐萎缩，最终瘫痪，器官衰竭而死。""没有有效的治疗方式，患者只能头脑清晰地看着自己迈向死亡。"这是对渐冻症最常见的描述。而故事的主人公却在和死神赛跑，希望时间也可以如身体一般被"冻"住，让他好好爱父亲、爱家人。

简陋的平房、昏暗的灯光，采访当天我们赶到犹波家里的时候，好心邻居正在张罗着犹波父亲生日的坝坝宴，院坝旁边一口大铁锅里的豆花正在咕噜咕噜冒着泡，院子中间摆着一张木桌，上面摆满了邻居们做的菜。是的，犹波父亲过生日，赶来帮忙做菜的都是邻居，因为这个家里，不止犹波患有渐冻症无法自理，他的妈妈，也因为神经性疾病甚至不能长久站立，常年以来，这个家都是靠犹波的父亲在村子里做点零工、种点庄稼支撑。除了照顾患病的母子，犹波还有一个年幼的妹妹正在读初中，不过因为家庭原因，这个正在读初中的妹子很懂事，不仅早早学会各种家务，幼小的肩膀还能背着哥哥爬到山坡上去唱歌。

正因为这个特殊的家庭，犹波从小对父亲有一种特别的依赖和情感，所以在他自感生命已经进入倒计时的时候，他想给父亲送上一份特别的生日礼物。"明年我爸爸才过60岁生日，但是按照我现在的身体状况，我不知道能不能陪他过60岁的生日，所以今天才想为他过一个难忘的生日。"犹波说，自己不算个孝顺的儿子，因为父亲老了，别人都是儿子背父亲，"但在我们家却是父亲背着儿子，我甚至连为他敬一杯酒都做不到。"

无奈于自己萎缩无力的身体，犹波的这个愿望只能求助于媒体，带着社会好心人士的祝福和慰问，我们和义工一起共同为犹波完成了这份"生日礼物"。在院坝里，点燃生日蜡烛，犹波为父亲唱起了自己偷偷练习了好久的歌曲《父亲》，他的歌声有些颤抖，一旁的老父亲一只手支撑着坐在凳子上的儿子，一只手偷偷拭去了眼角的泪水。大家都明白，有些沉重的感情和情绪正随着歌声在空气中蔓延。

感动的故事我们读过很多，尽管故事不尽相同，但是戳中我们泪点的始终都是雷同的一种温暖。正如渐冻症患者犹波，虽然从小已开始行动不便，不能像正常人一样读书、工作甚至成家立业，但是他心中对父母的爱和健康人没有什么不同，甚至因为日渐严重的身体，他比常人更能体会到陪伴和时间的意义。愿时间也能"冻"住，让这位儿子多陪陪家人，陪陪他爱的人。

微语录

"幸福的是父亲背着儿子，难受的是儿子背不了父亲。"——"冻不住的孝心"犹波

微评论

腾讯网网友"会飞的算盘"说：这真是一篇好故事，想想平时我们总是因为各种原因忽略对父母的陪伴，很惭愧。尽孝需趁早，不要等到生命倒计时才恍然大悟。

腾讯网网友"家有土豆是卷毛"说：感动人的礼物，带着些许无奈和愧疚。虽然犹波的人生是不幸的，但是他的孝心和对家人的爱却是一种温暖的力量。

"土律师"付树根

为引导和帮助农民通过法律途径"讨公道"，江西省南昌市青山湖区罗家镇岗下村村民付树根通过12年自学，取得基层法律服务执业资格，此后14年免费为村民打官司200多起，被村民们亲切地称为"土律师"。

他用爱心点燃村民心中法治的灯

——"土律师"14年间义务打官司200多起

新华社"中国网事"记者　袁慧晶　沈洋

法治乡村建设是依法治国的重要领域。为引导和帮助农民通过法律途径"讨公道"，江西南昌市青山湖区罗家镇岗下村村民付树根通过12年自学，取得基层法律服务执业资格，此后14年免费为村民打官司200多起，被村民们亲切地称为"土律师"。

被他帮助过的人们都说——是"土律师"将法律意识洒向了田间地头，也是"土律师"点燃了他们心中法治的灯。

1989年，付树根还是岗下村的村支书。当时村里正在建村委会大楼，承包人擅自增加了附属工程款项，由于签合同时没有这笔款项，付树根拒绝付这笔钱。

对方提出诉讼，村委会一审、二审均败诉，法院要强制执行。付树根不服输，带着村干部多方搜集证据上诉。最后，法院裁定中止执行，让村里免花了10余万元的"冤枉钱"。

这次偶然的事件让他明白法律的重要性，并决心要成为一名法律工作者。从那刻起，只上过小学的付树根，开始自学法律。

由于平常工作忙，这条寒窗苦读的路，付树根整整走了12年。2001年，他通过了省司法厅组织的基层法律服务工作者执业证资格考试。

之后，从2001年到2015年，付树根运用自学的法律知识，免费为邻里乡亲"讨公道”200多起。其间,他的工作岗位换了不少,但镇上司法所是他最常去的地方。

14年间,让付树根印象最为深刻的是一次医疗事故纠纷。2012年6月的一天,村里一位郑姓妇女在治疗期间离世了。她的亲人隔天聚集了村里60多号人来到医院打算“砸东西讨说法”,现场剑拔弩张。

“爱管闲事”的付树根火急火燎地赶去了,一面劝着村里人不能蛮干,一面和医院方面沟通,最终通过向医患纠纷调处中心申请调解的方式获得了10万元的赔偿。

“如果不是我多年来免费帮人打官司积攒了威信,一场医闹事故就要发生了。”付树根回忆起来,依然深深感受到普法的重要性。

来求助的人多了,付树根会有选择地帮助一些贫困户。板溪村村民万发寿去年12月家中遭遇一起交通事故:原本身体残疾的女儿被一辆电动车撞伤,对方支付了一部分医药费后不肯再进行任何赔偿。

因为家庭贫困,年近六旬的万发寿徘徊于“告与不告”之间。如果不告,总觉得“一口气咽不下去”;如果告,也有可能花了钱办不成事。这时,别人向万发寿推荐了付树根。

“他是好人啊,不但没向我要一分钱,还帮我垫付了四五百元的立案费。”万发寿说起这个就眼眶红红的。万发寿女儿的案子这个月底就开庭了,付树根的出现点亮了他心中的希望。

镇司法所的工作人员胡飞飞告诉记者:“付叔叔常来这边向我们咨询。他为人谦和,做事很仔细。村里也有其他帮忙打官司的人,但能像他一样坚持十几年的没有。”

十几年来,付树根的兜里时刻装着省司法厅颁发的《基层法律服务工作者执业证》。虽然他只是一名基层法律服务工作者,但记者采访时发现,村民们遇上他都爱喊他一声“土律师”。

付树根很喜欢这个“土”字。他对记者说:“土鸡蛋比洋鸡蛋值钱,我这‘土律师’也比‘洋律师’金贵。这是村民对我的认可。”

在付树根家中的客厅中,记者看到一大摞牛皮纸袋,略微数数有20来份。付树根告诉记者,这些都是近一个月来的卷宗。

“如今有点名气了,九江、吉安等地也开始有人找我求助。几乎每天都有不认识的人找来。”付树根说。

说到这个付树根开始挠头。他告诉记者,有点影响到家庭生活了,老伴现在会发发牢骚,说干这个又赚不到钱,管那么多闲事干什么。

“一个人的力量是弱了些,但我知道村民们需要我,能多帮一个人就多帮一个人。”付树根说,“村民们赚几个钱不容易!”

村民的信任化作一份沉甸甸的责任。已经61岁的付树根还将在这条义务“讨公道”的路上前行得更远。

记者手记

新华社“中国网事”记者　袁慧晶　沈洋

我们是带着疑惑走进付树根的。一个“法盲”是如何通过自学帮助更多的“法盲”？一个小人物为什么胸怀普法这样的大志？14年免费帮打200多起官司到底图什么？

驱车来到那个偏远的小乡村，我们见到了浑身上下都散发着泥土气息的付树根，与我们记忆中律师光鲜亮丽的形象大相径庭。“土律师”的概念很快浮现在我们脑海中。

紧接着，我们跟着付树根来到他的家中。刚进门，就到客厅的茶几上摆放着许多牛皮纸袋装着的卷宗。而付树根挠挠头告诉我们，这些仅仅是最近正在处理的部分，绝大多数在他的工作室里。

走进卧房，床头边的书桌上又是一大沓，还有一些法律专业的工具书。可以想象他在家中的日常生活，也是埋头于案卷之中，为了他眼中需要帮助的人们。

而在村民万发寿的家中，两人熟稔得就像多年的朋友。记者采访得知，万发寿家庭困难，因此打官司需要缴纳的费用都是付树根前期垫付的。

我们问他，为什么这样慷慨？又出力又出钱。

他说，我感觉到村民需要我。只要他们需要我，我就帮到底。

14年间，让付树根印象最为深刻的是一次医疗事故纠纷。当时村里一个郑姓妇女在治疗期间因为医院存在过错离世了，妇女的亲人聚集了60多号人去医院“讨说法”，现场剑拔弩张。是他赶过去化解了这场可能引发肢体冲突的事件，引导村民走向正规维权的渠道。这件事也坚定了他普法的决心。

记者想用“土律师”来形容付树根，征求他意见时，他居然表示很欢喜。他对记者说：“土鸡蛋比洋鸡蛋值钱，我这‘土律师’也比‘洋律师’金贵。这是村民对我的认可。”

微语录

“甘当弱势群体的代理人，永做司法公平正义使者。”——“土律师”付树根

微评论

网民“梁永海”说：一个“土律师”点燃法治的灯，可是一个真正的律师在做什么？为了钱他们可以道德沦丧。

网民“会飞的鱼”说：农民的好儿子、基层党员的榜样、社会公平正义的使者。

"好水兵"王志斌

90后水兵捡到21万元巨款，等来失主并坚决拒绝酬谢，在失主一再追问下，留下句"海军战士王志斌"便归队。在不知道具体地址、联系方式的情况下，失主倪万真打了几十次电话查询，经过一个多月的寻找，终于找到了这位拾金不昧的好战士——东海舰队某登陆舰大队雷达兵王志斌。

90后水兵拾金不昧

——"您要硬塞，我就扔钱走人"

新华社"中国网事"记者 王俊禄

一个90后新兵，拾金不昧；一个40年前的老兵，知恩重义。一个捡到21万元巨款苦等失主，拒绝酬谢转身就走；一个辗转35天寻找"海军战士"，30多通电话锲而不舍，还有一幅做好40多天等待"送出"的锦旗……

"好水兵，我终于找到你了！"5月12日上午，经过一个多月的艰难寻找，来自杭州的65岁的倪万真难掩激动，来到东海舰队某登陆舰大队鲁山舰，在将士们的掌声中，将一面早就做好的印有"高尚品德，学习楷模"的锦旗，送到海军战士王志斌的手中。王志斌双手接过锦旗，随即敬了个标准的军礼。

捡到21万元现金，他苦等失主并拒绝酬谢

今年3月22日，王志斌请假外出购物。下午2时许，路过一商场时，他发现大门左侧附近的建筑垃圾边上有一个黑色公文包。王志斌拾起打开一看，包内居然有21万元现金和身份证、银行卡等物品。他赶紧收好公文包，为防止别人冒领引起不必要的麻烦，他马上恢复平静，不动声色地站在一边。

"老实说，我从小到大从没见过这么多钱，还挺紧张的。"王志斌后来说，"最担心这

是谁看病的救命钱,我得第一时间还给失主。”

当时,这笔钱的失主倪万真正在路上乘出租车。离开事发地点大约3公里后,倪万真陡然发现,存放现金的公文包不见了,当即惊出了一身冷汗,马上让司机掉头。一路上他心急如焚,却赶上路上堵车。他赶回上车地点时,王志斌已在此等了约40分钟。

倪万真一眼看到,一个20岁左右的年轻人拿着自己的包站在路边,正在四顾张望,他几乎是冲了上去,喊道:“小伙子,这个包是我的!”王志斌先是一愣,警惕地问:“怎么证明呢?你说说包里有什么?”倪万真一一报出,并拿出身份证核对无误,王志斌这才放心地将包还给了他。

巨款失而复得,倪万真十分激动,当场给了小伙子一个拥抱,并拿出2万元现金作为感谢。王志斌无论如何都不肯收下。双方你推我让许久,围观的市民越来越多,王志斌有点不好意思,眼看着归队时间要到了,就对倪万真说:“包是您的就应该归还。您要硬塞钱给我,我就把钱扔地上走人。”

因为已经订好返程车票,倪万真无奈之下,就拉住王志斌要他留下联系方式。王志斌丢了句“我是个海军战士,叫王志斌”,匆匆离开。

知恩重义,失主苦寻“雷锋”

回到杭州后,身为老兵的倪万真心情久久不能平静,“这份恩情必须报答,这样的正能量需要弘扬”。看着失而复得的巨款,倪万真萌生了给王志斌送锦旗、写感谢信的想法。但他发现,除了名字和职业,他对这个海军战士几乎一无所知。

此后的一个月,倪万真不管在家还是在出差途中,总会四处打听王志斌的联系方式。他20多次打电话给114查询台,但部队的号码没有登记。后来,有话务员提醒他,可以找当地政府问问看。

此时,归还巨款的事情已过去一个多星期,倪万真也渐渐冷静下来:王志斌是不是真名?是否在当地的海军部队当兵?冒失地给地方政府或武装部打电话合不合适?仅凭“一个人名和海军战士”找人,无异于大海捞针,他也曾想过放弃。但每当看到已经制作好的锦旗和手写的感谢信时,他就告诉自己,就算找不到王志斌,也要让这种正能量传播出去。

倪万真向当地政府和人民武装部打听,地方上的同志也积极帮忙想办法。一个月后,几经周折,倪万真苦心寻找的好水兵终于找到了,正是东海舰队某登陆舰大队鲁山舰上等兵王志斌。当他再见到王志斌本人时,已过去了50多天。

紧握战士的双手,倪万真动情地说:“在你身上,我看到了一颗比金子还贵重的心。感谢人民子弟兵,军人永远是老百姓最值得信赖的人。”

90后战士出色面对考验

据了解,王志斌是浙江乐清人,今年21岁,2013年9月入伍,现为海军鲁山舰雷达兵,上等兵军衔,受嘉奖1次。

面对巨款不为所动,生活中的王志斌却很"抠门",能省则省。海军鲁山舰的陈教导员说,有一次他感冒发烧,军医给他配了两板感冒药,嘱咐他回去按时吃药。过了两天,他找到军医说:"我的病已经好了,剩下半板感冒药还给你,留着以后给战友们需要的时候用吧!"

在战友们眼中,王志斌待人宽厚,憨态可掬,但做事认真,责任心强,有点影视剧《士兵突击》中"许三多"的劲头。长期在高温高湿高盐的海上执勤,王志斌患上了鼻息肉,睡觉容易打呼噜,为了不影响战友的休息,他常常晚上拿着书到餐厅学习,等战友们都休息了,自己才去睡。由于鼻息肉影响记忆力,王志斌就多花一倍的时间用在学习上,连战友们觉得最难的雷达知识都学得很好。

"我是一名海军战士,拾金不昧是我应该具有的品格,是对一个年轻战士最基本的考验。"王志斌每每被问起自己拾金不昧的事迹,总是轻描淡写。

巨款面前不动心,苦等失主拒报酬。王志斌的感人事迹在官兵中间引起了强烈反响。该大队李政委告诉记者说,从王志斌身上,我们看到一名90后战士应有的素质和品格。

记者手记

新华社"中国网事"记者　王俊禄

这是一个利与义的故事。一个90后新兵,拾金不昧;一个40年前的老兵,知恩重义。一个捡到21万元巨款苦等失主,拒绝酬谢转身就走;一个辗转35天寻找"海军战士",30多通电话锲而不舍,还有一幅做好40多天等待"送出"的锦旗……

刚接到这个线索,我就被故事中人物的善良与执着打动了。见到水兵王志斌,一脸憨厚的笑容告诉我们,这样的品质是他与生俱来的。

在与失主倪万真的座谈中,我还得知一个细节,倪万真也是个老兵,对部队有着特殊的感情。他说,从王志斌身上,他看到了新一代军人的品质,90后让老兵们佩服且放心,他们能够担起保家卫国的神圣使命。

拾金不昧的王志斌精神可嘉,苦寻恩人的倪万真同样令人感佩。我采访时了解到,归还巨款的事情已过去一个多星期,倪万真多次寻找未果,他也在怀疑,王志斌是不是真名?是否在当地的海军部队当兵?冒失地给地方政府或武装部打电话合不合适?仅凭"一个人名和海军战士"找人,无异于大海捞针,他也曾想过放弃。但每当看到已经制作好的锦旗时和手写的感谢信,他就告诉自己,就算找不到王志斌,也要让这种正能量传播出去。

正是这样的坚持,成就了老兵和新兵的这段佳话。

在战友们的眼里,王志斌待人宽厚,憨态可掬,但做事认真,责任心强,有点影视剧《士兵突击》中"许三多"的劲头。

舰艇上的生活十分艰苦,时常出海几个月都不得休息。长期在高温高湿高盐的海上执勤,王志斌患上了鼻息肉,睡觉容易打呼噜,为了不影响战友的休息,他常常晚上拿着书到餐厅学习,等战友们都休息了,自己才去睡。鼻息肉影响记忆力,王志斌就多花一倍的时间用在学习上,连战友们觉得最难的雷达知识都学得很好。

另一个细节,则让我们看到了王志斌的淳朴和细致。面对巨款不为所动,生活中的王志斌却是很"抠门",能省则省。海军鲁山舰的陈教导员说,有一次他感冒发烧,军医给他配了两板感冒药,嘱咐他回去按时吃药。过了两天,他找到军医说:"我的病已经好了,剩下半板感冒药还给你,留着以后给战友们需要的时候用吧!"

稿件发出后,引发了网友的普遍好评。不少人留言说,从王志斌身上,我们看到一名90后战士应有的素质和品格。

微语录

"我是一名海军战士,拾金不昧是我应该具有的品格,是对一个年轻战士最基本的考验。"——"好水兵"王志斌

微评论

网友"浙江经贸人文旅游系团总支"说:90后的榜样。

腾讯网网友"王东升"说:好同志,考验面前不丢脸,有股子军人的气质。

“艄翁哥”汤开杰

一个平凡的摆渡工，21 年间救起了 10 余名落水者，参与村里的求助行动更是数不胜数。他严格按照水上安全管理要求摆渡，未发生过一起安全事故。左邻右舍有什么困难，大家总是第一个想到他。他是一个不善言辞的人，却用行动感动着许多人。汤开杰凭着勇敢、坚持和见义勇为、舍己救人的崇高精神，挽回了数条危在旦夕的生命，他以实际行动诠释了一个普通人的人性光辉。

见义勇为的“艄翁哥”

本文编辑　高海英

汤开杰，男，汉族，44 岁，初中文化，石盘乡凉亭村二组人，石盘码头一名普通的摆渡工。他是一个平凡普通的人，却做出许多不平凡的事；他是一个不善言辞的人，却用行动感动着许多人；他是一个以摆渡为生的人，在二十余年的摆渡生涯中，成功挽救数名群众的生命。

一名普通的摆渡工，二十余年如一日坚守在自己平凡的摆渡岗位上，用朴实无华的爱心回报社会，谱写了一曲曲动人的赞歌，当地群众亲切地称他为“艄翁哥”。

勇救落水者，彰显大爱情怀

2012 年 8 月 21 日上午，石盘小学彭杰、杨林、秦萍 3 个小朋友相约来到嘉陵江边玩水。到达江边后，彭杰和杨林到江边浅水处玩水，秦萍就在岸边等候。突然，杨林不慎踩到石头上的青苔，脚下一滑，身体随即跌往深水处，看见伙伴有了危险，彭杰蹚着水去救杨林，忙乱中，彭杰也被杨林拖到了深水区，秦萍见状不停地呼喊：“救命呀，救命呀……”

就在这时，正在赶集回家的汤开杰听到慌乱的呼救声，他马上意识到：“不好，有人落水，赶快救人！”来不及多想，他急忙扔下手中的物品，以百米冲刺的速度奔向江边。顺着小女孩指的方向，在离岸不远的江面一双小手正在不停地扑腾挣扎。汤开杰没有丝毫犹豫，一个猛子扎进江里，迅速游到落水者身边，一把抓住他，使劲将他推向岸边，幸好来得及时，小男孩只是呛了几口水，没什么大碍。正当他准备松口气时，“叔叔，江里还有一个哥哥……”小姑娘急切地喊道。汤开杰来不及多想，扭转身，一个鹞子翻身，潜了下去，10秒，20秒，30秒……还是没有发现小孩的身影。他浮出水面，换了一口气，再潜下去，一次，二次，三次……功夫不负有心人，在汤开杰的不懈努力下，终于找到了第二个小男孩，他用尽全力将小男孩托到岸边。这时的汤开杰已经筋疲力尽，脸色苍白，瘫倒在地上。“这个娃儿没得救了。”周围群众议论纷纷。汤开杰艰辛地起身查看第二个小男孩的状况，虽然小男孩全身青紫，但凭借他多年的救人经验，这个孩子应该还来得及救治，他摸了一下小男孩胸口，发现尚有热气，便立即对小男孩进行急救，倒提排水、胸部压迫、人工呼吸……时间一分一秒过去了，终于，小男孩开始手脚抽动，汤开杰继续给小男孩压胸口，帮助小男孩呼吸，在汤开杰和大家的共同努力下，小男孩逐渐苏醒。在仔细查看被救小孩没事后，汤开杰没和小孩父母打招呼便悄然离开了现场。小孩父母看到小孩情绪稳定无事后，准备感谢这名“无名英雄”时，才发现汤开杰早已经悄悄离开了。

8月22日一早，被救小孩一家来到汤开杰家感谢救命恩人，“当时光顾着照顾孩子，担心孩子的安危，也没来得及感谢你，现在孩子已安然无恙，我儿子的这条命是你捡回来的，你真是我们的大恩人呀。”小孩的父亲一边感激地说，一边将2000元钱塞给汤开杰。见此情形，汤开杰果断地拒绝，他说：“我救人不图名、不图利，不需要这些回报，乡里乡亲的，这只是一件小事，事发当时无论谁在场都会伸出援救之手。见死不救，我良心过不去，我只是做了我自已应该做的事，你们的好意我心领了。”

十年如一日，心系群众安危

2005年7月的一天，天气十分炎热，石盘乡彭某酷热难耐，独自一人下河洗澡，不知不觉中就游到了江中央。突然，他脚筋抽搐，疼痛难忍，他不停地挣扎呼喊：“救命呀，救命呀……”正在摆渡的汤开杰循声望去，“不好，有人被淹了。”他来不及多想，一个猛子扎进江里游到彭某身边，使出全身力气将其救起。这时彭某肚子里全是水，汤开杰运用熟练的救人知识对彭某进行施救，费了好一阵工夫，彭某才渐渐苏醒。

2009年3月的一天，同村李某在去县医院的路上突然肚子疼痛难忍，汤开杰看见后，二话不说就找来椅子和木棒当起了“救护员”。2013年2月28日，同村几个小孩玩火,一不小心把山上的枯草烧了起来,火势越烧越猛,几个小孩吓得哇哇直哭。正在家里吃饭的汤开杰闻讯后,拿起工具就往山上冲,他立即充当了这场灭火行动的前锋,在大伙的共同努力下,大火终于扑灭了,汤开杰这才发现自己的手指被划破了,皮肤也被烧伤了。

这些对于从事21年摆渡工作的汤开杰来说,已不是什么新鲜事。20余年来,被他救起的落水者达10余人,他参与村里的救助行动更是数不胜数,左邻右舍有什么困难,大家总是第一个想到汤开杰。20余年来,他严格按照水上安全管理要求摆渡,未发生一起安全事故。有时候遇到暴雨天气,群众要求摆渡过江,他总是耐心讲解暴雨时摆渡的危险。他说:“我是一名摆渡工,我的工作就是让群众坐得安全,走得满意。”

2014年7月,他被评为“全国见义勇为模范”;2013年12月,被评为“四川省见义勇为先进个人”;2014年被评为“四川好人”;2013年7月,被授予“广安市见义勇为勇士”荣誉称号;2013年3月12日,汤开杰被武胜县人民政府授予“见义勇为公民”荣誉称号、武胜县第三届道德模范。他的英雄气概是广大干部群众学习的楷模!我们将永远记住这个“无名英雄”的名字——汤开杰!

记者手记

本文编辑　高海英

从武胜县来到石盘乡凉亭村,第一面见到汤开杰,感觉他是一个比较腼腆的人,黝黑的脸庞、结实的身体,一名普通的码头摆渡工的形象。

在与同村人的聊天中,我得知了汤开杰的无数英雄事迹,这一个个生动的故事深深地震撼着我的内心,一个看上去如此平凡的人怎么能做出如此不平凡的事迹,每当我问他救人时是怎么想的,这个腼腆的汉子总是低头笑笑:“也没有多想,谁都有需要帮助的时候,总要有人挺身而出。”

勇救落水人,客串救护员,奔赴火灾第一线,这些对于从事21年摆渡工作的汤开杰来说,已不是什么新鲜事。20余年来,被他救起的落水者达10余人,他参与村里的救助行动更是数不胜数,左邻右舍有什么困难,大家总是第一个想到汤开杰。20余年来,他严格按照水上安全管理要求摆渡,未发生一起安全事故。有时候遇到暴雨天气,群众要求摆渡过江,他总是耐心讲解暴雨时摆渡的危险。他说:“我是一名摆渡工,我的工作就是让群众坐得安全,走得满意。”

一名普通的摆渡工,二十余年如一日坚守在自己平凡的摆渡岗位上,用朴实无华的爱心回报社会,谱写了一曲曲动人的赞歌,当地群众亲切地称他为“艄翁哥”。

微语录

"我是一名摆渡工,我的工作就是让群众坐得安全,走得满意。"——"艄翁哥"汤开杰

微评论

网友说:一个人的价值,应该看他贡献什么,而不应当看他取得什么。汤开杰凭着勇敢、坚持和见义勇为、舍己救人的崇高精神,挽回了数条危在旦夕的生命,他以实际行动诠释了一个普通人的人性光辉。

网友说:一个平凡人给我们所展示的不平凡的爱,让我感觉到自己是那样的渺小。

“尘肺救助哥”王明升

他是尘肺病三期患者,也是“大爱清尘”的志愿者。他曾接受爱心的救助,又将爱心接力传给更多需要帮助的人。自2013年9月受“大爱清尘”救助并成为志愿者以来,不到两年的时间,他先后为危重尘肺病友向“大爱清尘”申请制氧机40余台,筹得善款20余万元,为160余名尘肺病患者子女争取到40多万元的助学资金。他不仅为尘肺病患长期操劳奔波,更选择死后捐献器官给需要的人。以爱及爱,他就是陕西镇安的尘肺病三期患者王明升。

把所有有用器官“无偿”捐给社会

——陕西尘肺病患者王明升的内心独白

陕西文明网 梁爱平 苑苏文 宋玉萌

因尘肺病使我双肺大面积钙化,每次艰难挣扎着呼吸使心脏受损,心律失常,最近胸部疼痛厉害,心跳加速,时有心慌掉气,时刻都活得非常的痛苦。为了回报社会各界爱心人士给予我生命中的资助和温暖!我决定在临终之前把所有有用的器官都无偿捐献给社会需要的人,特此恳请社会爱心人士帮我完成心愿!

10月9日,陕西尘肺病患者王明升在微博上发出了如上一段话,希望临终之前把有用器官无偿捐献给社会。对于尘肺患者,也许外人看到的更多是身体上的苦楚,但走进他们的内心,更叫人唏嘘感叹。下文是王明升给我们发来的一封长长的内心独白,看完让人越发五味杂陈……

我叫王明升,是陕南山区的一名危重尘肺病人。我自小住在地理位置偏远的地方,出行非常不便利,家里没有其他经济收入,因种种困难情况我14岁就辍学。心怀一颗改变家庭穷困局面的梦想,我随着乡亲们一起上了矿山,在1997年至2001年间,断断续续在陕西潼关县金矿山上的矿洞里不定点地到处做临时矿工。工作环境非常恶劣，没有任何防尘防护措施，所有矿工都不戴口罩，在施工时与灰尘零距离，一来二去就酿造了庞大的尘肺病群体的“悲剧”。

我于2004年12月份感觉身体不舒服，持续感冒，咳嗽，偶尔发烧，起身无力，胸部闷胀，时有疼痛，持续吃药打针都没有效果，然后我去了医院做了CT，检查结果是尘肺病，听到这样的检查结果我当时就蒙了。

那时候我的儿子刚刚半岁，担心知道我患有尘肺病，大家都会离我远了，怕家散了，怕老婆走了，怕给父母心里造成压力，等等，为此我一直都没敢告诉别人自己生病的事。

一直扛着尘肺病魔的痛苦到2006年7月份，我突然患有气胸。当时气胸非常严重，就去了西安市结核病医院做了气胸引流，才缓解了气胸的痛苦！但是气胸痛苦排除了，我的尘肺病却被家人及身边的人都传遍了，这让我思想的压力非常大。因为我没有健康的身体出去打工挣钱，无法给予家庭经济上的支持。那时候儿子刚刚3岁。万般无奈之下，2007年年初，老婆就把儿子放在家里让我照看，她出门打工，在她刚出去的半年里，还时常给家里打电话，半年以后联系就慢慢少了，到2007年的冬天就彻底不联系了。老婆走后当时给我的感觉就是“雪上加霜”，那时我们村里陆续有尘肺病人去世，他们从检查出尘肺病到死亡，一般都是1—4年不等。我当时非常害怕，想到我也将是离开世界的人，想到我年仅4岁的儿子，还有父母，心里非常沉重。

“我一路艰辛努力地活着”

虽然现实已经这样，但我还得继续坚强，在亲邻好友的关心和帮助下，我一路艰辛努力地活着，在2009年秋季，上天又给了我一次致命的打击，无情的泥石流把我家的4间住房及所有器具冲得无影无踪，当时的这一幕让我对生活失去了所有的希望。政府当时给予了临时安置，那时候我已经失去劳动能力，根本就没有体力、没有钱再修房子，我带着儿子在镇里租房子住，顺便带着儿子上学，相依为命。

我天生就是一个非常乐观的人，虽然身体和一切遭遇都让人无法接受，但是我一直都抱着“无所谓”的心态在过，大家说我是个没心没肺的人。当时我失去了健康，失去了唯一的“家”，心里虽然非常的痛苦和绝望，可看着身边可爱的儿子，我告诉自己必须坚强。我从内心告诉自己，我虽失去了健康和“家”，但我不能抛弃亲情，我要做一个有责任的父亲，虽然我给不了儿子太多的幸福，至少我一直在尽力而为！在我带着儿子在镇里租房上学那段时间，我的身体状况已经非常恶劣了，从一楼上到二楼我都要歇歇，每做好一顿饭我都累得几乎连饭都吃不下，但是我一直都在坚持，每每听到儿子下午放学回来时进门的一句“爸爸”,我越发坚强!

当年我们在镇里租房生活非常拮据,我和儿子每季度仅靠400元的低保来维持生活和上学费用,还有我平时的药费。让我记忆最为深刻的是,2011年的夏季,因当时低保金没有按季到账,我和儿子的生活一下子就陷入了绝境,佐借无门,亲戚该给的给了,该借的借了,朋友多次给予帮助,在这个时候我无法再向大家张口。我和儿子一个月的总开支27.5元,每天用一根葱或是一点点菜给儿子煮碗面条或是做点其他儿子想吃的菜,而我每天给自己熬锅稀饭,就这样“斗命”。有时儿子要5毛钱买支铅笔都很为难,周末儿子看到别的小孩在吃冰激凌,乖巧懂事的儿子看着我,吮吮自己的手指头对我说:“爸爸,冰激凌小孩不能吃,吃了会拉肚子。”听了儿子给我说的这些话,我的心痛如刀绞,痛恨我自己不健康的身体,痛恨自己连儿子5毛钱的奢望都很难实现。唉!回想起来,我都不知道自己是怎么熬到今天的。

“当拿起刀片割腕时,想起年幼儿子何去何从,我手又软了”

生命中还有一段我最难忘的痛苦时段,那是2011年的春季,那时候儿子才8岁。我病倒在镇里的医院,住了26天。那26天是非常漫长和痛苦的,住院期间没有人陪护,吃饭是儿子上学之前给买回来,偶尔有街道的好心朋友们给送送。记得有八天八夜我都是插着氧气跪在床上,有时候连吃饭的力气都没有,最痛苦的时候我也想过自杀,想让自己解脱,当拿起刀片割腕的时候,想起年幼的儿子何去何从,我的手又软了。想到每天早上儿子给我买回吃的再去上学,下午放学来到病房帮我打理一切,及一声声“爸爸”让我放弃了自杀的念头。但是我的病情依然非常严重,医院再三发病危通知书,万般无奈我只好通知父母来医院。之前我没有告诉父母,因为他们身体都非常不好,我怕给他们带来心理压力和打击,加上刚好这个时间他们在家修房子,所以我就没通知他们。

当他们来到医院,看到我当时的样子,非常悲痛。向医生了解我的病情后,爸爸开始为我准备后事。虽然当时我的身体已经那样了,但我心里依然抱有信心,相信一定能好起来,我一直都没有放弃,没有害怕,一直都在努力地坚强。也许命不该绝,在父母及亲朋好友的关心和鼓励之中,我渡过了生死关头。出院后,父母就把我接回他们在村里租住的房子里。当时父母的房子和我的房子同时被泥石流冲毁,父母一边忙着修房子一边忙着照看我,在母亲的精心照顾下,我慢慢健康起来。这次住院期间的生活费,是儿子的班主任知道我的情况后,组织学生捐款得来的,全体学生给我们捐了390多块救命钱。当时儿子的班主任给我送来这些救命钱,我万分感动和激动,这对我的鼓励很大,让我感到人间的温暖,看到了希望!这次出院回家后,我也在不停努力,请求地方媒体来为我们尘肺病人做调研,想让政府从政策渠道给尘肺病人解决一些生活中的实际困难,但现实离梦想总是太遥远!

"那个冬天我不再'寒冷'"

一边坚强地活着,一边怀着梦想而奋斗!身在痛苦和无助的岁月里,我依然在坚持和尘肺病魔做斗争,虽然我每次的呼吸和每一步的行动都非常的艰难,但我从未把自己当病人看待,在身体勉强能行动的时候,我总是让自己有份快乐的心情,总是抱着一丝希望,希望哪天有人会来救我。功夫不负有心人,就在我漫长的等待中,就在2013年9月13日等来了王克勤老师发起的民间公益组织"大爱清尘",就是那次"大爱清尘"陕南之行,给我带来了往后一切的希望和改变!在体检义诊的当天下午,王克勤老师带着各界媒体及社会各界爱心人士入户探访、调研尘肺病人,并给尘肺病人们送来了中秋月饼和慰问金。回想起当天的那个情景还犹如昨天——当天下午王克勤老师在入户探访调研尘肺病人时来到了我家,他详细地了解了我家的真实情况,我爸爸患尘肺病、糖尿病、类风湿、高血压,我尘肺病三期危重,弟弟尘肺病,妈妈结肠癌,全家6口人就2个不到10岁的孩子是健康的。王老师一边采访记录着我家的情况,一边流着心酸的眼泪。王老师及随行专家了解到我身体的情况后,随即就给我捐赠了制氧机,然后王老师又安排媒体记者对我做了详细的采访,并安排大学生志愿者教我开通了新浪微博,指导我利用网络替自己和大家发出声音。后王克勤老师利用微博及上海财经和宁夏卫视为我做了《沉重的呼吸》和《深呼吸》节目,对我的情况进行了报道,引起社会很多爱心人士对我的关注。

同时,我的微博也发挥了作用,一些爱心人士通过微博了解情况后,给予我和儿子关心和资助,使我看到了希望,享受到了人间的温暖!就在"大爱清尘"探访我之后的9月底,一位北京爱心姐姐通过王克勤老师的微博及媒体找到了我。在一个金秋之夜,我跪在床上吸着氧气,每一次的呼吸肺部都特别疼痛,就在痛苦和绝望的夜晚中,突然接到一个姐姐打来的电话,问了我的身体情况后给我汇来救命钱,让我及时去医院治疗。从此,这位未曾谋面、不知姓名的爱心姐姐就一直给予我帮助和鼓励!那个冬天我不再"寒冷",之后我总会收到一些不知姓名的爱心姐妹兄弟们给我汇来的救命钱及为我和儿子邮寄的爱心包裹,时常收到社会各界爱心人士给予的关心和鼓励!每每收到大家对我的关心和帮助,我心里总感慨万千,我对生活充满了信心和希望,重拾了生命的尊严!从此,我更加努力积极向上地好好活着,也许这样我才能对得起那些爱心人士们对我的关心和帮助!

“我以爱及爱”

每收到一分一文的爱心捐助，我都是特别感动和欣慰！是“大爱清尘”及社会各界爱心人士给予了我新生，活在爱心温暖怀抱之中的我，也被你们的爱心所感染了，我以爱及爱。

我在受到“大爱清尘”及社会各界爱心人士的救助后，也做起了地方一线志愿者，对那些思想压力大、想不开的尘肺病友们，我用坚强乐观的真实心态感染他们、鼓励他们，时常还帮尘肺病友们做一些力所能及的事。每每看到我弱小的力量换取的是尘肺病友们的喜悦，我都非常欣慰。只要稍稍能动，我就出去给自己找一份开心快乐的事做，帮尘肺病友们申请救助治疗，申请制氧机，帮他们向外界发出声音，帮尘肺病友还在上学的孩子们收集助学申请资料。这一年中我个人走访了很多尘肺病人的家庭，还给一些家庭捐赠了爱心善款，这一年里我去过多次学校，为特殊尘肺病人的子女捐赠过很多次生活费，而为他们捐赠的钱大多来自社会各界爱心人士给我和儿子捐赠的生活费。每每看到他们得到了心里的安慰，我更是停不住脚步，可惜我没有更多力量帮到大家，至今我把爱心人士为我和儿子捐赠的救命钱全部都用于探访以及捐赠给部分特殊尘肺病人的家庭了。时常有人说我“傻”，但是我总感觉我内心踏实，虽然我微薄的力量给大家带不去更多的改变，但至少让他们感受到一点温暖和快乐，我也值了！

在我人生即将走到尽头的时候，是“大爱清尘”及诸位爱心人士把我救了回来，让我的生命得以延续，让我重拾生活信心，并看到了希望！为了更好地回报大家对我的救命之恩，让爱心的火炬继续传递，我做起了“大爱清尘”的志愿者，尽我所能，让爱延续！同时自己收获更多的开心和快乐！我曾经这样说过：“若有一息尚存，我都会鼓励难兄；若有一息尚在，我都会尽我所能……”

其实每次从外面回来，我都累得筋疲力尽，要靠年老体弱的妈妈给我端饭倒茶。我能有今天，特别要感恩我的妈妈这么多年给予我的精心照顾。为了减轻父母及亲人们对我的担心，我每天都把自己伪装得很健康，用我乐观健康的心态感染着我的家人和身边的人，总想让他们都能轻松快乐地活着，不想让他们为我担心！我时常也在开导爸妈及身边的尘肺病友们，人都是活在当下，好死不如赖活，宁愿笑着活，不愿哭着过。总希望他们每天都有积极乐观向上的好心态，我自己一直都是这么做的。

人生于我是痛苦的悲剧，但我之所受放之于社会是值得庆幸的！我有限的生命处处感受到社会的温暖！中华民族的大爱，在我的苦难中闪耀着光芒，鼓舞着我与病魔抗争十余年。若有一息尚在，我都会绽放笑容；若有一息尚存，我都会鼓励病友。为了更好地回报社会，回报各界爱心人士们对我的关心和资助，我要让爱心的火炬继续传递，我要让我的生命在人间继续发挥作用，我已决定在我生命的最后，将我所有有用的器官都无偿捐献给社会需要的人，以此对所有关心和帮助过我的爱心人士致以衷心的感谢！

记者手记

新华网公益频道实习记者　邱琛

如果说呼吸是一种本能，那么对他们却是一种奢侈的渴望；如果说疾病是一种伤痛，那么对他们则是一种无尽的折磨；如果说活着是一种常态，那么对他们来说是一种未知的希望。他们，是"跪着呼吸"的尘肺病人。

如果不是王克勤和他的"大爱清尘"团队，尘肺病人这一庞大的社会群体可能并不那么为人所知。这样，他们的病痛我们也永远不可感知。直到遇见王明升，看到他因患病艰难地呼吸、生存，听到他讲述与病魔抗争的经历，我才对那种痛感感同身受。然而，更触动我的，是他对生的渴望。妻子离去没有击垮他，反而让他更独立、坚强；泥石流冲得走他的房屋，却无法冲毁他对家庭的责任；面对挚爱的儿子和父母双亲，他只能选择坚强，乐观是他对命运折磨的回答。

经过"大爱清尘"和各方媒体的报道，爱心人士纷纷对他伸出援手。对他来说，这次"雪中送炭"将他和他的家庭从生死线上拉了回来。王明升每每提到这次相助，都眼泛泪花。感受爱，传递爱。从此，他加入"大爱清尘"，成为一名以一己之力帮助尘肺病友的志愿者。两年时间里，他募集20余万善款，帮助尘肺病友向"大爱清尘"申请到40余台制氧机，帮助160余名尘肺病友子女接受教育，更把爱心人士为他和儿子捐赠的救命钱全部用于探访及捐赠给部分特殊尘肺病人家庭。他常说："若有一息尚存，我都会鼓励难兄；若有一息尚在，我都会尽我所能……"如今，他在微博表达出去世后捐献全部健康器官的意愿，将爱一直延续。"以爱及爱"，震撼人心。

然而，他也有这样的担忧："我们请求地方媒体来为尘肺病人做调研，想让政府从政策渠道来给尘肺病人解决一些生活中的实际困难，但现实离梦想总是太遥远！"彼时，尘肺病人只能以"开胸验肺"的方式维护自己的权利；如今，尽管有"大爱清尘"这样的公益组织无私支持着尘肺病人的生活，但更多数的尘肺病人还在社会的若干角落默默地挣扎着求生。每每想到此，我都毛骨悚然。对于绝大多数旷工来说，尘肺病似乎渐成他们的职业病，恶劣的工作环境，没有任何防尘防护措施，甚至没有口罩，他们无时无刻不暴露在灰尘之下，随时面临患上尘肺病的风险。救助能够缓解艰难的生活，但面对尘肺病，预防或许才是根治的良药。

我被王明升求生的渴望、无私的大爱深深感动着，但作为媒体人，我更感到自己身上的担子有多重。关注尘肺病，关爱尘肺病人，我们能做的还有很多。

微语录

“因尘肺病使我双肺大面积钙化，每次艰难挣扎着呼吸使心脏受损，心律失常，最近胸部疼痛厉害，心跳加速，时有心慌掉气，时刻都活得非常的痛苦。为了回报社会各界爱心人士给予我生命中的资助和温暖！我决定在临终之前把所有有用的器官都无偿捐献给社会需要的人，特此恳请社会爱心人士帮我完成心愿！”——“尘肺救助哥”王明升

微评论

新浪网网友“陈心果”说：虽然尘肺病三期，却始终没有放弃生活的希望，还能在困境中帮助他人。王明升大哥的事迹难能可贵，感人至深。

新浪网网友“Sunny”说：赠人玫瑰，手有余香。作为一个四体健全的人，我们尚没有这样无私的心灵。王明升作为一个尘肺病三期患者能够无私奉献，帮助他人。值得我们学习！

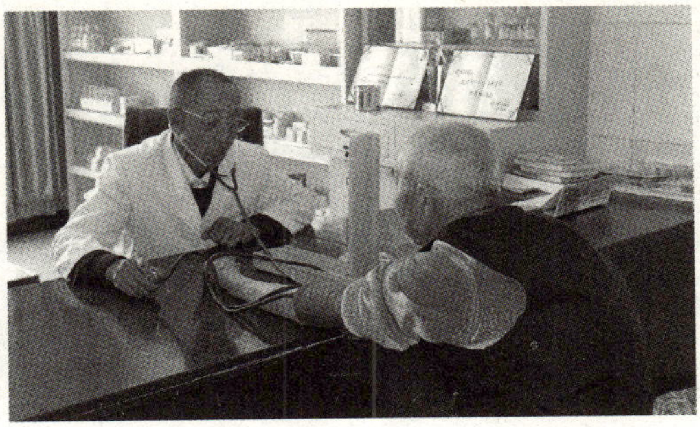

"乡亲们的'120'"闫占彪

50年行医经历,75岁高龄的闫占彪是伊金霍洛旗伊金霍洛镇壕赖村一名普通的乡村医生。半个世纪春去秋来,闫大夫的出诊药箱在变在换,出诊的交通工具在换在变,但唯一不变的是他一心呵护村民健康的决心。

20世纪60年代与"医学"结缘 自学成才当了村里的"赤脚医生"

《鄂尔多斯日报》记者 刘珂

4月17日上午10点多钟,记者来到伊金霍洛旗伊金霍洛镇壕赖村卫生室时,闫占彪正在病房里为前来看病的村民输液。75岁高龄的闫大夫动作很利索,并没有因为外人前来而受到打扰,仍一丝不苟地为病人配好药打上吊瓶。20分钟后,他把所有病人都安顿好,才趁休息时间接受了记者的采访。

闫占彪与"医学"结缘是在20世纪60年代。那时候,村里还没有医生,村民生了病只能到旗里就诊,可是很多人嫌路远,又没有钱,生了病就熬着,不知有多少人因为没有得到及时救治而病情恶化,甚至失去生命。每当看到这些情景,闫占彪的心里就有说不出的痛,他暗暗下定决心一定要改变这种状况。因为从小爱好医学,闫占彪决定要当一名医生。1960年,闫占彪买到了他从医生涯的第一本启蒙书——《工人医生手册》,就是靠着这本书,闫占彪开始走上了从医的道路。"因为从小家里穷,我就读了4年书,识的字也不多,就买了一本字典,碰到书上有不认识的字,就跑到村里的学校让那里的老师帮我查字典,把不认识的字一个一个标注出来。好不容易书上所有的字都认识了,我就白天劳动休息之余看一会儿,在沙地上写写画画,晚上躺在被窝里,边看边写。"就是用这种笨办法,闫占彪用了4年时间,将书上的医学知识牢牢地记在自己的脑子里。1964年,闫占彪开始当起了村子里的"赤脚医生",给村里的父老乡亲们看病。后来,闫占彪又仔细研读了医学著作《寿世保元》,学会了如何给病人把脉、针灸,闫占彪靠着毅力和决心,掌握了一套精准的把脉和针灸的中医疗法,直到现在,乡亲们说起闫大夫的中医针灸和把脉技术都赞不绝口。

自从闫占彪学会了给人看病，他就成了村里的大忙人。谁家有人得病，闫占彪总是随叫随到，不分早晚。

50年艰难的从医之路 半个世纪悬壶济世之心，感动了众乡亲

半世纪的从医之路，闫占彪都是在艰苦中一步步摸爬滚打出来的。当记者问他为什么能坚持这么多年时，闫占彪用他常说的一句话告诉记者："患者痛苦，我很伤心；患者没钱，我觉得很可怜。"

自从当上了村里的"赤脚医生"，闫占彪就顾不上地里的农活儿了。全家五口人全靠老伴儿一人劳动挣工分。一年下来分口粮的时候，还要倒欠生产队100多元的粮食款，他家成了村里的第一个欠粮户。再加上自己平时给人义务看病，报酬微乎其微，生活过得紧巴巴的。但这并没有阻挡他为村民看病的热情。1969年，壕赖村三个大队的队长都被闫占彪这种甘于奉献的精神所感动，每个大队都补给他劳动日100个，每个劳动日的分红0.33元，共计99元，这才付清了欠队里的粮款。因为这件事，闫占彪心里更加坚定了要为乡亲们服务的决心。

这一坚持就坚持了半个世纪。50年来，闫占彪已经记不清为多少人看过病，走了多少里路，他只记得药箱换了有10个了，巡诊时从一开始的步行到骑毛驴到后来骑摩托车，摩托车都骑坏2辆，不管是什么样的艰难都没有击退闫占彪。

1985年6月29日晚上8点，当闫占彪从甘珠日庙村一村民家看完病返回的时候，大风暴雨来了，淌过一条河时，由于水急，他一下子摔倒了，两个药箱全被冲走，他抓着草皮挣扎着站起来，才好不容易捡了一条命，鼻孔里、耳朵里全部灌满了泥沙。说起当年的经历，闫占彪有些哽咽，他告诉记者，如果当年他被河水冲走的话，恐怕就没人给村民看病了。他的心，全系在病人的身上。

有时候碰到过年的时候，要是有村民得病，闫占彪就在患者家过年。那时候生活不好，在患者家里，妇女出去干活了，男人在家治病，闫占彪去看病的时候还要顺便给患者做饭。50年来，闫占彪没出过远门，每次去旗里的儿子家，只要村民打电话要看病，闫占彪都会第一时间赶回来。

对于家境贫困的患者，闫占彪总是免费给他们治疗。他为患者扎针输液从来没有收过一分钱的手续费。同样的输液药品，他的收费要比其他人少1/3。

"村民的病情等不得"，这句话是闫占彪这名乡村医生淳朴的信念

经过多年从医经验的积累和刻苦的钻研，闫占彪的医术有了很大的提高。"看病不灵,是诊断不明,用药不灵,配方不明。"闫占彪告诉记者,这么多年来,他努力研究医学,保持愚公移山的精神,靠自己的自学,能够很好地治疗一些常见病。但是因为农村医疗卫生条件的限制,许多病不能在农村治疗。每当遇到这种情况的时候,他都会亲自护送病人到旗、市医院,50年来,累计送过病人100多次,没有收过一分钱,用他自己的话说:"村民的病情等不得。"

就在采访的过程中,壕赖村三社的村民刘三女给闫占彪打来电话,说自己最近几天头晕得厉害,不知道是怎么回事儿,希望闫大夫能去家里给她看看。接完电话之后,闫大夫很利索地收拾完出诊要拿的药品和工具,骑着摩托车就赶到了刘三女的家里。动作的麻利程度丝毫不逊于年轻人。

记者跟着闫占彪到了刘三女的家之后,闫占彪马上给她量血压。"你的高压有点儿高,最近几天就不要出去劳动了,在家休息几天,不要忘了每天吃降压药。"闫占彪叮嘱刘三女。

"我自从去年得了脑梗之后,闫大夫每隔十几天就来给我量一次血压,血压高了就给我放点儿降压药。我和老伴儿平时一有什么毛病就给他打电话,他也是随叫随到。有一次我老伴儿酒喝多了,有点儿酒精中毒,闫大夫大晚上跑来才把他的命救回来。闫大夫对我们全家人来说都是救命恩人。"刘三女告诉记者。

闫占彪看过的病人究竟有多少,他自己也说不清楚。在他看过的病人中,有孤寡老人、有困难村民,当然也不乏家境富裕者和为官之人。村民们说,闫占彪待人实诚,不管是男女老少还是贫穷富裕,他都一视同仁。不会因为病人贫穷他就敷衍了事,也不会因为病人家里有钱有势就阿谀奉承。

在行医的这50年里,闫占彪也遇到一些烦恼。由于农村医疗卫生条件有限,比如像急性阑尾炎这样的急症不能在当地治疗而带给了病人极大的痛苦,每每说起这些闫占彪都觉得很遗憾。"如果我要是能跟着大医院里的医生学会做手术并且能在我们村里做的话,那病人的痛苦就更少了。"他的心里永远装着病人。

乡村医生,可能一辈子都无法体会城里大医院医生的风光,但他们却在默默付出,感受着病人的信任和依赖,也赢得了上级组织的信任。2007年,闫占彪被评为"全市优秀乡村医生",2008年被评为"全旗优秀乡土人才"。说起今后的打算,闫占彪说:"孝不过的医人、爱不过的匠人,这份事业我会一直干下去,干到我动不了的那一天。也许有一天我离开了,村民们如果说老闫走了真是可惜了,这将是对我这辈子最大的褒奖。"

记者手记

《鄂尔多斯日报》记者 刘军

从1964年至2013年的50年行医生涯中，闫占彪一天平均诊治10个患者、走20里路，他迄今为止已诊治过18万人次的患者，走了18万公里的路。这是行医半个世纪的乡村医生闫占彪创造的一组数字。

2013年4月20日早晨，在伊金霍洛旗伊金霍洛镇壕赖村，我见到了闫占彪。

因为路不太熟，和闫占彪通了两三次电话。等见到了本人才发现，他远没有电话中听起来的那种硬朗的感觉，相反，他显得羸弱而疲惫。

闫占彪给我的第一印象是非常谦虚，甚至是谦卑。他嘴里一迭声地说领导好。我连忙纠正说我不是领导，可他照旧还是那样叫。一番客套后，他带着我参观他的新卫生室，顺口跟我说，他行医生涯中的第三辆摩托车昨天坏了，他是步行从家里过来的。

村支部和村委会是去年落成的新房舍，开阔的院落，宽敞的办公室。东侧是村里分配给闫占彪的新卫生室，一共两间，一间是诊室，一间是病房。诊室里摆放着伊金霍洛旗卫生局最近赠送的诊断床、药品架、紫外线消毒灯等医疗用品。闫占彪将这些物品一一介绍给我，神情中露出满足和自豪。

正说话间，来了一位患者，提着一塑料袋药让闫占彪给他输液。闫占彪暂停了和我的对话，将这位患者安置到一张床上躺好。我问他这位患者是什么病，他回答说，脑血管硬化、高血压。说着，他将患者带来的药瓶握在手里试了试温度，说温度太低得焐一会儿。他把药瓶拿到隔壁诊疗室的电暖风前烘烤，一边略显局促地向我解释：今年春天暖得晚，室温较低，今天正好又没生炉子。后来我了解到，因为烧炭紧缺，村卫生室和村里的普通村民家一样，早早地就不生火了。

片刻之后，今年已75岁高龄的闫占彪拿过液体，娴熟地为这位患者输上了液。

我和输液的这位患者攀谈起来。

“闫大夫为大家提供的服务怎么样？”

“好么。”

“咋的个好法？”

“收费低。我们不方便来，他就上门给我们看病。”

我又转向闫占彪：“闫大夫，听说有一年你去村民家里看病，回来时，差一点儿让洪水冲走？”

闫占彪神情平静地向输液的那名患者扬扬头：“你问他，那次就是给他家小子(方言，儿子)看病。”

输液的患者自我介绍说他叫赵永厚，甘珠庙村(紧邻壕赖村)人，是和闫占彪从小耍到大的玩伴儿。闫占彪差点儿被洪水冲走的那一次，是1985年6月29日黄昏时分。那一天，他4岁的儿子因为严重拉痢无法下床，闫占彪接到消息，一大早冒着大雨上门来治疗。因为措施得当，当天病情就好转了。

黄昏时分，雨住了，闫占彪急匆匆往回赶。当他走到隔在两村之间的河边时，决定涉水而过。谁知，走到河中央，突然一阵急浪涌来，湍急的河水将闫占彪向前冲了200多米。等他挣扎着爬上岸时，连耳朵眼里都塞满了泥沙，鞋、帽、医箱不见踪影。

赵永厚前一天送走闫占彪时，心里就有点儿担心，因为好几年也不见这么大的雨了。第二天，当他听说了闫占彪遇险后，立即赶到闫占彪家看望他。

我问赵永厚当时什么心情，他说着急呀。这么好的大夫上门给你看病，要是真出点意外，心里可实在过意不去呀。所以他着急慌忙地赶到闫大夫家，看到他没事，这才放心。

聊了一会儿，我看到闫占彪暂时没事，就说："闫大夫，我想请你给我号号脉。"

闫占彪说没问题。他说着给输液的赵永厚掖了掖被角，把我引到诊室仔细地为我把脉。

片刻之后，他说："你是不是坐一会儿就觉得腰困？"

我说是。

他又说："你睡眠也不好，而且是肾阴虚。"

我点头称是。这些症状我在历次体检中都被不同的医院和大夫准确无误地检查出来过。

我说："闫大夫，那你能不能给我个方子，改善睡眠。"

他开给我的方子是：竹叶、枣仁。

"每晚睡前，用开水泡5克竹叶，再取2克枣仁粉，和水吞服。"

"这样效果好吗？"

"不错，我也在用。我有严重的失眠症。"

"怎么会失眠？"

"成天满村跑，累。心里时时想着一些患病的村民，就睡不着了。"

我有点明白他为什么看起来显得消瘦和疲惫了。

当我问起他为什么会走行医之路时，他说是因为当初看到村民们很多人生了病缺医少药，看病很不方便。

闫占彪的启蒙老师是村里的两位喇嘛医生。他说，自己帮他们碾药、捣药，看他们配药，渐渐地掌握了蒙医的一部分医学知识。接着，他又自学了《工人医生手册》。我想看看他的这本书，他说，一个外甥女说也想学医，借去看了，没还回来。我在他简陋的书桌上看到了伴随他走过50多年的另一本医书——《医宗经鉴》。书封已经磨得看不出本色，翻开，竟然是竖排繁体字。问他能看得懂吗，他说自己从小就爱学习，虽然仅仅念了4年书就因家贫供不起了，可靠着顽强的自学，不仅识了字，也学会了流畅的书写。我看到了闫占彪写的字，就在这本《医宗经鉴》里。是他自己补制的几页目录，原来的目录页被淘气的小外孙撕坏了，他说他经常翻看这本书，离不开目录。那字体根本不像是一个只念了4年书的人写出来的，说不上秀丽，但绝对横平竖直、工整严谨。这让我想起了字如其人这句古话。

经过4年艰苦的自学，1964年，26岁的闫占彪正式开始行医，今年他75岁，从他行医至今，已经过去了50个年头。

当我们提出想去村里其他人家串串门儿时，闫占彪爽快地提出带我们去，因为今天村里需要看病的村民不太多。他说村里几乎每户人家的门他都熟，不知走过多少回了。

村民高毛女家，饭桌上摆着饺馅、猪排。

面色红润、脸露微笑的高毛女说，今天是她的69岁生日，一会儿孩子们就要回来了。

20年前的一个秋天，高毛女从拉沙蒿的骡车上不小心栽下来，当场晕了过去。吓坏了的孩子们跑到闫占彪家。他闻讯立即赶到现场，急救，随后输液，高毛女终于醒过来。随后的几天里，他天天上门来给高毛女输液，这才使她转危为安。

我们打趣地说："和你的救命恩人照个相吧。"

高毛女哈哈大笑，连声说应该和救命恩人照张相。

倒是闫占彪，反倒显出一丝羞赧的神情。

因为是一个村的，更因为闫占彪上门为他们诊疗是家常便饭，所以，村民们和他们口中的"闫大夫"熟稔得就像一家人。

按动快门，高毛女依旧笑得很开心；而闫占彪则一本正经地注视着镜头的侧前方，站得笔挺端正，就像他写的字一样。

和见面就笑的高毛女不同，58岁的张再男没说几句眼泪就涌出来。

张再男今年58岁，家中3个儿子都还没成家，老伴去年因病去世，欠下十几万的债。她本人也患有低血压、脑供血不足等病症。就在2012年秋天，收入本就很微薄的闫占彪又免收了她700多元的医药费。

"闫大夫是我的大恩人，不是闫大夫，我早死了。那年，我因为低血压，累倒在地头，什也不知道了，是闫大夫把我救活的。"

闫占彪插话说："她实际上是因为疲劳过度，再加上低血压，休克了。"

我问闫占彪具体经过。

他说：“我路过她家地头，见她休克了。跑过去给她人工呼吸加心脏按压术，才把她救醒。”

“那次还输了几天液，闫大夫给我免了680元的药费，我到现在还记得清清楚楚，这辈子也忘了不了。”张再男边插话，边抹眼泪。

他们口中的那一年，是2003年。

在人人口罩捂嘴的那一年，敢给病人做人工呼吸的大夫，扳着指头都能数得见。

我问闫占彪不怕吗？

他说：“医生就是要救人的，那会儿顾不上怕。可就是救完人以后让村民们笑话的不行。”他腼腆地说。

他说的笑话，是指村民们笑他给张再男做人工呼吸的事。

也是在那一年，闫占彪向旗里的“防非”指挥部写了请战书，强烈要求参与“防非”工作。

在张文秀、吴引儿夫妇家的地头，我们闲谈起来。

这家丈夫不善言谈，妻子话多。

“那年，我们4岁的儿子得了病，眼看就不行了，不吃不喝，嘴唇和舌头都开始烂了。孩子他爸把孩子搂在怀里，什么办法也没。我软得连饭也不会做了，一家人坐在炕上掉眼泪。闫大夫来了，用鸡肠肠接上油笔管管把牛奶灌到孩子胃里，又开始用药，才把孩子救活。吴大夫在我们家待了整整一个星期，寸步不离，忙得连我们的一根烟都没抽。”

闫占彪在旁边说：“他家小子得的是麻疹合并肺炎，已经严重到嘴唇和舌头都开始溃烂了，再不抢救生命就危险了。”

那年是1976年，条件艰苦。吴引儿所说的“鸡肠肠”就是老款自行车气门芯处用的那种细橡胶带。然而，就是凭着这样简陋的设备和条件，闫占彪救活了张文秀、吴引儿夫妇的儿子。他们的儿子现在已经成家立业，在旗政府所在地阿镇开出租车。

吴引儿觉得怎么也报答不了闫占彪救儿子的恩情，从此，她常年坚持给村卫生室洗被褥。

那个年月，医疗条件相当落后。像这种麻疹合并肺炎的儿童在村里特别多，村民们说，都是靠着闫大夫的精心救治，才保住了自己孩子的命。他们中的大多数都健康成长起来，也都成了对社会有用的人。用闫占彪的话说，叫“都成为建设祖国的有为青年”。

闫占彪救过的危急患者也很多。

1977年，村里21岁的产妇贺贵娥难产，并伴随着大出血。

急匆匆赶来的闫占彪简短地和贺贵娥的家人商量了一下,大家一致赞同抢救大人。

当时,贺贵娥腹内胎儿的胎位是头脚全向上,太罕见了。

闫占彪说,他当时果断地将手探入宫口,将胎儿的脚拽住,帮助产妇生下胎儿,然后开始全力抢救产妇,并成功地止住了大出血。那一回,不仅救了贺贵娥,她的胎儿也平安无事。

我问闫占彪怎么止住的大出血。他告诉我说,将产妇身下的沙土取若干,放入灶膛焙干,和水让产妇喝下即可。

这是偏方,可就是靠着这些偏方,闫占彪挽救了危在旦夕的村民的生命。

我问闫占彪就不怕出事故吗?他说当时也顾不上想这些,想的只是治病救人,脑子里根本没想过别的。

闫占彪这句"没想过别的",也包括没想过赚钱。

从1964年考取了自治区乡村医生资格证的那天起,他成了一个不分昼夜、风雨无阻的大忙人,同时,也成为全生产队第一的欠款大户。

"说起为乡亲们搞服务,我觉得问心无愧。可说到我的3个孩子,我觉得我对不起他们,一个也没供出去,让他们受苦了。"

我看出闫占彪心情低沉,想哭。

"那他们现在都在干什么?"

"儿子和女儿都在办厂子,塑料管厂,过得都挺好。"

我说:"好人有好报。"

闫占彪沉默了一会儿,什么也没说,把马上就要流出的泪水又忍回去了。

边聊边走,我们来到了村民王金兰家。

见到我们,没等说话王金兰就哽咽了。

她得的是癌,部位是甲状腺。

长时间的治疗和服用激素,让她的脸和身材都显出一种不正常的肿。

当她知道了我们的身份后,双手作揖,含着泪不停地说:"感谢共产党,感谢闫大夫。闫大夫真比我大(父亲)我妈还亲,怕村里的卫生室冷,上门来给我输液,这么多年帮助我,没抽过我一盒烟。从前,闫大夫骑着马来给我输液,遇上雨雪天路滑,针筒都不知道摔碎了多少。要不是放不下共产党和闫大夫对我这么大的恩,我早就寻死了。"

王金兰口中的共产党的恩,是指近年来的农村牧区合作医疗,这项制度,让类似王金兰这样的大病户在因病返贫之后,不用担心最起码的温饱问题。

下午,闫占彪坚持让我们去他家坐坐,看看儿子给他盖的新房。

看新房之前,闫占彪顺路领我们看了看他住过几十年的老房子。

这是一座土坯房，砖头门面，院门外的牲畜圈棚已经垮塌，和村里其他无人居住的土房没啥区别，唯一不同的是，院墙外堆着一大堆空药瓶，昭示着房主人的医生身份。在我们一天之中走访过的村民中，只有特困户张再男家的房子和这座房子较为相似。

就在这样的房子里，闫占彪一直住到2008年。

新房不错，红砖楼板房，外墙刷涂料，周围绿树掩映，给人一种温暖宁静的感觉。

闫占彪的老伴、76岁的王毛则给我们倒上奶茶，就安静地望着我们微笑。

我问王毛则：“闫大夫这样成天忙来忙去，挣了不少钱吧？”

“挣啥钱，挣了一辈子，这房子还是小子给盖的。”

闫占彪在一旁插话：“要那么多钱做什么？”他指指脚上的圆口布鞋，“我这双鞋才十来块钱，身上这身衣服是孙子剩下来的，管够我穿的，要那么多钱没用。”

我又转向王毛则：“这么多年，闫大夫风里来雨里去，家都是你一个人管吧，抱怨过吗？”

“那会儿不光要拉扯3个子女，还要管两个老人，家里头又没劳力，也抱怨过。后来看见他忙成这样，慢慢也就惯了。他这个人，什么也不管。盖新房，前前后后都是儿女们忙，他连盖房花了多少钱都不知道。”

我说：“闫大夫你当初就没想过到扩大发展？比如开个药店或者门诊，肯定比干现在这份职业能赚钱吧。”

“想发财，不是没可能；想致富，不是没机会；想挣钱，不是没条件；不做这个营生，也不是不行。可是，这个营生总得有个人来做吧？”顿了顿，他又说，“我的命就是待在农村，你看看，成天有人叫我打针输液。今天为了陪你们，我还推掉了好几个不太当紧的患者。这群人离不开我，我也离不开这群人。”

“闫大夫，就这么忙活了一辈子，有什么遗憾吗？”

“有。遗憾当初没学会外科，不会做手术。看着乡亲们因为阑尾炎之类的小病还得跑大医院，觉得难过，因为他们也过得不宽裕。如果我能给他们看，他们也能少花点儿钱。”想了想，他又说，“几十年跑来跑去，连入党申请书都没写。我没有白求恩的医术，可我有白求恩的觉悟，几十年来，其实我一直是以一个共产党员的标准来要求自己的。”

成大事者必执拗，这话不假。相处一天，闫占彪基本没和我们谈过什么生活琐事。张口闭口，不是这个病例用什么偏方，就是那个病例医书上如何说。除此，他说的最多的是“老三篇”里的内容，这是那个年代过来的人一种特有的印记，可从闫占彪嘴里说出来，它没有别的意味，却让人感到温暖和贴心。这一天，他说的最多的一句话是：“一个人做一件好事不难，难的是一辈子做好事，不做坏事。”

告别之际，闫占彪握着我的手，又一次腼腆地说："记者同志回去能不能给咱反映反映，看能不能给我闹个车车。"

"你这么大年纪还能开车？"

"没问题，前几年我还开着四轮车给张再男家犁地咧。有个车车，能更好地给乡亲们服务。"停顿了片刻，他又说，"我老啦，跑不动啦。"

这是和闫占彪在一起的一整天里，他第一次提要求，但并不是为他自己。

我用力地握了握他的手，点点头。

路过闫占彪家的旧房前，有一棵大杏树开花了。

再抬头看，春天的夕阳下，村里的杏树都开花了。

一树树繁花，开得绚烂而热烈。

微语录

"孝不过的医人，爱不过的匠人，这份事业我会一直干下去，干到我动不了的那一天。也许有一天我离开了，村民们如果说老闫走了真是可惜了，这将是对我这辈子最大的褒奖。"——"乡亲们的'120'"闫占彪

微评论

网友说：这种力量应该在我们的生活中更广泛地去传播，让更多人去感受，也许生活中这种力量很多，我们要去一点点挖掘，让我们的身边更多的是一些沁人心脾的正能量，而不是一片乌烟瘴气。世界上本没有路，走的人多了，也便有了路；世界上本没那么多美好，传播的人多了，便会和谐一片。

网友说：闫医生的事迹并没有那么惊天动地，却传递着生命的感动，让我们发自内心地想向他学习。这种正能量可以凭借这个活动传播得更广更远，有利于建设良好的社会风尚。

声　明

本书由新华网、新华社“中国网事”联合编著，因时间紧迫，所选稿件和图片的个别作者未能取得联系，敬请入选文字和图片作品的作者或作者亲属见到本书后，尽快和我们联系，以便奉上稿酬及样书。

联 系 人：新华网股份有限公司

通讯地址：北京市西城区长椿街金隅大厦 129 号八层